JN411389

신어역해

新語譯解

Xin Yu(New Comments)

지은이 육가(陸賈, B.C. 240?~B.C. 170)는 제나라 왕실의 후손이었으나 장강(長江) 이남 초나라 오군(吳郡)에서 평민으로 살았다고 한다. 일찍이 순자(荀子)의 제자인 부구백(浮邱伯)에게 유학교육을 받은 듯하다. 초한(楚漢)전쟁 시기부터 육가는 유방을 따랐으며 주로 외교 사무를 담당하였다. 두 차례 남월(南越)에 사신으로 가 오늘날 광동성 일대를 중국영토화 하는데 큰 공헌을 하였다. 태중대부(太中大夫)로서 고조(高祖)·혜제(惠帝)·문제(文帝) 세 황제를 섬겼다. 말 위에서 천하를 얻을 수는 있으나 말 위에서 천하를 다스릴 수는 없다면서 『신어(新語)』 12편을 지어 유방에게 지식의 중요성을 설파하였으며, 여(呂)씨의 정권찬탈 음모를 저지해 유씨 황실을 공고화하는데 공헌하였다.

옮긴이 장현근(張鉉根)은 대만의 중국 문화대학교 대학원에서 『상군서』 연구로 석사학위를, 『순자』 연구로 박사학위를 받았으며, 현재 용인대학교 중국학과 교수이다. 중국 고대사상을 연구의 발판으로 삼아 중국 정치사상 전반을 한국에 소개하는 데 전념하고 있다. 전통문화와 사상에 대한 재해석과 비판적 계승 작업을 계속하고 있으며, 계간 『전통과 현대』 편집위원을 지냈다. 저서로는 『중국사상의 뿌리』, 『상군서—난세의 부국강병론』, 『맹자—도덕국가지침서』 등이 있고, 역서로는 『중국정치사사상사』, 『논어』, 『순자』 등이 있다. 「도덕이상주의—선진유가의 왕도와 내성외왕론」, 「사회철학으로서 현대 유학의 행로」, 「荀子'化性起僞'的政治意義」, 「Differentiation and Fusion of "Ritual as common" and "Law as public" in Ancient Chinese Political Thought—Reinventing Qin(秦)·Han(漢) Governments」 등 한국어, 중국어, 영어로 40여 편의 논문을 발표하였다.

신어역해新語譯解

1판 1쇄 인쇄 2010년 5월 5일
1판 1쇄 발행 2010년 5월 15일

지은이 / 육가
교주자 / 왕리기
옮긴이 / 장현근
펴낸이 / 박성모
펴낸곳 / 소명출판
등록 / 제13-522호
주소 / 137-878 서울시 서초구 서초동 1621-18 (란빌딩 1층)
대표전화 / (02) 585-7840
팩시밀리 / (02) 585-7848
somyong@korea.com / www.somyong.co.kr

값 19,000원

ISBN 978-89-5626-479-0 93150

신어 역해

新語譯解

육가(陸賈) 지음, 왕리기(王利器) 교주 | 장현근 옮김

소명출판

◆ 일러두기

1. 이 책은 북경(北京)의 중화서국(中華書局)에서 신편제자집성(新編諸子集成) 제1집으로 펴낸 왕리기(王利器)의 『신어교주(新語校注)』(1986년 8월 제1판, 1996년 2월 북경 제2차 인쇄, 이하 『교주』)를 대본으로 삼아 한(漢)대 육가(陸賈)의 『신어』 원문 전체를 번역하였다.
2. 『교주』 가운데 지나치게 세밀하여 독자들의 이해에 도움이 안 된다고 판단된 부분을 과감히 생략하여 번역하는 한편, 『교주』에 없으나 원문 독해를 위해 필요하다고 판단된 부분이나 왕리기의 주석에 대해 이의가 있는 부분은 역자가 왕의(王毅) 주해, 『신역신어독본(新譯新語讀本)』(대만(臺灣) : 삼민서국(三民書局), 1995. 이하 『독본』), 『사고전서(四庫全書)』 등을 참고해 옳고 그름을 바로잡아 역주를 달았다. 왕리기의 독특한 해석이나 역자와 견해가 다른 부분엔 "왕리기의…", "『교주』에…" 등으로 표기하여 역자의 생각과 구분하였다.
3. 『교주』는 매 편 머리에 각 편의 제목에 대한 역대 학자들의 견해와 그에 대한 주석을 길게 달아 놓았으나 본문 내용의 파악과 관계없는 부분이 지나치게 많다. 이 책에서는 그 가운데 필요한 부분을 추출하고 역자의 생각을 더해 해당 편의 주지가 살아나도록 편 머리에 해제를 달았다. 그리고 각 문단의 뒤에 그에 대한 역자의 해설을 덧붙여 독자들의 이해를 돕고자 했다. 따라서 이 책은 각 편 단위로 해제, 원문(번역과 원전원문), 역주, 해설의 4단계 종합구성을 하였다.
4. 3부 「부록」의 부록 1부터 부록 4까지는 『교주』에 붙은 부록을 번역한 것인데, 본문 번역 구성과 달리 문단마다 따로 해설을 달지 않았다. 부록 4 『사기』 및 『한서』의 「육가전」 합동주석을 제외하곤 역주 또한 일일이 번호를 달아 주석하지 않고 『교주』 내용을 과감히 축약하여 하나의 '주'로 통합하여 부기하였다. 부록 5는 『교주』의 맨 앞에 있는 전언(前言)을 번역한 것으로 번역문만 싣는다.
5. 기타 『신어』 관련 서적을 여럿 참조하였으나 꼭 필요한 부분이 아니면 일일이 출전표기를 하지 않았다.
6. 직역하였으나 한국어 표현상 어쩔 수 없이 필요한 부분에 수식하는 한 두 단어를 첨부함으로써 독해의 편의를 도모하였다. 의미상 수식과 설명이 필요한 의역이 명백한 부분은 가급적 간략히 덧붙이되 '[ ]'표시를 두었으며, 기타 독해에 방해되는 부호표시들을 본문에선 최대한 생략하였다.
7. 원문에 없는 글자는 글자 수만큼 '□' 표시를 하였으며 번역문은 '( )'로 묶었으나 전후 문장과 연결 지어 번역 가능한 데까지 최대한 번역하였다.

춘추전국의 혼란과 분열을 종식시켰던 진秦 제국의 단명은 사람들에게 수많은 성찰의 과제를 남겼다. 한漢나라 초엽 지식인들은 여러 가지 각도에서 진 왕조의 악몽에 대해 부단히 사색하였다. 그러나 새 왕조를 연 인물들은 진나라가 만든 황제를 중심으로 하는 정치제도를 포기하고 싶지 않았다. 따라서 한나라 초엽 사상가들은 중앙집권적 군주전제라는 진나라 정치제도를 그대로 계승하면서 그 바탕인 법가 이론을 감추고 다른 이론으로 제도를 뒷받침하는 적절한 조정을 하려고 하였다. 유가사상을 중심으로 하면서 도가사상을 적절히 섞은 육가陸賈(B.C. 240?~B.C. 170)야말로 그 모범을 제시한 인물이다.

육가의 원적은 초楚나라이지만 일찍이 유방劉邦에게 투신하여 주로 제후국 사신노릇을 하면서 달변으로 명성을 날렸다. 육가는 유가의 학맥을 계승한 선비였으며, 시대변화에 순응하는 상황주의자였고, 유가적 인의와 도가적 무위의 결합시켜 생각하였으며, 도를 군주보다 중시하는 순자학설의 계승자였다. 그는 정치를 전투로 생각하는 유방을 말 위에서 끌어내려 지식기반의 왕도정치를 하도록 설득하였으며, 남월南越의 조타趙佗를 설득해 오늘날의 광동성 일대를 중국에 복속시키기도 했다.

육가는 첫째, 천인합책天人合策을 입각점으로 삼아 천문·지리·인사를 모두 통찰하는 '통물統物'론과 상황에 따라 때맞추어 조치를 취하고 기존 규정을 고수하지 않는 '통변通變'론을 제기하였다. 이는 동중서董仲舒식 신비주의와 천인감응론의 원류가 되었다.

둘째, 육가는 인의를 근본으로 삼아 통치정책을 조정하려 시도하였다. 인의와 무위를 중첩시켜 폭력통치가 과해선 안 되며, 경제적 착취도 있어선 안 된다고 주장한다. 육가의 무위론은 한나라 초기 정치이데올로기로 기능한 황노黃老 정치사상의 전형이다. 육가의 무위는 또 다른 형식의 유위인데, 유위적이고 억압적인 통치를 행하면서도 부단히 요순시대의 무위정치를 그리워하는 중국 정치전통의 원형을 육가와 『신어』를 통해 읽을 수 있다.

셋째, 육가의 군주에 대한 논술은 기본적으로 군주를 통치의 근본으로 여기는 유가 특히 순자의 관점을 답습하였다. 흥망은 군주의 도에 달려있지 하늘에 있지 않다고 본 육가는 한편으로 군주가 현명하기를 바라고, 다른 한편으론 신하가 현명하기를 요구한다. 진한 제국 이래 2천 년 동안 유지된 중국정치사상의 전형을 육가에게서 발견할 수 있다.

『신어』는 육가가 한 편씩 쓰기도 하고 한 편씩 상주하기도 하여 모두 12편을 유방에게 바친 작품이다. 『신어』는 유방 및 한 초의 통치자들에게 매우 큰 영향을 미쳤다. 반고班固는 육가의 『신어』, 소하蕭何의 '율령律令', 한신韓信의 '군법軍法', 장창張蒼의 '장정章程', 숙손통叔孫通의 '예의禮儀'를 한나라 천하를 결정지은 5대 지주로 열거하였다(『한서(漢書)』「고제기(高帝紀)」). 네 가지는 제도에 관한 얘기고, 유독 『신어』만이 한 대 통치이념의 바탕을 논한 정치사상의 저술이다. 『한서』「예문지藝文志」엔 "『육가陸賈』 23편"이라 기재하고 있는데, 『신어』 이외에도 육가의 글이 많았던 것으로 생각된다.

현존본 『신어』는 탈자도 많고 해독하기도 매우 어려운 책이지만 당시의 시대분위기를 매우 잘 담고 있어서 당시에 벌써 유명하였다. 사마천司馬遷, 양웅揚雄, 반고班固, 공융孔融 등이 『신어』를 읽고 높은 평가를 내렸으며, 거의 모든 학설에 날카로운 비판의 칼날을 들이대었던 왕충王充 마저 그의 『논형論衡』에서 『신어』를 극찬하며 육가를 고성古聖이라 떠받들기까지 하였다. 그 후 역사적으로 『신어』를 연구한 학자들은 매우 많았고 판본도 다양했으나 매 시대의 판본 사이에 오자, 착간, 탈락 등이 많고 심지어 내용이 상당부분 다른 판본도 있다. 오늘날 참고할 수 있는 판본 가운데 가장 신뢰받고 널리 쓰인 것은 명나라 홍치弘治 연간 이정오李廷梧의 판각본이며, 기존의 『신어』 연구를 총결한 탁월한 서적이 북경北京 중화서국中華書局에서 1986년 발간되었다. 강진江津 왕리기王利器의 오랜 연구업적인 『신어교주新語校注』는 제자백가 수많은 학설들을 망라하여 상세하게 자구 하나하나를 주석하였으며, 일부는 육가의 원저보다 탁월한 분석을 보이는 곳도 많다. 후대 연구자들에게 지대한 편의를 제공해준 작품이다. 중국대륙의 학자이면서 대만臺灣 삼민서국三民書局에서 1995년 발간한 왕의王毅의 『신역신어독본新譯新語讀本』 또한 참고가치가 크다.

중국에서 『신어』 연구는 이미 상당한 수준에 올라있으나 우리나라에는 아직 선행업적이 많지 않다. 『신어』는 육가의 원문만 따지면 1만 천여 글자에 불과한 작은 책이지만, 수많은 함축적 언사들로 덮여 있고, 문장은 예술성이 풍부한 운율을 지니고 있으며, 개념들은 역사를 내면화시킨 형상중심의 단어들을 채택하고 있다. 이 때문에 번역에는 상당한 노력과 해석을 위한 방대한 고증 및 주석을 필요로 한다. 왕리기의 『신어교주』는 『신어』 원문 12편 외에 장문의 해제, 「신어일문新語佚文」, 육가의 『초한춘추일문楚漢春秋佚文』, 『신어』 관련 「서록書錄」, 『사기』 및 『한서』의

「육가전陸賈傳」에 대한 합동 주석을 부록으로 달고 있어 육가와 『신어』 연구에 대단히 유용한 주석서이다. 하지만 15만여 글자에 이르는 지나치게 방대한 고증은 독자들이 독해하는데 방해가 되기도 한다.

역자는 왕리기의 책을 주 대본으로 삼아 『신어』를 번역하였으나 『신어교주』의 체제와 주석을 그대로 따르지 않고 선택적으로 번역을 하고 역주를 붙였다. 『교주』에 구분하고 있는 단락을 중심으로 원문, 주석, 번역, 해설이라는 번역서의 네 가지 기본 체제를 갖추었다. 그리고 각 편의 제목 뒤엔 해당 편의 주지가 살아나도록 해제를 재구성하였다. 중국 이외 지역의 『신어』 완역서가 전무한 시점에서 이 번역이 국내 중국철학, 중국 정치사상, 중국사상사 분야 연구의 기초 가운데 하나로 자리를 잡았으면 하는 바람이다. 이 책의 번역을 가능하게 해준 한국연구재단에 감사드리며, 수차에 걸쳐 꼼꼼히 읽고 여러 잘못을 바로잡아주신 심사위원 선생님들께도 감사드린다. 끝으로 책의 출판에 도움을 주신 소명출판 윤종욱 선생님께 감사드린다.

2010년 봄
장현근

新語譯解 __ 차례

1부
상권

제1편 도기 道基 第一

제2편 술사 術事 第二

제3편 보정 輔政 第三

제4편 무위 無爲 第四

제5편 변혹 辨惑 第五

제6편 신미 愼微 第六

제1편 도기

道基 第一

해제_ 이 편은 천상과 지리를 빌어 선대 성인들이 창조해낸 위대한 공적을 설명한다. 앞머리에서 하늘과 땅에 근본을 두고, 이어서 선대 성인들의 공적을 서술하고 마지막으로 인의에 대해 논의한다. 자연의 도에 순응하여 인의를 베푸는 것이 치국의 기본이라는 취지의 글이다. 도의 기초란 제목으로 첫 번째 편을 삼은 이유도 여기에 있다.

전하는 말에 "하늘은 만물을 낳고 땅은 그들을 기르며 성인은 그들을 완성시킨다"고 합니다. 이들의 공덕이 어우러져 그로 말미암아 도가 생겨났습니다.

傳曰[1] : "天生萬物, 以地養之, 聖人成之."[2] 功德[3]參合,[4] 而道術[5]生焉

1 고서에 흔히 등장하는 '傳曰'이란 말은 두 가지 경우에 쓰인다. 하나는 전해오는 소문을 일컫는 경우이고, 하나는 문헌적 증거를 갖춘 전해오는 사건을 일컫는 경우이다. 여기선 전자를 가리킨다. 왕리기의 고증은 다음과 같다. 『주례周禮』

해설 이 장은 도술이 생겨나게 된 유래를 설명하고 있다. 육가는 한 고조 유방을 맞대면하면서 그를 설득하기 위해 천지와 성인을 끌어들이고 있다. 육가 자신이 구상하는 인의의 정치는 비단 천지자연의 근원적 이치에서 유래했을 뿐만 아니라 먼 옛날 성인들이 하늘과 땅

「하관夏官」「훈방씨訓方氏」 직무는 "사방에 전傳해오는 도道를 외우는 것"이었는데, 정현鄭玄은 "전해오는 도란 대대로 저 옛날의 일들을 전하여 말하는 것이라"고 주석하였다. 『장자莊子』「도척盜跖」편엔 "저 옛 시대부터 내려오는 것이 전傳이고, 요즘 시대에 이루어진 것이 설說이라"고 한다. 『순자荀子』「비상非相」편의 "열 세대에 전해지는 바에 비유하자면"에 대해 양경楊倞(양경이 살았던 당나라 때는 글자의 변을 아래에 붙이는 습관에 따라 '倞'자도 '亻'자를 빼고 '亮'이라 썼다. 따라서 당시 음으로는 '량(liang)'이라 읽어야 하나, 여기선 한국어 관습에 따라 '경'으로 읽는다)은 "전傳이란 전해지는 소문이라"고 주석하였다(『신어교주』, 이하 『교주』로 약칭).

2 『순자』「부국富國」편에도 "그래서 '하늘과 땅이 만물을 낳고 성인은 그것을 완성시킨다[天地生之, 聖人成之]'는 말은 바로 이를 가리킨 말이다"는 구절이 있다. 이에 대해 양경은 "옛날부터 이런 말이 있었으며 그것을 끌어다 분명히 한 것이다"고 주석하였다. 순자와 육가가 같이 이 문장을 인용한 것은 모두 그 문헌적 근거를 갖고 있었기 때문인 듯하다.

3 '공功'은 공적을 일컫고 '덕德'은 덕화를 일컫는다.

4 '참합參合'은 배합된다는 뜻이다. 『순자』「천론天論」편에 "하늘에는 시절의 변화가 있고, 땅에는 재물의 저장이 있고, 사람에게는 다스리는 능력이 있다. 이를 가리켜 인간이 천지의 조화에 참여할 수 있다고 말한다"에 대해 양경은 "사람이 능히 하늘의 시절과 땅의 재물을 다스려 그것들을 이용할 수 있으므로 천지의 조화에 참여한다"고 주석하였다. 이 문장에서의 '참합'은 성인의 공덕이 천지의 조화에 참여함을 일컫는다.

5 일반적으로 '도술道術'의 '도'는 보편적인 원리를, '술'은 구체적 방법을 뜻하는 말이지만, 같은 의미로 쓰이는 경우도 많다. 제자백가의 책에 등장하는 '도술'은 그들 나름대로 정의한 도로써 각자의 입장을 담고 있는데, 대체로 사물의 궁극적인 이치 또는 정해진 질서나 규율을 뜻한다. 한 글자로만 거론할 때는 '도'이고, 두 글자로 거론할 때는 '도술'이라 한다. 범위로 보자면 '도'가 '술'을 함축하고 있으므로 '술'은 '도'에 포함되는 개념이다. 왕리기의 고증은 다음과 같다. 『장자』「천하天下」편은 "옛날의 이른바 도술", "도술이 장차 천하를 갈라놓았다"고 하고, 『여씨춘추呂氏春秋』「집일執一」편은 전병田駢이 도술로 제齊왕을 설득하였다고 하고, 「무도誣徒」편에는 '도술'이 크게 유행한 것은 스승이 잘 가르치기 때문이며 '도술'이 무너진 것은 스승이 잘 대처하지 못했기 때문이라고 한다. 「무도」편에 대한 고유高誘의 주석을 보면 "술은 도이다"고 한다.

의 공덕을 배합하여 만들어낸 위대한 창작품이므로 의심의 여지가 없다고 강조한 말이다.

그래서 말합니다. 하늘은 해와 달을 배열하고 별들의 자리를 잡아주고 사계절의 순서를 매기고 음양의 기운을 적절히 조화시킵니다. 그 기운이 퍼져서 만물은 각자의 본성을 조절하게 되며 순서에 따라 오행이 배치됩니다. 만물은 봄에 태어나고 여름에 성장하며 가을에 거둬들이고 겨울에 감추어듭니다. 양기가 움직여 천둥번개가 생기고 음기가 모여 눈서리가 만들어집니다. 그리하여 뭇 생명들이 생육하고 성장하여 무성해지기도 하고 사라지기도 합니다. 비바람으로 윤기가 돌게 하고, 햇볕으로 쬐여주며, 절기로 온기 있게 하며, 차가운 서리로 쇠락하게 합니다. 뭇 별들이 제 자리를 잡아가고 북두칠성으로 방향을 제어합니다. 모든 존재는 천지사방의 범주 안에 포용되며 삼강三綱과 육기六紀로 인륜을 망라합니다. 재난변괴를 내려 사람들의 잘못을 고치도록 하고 길한 징조를 미리 알려줍니다. 살리고 죽임으로써 만물을 움직이며 각종 천문형상으로 사람들에게 깨우침을 줍니다.

故曰[6]: 張[7]日月, 列星辰, 序四時,[8] 調[9]陰陽, 布氣[10]治性,[11] 次置五

6 고서에 흔히 등장하는 '故曰'이란 말은 보통 두 가지 경우에 쓰인다. 하나는 앞 사람의 말을 인용하여 문장을 완성하는 경우이고, 하나는 위 문장을 받아 유추해서 하는 경우이다. 여기서는 두 경우를 겸하고 있다. 왕리기는 『사기』 「위세가魏世家」의 "그래서 이렇게 말합니다. 군주에게 적자가 없으면 그 나라는 격파될 것이라고"에 대한 색은索隱의 "이는 옛 사람의 말이나 속어에서 따온 것이므로 '故曰'이라 하였다"는 등의 예로 전자의 경우를 설명하고, 『회남자淮南子』 「태족훈泰族訓」의 "하늘이 해와 달을 진설하고 별들의 자리를 잡아주고 음양의 기운을 적절히 조화시키고 사시의 순서를 배치하였다"는 등의 문장을 예로 들며 육가가 회남자와 같은 근원을 가진 문헌을 참고한 것으로 유추해서 후자의 '故曰'을 설명하고 있다.

7 '장張'은 진설하다, 진열하다, 배열하다 등의 의미이다.

8 '서사시序四時'란 봄, 여름, 가을, 겨울이 순서대로 이어져 감을 뜻한다.

9 여기서 '조화'란 화해 또는 협조로서의 의미이다.

10 자연계에 널리 퍼져 있는 차고 뜨겁고 구름이 끼고 개인 기운을 말한다.

11 이 책 「회려懷慮」편에도 '양기치성養氣治性'이란 말이 나온다. 그러나 '치성'이

行;[12] 春生夏長, 秋收冬藏,[13] 陽生[14]雷電, 陰成霜雪, 養育群生,[15] 一茂一亡,[16] 潤之以風雨,[17] 曝[18]之以日光, 溫之以節氣, 降之以殞霜,[19] 位之以衆星, 制之以斗衡,[20] 苞之以六合,[21] 羅之以紀綱,[22] 改之以災變,[23] 告

란 글자가 같을 뿐 뜻은 다르다. '양기치성'에서의 '성'은 사람의 본성을 애기하고, 여기서의 '성'은 만물(물질)의 본성 즉 만물이 각자 자연에 순응하는 성질을 애기한다.

12 물질을 구성하는 다섯 가지 원소인 금金, 목木, 수水, 화火, 토土를 가리킨다.

13 '춘생春生'에서 '동장冬藏'까지 두 구절에 대해선 두 가지 해석이 가능하다. 계절의 변화에 따라 사람의 할 일이 달라지는 것으로 해석하는 경우와, 계절에 따른 자연자체의 변화로 해석하는 경우이다. 왕리기는 『회남자』 「본경本經」편 및 『사기』 「태사공자서太史公自序」의 같은 구절을 인용하여 천도天道의 대 원칙으로서 애기하고, 왕의王毅의 『신역 신어독본』(이하 『독본』)에서는 이를 자연의 규율에 따라 일을 처리하는 것으로 받아들인다. 여기서는 자연의 이치로서 물자체가 봄에 태어나고 여름에 성장하고 가을에 스스로를 거두고 겨울엔 스스로 잠복한다는 의미로 해석하였다.

14 『의림意林』 2는 '생生'을 '출出'로 인용하였다.

15 '군생群生'은 일체의 생물을 말한다.

16 봄과 여름엔 번성하고 가을과 겨울엔 쇠망한다는 의미이다. 왕리기는 『춘추곡량전春秋穀梁傳』 「소공昭公 16년」조의 '일유일망一有一亡'을 예로 들며 '무茂'자는 원래 '유有'자인데 발음이 유사하여 '무'로 잘못되었다고 주장한다.

17 만물이 비바람을 얻어 촉촉이 윤기가 돌며 성장한다는 뜻이다. 『주역周易』 「계사繫辭 상」편에 "윤지이풍우潤之以風雨"란 같은 구절이 있다.

18 '폭曝'은 햇볕을 쬐어 말린다는 뜻이며 '폭暴'자로 쓰기도 한다.

19 '운殞'은 '운隕' 또는 '운實'자와 통하며 추락한다는 뜻이다. '운상'은 떨어지는 서릿발을 말한다.

20 '두형斗衡'은 북두칠성의 다섯 번째 별 '옥형玉衡'을 말한다. 여기서는 북두칠성 전체를 가리킨다.

21 '육합六合'이란 하늘·땅·동·서·남·북을 말한다.

22 '삼강三綱'과 '육기六紀'를 뜻한다. 『백호통白虎通』의 「삼강육기三綱六紀」편엔 이렇게 설명하고 있다. "삼강이란 무엇인가? 군신君臣, 부자父子, 부부夫婦이다. 육기는 제부諸父, 형제兄弟, 족인族人, 제구諸舅(외가), 사장師長, 붕우朋友이다." 삼강은 군위신강君爲臣綱, 부위자강父爲子綱, 부위부강夫爲婦綱의 큰 항목을 말하고, 육기는 더 작은 세부적인 항목을 말한다. 세상 윤리의 벼리가 된다는 의미에서 기강紀綱이라 하였다.

23 하늘이 재난이나 변괴를 내려 견책의 의미를 전달한 것이므로, 군주는 응당 그 권위에 복종하여 잘못을 뉘우치고 덕을 쌓아야 한다는 뜻이다. 후대의 동중서董仲舒는 『춘추번로春秋繁露』 「필인차지必仁且智」편에서 이를 발전시켜 재이

之以禎祥,[24] 動之以生殺, 悟之以文章.[25]

해설 여러 가지 자연 현상을 열거하고 있다. 하늘의 주도적 작용으로 세상의 만물이 만들어지고 성장하고 쇠락해가는 과정을 그리고 있다. 모두 거기에 알맞은 규율에 따르고 있다고 설명한다. 성인의 공덕과 천지가 서로 화합하여 도술을 만들어내고 있음을 강조하려는 의도이다. 그리하여 문장의 말미에 군주에 대한 하늘의 여러 가지 경고들을 하나하나 예로 들어가며 덕을 쌓고 사회윤리를 바로잡으라는 저자의 의도를 살짝 내비친다.

그리하여 하늘에 있는 것들은 관찰할 수 있으며, 땅에 있는 것들은 측량할 수 있으며, 만물에 깃든 것들은 규율을 찾을 수 있으며, 사람에게 나타나는 것들은 상을 파악할 수 있사옵니다.

故在天者可見, 在地者可量,[26] 在物者可紀,[27] 在人者可相.[28]

해설 책 첫머리의 도입부분 논의를 총결하는 장이다. 세상만사나 삼라만상 모두 사람의 능력으로 인식할 수 있다는 말이다. 아무리 복잡한 물질이라도, 인간사회의 온갖 미추와 선악이라도 모두 헤아릴 수 있다는 주장이다.

災異를 국가의 실정에 대한 하늘의 견책으로 설명한다. 천의 권위를 빌어 군주 권위에 대한 견제를 시도한 것이다.

24 『예기禮記』「중용中庸」편엔 "국가가 흥하려하면 반드시 상서로운 징조가 나타난다"고 한다. '정상禎祥'은 길한 징조란 뜻이다. 흔히 공작, 봉황, 기린 등 신물의 출현을 길조로 본다.

25 왕리기는 『태평어람太平御覽』에 인용된 위서緯書의 구절들을 예로 들며 여기서의 문장文章은 천문天文을 가리킨다고 주석한다.

26 천문지리와 그 변화를 인식할 수 있다는 말. 『주역』「계사 상」편의 동일한 내용에 대해 한강백韓康伯은 하늘이 보여주는 상이란 일월성신日月星辰이고 땅에 드러난 형상은 '산천초목山川草木'이라 주석하였다.

27 '기紀'를 법도나 규율로 해석한다. 사물의 발전 추이를 관찰하여 천지의 법도와 규율을 연역해낼 수 있다는 의미.

28 '상相'은 『순자』「비상非相」편의 '상'처럼 사람의 면상, 관상, 형상의 관찰 등의 의미. 사람의 면상을 보고 길흉화복을 파악할 수 있다는 해석도 가능하다.

그리하여 대지 위에 오악이 솟아오르고, 네 강이 그어지고, 웅덩이와 연못이 갈라지고, 하천샘물이 뚫리게 되었습니다. 식물들이 나고 자라 비슷한 것들끼리 군락을 이루며 수천수만의 뿌리들이 얽히고, 갖가지 형태를 드러내며 정기를 공급받아 뭇 생물이 살아가게 되었습니다. 만물은 천시를 어기지 않으며, 본성을 침탈하지 않으며, 자기 성정을 감추지 않으며, 자신의 억지행위를 숨기지 않사옵니다.

故地封五岳,[29] 畫四瀆,[30] 規洿澤,[31] 通水泉; 樹物養類, 苞植萬根,[32] 暴形養精,[33] 以立群生; 不違天時, 不奪物性,[34] 不藏其情, 不匿其詐.[35]

해설 만물의 자연적 본성에 순응해야 한다는 주장이다. 하늘의 작용에 대한 위의 논의를 이어받아 땅 위의 만물은 하늘이 내린 규칙을 따라 만들어졌다는 논리이다. 산과 강, 연못 등을 예로 들며 하늘로부터 부여받은 자연적 본성이 대지 위에 그대로 구현되어 있으며, 대지는 하늘이 내려준 때를 어기지 않는다고 설명한다.

그래서 하늘의 도를 아는 사람은 고개를 들어 천문을 보고, 땅의 도를 아는 사람은 고개를 숙여 지리를 관찰합니다. 발로 걸어 다니거나 입으로 숨을 쉬며 날개로 날아다니고 기어서 움직이는 동물 부류, 물에서 살거나 육지에 번식하며 뿌리를 드러내고 잎이 자라는 식물 족속이

29 '봉封'은 땅을 북돋아쌓는다는 의미. 흔히 중원中原을 둘러싼 명산 오악五嶽으로 으뜸은 동악東嶽 태산泰山, 그리고 서악西嶽 화산華山, 남악南嶽 형산衡山, 북악北嶽 항산恒山, 중악中嶽 숭산嵩山을 일컫는다.

30 역사적으로 중국의 4대 하천으로 불리어 온 강들. 장강長江, 황하黃河, 회하淮河, 제수齊水를 말한다. 오늘날 세 강은 존재하나 제수는 없다. 원래 황하를 지나쳐 남쪽으로 흐르다 동쪽으로 꺾여 산동으로 굽었으나 황하와 나란히 가다가 나중 황하에 병합되어 버렸다. 상류 발원지 부분은 여전히 존재한다.

31 '오洿'는 웅덩이, 진흙구덩이 등을 뜻하고 '택澤'은 연못이나 호수를 일컫는다.

32 '포苞'는 나무의 밑동, 뿌리를 말한다. 만물은 본래 각기 다른 뿌리에서 생겨났다는 뜻.

33 '폭暴'은 드러낸다는 의미. 초목의 생장을 뜻하는 '식殖'자는 '식植'자와 통한다.

34 만물이 각자 제 자연적 본성을 변화시키지 않고 자연에 순응한다는 의미.

35 『순자』 「수신修身」편에 "숨기는 행위를 사詐라 한다"는 말이 있다.

모두 편안히 안심하며 제 자연본성에 따라 성장하게 되었습니다. 이 모두는 천지의 기운이 서로 도와 감응했기 때문입니다.

故知天者仰觀天文,[36] 知地者俯察地理.[37] 跂行[38]喘息,[39] 蜎飛[40]蠕動[41]之類, 水生陸行,[42] 根著[43]葉長之屬, 爲寧其心而安其性,[44] 蓋天地相承,[45] 氣感[46]相應而成者也.

해설 여기서 육가는 인간사가 천도에서에서 유래함을 밝히고 있다. 세상만사 모든 일과 만물이 모두 천지의 기운이 교감하여 형성된다는 주장을 하고 있다. 도의 큰 원류는 하늘에서

---

36 천문을 올려다보고 지리를 굽어 관찰한다는 말은 『주역』 「계사 상」편에 보인다. 천문은 흔히 '삼광三光' 즉 해, 달, 별을 일컫는다.

37 지리는 보통 산천, 동식물, 토양 등을 두루 일컫는다.

38 '기跂'는 '기蚑'로도 쓰는데 발이 달려 걸어 다니는 동물을 말한다.

39 '전식喘息'은 본래 급박한 호흡을 뜻하는 말이다. 따라서 보통 입을 통한 호흡을 말하는 '훼식喙息'으로 써야 한다는 주장이 있다(宋翔鳳). 그러나 왕리기의 고증에 의하면 한나라 사람들 사이에 '천식'이란 말이 쓰였으므로 고칠 필요가 없다고 한다.

40 『설문해자說文解字』에 따르면 '연蜎'은 '연肙'으로 장구벌레를 뜻하나 왕리기의 고증에 따르면 장구벌레를 뜻하는 '현蠉'자가 원래 작은 날개로 파뜩파뜩 날아다니는 '현翾'자와 같다고 한다. 따라서 여기서 '연비蜎飛'는 날개로 날아다니는 작은 곤충으로 해석한다.

41 '연蠕'은 '연蝡'과 같은 자로 꿈틀거려 움직이는 미물을 뜻한다. 여기서는 기어서 움직이는 동물들로 해석한다.

42 왕의는 수중의 생물과 육지에 걸어 다니는 동물로 해석하였고(『독본』), 왕리기의 『교주』도 다분히 그런 뜻을 함장하고 있다. 그러나 첫째 앞 구절의 '지류之類'와 뒤 구절의 '지속之屬'이 대구이며, 둘째 이어지는 구절이 뿌리와 잎으로 수식한 것이어서 앞을 동물, 뒤를 식물로 해석하는 것이 문장의 맥락에 맞다. 따라서 여기서는 수생식물과 육생식물의 번식으로 해석한다.

43 '근저根著'는 뿌리가 있는 초목을 가리킨다.

44 여기서 끊고, 蓋天地로 이어지는 문장은 단락을 나누어 다음 구절과 붙여 해석해도 뜻이 통한다. 그럴 경우 寧其心과 安其性을 이 단락 첫 머리에 등장하는 천문과 지리에 통달한 사람의 역할로 해석할 수도 있다. 그러나 여기서는 왕리기의 『교주』를 그대로 따라 寧其心과 安其性의 주어를 동식물로 보았다.

45 천지의 상호배합을 의미. '승承'은 '승丞'과 통하여 보좌하다는 뜻.

46 '기감氣感'을 뒤의 '상응相應'과 연결하여 '기운이 서로 감응하다'로 해석한다.

비롯된다는 동중서의 주장과 일맥상통한다고 할 수 있겠다. 하늘에서 출발하여 지리를 설명하고 차츰 인간사에 대한 설명으로 들어가는 논리전개를 하고 있다.

이에 옛 성인 복희씨伏羲氏는 고개를 들어 천문을 보시고 고개를 숙여 지리를 관찰하시어 천지음양을 분별하는 건곤乾坤 등 팔괘八卦를 그려내셨습니다. 이로써 인간세상의 도덕규범이 정해지고 백성들은 깨치기 시작하여 부자유친, 군신유의, 부부유별, 장유유서의 도리를 알게 되었습니다. 이에 모든 관직이 바로 서고 왕도가 생겨나게 되었습니다.

於是先聖[47]乃仰觀天文, 俯察地理, 圖畫乾坤,[48] 以定人道,[49] 民始開悟,[50] 知有父子之親, 君臣之義, 夫婦之別,[51] 長幼之序.[52] 於是百官立,

47 『맹자孟子』「이루離婁 하」편에 "선성先聖, 후성後聖의 도는 한 가지다"는 구절이 있는데, 선성은 우虞의 순舜임금을 가리키고 후성은 주의 문왕文王을 가리킨다. 그러나 여기서의 선성은 이와 다르다. 왕리기는 『한서』「예문지」 속의 『주역』 인용구절 등을 예로 들며 다음과 같이 고증하였다. 복희씨伏羲氏가 천문, 지리, 새와 짐승의 문양 등을 관찰하여 처음 팔괘를 만들었고, 문왕이 그 괘들을 겹쳐 상하로 나누어 육효六爻를 만들었으며, 공자가 단彖, 상象, 계사繫辭, 문언文言, 서괘序卦 등 10익翼을 만들어 해설을 달았다고 한다. 따라서 육가가 말하는 선성, 중성, 후성은 곧 복희, 문왕, 공자이다. 이는 중국철학의 보편적 상식으로 받아들이고 있는 사항이므로 여기에선 왕리기의 주장에 따라 해석하였다.

48 '화畵'를 '서書'로 잘못 쓴 판본도 있으나 '화'가 문맥에 맞다. '건곤乾坤'은 팔괘의 기초로 하늘과 땅, 순양과 순음을 대표하므로 천지만물을 대표하는 그림을 그린 것으로 해석하였다.

49 『예기禮記』「상복소기喪服小記」편엔 인도人道를 친친親親, 존존尊尊, 장장長長, 남녀유별男女有別 등을 최고의 도리로 정의한다. 뒤 구절과 연계시켜 볼 때 육가가 제기한 인도는 인간세상의 도덕규범이나 법칙을 뜻한다고 할 수 있다.

50 '개오開悟'는 깨우쳐 알게 된다는 의미.

51 판본에 따라 '별別'자가 '도道'자로 된 경우가 많으나, 『교주』에 따라 '별'로 쓴다.

52 『관자管子』「군신君臣 하」편, 『장자莊子』「도척盜跖」편, 『백호통』「호號」편 등을 종합하면, 복희씨 이전엔 사람들이 제 어미만 알고 아비를 몰랐으며 제멋대로 기거하고 아무거나 먹고 털가죽을 걸치고 살았다. 그런데 복희씨가 천문지리를 헤아려 인륜을 가르치고 팔괘로 인간사회의 도덕규범을 가르쳐 다스려지게 되었다고 한다. 육가는 그 삼강과 육기를 여기서 네 가지로 정리하고 있다.

王道乃生.[53]

해설 선성 즉 복희씨가 천도에 근거를 두고 팔괘를 만들어 인간과 만물의 질서를 잡아 왕도를 성립시켰다는 얘기다. 육가는 곳곳에서 주역을 주로 참고하여 우주의 원리와 인간세상의 윤리도덕을 설명한다. 여기서도 삼강오륜의 인륜을 복희 팔괘에 연유시키고 있다. 여기에 이르러 육가가 구상하는 정치질서의 궁극적 목표인 왕도가 처음 등장한다. 그는 왕도야말로 하늘의 이치를 반영하였고, 선대 성왕들의 모범을 구현한 것이므로 반드시 당시의 정치상황에 반영되어야 한다고 한고조 유방에게 설득하고 있는 것이다.

인류는 고기를 날로 먹고 동물의 피를 마시며 털 달린 가죽을 그대로 입었습니다. 신농씨神農氏에 이르러 털 없는 동물이나 짐승만으로는 백성들을 먹여 살리기가 어렵다고 판단하여 식용 가능한 다른 작물을 구하게 되었습니다. 신농씨는 온갖 초목의 과일을 직접 맛본 뒤, 시고 쓴 맛을 내는 물질을 조사해서 버리고 사람들에게 오곡을 먹으라고 가르쳤습니다.

民人食肉飮血, 衣皮毛; 至於神農,[54] 以爲行蟲[55]走獸, 難以養民, 乃求可食之物, 嘗百草之實, 察酸苦之味, 敎人[56]食五穀.[57]

53 '백관百官'은 각종 관료체계, '왕도王道'는 고대 제왕이 천하를 다스리는 정도를 일컫는다. 『상군서商君書』「개색開塞」편엔 세상이 복잡해져 친친의 도로 다스리기 어려워지자 백관이 수립되고 군주가 통제하는 세상이 되었다고 하나 여기서는 '친친'의 연장선에서 백관의 수립과 왕도의 성립을 얘기하고 있다.

54 신농씨神農氏는 중국 전설 속의 삼황오제三皇五帝 가운데 한 사람. 염제炎帝라 부르기도 하며 중국 문명의 시조인 황제黃帝 이전 중국을 다스린 사람으로 추앙받는다. 우두인신牛頭人身의 형상을 하고 농업을 처음 일으킨 사람으로 표현되기도 하며, 온갖 초목을 직접 맛보아 독초와 약초를 구분함으로써 인류를 구원한 의술의 원조로 숭앙되기도 한다.

55 '충蟲'은 동물의 총칭. 여기선 걸어 다니는 짐승과 대비하여 쓰였다. 털이 있는 짐승에 대하여 털이 없는 동물, 날개 달린 동물, 비늘 있는 동물, 껍질 있는 동물 등 네 가지 동물을 총칭한다.

56 판본에 따라 '민民'자로 되어 있는 것도 많다. 여기선 『교주』에 따른다.

해설 이 장에서는 신농씨가 농업을 개창하여 백성들의 식량문제를 해결했음을 말하고 있다. 인구는 늘고 식량은 부족한 세상에서 백성을 위해 희생한 신농씨를 등장시킨 육가의 의도를 알 수 있는 대목이다. 정치가가 해야 할 가장 중요한 첫 번째 임무는 백성들의 의식문제의 해결임을 은근히 강조하고 있는 것이다.

온 천하 사람들이 들판에서 살고 굴속에서 거처하였습니다. 집이나 방이 없어 짐승과 더불어 생활한 것입니다. 이에 황제黃帝께서 나무를 베어 건축재를 얽어 집을 만들었습니다. 위에 용마루를 두고 아래에 처마를 둘러 비바람을 피할 수 있도록 한 것입니다.

天下人民, 野居穴處, 未有室屋, 則與禽獸同域.[58] 於是黃帝[59]乃伐木構[60]材, 築作宮室, 上棟下宇,[61] 以避風雨.

해설 황제가 사람들에게 집 짓는 법을 가르쳐 사람들에게 비바람, 추위와 더위, 맹수들의 침입 등을 피하도록 했다는 말이다. 옛날 사람들이 들판에 살고 굴속에 거처하였는데, 성인이 출현하여 대들보와 처마를 두른 집을 만들어 비바람을 피하게 했다는 말은 『주역』「계

57 신농씨가 약초를 찾아 질병을 제거하고, 오곡을 파종하고 적절히 비를 내려 식량문제를 해결한 얘기는 수많은 전적에 등장한다. 특히 『회남자』「수무훈修務訓」에 대한 고유高誘의 주석을 보면 신농씨 오곡은 숙菽(콩), 맥麥(보리), 서黍(서속), 직稷(기장), 도稻(벼) 다섯 가지이나 도稻 대신 마麻를 포함시키기도 한다.

58 '동역同域'은 사람과 짐승이 같이 거주함을 일컫는다.

59 '황제黃帝'는 중국인들이 자신들의 문화적 민족적 조상으로 생각하는 전설의 인물이다. 헌원軒轅의 언덕 또는 희수姬水 근처에 살았으며 유웅有熊에서 나라를 세웠으므로 헌원씨, 희씨, 유웅씨 등으로 불린다. 신화에 따르면 판천阪泉에서 염제를 누르고, 탁록涿鹿의 들판에서 치우蚩尤를 죽임으로써 중국천하를 지배하는 제왕이 되어 오늘날 중화문명의 원조가 되었다. 중국에선 잠업, 의약, 교통수단, 문자, 가옥건설 등 모든 중국문명의 시조를 황제라고 생각한다.

60 '구構'는 집을 짓고 꾸미는 것을 말하고, '구搆'는 손으로 꾸며 얽는 것을 말한다. 옛날에는 두 글자를 혼용하여 썼다.

61 『회남자』「범론훈氾論訓」에는 성인이 출현해 "위에 용마루를 두고 아래에 처마를 둘러 비바람을 피하고 추위와 더위를 피하게 하여 백성들을 편안하게 만들었다"고 한다.

사 하」편에도 나온다. 비바람 등 자연에서 일어나는 공포로부터 백성들을 해방시키는 것 또한 중대한 정치가의 임무 중 하나임을 표현한 말이다.

백성들이 집에서 살고 곡물을 식용할 줄은 알았으나 아직 인력으로 가공할 줄은 몰랐습니다. 이에 후직后稷이 토지의 한계를 가지런히 규정하고 논밭의 경계를 그려주어 해당 토지에 어떤 곡물을 심어야 하는지 구분해주었습니다. 이렇게 토지를 개간하여 곡식을 심음으로써 백성들을 먹여 살리고, 뽕나무와 삼을 파종하여 잠사와 모시를 만듦으로써 몸을 가리게 되었습니다.

民知室居食穀, 而未知功力.[62] 於是后稷[63]乃列封疆,[64] 畫畔界,[65] 以分土地之所宜;[66] 闢土殖[67]穀, 以用養民; 種桑麻, 致絲枲,[68] 以蔽形体.[69]

해설 후직이 농업을 발전시켰고 곡식을 파종하는 방법을 처음 창조했다는 얘기이다. 위로부터 보면 신농씨는 곡물식용을 가르쳤고, 황제는 집을 지어 살도록 해주었으며, 후직은 농사짓는 법과 옷 만드는 재료를 가르쳐 주었다는 설명이다. 이로써 인간의 기본 욕구인 의식주 문제를 정치가의 노력으로 해결하게 되었다는 내용이다. 육가의 정교한 논리를 이해할

---

62 '공력功力'은 인공적인 노력을 가한다는 의미.

63 '후직后稷'은 황제의 후손인 희씨로 주周 민족의 시조. 이름은 기棄이며 순임금 때 농사를 담당하는 관리가 되어 백성들에게 토지에 맞는 곡식 파종법과 농사짓는 법을 가르치고 태邰 지방에 봉해져 호를 후직이라 하였다.

64 '봉封'은 땅을 나눈다는 의미이고, '강疆'은 밭두렁을 말한다. '열봉강列封疆'은 밭두렁의 한계를 분명히 나눈다는 뜻.

65 '반계畔界'는 논밭의 경계.

66 토지의 마땅한 바를 나눈다 함은 해당 토지에 맞는 곡식을 구분해준다는 의미. 『주례周禮』「하관夏官」「토방씨土方氏」 직의 토의土宜는 곡물에 적절한 토지로 해석된다.

67 '식殖'은 '식植'과 같다. 심는다는 뜻.

68 '사絲'는 누에고치에서 나오는 사면絲綿, '시枲'는 대마를 처리해 얻은 모시를 말하며 삼의 총칭으로도 쓰인다.

69 '폐蔽'는 가린다는 의미의 '엄掩'과 '엄揜', 덮는다는 의미의 '개蓋', '복覆'과 같은 의미로 모두 옷을 입어 비바람이나 추위를 피하게 되었다는 뜻.

수 있는데, 이는 『예기』 「예운禮運」편에도 옛 제왕들의 공적을 설명하면서 다루고 있는 내용이다.

이때는 (장강, 황하, 회하, 제수 등 중국의) 4대 하천이 아직 소통되지 않아 사람들의 홍수피해가 매우 컸습니다. 우禹임금이 장강의 막힌 곳을 뚫어 황하와 소통하게 만들자 비로소 네 강물이 소통되어 바다에 이르게 되었습니다. 작은 물줄기들은 큰 강으로 흘러들어 바다에 이르고, 높은 곳의 물은 아래로 모여들어 모든 하천이 순조로이 각자 제 갈 길을 잡았습니다. 그런 뒤에 사람들은 비로소 높고 험준한 곳을 벗어나 평지에서 살아갈 수 있게 되었습니다.

當斯之時, 四瀆未通, 洪水爲害,[70] 禹[71]乃決江疏河,[72] 通之四瀆, 致之於海,[73] 大小相引,[74] 高下相受,[75] 百川順流, 各歸其所,[76] 然後人民得去高險,[77] 處平土.

---

70 요임금 때 홍수가 횡행하여 천하에 범람했다는 홍수 피해에 대해선 『맹자』 「등문공滕文公 상」편에 기록이 있다.

71 우禹임금은 중국 최초의 세습왕조인 하夏나라의 개국군주이다. 대우大禹로 불리는 그는 치수사업을 하다 실패해 사형당한 곤鯀의 아들로 13년의 세월을 불태워 마침내 중국 하천들의 물길을 잡은 사람으로서 그 공을 인정받아 천자가 되었다. 범람하는 물을 막는 방법을 사용해 치수사업에 실패한 아버지와 달리 그는 물길을 터주는 방법을 사용해 치수에 성공하였다고 한다.

72 『맹자』 「등문공 상」편에 따르면 우임금은 아홉 개의 하천을 뚫었다고 하며, 『회남자』 「수무훈」에 대한 고유의 주석을 보면 무산巫山을 뚫어 장강을 동쪽으로 흐르게 하였다고 한다.

73 『시경』 「소아小雅」편이나 『서경』 「우공禹貢」편 모두 물길의 종宗을 바다로 삼고 있다. 모든 제후들이 천자에 귀속되듯이 장강, 황하의 물도 끝내는 바다로 모인다고 설명하고 있다.

74 작은 지류는 큰 하천에 합쳐진다는 의미로 가장 큰 바다에 이르게 된다는 뜻.

75 높은 연못에 있는 물은 낮은 곳의 호수로 흘러들게 된다는 의미.

76 크고 작은 하천들이 모두 각자 흐르는 방향으로 소통되어 마지막에 큰 바다로 귀결된다는 뜻.

77 '고험高險'은 홍수의 범람으로 인한 재해 때문에 평지에 살지 못했던 사람들이 거처했던 물난리가 없는 높고 험준한 곳을 일컫는다. 『맹자』 「등문공 하」편엔

해설 이른바 대우大禹 치수에 관한 얘기다. 우임금의 치수사업에 관한 얘기는 고전 어디든 등장하는 이야기인데, 육가는 여기서 초점을 치수의 결과에 두고 있는 듯하다. 높고 험준한 곳에서 불편하게 살던 사람들을 광활한 평지로 내려와 살도록 만든 것은 위대한 정치가 우의 공로라는 설명이다. 의식주 문제가 해결되면 자연재해로부터 백성들을 구제하는 것이 정치가의 역할임을 강조한 것이다.

하천과 산골짜기들이 복잡하게 교차하여 교통을 막으니 국가로부터의 풍속교화가 미칠 수 없었습니다. 전국의 각 지역이 끊기고 가로막혀 배나 수레를 이용하지 않고는 깊은 물을 건너 멀리 갈 수가 없었습니다. 이에 해중奚仲이 휜 목재를 가공하여 바퀴를 만들고 곧은 재목을 취해 끌채를 만들고는 말과 소를 이용해 수레를 끌도록 하였으며, 물에 뜨는 배를 만들고는 장대와 노를 이용하여 사람의 힘을 대신하도록 하였습니다.

川谷交錯,[78] 風化未通,[79] 九州[80]絶隔, 未有舟車之用, 以濟深致遠. 於是奚仲[81]乃橈曲爲輪,[82] 因直爲轅, 駕馬[83]服牛,[84] 浮舟杖楫,[85] 以代人

요임금 때 물이 역행해 중국에 범람하자 온갖 뱀과 이무기 등이 횡포를 부려 하류지역 사람들은 나무 위에 둥지를 짓고 살았으며, 상류지역 사람들은 산속 굴에서 살았다고 한다.

78 『시경』「소아」에 동쪽과 서쪽의 갈림을 '교交'라 하고, 어긋나서 섞임을 '착錯'이라 한다. 물과 산으로 막혀 사람 사이의 교류가 막힘을 일컫는다.

79 교통이 불편하여 국가의 풍속교화가 미치지 못함을 뜻한다.

80 고대 중국에선 전국을 9개 주로 나누어 다스렸다. 흔히 말하는 하나라의 우공禹公 9주는 기주冀州, 예주豫州, 옹주雍州, 양주揚州, 곤주袞州, 서주徐州, 양주梁州, 청주青州, 형주荊州 등이다.

81 해중奚仲은 황제의 후예로 하나라 우임금 때 거정車正이었다. 『여씨춘추』「군수君守」, 『회남자』「수무」, 『순자』「해폐解蔽」편 여러 문헌에 해중이 수레를 만들었다는 기록이 있다. 그러나 최초로 수레를 만든 사람은 황제라는 주장도 있어서 대립한다. 해중은 놀라운 기술로 이전의 물건들을 개량하여 수레, 배 등 새로운 기구를 창작해 낸 인물로 보인다.

82 '요橈'자는 '요撓'자로도 쓴다. 휘게 하다, 굽히다 등의 의미.

83 고대 중국에서 수레를 끄는 데 네 마리 말을 사용하였으므로 '사마駟馬'라 불리

力.

해설 해중奚仲이 배와 수레를 창작하여 사람의 힘을 대체함으로써 일반인들의 해상 및 육상의 교통문제를 해결했다는 내용이다. 인간의 편의를 위하고 정치적 교화의 보급을 위해 문명을 발전시켜 갔다는 주장이다. 관료 해중이 사람의 힘을 대신하여 무거운 짐을 얹고 멀리 갈 수 있도록 수레와 배를 만든 이유가 정치교화가 중국 전역에 미치도록 하기 위해서였다는 얘기다.

사람들은 금속을 녹이고 목재를 깎고 박을 가르고 진흙을 구워 각종 기계장비를 마련하게 되었습니다. 이에 백성들은 경중을 헤아릴 줄 알게 되었고, 이익을 좋아하고 어려운 일을 싫어하게 되었으며, 노동을 피하고 안일함을 쫓게 되었습니다. 이에 고요皐陶가 소송제도를 확립하여 범죄를 다스리기에 이르렀습니다. 상을 내걸고 벌칙을 정하여 시비를 구별하고, 좋고 나쁨을 분명히 하고, 간사한 악행을 단속하고, 방탕하고 음란한 행위를 없앴습니다.

鑠金[86]鏤木,[87] 分苞[88]燒殖,[89] 以備器械,[90] 於是民知輕重, 好利惡難,

며, '승마乘馬'도 비슷한 의미로 쓰였다.

84 소를 이용해 수레를 끌도록 했다는 의미. 『주역』「계사 하」편에 "소와 말을 이용해 수레를 끌게 하여 무거운 짐을 지고 멀리 갈 수 있으므로 천하를 이롭게 한다"는 구절이 있다. '복우服牛'의 '복服'자에 대해 단옥재段玉裁는 '비犕(소)'자의 가차라고 주석하였다(『교주』 참조).

85 『주역』「계사 하」편에 나무를 깎아 배를 만들고, 나무를 베어서 노를 만든다는 말이 있다. 이때의 배는 큰 나무의 속을 파내서 만든 듯하다. '즙楫'자는 '즙檝'과 같으며 노를 얘기하고, '장杖'은 배를 밀 때 쓰는 긴 장대를 뜻한다.

86 '삭鑠'은 '소銷'와 같으며 동, 철 등 금속류를 용화시켜 각종 기기를 만든다는 뜻.

87 '루鏤'는 쇠붙이를 이용해 나무를 깎아 목기를 만드는 것을 말한다.

88 '포苞'는 '박 포匏'자를 빌려 쓴 것이다. '분포分匏'는 마른 박을 갈라 각종 생활도구를 만듦을 뜻한다.

89 '식殖'은 진흙 '식埴'자로 보아야 한다. '소식燒埴'은 진흙을 구워 각종 도기를 만드는 일.

90 '기계器械'는 당시로선 예악에 소용되는 기구 및 군사용 병장기를 뜻한다.

避勞就逸. 於是皐陶[91]乃立獄制罪, 縣賞設罰,[92] 異是非,[93] 明好惡, 檢奸邪,[94] 消佚亂.

해설 고요가 형벌 및 소송 제도를 만들어 천하를 다스렸다는 내용이다. 「도기」편을 처음부터 주의 깊게 살펴보면 육가가 매우 면밀하게 정치세계의 출현과 통치의 당위성을 설명하고 있음을 알 수 있다. 먼저 천지의 도의를 얘기하고 인간세계에서의 도덕적 성취가 정치의 궁극적 목표임을 강조한 뒤 위대한 성인정치가들에 의해 의식주 문제가 해결되고, 문명의 이기들이 만들어진 과정을 앞에 설명하였다. 그리고 이어서 이 장에서는 이기적이고 편의만을 추구하는 보통 인간들의 타락현상이 생기고 그에 대응하여 법이 생겨 세상의 질서를 잡아갔다는 내용을 싣고 있다. 자세히 보면 철기를 포함한 각종 기기들의 운용으로 잉여가 생기고, 거기서 안일을 추구한 방탕한 사람들이 나타나므로 형벌과 소송을 마련하여 사회질서를 확립해갔다는 얘기다. 오형五刑에 밝아 범죄를 미연에 방지하여 무고한 죽음을 없애고 정치질서를 구축한 위대한 정치가로 고요를 등장시켜 유방을 설득시키려는 의도가 엿보인다.

사람들이 법을 두려워할 줄 알면서도 따라야 할 예의가 있음을 몰랐습니다. 이에 중고시대의 성인 문왕文王과 주공周公이 벽옹辟雍·상庠·서序 등 교육기관을 설립하여 상하존비의 의례를 바로잡고 부자간의 예 및 군신간의 의를 밝혀주었습니다. 강한 자가 약한 자를 능멸하지 못하도록 하고, 다수가 소수를 해치지 못하도록 하였습니다. 탐욕스럽고 야비한 마음을 버리고 맑고 깨끗한 행동을 일으키도록 가르쳤습니다.

---

91 '고요皐陶'는 순임금 때의 전설적인 신하. 『서경』「대우모大禹謨」엔 형벌과 소송 등 제도를 만들어 위대한 정책적 성공을 거둔 사람으로 그려지고 있다. '구요咎繇'라고도 불리며 전설 속의 외뿔양인 해치獬廌를 풀어 소송당사자들 가운데 죄 있는 사람을 들이받게 하여 판결한 것으로 유명. '법法'이란 글자가 여기서 유래했다.

92 '현縣'은 '현懸'과 같은 글자. 고요가 형벌, 옥사, 상벌 제도를 수립했다는 의미.

93 옳고 그름이 차이가 나도록 한다. 즉 시비를 분명히 가린다.

94 '간奸'과 '간姦'은 같은 글자. 악인의 사악한 행위를 단속한다는 뜻.

民知畏法, 而無禮義. 於是中聖[95]乃設辟雍[96]庠序[97]之教, 以正上下之儀, 明父子之禮, 君臣之義, 使强不凌弱, 衆不暴寡, 棄貪鄙之心, 興清潔之行.

해설 주나라 문왕과 주공이 교육제도를 설립하여 백성들에게 예법관념을 강화시켰다는 내용이다. 육가는 충실한 유가의 신도였다. 그는 유가사상의 핵심주장을 교육정책에 반영하려는 의도로 가지고 있는 것으로 보인다. 강자와 약자의 조화, 다수와 소수의 조화를 꾀한 것을 볼 때 교육의 본질에 대한 육가의 고민을 찾을 수 있다. 탐욕이 없는 깨끗한 사람을 만드는 것을 교육의 중요한 목적으로 삼았다.

그런데 나중에 예의가 행해지지 않고 기강이 바로 서지 않아 세월이 흐를수록 풍속이 쇠미해졌습니다. 이에 후성後聖 공자께서 오경五經을 확정하고 육예六藝를 천명하였습니다. 위로 하늘의 뜻을 계승하고 아래로 땅의 이치를 통섭하였으며, 사리를 따지고 미세한 말절까지 헤아려 사람의 성정에 근원한 근본의 확립으로 인륜도덕의 체계를 마련하였습니다. 천지의 법도를 근거로 책을 편찬하여 후세에 남기니 새나 짐승들

---

95 앞의 주47) 참조. 선성先聖은 괘상을 만든 상고시대의 복희씨, 중성中聖은 효사를 지은 중고시대의 문왕, 후성後聖은 그에 대한 해설을 가한 공자를 가리킨다. 여기선 벽옹 등 교육기관의 설립이 구체적으로 문왕의 아들 주공周公의 작품이므로 여기선 문왕과 주공을 동시에 지칭하는 것으로 본다(『교주』의 주장).

96 '벽옹辟雍'은 주나라 초기 귀족 자제들을 교육하기 위하여 설립한 대학. 벽옹辟廱·벽옹辟雝·벽옹璧廱 등으로도 쓴다. 학교의 사방을 물로 에워쌌는데 모양이 둥근 고리형태 옥인 벽환璧環 같다고 하여 '벽옹'이란 이름이 생겼다는 주장도 있다. 『백호통』「벽옹辟雍」편에 보면 천자가 예악과 덕화를 행하기 위하여 벽옹을 설치했는데, 둥글고 푸른 옥[璧]처럼 하늘을 닮고 물로 사방을 둘러싸[壅] 교화가 유행하길 바라서 이름을 지었다고 한다. 또 '벽辟'은 천하의 도덕이 쌓인다는 의미이고, '옹雍' 온 세상이 의례로 둘러싸여 온화해진다는 의미이므로 '벽옹'이라 했다고도 한다.

97 '상庠'은 지방 향鄕 단위에 설치한 학교이며, '서序'는 지방 리里 단위에 설치한 학교. 『백호통』「벽옹」편 등을 보면 상과 서 모두 부자유친, 장유유서 등 예의를 교육하였다.

도 감화를 받았으며 그로써 혼란스런 세상을 구제하였습니다. 천의와 인간사가 하나로 합해져 근본적인 도술이 모두 갖추어지게 되었습니다. 지혜로운 사람들은 그 이치에 통달하였고 각종 직업에 종사하는 사람들은 모두 그 기교를 충분히 발휘하게 되었습니다. 그리하여 관악기 현악기의 음률이 조화를 이루고 종소리 · 북소리에 가무를 더한 음악이 만들어짐으로써 사회의 사치풍조를 절제시키고 풍속을 바로잡고 문화적으로 우아한 경지에 다다르게 되었습니다.

禮義不[98]行, 綱紀不立, 後世衰廢. 於是後聖[99]乃定五經,[100] 明六藝,[101] 承天統地,[102] 窮事察微,[103] 原情立本,[104] 以緒人倫,[105] 宗諸天地, 纂[106]修篇章, 垂諸來世, 被諸鳥獸,[107] 以匡衰亂, 天人合策,[108] 原道[109]

---

98 『교주』의 고증에 따라 원래의 '독獨'자를 '불不'자로 바꾸었다. '이 세상에 예의만 시행되고 기강법도가 확립되어 있지 않으면'이라고 해석하는 것은 문맥에 맞지 않는다.

99 '후성後聖'은 공자를 가리킨다. 위 선성, 중성의 논의를 참조할 것.

100 공자 이래 원시 유가에서는 『시』, 『서』, 『역』, 『예』, 『악』이 주된 학습경전이었으나 전국시대 후반에서 진나라를 거치며 『악경』은 사라졌다. 그리고 공자가 편찬한 『춘추』를 5경에 편입시켰다. 공자 후 5경을 처음 언급한 곳은 육가의 이 구절이 처음이다. 한나라는 무제武帝 건원建元 5년 봄에 처음으로 오경박사五經博士 제도를 두었다.

101 육예六藝에 관해선 위의 6경을 예로 드는 경우도 있으나, 여기서는 공자가 학습과목으로 제자를 가르친 예禮, 악樂, 사射, 어御, 서書, 수數가 적절한 해석이다. 『사기』 「공자세가孔子世家」에 상세하다.

102 '승천承天'은 위로 천의의 계승을, '통지統地'는 아래로 땅의 이치를 통괄하는 것으로 해석한다.

103 찰미察微의 '찰'자는 원본에 탈루되어 알 수 없으나 다른 판본을 참조하여 『교주』는 '察'자를 보완하였다. 여기선 그에 따른다.

104 사람의 성정을 탐구하여 근본을 수립한다는 의미. 근본은 바로 오경과 육예.

105 '인륜人倫'이란 인간세상의 윤리도덕을 말한다. '윤倫'은 도리를 뜻한다. 유가에서는 군신, 부자, 붕우, 남녀 간에 지켜야 할 도리를 '인륜'이라 한다(『시경』 「주남周南」 「관저서關雎序」).

106 원본엔 '찬纂'자가 빠져있는데, 『교주』에 의해 보완하고 책의 편찬으로 해석한다.

107 덕이 짐승까지 감화시킨 얘기의 출처는 『서경』 「순전舜典」과 「익직益稷」편. 음악을 연주하자 온갖 새들과 짐승들이 몰려들어 춤을 추었다고 한다.

108 후대 동중서의 천인감응사상의 표본. 여기서 천인합책天人合策은 하늘의 뜻이

悉備, 智者達其心, 百工窮其巧, 乃調之以管弦絲竹[110]之音, 設鐘[111]鼓歌舞之樂, 以節奢侈, 正風俗,[112] 通文雅.[113]

해설 풍속을 바로잡고 쇠패해진 시대를 구원하기 위해 후성後聖 공자가 오경을 확정하고 육예를 천명하였다는 내용이다. 공자의 공로로 사회질서가 다시 확립되었을 뿐만 아니라 더욱더 우아한 문화세계가 될 수 있었다고 한다. 유가에 대한 육가의 공식적 견해가 언급되기 시작한 문장으로 도술이 근본이라는 이 편의 첫 구절로 돌아가고 있다. 공자가 책을 편찬하여 위대한 도덕체계를 이 사회에 건립했으며, 그로 인해 사람뿐만 아니라 동물들까지도 조화롭게 살 수 있는 세상이 되었다는 것이다.

후세 주나라 말에 이르니 사람들이 더욱 음란하고 사악해져 퇴폐적인 정鄭나라 · 위衛나라 음악이 판을 치게 되었습니다. 백성들은 근본인 농업을 버리고 말절인 상공업만 쫓으며 기기묘묘한 재주들이 곳곳에 유행하면서 사람마다 각양각색의 의도를 드러내었습니다. 게다가 각종 기물들에 꽃무늬를 새겨 조각하고, 옻칠 위에 아교를 더해 단청丹青을 하여 검누런 옥빛과 같은 기기묘묘한 색깔들을 만들어내 사람들 눈과 귀의 기호를 끝까지 끌고 가면서 기술자들의 기교는 극단적인 지경에 이르게 되었습니다.

後世淫邪, 增之以鄭衛之音,[114] 民棄本趨末,[115] 技巧横出,[116] 用意各

인간사에 반영된다는 의미이며, '책策'은 고대에 점을 치기 위해 준비한 점대 시초蓍草를 말한다.

109 도를 근본으로 삼는다는 뜻.

110 '관管'은 대로 만든 관악기, '현弦' 즉 '현絃'을 실로 만든 현악기. '사죽絲竹'은 곧 현악기와 관악기를 일컫는 말이다.

111 판본에 따라 '종鍾'과 '종鐘'이 혼용된다. 같은 뜻.

112 '풍風'과 '속俗'의 내용에 대해선 『한서』「지리지地理志 하」에 상세하다. '풍'은 사회분위기, '속'은 오랜 습관에 따른 성격(『교주』).

113 '문아文雅'는 문채의 전아함을 뜻한다. 『순자』「수신修身」편엔 예로 말미암은 행위를 우아하다고 평한다.

114 『사기』「악서樂書」에 정鄭나라 · 위衛나라 음악이 음탕하고 퇴폐적인 망국의

殊, 則加雕文刻鏤,[117] 傳致膠漆[118]丹青,[119] 玄黃[120]琦瑋[121]之色, 以窮耳目之好, 極工匠之巧.

해설 주나라 말엽 예악이 쇠퇴하고 화려하고 사람들이 향락과 사치를 즐기게 된 것을 개탄한 내용이다. 『순자』「유효儒效」편에도 예악이 쇠퇴한 뒤 기술자들의 기교가 중시되는 사태를 언급하고 있다. 기술 및 상업을 천시하고 근본인 농업을 중시하는 저자의 유가적 사유가 잘 드러나 있다.

대저 깊은 산이나 큰 바다에 사는 버새, 낙타, 무소 뿔, 상아, 대모 거북 및 호박, 산호, 물총새 날개, 진주, 옥돌 등 진기한 물건은 각자 자신에게 가장 알맞은 환경에서 만들어집니다. 그것들은 깨끗하고 밝게 빛나며 윤택하여 광이 나고, 아무리 갈아도 닳지 않으며, 아무리 흑색염료를 써

음악임을 자세히 설명하고 있다. 과거 은殷의 주왕紂王이 즐기다 마침내 나라를 잃게 된 경위와 그 음악이 정나라와 위나라에 전해졌다는 것이다. 특히 두 나라 민간엔 남녀가 사적으로 밀회하면서 쾌락을 추구하는 이런 음악이 유행하였다. 음악의 정치적 사회적 기능을 중시하는 유가는 남녀 간 사랑을 읊조리는 이런 음악이나 시가를 배척하여 '정위지음鄭衛之音'이라 칭한다.

115 당시엔 농업이 천하의 대본이고 장사는 '말업'이라고 생각했다. 『한서』「식화지食貨志 상」엔 근본을 버리고 '말업'을 쫓는 사람이 많아지면 세상이 크게 허물어질 것이라고 말한다. 여기서 '말업'은 상공업을 일컫는다.

116 '횡출橫出'은 크게 횡행한다는 뜻.

117 정성을 다해 각종 꽃무늬를 조각한다는 뜻으로 사치스런 행위를 빗댄 말.

118 '부치傅致'의 해석이 어렵다. 그러나 『교주』는 『한서』「문삼왕전文三王傳」의 같은 내용 '부치'에 대한 안사고顔師古의 주석처럼 '부傅'를 '부附'로 읽는다. 그러면 옻칠 위에 아교를 덧붙인다는 해석이 가능하다. 여기선 『교주』를 따른다.

119 '단청丹青'은 붉은 칠과 푸른 칠에서 유추하여 주로 건물 외벽 또는 그림을 화려하게 장식하는 회화용 색을 일컫는다.

120 왕리기의 고증에 따르면 옥석으로 장식하여 색깔이 '현황玄黃'이란 의미로 화려함의 극치를 표현한 말.

121 '기위琦瑋'는 옥을 가리킨 말인데 어떤 색깔인지 알 수 없다. 왕리기는 옛날에 '기奇'자와 '기琦'자가 통했음을 증거로 든다(『순자』「비십이자非十二子」편). 그럼 기기묘묘한 색깔로 해석이 가능하다.

도 검어지지 않습니다. 하늘의 기운으로 생겨나고 신령이 깃들어져 있어 청정함을 깊이 머금고 있다가 시대에 따라 부침을 거듭하지만, 어느 것 하나 효력을 내어 쓰이지 않는 경우가 없고, 제 성정을 다 발휘하여 훌륭한 기물이 되지 않는 경우가 없습니다. 그래서 "성인이 그것들을 완성시켰다"고 말합니다. 그러니 만물을 통괄하고 사물의 변화에 정통할 수 있는 바는 만유의 성정을 다스려 인의가 드러나게 하는 것입니다.

夫驢騾[122]駱駝, 犀象玳瑁,[123] 琥珀珊瑚, 翠羽珠玉, 山生水藏, 擇地而居, 潔淸明朗, 潤澤而濡,[124] 磨而不磷, 涅而不淄,[125] 天氣所生, 神靈[126]所治, 幽閒淸淨, 與神浮沈, 莫不効[127]力爲用, 盡情爲器. 故曰, 聖人成之.[128] 所以能統物通變,[129] 治情性, 顯仁義[130]也.[131]

---

122 암나귀와 수말을 교배시켜 얻은 노새의 일종으로 몸은 말이나 노새보다 작으며 귀가 비교적 크고 꼬리털이 짧다. 버새.

123 거북목의 열대 아열대 바다에 사는 동물(Hawksbill sea turtle; 학명은 Eretmochelys imbricata). 1미터 전후의 짙은 갈색의 등딱지는 장식품 가공에 쓰인다.

124 『시경』「정풍鄭風」「고구羔裘」장 "羔裘如濡, 洵直且侯"의 '유濡'에 대해 모전毛傳은 '윤택하다'고 해석하고 있다. 여기서도 물에 젖어 윤이 나는 것으로 해석한다.

125 이 구절은 『논어』「양화」편에 보인다. "不曰堅乎? 磨而不磷. 不曰白乎? 涅而不緇." 린磷은 엷다는 의미, 아주 견고한 물건은 아무리 갈아도 얇아지지 않는다는 뜻. 검다는 의미의 '치緇'와 '치淄'는 같이 쓰는 글자이며, 지극히 하얀 물건은 흑색염료인 열涅 속에 두어도 검어지지 않는다는 뜻.

126 '신령'의 뜻에 대해 『귀곡자』「본경음부本經陰符」엔 "기운이 화하여 천지보다 먼저 생겨나 그 형체를 볼 수도 없고, 그 이름을 알 수도 없는 것을 가리켜 신령하다고 한다"고 말한다.

127 '효効'는 '效'자의 속지이다.

128 '전하는 말에'로 시작하는 이 「도기」편의 첫 구절이 바로 '聖人成之'이다. 이 구절이 그 의미를 풀어 쓴 것이므로 첫 구절을 끌어다 결론을 삼고 있다.

129 '통변通變'은 『주역』「계사 상」과 「계사 하」에 보이며, 만물의 변화에 통달한다는 의미.

130 이하 여러 단락은 육가의 인의仁義에 대한 견해를 잘 드러내준다. 육가는 『순자』를 계승하여 '인'과 '의'를 필요에 따라 구분하기도 혼용하여 같이 쓰기도 한다. 공자는 『논어』에서 크게는 모든 덕목의 총칭으로 '인仁'을 설정하였고, 작게는 구체적 덕목으로서 인과 의를 구분하기도 하였다. 『맹자』에 이르면 사단四端을 설명하며 측은지심惻隱之心을 '인'으로, 수오지심羞惡之心을 '의'로 구분하였다. 유가 저작 중 '인의'라는 글자는 『순자』에 가장 많이 등장하는데,

해설 성인은 만물의 성정을 이용하여 인간 세상에 소용이 되도록 잘 만들어준다는 주장이다. 세속의 사람들이 보배라고 여기는 기이한 물건들도 그냥 두면 썩지만 위대한 정치가를 만나면 훌륭한 물건으로 거듭나게 된다는 의미이다. 그리고 인의로 결론을 내림으로써 성인의 정치행위가 단순히 보물을 추구하는 감각적 욕망과는 다른 것임을 드러내주고 있다.

사람이 너그럽고 기상이 크며 폭넓은 아량으로 사물의 미세한 부분까지를 면밀히 살필 수 있다면 먼 곳의 사람들을 따라오게 할 수 있고, 가까운 사람들을 편안하게 만들 수 있으며, 세상의 모든 나라들을 품 안에 귀순시킬 수 있습니다. 그래서 성인은 인을 품고 의를 지키며 아주 작은 부분까지 명확히 구분하여 천지의 법도를 헤아리는가 하면, 위태로워도 뒤집히지 않고 편안하여도 음란해지지 않습니다. 이는 인의로 다스리기 때문입니다. 친근한 사람들에게 인의를 행하면 소원한 사람들도 기뻐할 것이며, 집 안에서 인의를 닦으면 그 명성이 밖으로 퍼져갈 것입니다. 따라서 인이 가려서 드러나지 않는 경우는 없으며, 숨어서 밝혀지지 않는 경우는 없습니다. 부모에 효성이 지극했던 순舜임금은 천지사방에 그 빛을 밝혔으며, 수양산首陽山에서 굶어죽었던 백이伯夷와 숙제叔齊는 아름다운 공적을 만대에 드리웠습니다. 강태공姜太公은 포의의 평민에서 출발해 삼공의 지위에 올랐으며 자손대대로 천 승乘 제후의 작위를 누렸습니다. 그런데 지백智伯은 위세에 의지해 권력을 장악하고 넓은 삼진三晋의 땅을 겸병하였음에도 끝내 망하고 말았습니다.

夫人者, 寬博浩大, 恢廓[132]密微, 附遠寧近, 懷來萬邦.[133] 故聖人懷

인의지통仁義之統 등으로 인의를 겸하여 같은 의미로 전달하는 경우가 많으며, 문장구조상 '인'자와 '의'자를 따로 쓰는 경우도 많으나 대부분의 경우 유사한 의미로 쓰인다. 육가의 용례는 순자의 용례와 유사하다.

131 『독본』, 14면엔 이 구절을 '故曰'에 연결시켜 전체를 인용문으로 처리하나, 『교주』 등은 위 구 '성인성지'에 대한 해석의 의미로 본다. 여기선 후자를 따른다.

132 이 구절의 관寬・박博・호浩・대大・회恢・곽廓 모두 너그럽고, 크고, 넓고, 많다는 의미로 폭넓은 기상을 갖춘 사람을 거듭 강조하는 의미.

133 '회懷'는 『예기』 「중용」편의 정의에 따르면 어루만져 복종시킨다는 의미. '래來'

仁仗義, 分明纖微, 忖度天地, 危而不傾, 佚而不亂者, 仁義之所治也. 行之於親近而疏遠悅, 修之於閨門之內[134]而名譽馳於外. 故仁無隱而不著, 無幽而不彰者. 虞舜[135]蒸蒸[136]於父母, 光耀於天地; 伯夷、叔齊餓於首陽,[137] 功美垂於萬代; 太公自布衣升三公之位,[138] 累世享千

는 귀순·귀의해 온다는 뜻. 그리고 '방邦'자는 잘못인 듯. 국왕만이 쓰는 성명이나 전용 개념을 일반인들이 쓰지 못하도록 하였으므로 한고조 유방劉邦의 이름자를 그의 신하였던 육가가 쓰지 않았을 것이다. 따라서 『교주』, 26면 및 『독본』, 15면에선 '방'을 '국國'으로 써야 한다는 문정식文廷式의 주장을 인용하고 있다.

134 『예기』의 「악기樂記」편엔 "규문閨門 안에서 음악을 하여 부자형제가 모두 같이 들으면 화친하지 않을 수 없다"는 말이 있고, 「중니연거仲尼燕居」편엔 "그렇게 규문 안에서 예를 갖추면 삼족이 화목하다"는 말이 있다. 규방 문 안쪽이란 의미의 '규문지내'는 집안이란 말과 같다.

135 『서경』 「순전舜典」과 『사기』 「오제본기五帝本紀」에 따르면 순임금의 성은 요姚이고, 씨는 유우有虞이며, 이름은 중화重華이다. 나쁜 아버지와 계모, 이복동생의 시달림을 많이 받았으나 끝까지 효성을 다해 요堯임금에게 발탁되었다. 섭정 30년 만에 선양을 받아 제위에 오른 뒤 포판蒲阪에 도읍하고 48년 동안 선정을 펼치다 순행길목인 창오蒼梧의 들녘에서 죽었다.

136 '증蒸'은 '증烝'과 같이 쓰며, '증증'은 효성스럽게 따르는 모양을 뜻한다(『서경』 「요전」).

137 『논어』 「계씨季氏」편 "백이와 숙제는 수양산 아래서 굶어죽었지만 오늘날까지 사람들이 그를 칭송한다"는 구절에 대해선 여러 가지 해석이 있다. 송나라 형병邢昺은 『사기』 「백이열전」에 근거하여 백이·숙제는 원래 고죽군孤竹君의 두 아들인데 서로 왕위를 양보하다 주周나라에 갔는데, 주 무왕이 은나라 주왕紂王을 치려는 것을 보고 간언했으나 듣지 않고 마침내 주왕을 토벌하자 주나라 곡식을 먹지 않겠다며 하동군河東郡 포판현蒲坂縣 수양산 아래에서 고사리를 캐먹고 살다 끝내 굶어죽었다고 주소를 달았다. 한편 황간皇侃(488~545)의 주소는 약간 더 복잡하다. 왕위를 서로 양보하고 먼저 수양산에 들어가 숨어 살다 정벌에 나선 무왕의 말고삐를 잡고 "신하가 임금을 치는 것이 어찌 충이라 할 수 있으며, 문왕의 장례도 아직 다 마치지 않고 하는 것이 어찌 효라 할 수 있겠는가"라고 간하였다. 무왕이 죽이려던 것을 태공이 현인을 죽이면 안 된다고 말려 다시 수양산에 들어가 풀뿌리와 나무껍질만 먹고 살았는데, 요서遼西 사람이 가서 주나라 곡식은 안 먹는다면서 왜 주나라 초목은 먹느냐고 따지자 이내 굶어 7일 만에 아사하였다고 한다.

138 선조의 봉지가 '여呂'이므로 이름 '상尙'을 붙여 '여상'이라고 불린다. 자는 자아子牙. 위수渭水 가에서 낚시를 하다 사냥하던 문왕을 만나 그의 스승이 되었다. 무왕의 군사가 되어 은 주왕을 정벌한 공로로 제齊에 봉해졌다. 다른 제후들의 반란을 정벌할 특권을 주었으므로 각 봉국 제후보다는 높았다. 옛날에 일반

乘[139]之爵; 知伯[140]仗威任力, 兼三晉[141]而亡.

해설 공자를 신봉하는 유가의 일파로써 육가는 인의를 늘 강조하는데 여기서도 마찬가지다. 위대한 통치자 성인이 인과 의를 견지하여 넓은 아량으로 세심히 감싸면 가까운 근친으로부터 멀리 떨어져 관계가 먼 사람들까지 모두 정부에 귀의하게 된다는 주장이다. 우선 안에서부터 인의를 닦고 시행하여 세상을 다스리는 정치이념의 중심으로 삼으면 세상에 어질지 못한 사람이 설 자리가 없어진다는 것이다. 인의를 실천한 순임금, 백이·숙제, 강태공의 정치적 성취를 긍정적 예로 들고, 어질지 못한 지백의 정치적 실패를 부정적 예로 들고 있다.

그러므로 군자는 도를 장악하여 다스리고, 덕에 의거하여 행동하며, 인을 바탕에 깔고 앉고 서며, 의를 지킴으로써 강해집니다. 마음을 텅 비고 적막하게 가지며, 모든 데 통달하여 막힘이 없습니다. 따라서 어떤 일을 처리하든 단기 목표를 두면서도 실제 행동은 더 원대하게 합니다. 둥근 원을 그리려고 그림쇠를 만들었으며, 곱자를 가지고 있어서 방형을 그릴 수 있습니다. 성인이 다스리는 왕도 세계에는 현인이 큰 공을 세웁니다. 은나라 탕湯왕은 이윤伊尹을 중용했고 주나라는 태공 여망呂望을 임용하였는데 그들의 행위는 천지의 법도에 합치하였으며, 그들의 덕은 음양의 변화에 부합하였습니다. 하늘의 뜻을 이어받아 악을 징벌하고 횡포를 억

백성은 늙어야만 명주옷을 입었으며, 나머지는 모두 베옷 즉 포의를 걸쳤다.

139 병거兵車 천 대를 낼 수 있는 역량을 지닌 제후국을 일컫는다. 보통 네 마리 말이 끄는 전차에는 36명의 보병이 붙었으므로, 전투마 4천 필을 낼 수 있는 나라 또는 보졸 3만 6천 명의 3군三軍을 거느린 큰 나라를 뜻한다. 작은 나라는 2군, 더 작은 나라는 1군을 거느렸다.

140 '지백知伯'은 '智伯'으로도 쓴다. 춘추시대 말기 강국 진晉나라는 지씨智氏·범씨范氏·중행씨中行氏·한씨韓氏·위씨魏氏·조씨趙氏 등 강력한 대부들인 6경卿이 나누어 분할통치를 했다. 이 가운데 지씨 즉 지요智瑤(순요荀瑤라고도 함)가 제일 강해 범씨와 중행씨를 멸하고 삼진을 장악한 뒤 포악무도하였는데, 진양晉陽에서 조양자趙襄子를 없애려다가 한·위·조 연합군에게 패해 멸망한다. 그 후 한·위·조씨가 각각 독립해 제후를 칭함으로써 전국시대에 들어선다.

141 여섯 성씨가 나눈 6진의 땅 중 넓은 3진의 땅을 겸병하였다는 의미.

제시키고 재앙을 없앴습니다. 천지의 기운과 만물이 모두 잘 길러질 수 있도록 하였으며, (明□設光) 하였으며, 귀로 팔방의 의견을 광범하게 들었으며, 눈으로 사방의 상황을 잘 분별하였습니다. 충실한 사람이 승진되었고, 중상하는 아첨꾼들이 제거되었습니다. 정직이 확립되고 사악함이 사라졌으며, 왕도가 행해지고 간악한 사기는 모두 금지되었습니다. 선악이 둘 다 공존할 수 없게 만들고 (□□本理) 하였으므로 악은 애초에 싹부터 잘라 예방하였습니다.

是以君子握道而治, 據德而行, 席仁而坐, 杖義而强, 虛無寂寞, 通動[142]無量. 故制事因短, 而動益長, 以圓制規,[143] 以矩立方. 聖人王世, 賢者建功, 湯擧伊尹,[144] 周任呂望,[145] 行合天地, 德配陰陽, 承天誅惡, 克暴除殃, 將[146]氣養物, 明□設光,[147] 耳聽八極,[148] 目睹四方, 忠進讒退, 直立邪亡, 道行奸止, 不得兩張, □□本理, 杜漸消萌.

---

142 『회남자』「수무훈修務訓」의 "아홉 구멍에 두루 통동通洞하니 공정무사하다"의 '통동'에 대한 고유高誘는 "성왕의 도에 통달하는 것"으로 주석하였다. 이 통동이 곧 통동通動의 의미이다.

143 문장의 의미상 뒤 구절과 대구가 되려면 이규제원以規制圓이 되어야 하나 먼저 원을 상상하고서 그림쇠를 만들게 되었다는 점에서 이원제규以圓制規라 표현한 듯하다. 당안唐晏의 이 주장(『교주』, 28면)에 의거하여 그대로 번역한다.

144 '탕'은 은나라를 수립한 '성탕成湯'. '이윤'은 탕의 신하로 이름은 '지贄'. 본래 탕의 아내가 시집올 때 데려온 노비였으나, 탕에게 발탁되어 하나라 걸桀왕을 치고 상나라를 수립한 뒤 재상인 아형阿衡에 오른다. 탕의 사후 제위에 오른 태갑太甲이 옛 법도를 준수하지 않고 방탕하자 그를 동桐에 3년간 유폐시키고 섭정을 하였다. 그 뒤 태갑이 새 사람이 되자 정권을 고스란히 되돌려 주었다. 중국사상 역대 최고명신 중 하나로 추앙된다.

145 위 주석의 강태공을 말한다. 『사기』「제태공세가齊太公世家」에 따르면 문왕이 위수 가에서 낚시하고 있던 여상을 만난 뒤, "우리 태공太公께서 당신을 바란지[望] 매우 오래입니다"라고 말한 데서 유래하여 태공망이라 호칭한다.

146 유월兪樾의 『신어평의新語評議』를 보면 '장將'을 뒤의 '양養'과 같은 의미로 본다.

147 원문과 역대 주석본 모두에 탈루된 글자로써 '□'로 표기한다. 따로 해석을 할 수 없어 해석문에는 괄호 안에 '□' 표시를 덧붙인 원문을 그대로 써둔다. 이하 모두 마찬가지.

148 『회남자』「원도原道」편의 '팔극八極'에 대해 고유는 '팔방의 극'이라 주석한다.

해설 도덕과 인의가 치국의 근본임을 밝히고 있다. 확실한 원리원칙을 지닌 군자가 정치를 함으로써 세상에 왕도가 행해지며, 그런 세상엔 또 위대한 신하가 출현하여 백성들을 위해 큰 공적을 쌓는다고 한다. 왕도정치의 기본 모습을 설명하고 있다. 즉 도·덕·인·의를 기본 이념으로 천지의 법도와 음양의 이치를 받들며, 포학을 금지하고 정직을 장려하며, 광범하게 의견을 수렴하고 충실한 사람을 승진시키며, 악이 미연에 방지되는 세상을 말한다.

인의에 의지하여 일을 도모하지 않으면 결과적으로 반드시 실패합니다. 근본을 굳게 다지지 않고 높은 건물을 지으면 결과적으로 반드시 붕괴할 것입니다. 그래서 성인은 오경과 육예를 가지고 혼란을 방지하며, 기술자들은 수준기와 먹줄을 이용해 굽은 것을 바로잡습니다. 덕이 왕성한 사람은 위엄이 광대하지만, 힘이 왕성한 사람은 백성들에게 전횡을 부립니다. 제齊나라 환공桓公은 덕을 숭상해 패업을 달성하였고, 진秦나라 2세二世는 형벌을 숭상하여 멸망하였습니다.

夫謀事不竝仁義者後必敗,[149] 殖不固本而立高基者後必崩. 故聖人防亂以經藝,[150] 工正曲以準繩.[151] 德盛者威廣, 力盛者驕衆. 齊桓公[152]尙德以霸, 秦二世[153]尙刑而亡.

---

149 '병竝'은 옆 또는 의지하다는 의미의 '방傍'자로 읽어야 한다. 『사기』와 『한서』 등엔 방하傍河·방해傍海의 '傍'자를 모두 '竝'으로 쓰고 있다. 유월兪樾의 주장에 대한 왕리기의 보충설명(『교주』, 29~30면)을 따라 '竝仁義'를 '인의에 의지하여'로 번역한다.

150 '경예經藝'는 이 편의 중간 "후성 공자께서 오경을 확정하고 육예를 천명하였다"는 데서 나오는 오경·육예를 뜻한다.

151 『맹자』「이루離婁 상」편에 "규구規矩를 써 방원方圓을 만들고, 준승準繩으로 평직平直하게 만든다"에 대해 주희朱熹는 "준을 써서 평평하게 만들고, 승을 써서 곧게 만든다"고 집주하였다. 준은 평면을 측정하는 수준기, 승은 직선을 잡아주는 먹줄을 말한다.

152 제환공의 이름은 소백小白으로 형과 형을 이기고 즉위한 뒤 관중管仲을 재상으로 임명하여 춘추시대 첫 번째 패업을 달성하였다. 주왕실을 높이고 이민족을 격퇴하여 천하의 질서를 바로잡고 맹주로써 제후들을 아홉 차례나 회맹會盟시켰다.

153 진 2세는 진시황의 둘째 아들 호해胡亥. 환관 조고趙高의 농간으로 형 부소扶蘇

해설 무슨 정책을 실시하든 반드시 인의에 입각하라는 주문이다. 인의야말로 목수의 먹줄처럼 세상의 잘못을 바로잡는 기준이며, 국가 정책설계의 기본 토대임을 강조한다. 심후한 덕행을 갖춘 사람은 그 위의와 명망이 심원하지만, 자기의 강한 권력만 믿고 무력을 남용하는 사람은 백성들을 거만하고 횡포하게 다룬다고 말하며 법치보다 덕치를 실시하라고 주장한다. 제환공의 패업을 덕치로 연결시킨 것은 순자의 학문경향을 따른 듯하다. 맹자는 춘추오패의 패업을 부정하였으며, 순자는 신의가 있었다면서 패도를 긍정하였다. 한나라 초기 형벌이냐 덕이냐는 논쟁에 대하여 육가는 법가사상에 반대하며 유가의 편에 선 것이다.

그러므로 포학한 행동을 하면 원한이 쌓이고, 덕정을 펼치면 공적을 이룰 수 있습니다. 백성들은 덕정으로 인해 군주에게 기대며, 골육지간은 인仁으로 인해 친근하게 지내는 것입니다. 부부사이엔 의義가 있어서 서로 화합하고, 친구사이엔 의가 있어서 서로 믿으며, 군신지간엔 의가 있어서 위아래 질서가 있으며, 백관들 사이엔 의가 있어서 서로를 받드는 것입니다. 증삼曾參과 민자건閔子騫은 인 때문에 큰 효자가 되었으며, 백희伯姬는 의를 지켜서 최고의 정절을 세웠습니다. 나라를 지키는 사람은 인으로써 사회를 굳건하게 만들고, 군주를 보좌하는 사람은 의로써 사회가 무너지지 않도록 받쳐줍니다. 군주는 인으로 나라를 다스리고 신하는 의로써 일을 공평하게 처리합니다. 각 고을에선 인 때문에 서로 공손하며, 조정에선 의 때문에 서로 유창한 변론들을 합니다. 미녀는 정절로 그 행실을 드러내며, 열사는 의로써 그 명예를 드날립니다. 양의 기운은 인으로 조절하여 만물을 탄생시키며, 음의 마디는 의로 조절하여 만물에 작용합니다. 『시경』「녹명鹿鳴」장은 사슴이 인의 마음으로 무리를 불러서 같이 먹는다는 의미이며, 「관저關雎」장은 물수리가 의 때문에 수컷에게 경계의 소리를 낸다는 의미입니다. 『춘추』는 인·의로 죄악을 물리쳐 끊고, 『시경』은 인·의로 국가의 존망을 표현하고 있습니다. 『주역』의 「건乾

대신 즉위했으나 조고에게 농락당하며 혹정을 펼치다 3년 만에 나라를 잃었다.

괘」·「곤坤괘」는 인으로써 화합하며, 팔괘八卦는 의로써 서로 이어져 있습니다. 『서경』은 인을 바탕으로 고조에서 현손까지 9족에 관해 서술하고 있으며, 군주와 신하가 의에 따라 만든 충을 말하고 있습니다. 『예禮』는 인으로써 절제를 다한 것이며, 『악樂』은 예로써 오르내립니다.

故虐行則怨積, 德布則功興, 百姓以德附, 骨肉[154]以仁親, 夫婦以義合, 朋友以義信, 君臣以義序, 百官以義承, 曾、閔[155]以仁成大孝, 伯姬以義建至貞,[156] 守國者以仁堅固, 佐君者以義不傾, 君以仁治, 臣以義平, 鄉黨[157]以仁恂恂,[158] 朝廷以義便便,[159] 美女以貞顯其行, 烈士以義彰其名, 陽氣以仁生, 陰節以義降,[160] 鹿鳴以仁求其群,[161] 關雎以義鳴其雄,[162] 春

---

154 부모와 자식 사이의 지친관계를 말한다. 『여씨춘추』「정통精通」편엔 이 관계를 한 몸이 둘로 나뉜 것으로 본다.

155 증삼의 자는 자여子輿이고, 민자건의 본명은 민손閔損이다. 두 사람 다 공자의 제자로 부모를 극진히 봉양한 효사로 알려졌다.

156 백희는 춘추시대 노선공魯宣公의 딸로 송공공宋共公에게 시집갔으나 10년 만에 과부가 되어 정절을 지켰다. 『춘추곡량전』「양공襄公 30년」조를 보면 백희의 집에 불이 나자 피하라는 좌우의 권유를 뿌리치고 "경호원[保母]도 없는 야밤에 여자가 방 밖에 나설 수 없다"며 차라리 죽음으로 의를 지키겠노라고 불타 죽었다고 한다.

157 향당은 『논어』「옹야雍也」편에 나오는 말인데, 정현鄭玄의 주석에 따르면 다섯 집을 '린鄰'이라 하고, 5린을 '리里', 1만2천5백 집을 '향鄉', 5백 집을 '당黨'이라 한다.

158 위 정현의 주석에 따르면 '순순恂恂'은 공손하고 신중한 모양을 말한다.

159 '편편便便'은 『이아爾雅』에 '변辯'이라 한다. 시비가 분명한 모양으로 유창하게 변론함을 의미한다.

160 음양을 인의로 표현한 이 구절에 대해선 당안의 주장에 대한 『교주』, 31~32면 참조. 『주례』「대종백大宗伯」에 음덕陰德이 과하면 중례中禮로 조절하고 양덕이 과하면 악화樂和로 조절하는데, 중례는 인에 속하고, 악화는 의에 속한다고 한다. 왕리기는 '降'자를 '강'이 아니라 '항'으로 읽어야 한다고 한다. 『독본』에선 '강'으로 읽어 "음랭한 절기가 의로 인하여 강림한다"고 해석하였다(21면). 여기선 『교주』를 따른다.

161 『시경』「소아小雅」「녹명」장에 "메에 메에 사슴들 울음소리 / 들판의 다북쑥을 뜯어 먹네"에 대해 모전毛傳은 먹이를 보면 울음소리를 내어 무리를 불러 모으는 것으로 해석하였다. 즐거움을 함께 누리는 이런 행위를 육가는 인으로 풀이한 것이다.

秋以仁義貶絶,[163] 詩以仁義存亡, 乾坤以仁和合, 八卦以義相承,[164] 書以仁敍九族,[165] 君臣以義制忠,[166] 禮以仁盡節, 樂以禮升降.[167]

해설 인의는 시간과 장소를 가리지 않고 항상 존재하는 것이며 그 기능이 무한함을 강조한 구절이다. 핵심 덕목인 인과 의를 중심으로 사회질서의 기본 바탕이자 유가의 핵심 주장인 오륜을 끌어들인다. 부자간의 친, 군신간의 의, 부부간의 유별, 붕우간의 신의 외에 군주의 유덕함과 관료들 사이의 정의를 그 구체적 실천사항으로 제기한다. 효도와 정절 등도 강조한다. 이는 한대 사상계의 보편적 논의로 생각되며, 육가는 특히 육경을 인과 의의 덕목으

162 『시경』「주남周南」「관저」장에 "꾸룩 꾸룩 물수리 / 황하의 섬 가에서 우네"에 대해 모전은 왕물수리는 암수의 정이 두터우면서도 분별을 둔다고 해석하였다. 물수리 암수는 서로 배반하지 않아 문제가 있으면 서로에게 경계의 소리를 울려준다는 것 때문에 육가는 '의義'로 풀이한 듯하다. 주 강왕康王이 늦게 일어나 정무처리에 태만한 것을 풍자한 시구라는 주장도 있다. 상세한 것은 『교주』, 32~33면 참조.

163 폄절이란 죄악에 대해 끝까지 물리쳐 억제시키고 끊게 하는 것을 말한다. 『춘추공양전』「소공昭公 원년」엔 끝까지 억제시키지 못하기 때문에 죄악이 나타난다고 말한다.

164 이 구절의 전후가 경전을 예로 들며 인·의를 대변시키고 있으므로 앞의 건곤乾坤을 건괘와 곤괘로 해석한다. 건곤은 천지·음양·남녀·군신·부부 등을 뜻한다. 건곤과 팔괘를 이어서 말하는 것은 예부터의 습관으로 건곤을 인에 비견하고, 팔괘를 의에 비견하고, 9족을 인에 비견하는 것은 옛 경전의 의미라고 본다(『교주』, 33면).

165 『서경』「요전」의 '친구족親九族'에 대해 공씨전孔氏傳은 '위로 고조부터 아래로 현손까지 9족의 화친'이라고 주석한다.

166 유월은 원문의 이 구절에 대해 이의를 제기한다. 원래 "9족은 인애에 따라 순서가 매겨지며, 군신은 의에 따라 관계가 이루어진다"고 해야 하는데, 위에 『시경』·『주역』 등이 등장하자 누가 『서경』이란 말을 덧붙였고, 그래서 문법 구조상 뒤에 '충忠'자도 멋대로 써넣었다는 것이다. 이 구절을 해석해보면 유씨의 주장에 일리가 있음을 알 수 있다. 『교주』, 33면 참조.

167 이 구절도 마찬가지다. 지금까지 문장이 모두 인과 의를 대비하여 말하고 있는데, 마지막 구절에 '의'가 사라지고 홀연 '이례승강以禮昇降'으로 나온다. 유월은 "인은 악에 가깝고, 의는 예에 가깝다"는 『예기』「악기樂記」 구절을 인용하며 악을 인에 배치하고, 의를 예에 배치하여 마지막 구절을 "『악』은 의로써 오르내립니다"로 고쳐야 한다고 말한다. 『교주』, 33~34면 참조.

로 대비시켜 비교함으로써 자신의 주장에 대한 경전의 근거를 제시하고 있다.

인은 도의 준칙이며 의는 성인의 학문입니다. 인의를 배운 사람은 밝으며, 인의를 잃은 사람은 어두우며, 인의를 거스르는 사람은 망하게 됩니다. 자신의 역량을 펼쳐서 자리를 잡았으면 의를 통해 공을 세워야 하고, 군대 행진과 전쟁에 인으로 군심을 얻으면 견고하게 되고, 의에 따라 진행하면 강성해집니다. 기운을 다스리고 심성을 수양하면 어진 사람은 장수합니다. 재능과 도덕의 높낮이에 따라 자리를 정한다면 의로운 사람의 행위가 방정합니다. 군자는 의로써 서로를 칭송하지만, 소인은 이익 때문에 서로를 속입니다. 어리석은 사람은 힘 때문에 서로 소요를 일으키지만, 현자는 의로써 서로를 다독여줍니다. 『곡량전』엔 "인은 자신의 집안 지친을 대하는 길이며, 의는 자신의 사회 존장을 받느는 실이다. 만세토록 혼란이 생기지 않음은 인의로 다스리기 때문이다"고 말합니다.

仁者道之紀, 義者聖之學. 學之者明, 失之者昏, 背之者亡. 陳力就列,[168] 以義建功, 師旅行陣,[169] 德[170]仁爲固, 仗義而强, 調氣養性,[171] 仁者壽長, 美才次德,[172] 義者行方.[173] 君子以義相褒, 小人以利相欺, 愚

168 이 구절은 『논어』 「계씨季氏」에 보인다. 집해에 인용된 마융馬融의 해석에 따르면 재력才力에 맞추어 적절한 소임의 벼슬을 맡는 것을 말한다.

169 군대 행렬을 뜻한다. 고대 군사제도에 따르면 보통 2천5백 명을 1'사師'라 하고, 5백 명을 1'려旅'라 하였다. '사려'는 군대를 말한다.

170 『순자』 「수신修身」편엔 굳센 혈기를 부드러움으로 눌러 조화시키라는 등 기운을 다스려 마음을 수양하는 치기양심治氣養心의 술을 얘기하고 있다. 육가는 순자의 이 주장을 받아들여 '조기양성'이라고 말한 것이다.

171 옛날엔 '덕德'자와 '득得'자를 같이 썼다. 유월의 『신어평의』엔 '득'으로 해석한다.

172 인자가 장수한다는 말은 『논어』 「옹야」편에도 보인다. 손이양孫詒讓에 따르면 '미美'는 원래 '차差'자인데 글자가 비슷하여 생긴 오자라고 한다. 따라서 이 구절의 의미는 재능의 고하에 차등을 두어 비교해본다는 의미. 왕리기는 『순자』 「군도君道」편의 계승으로 해석하여 "덕의 대소를 따져 적절한 자리를 정해준다"고 해석한다(『교주』, 35면).

者以力相亂, 賢者以義相治. 穀梁傳[174]曰 : "仁者以治親, 義者以利尊. 萬世不亂, 仁義之所治也."

해설 이 편을 총 결산하는 단락이다. 인의가 도의 근본임을 밝히고 인간세상의 모든 재앙이나 복락, 현명함이나 어리석음 모두 인의를 근거로 판단할 수 있다고 한다. 심지어 인의를 잘 수양하면 군대도 강해지고, 장수할 수도 있으며, 끝내 만세 동안이라도 안정된 정치질서를 유지해갈 수 있다고 한다. 황제에게 올리는 첫 편에서 인의가 국가의 최고 정치이념임을 천명한 것이며, 유가 스승으로부터 배운 『춘추곡량전』을 예로 들며 그러한 사실을 강조한다.

---

173 행방은 행위의 방정함을 말한다. 『회남자』 「주술主術」편의 '행방'에 대해서 고유는 "정도가 아니면 하지 않는 행위"로 해석한다.

174 『곡량전』은 전국시대 곡량적穀梁赤이 지었다는 『춘추곡량전』을 말한다. 『한서』 「유림전儒林傳」에 따르면 하구강공瑕邱江公이 노나라 신공申公에게서 『곡량춘추』와 『시경』을 익혀 곡량춘추의 일가를 이루었다고 하는데, 그 신공은 부구백浮邱伯에게 배웠다. 부구백은 이사李斯와 마찬가지로 순자의 제자이다. 이렇게 보면 곡량춘추의 원조는 순자가 된다. 순자(또는 孫卿)는 초나라 난릉령蘭陵令을 지냈으며, 거기서 죽었고 수많은 제자와 추종 학자들이 그 지역에서 나왔다. 육가도 초나라 사람이며 부구백과 교유하였고, 이 책의 「자현資賢」편에도 부구백의 덕행을 칭송하고 있는 것으로 보아 그가 『춘추곡량전』을 배웠다고 추측할 수 있다. 「회려懷慮」편에도 육가가 곡량학을 배웠음을 시사하는 구절이 있다. 그런데 육가가 말한 이 구절은 현존하는 『춘추곡량전』에 없다. 부구백으로부터 곡량전을 처음 전수받을 때 구전으로 전해졌기 때문에 한대에 성립된 현존 『곡량전』엔 이 구절이 빠진 것인지도 모른다. 어쨌든 첫 편의 결론으로 스승의 얘기를 방증 자료로 삼은 점은 육가의 인물됨을 이해하게 해준다. 더 상세한 내용은 『교주』, 35~36면 참조.

제2편 술사

術事 第二

해제_ 고문에선 술術자와 술述자를 같이 썼다. 술사는 사건에 대한 설명, 즉 사례 기술을 의미한다. 이 편은 주로 제왕의 공적에 대해 기술하고 있으며 현재의 입장을 강조한다. 옛 것을 얘기하되 오늘날의 상황과 합치되었을 때 의미를 지니며, 먼 일을 기술할 때도 비근한 사례에 기초하여야 의미를 지닌다고 주장한다. 현실에 소용되고, 가까운 곳으로부터 출발하고, 낮은 곳으로부터의 시작함이 인의의 기초라는 것이 이 편의 주지이다.

옛날 얘기를 잘하는 사람은 항상 오늘날의 사건과 결합시켜 말을 하고, 먼 과거의 일을 능력 있게 기술하는 사람은 항상 가까운 사례를 들어 고찰합니다. 그래서 역사 사례를 설명하는 사람은 위로 오제五帝의 공적에 대해 진술하면서 자신이 경험한 일을 함께 고려하고, 아래로 걸桀·주紂의 실패를 나열하면서 그것을 자기 행동의 경계로 삼습니다. 그러면 덕이 해와 달처럼 빛날 것이며, 행위는 신령과 합치할 수 있을 것입니다. 높고도 먼 곳에 다다를 수 있으며, 깊고 아득한 이치에 통달할 수 있을 것입니다. 들으려 해도 소리가 없고 보려고 해도 형체가 없어서 세상사람 누구도 그 조짐을 볼 수가 없고, 그 실질을 알지 못합니다. 오경의 본말을 꾸며서 정리해보아도, 도덕의 진위에 (旣□其意) 하여도 그러한 사람을 찾아 볼 수는 없습니다.

善言古者合之於今,[1] 能述遠者考之於近. 故說事者上陳五帝[2]之功, 而思之於身, 下列桀、紂[3]之敗, 而戒之於己, 則德可以配日月, 行可以合神靈, 登高及遠, 達幽洞冥, 聽之無聲, 視之無形,[4] 世人莫覩其兆, 莫知其情, 校修[5]五經之本末, 道德[6]之眞僞, 旣□其意, 而不見其人.

---

1 이 구절은 『순자』 「성악性惡」편에 "善言古者必有節於今"이라는 같은 말이 있다. 이것은 육가가 순자의 학문을 잇고 있다는 표시이다. 한대 문헌에 유사한 말도 많다. 위의 '節於今'이 『한서』 「동중서전董仲舒傳」엔 '驗於今'으로 바뀌었을 뿐이고, 『염철론鹽鐵論』 「조성詔聖」편엔 "善言古者考之今"이라 되어 있고, 『황제내경黃帝內經』 「소문素問」엔 "善言古者合於今"이라 되어 있다.

2 오제가 누구인지에 대한 주장은 여럿이다. 삼황오제에 대해서도 다양한 주장이 있다. 복희伏羲·신농神農·황제黃帝·요堯·순舜을 지칭하기도 하고, 『예기』·『국어』·『사기』 등에 따르면 황제·전욱顓頊·제곡帝嚳·요·순을 말한다.

3 걸桀은 하왕조의 마지막 임금으로 포악과 음란을 일삼다 은의 탕湯왕에게 무너졌고, 주紂는 은왕조 마지막 임금 제신帝辛을 말하며 주색에 빠지고 전쟁을 일삼다 주의 무武왕에게 무너졌다. 걸주는 주나라 초기부터 벌써 폭군의 대명사로 불리었다.

4 이 구절은 도가사상에서 '도'를 설명하는 방식과 유사하다. 『노자』에 "視而不見, 聽而不聞"이란 구절이 있고, 『장자』 외편에도 비슷한 문구가 있다. 『회남자』 「원도」에도 비슷한 용례가 보인다. "視之不見其形, 聽之不聞其聲". 육가의 일부 주장은 도가사상 가운데 현실 참여적 부분을 일부 결합시키고 있다.

5 '교수校修'는 '수식修飾'을 말한다. 고문헌엔 '교식校飾'이란 말도 자주 쓰이는데 같은 의미이다.

6 육가의 '도덕道德'론은 유가와 도가사상이 일부 결합된 형태이긴 하지만 노자老子가 말하는 도덕과 같지는 않다. 『예기』 「곡례曲禮 상」편에 도덕과 인의를 모두 예禮와 연결시키고 있는데, 여기서 도는 재예才藝를, 덕은 선행善行을 말한다. "도를 잃은 뒤 덕이 있게 되었으며, 덕을 잃은 뒤 인이 있게 되었으며, 인을 잃은 뒤 의가 있게 되었다"는 『노자』의 말처럼 삼라만상을 포괄하는 위대한 존재로서 도를 얘기하는 것이 아니다. 육가의 도덕은 예가 모든 것의 준칙이므

해설 오늘날의 경험을 잘 살려 옛 일을 이야기 하라는 주장이다. 황제에게 현재의 자신을 잘 돌아보라는 충고로도 들린다. 도덕은 보이지 않고 들리지 않는 것이므로 온고지신하여 덕행을 오늘에 잘 실천하라는 얘기다.

세속의 사람들은 옛날로부터 전해져 내려오는 물건을 소중하게 생각하고, 오늘날 만들어진 물건은 가볍게 여깁니다. 그들은 직접 눈으로 본 것을 대수롭게 여기고 소문으로 들은 것을 대단하게 여깁니다. 사물의 겉모습에 미혹되어서 내면의 실정을 놓치고 있습니다. 성인은 희소한 물건이라고 귀하게 여기지 않는데, 세상 사람들은 흔한 물건을 보면 오히려 천시합니다. 오곡은 생명을 길러주는 것임에도 많다고 길바닥에 버리고, 주옥은 아무 짝에도 쓸모가 없는데 그것을 제 몸의 보배로 아낍니다. 성인은 주옥을 중시하지 않고 자신의 몸을 보배로 여깁니다. 그래서 순임금은 황금을 험준한 산에 깊이 감추어두었고, 하나라 우禹임금은 주옥을 오호五湖의 깊은 못에 던져버렸습니다. 그렇게 함으로써 세상 사람들의 사악한 욕망을 막고 진기한 물건에 대한 호기심을 끊어버리고자 한 것입니다.

世俗[7]以爲自古而傳之者爲重, 以今之作者爲輕,[8] 淡於所見, 甘於所聞, 惑於外貌, 失於中情. 聖人不貴寡,[9] 而世人賤衆, 五穀養性,[10] 而棄之

로 "도덕의 극치"라고 말한 『순자』 「권학勸學」편의 그 도덕을 말하는 유가적 도덕설로 노자의 도덕과는 구분된다.

7 육가는 자신의 견해와 다른 사람들의 주장을 세속의 주장으로 비판한다. 이는 자신의 주장과 다른 사람들을 비판한 순자의 비십이자非十二子로 비판한 것과 같은 맥락이다. 『교주』, 39면 참조.

8 순자는 역사에 관통하는 정치원칙이 있으므로 현존 정치질서를 긍정해야 한다고 의미에서 후왕을 본받자는 '법후왕法後王'론을 개진하였는데, 순자학을 계승한 육가의 이 주장도 같은 맥락으로 이해할 수 있다.

9 원 판본에 '귀관貴寬'으로 되어 있어 '寬'자와 '실實'자의 글자가 비슷하여 잘못 쓴 것이라는 주장도 있으나, '실'자가 아니라 '과寡'자를 잘못 쓴 것이라는 손이양의 주장이 더 설득력 있다. 이 책 「신미愼微」편에도 같은 오류가 있다. 여기에 따른다. 『교주』, 40면 참조.

於地, 珠玉無用, 而寶之於身. 聖人不用珠玉而寶其身,[11] 故舜棄[12]黃金於嶄巖之山, 禹捐珠玉於五湖之淵,[13] 將以杜淫邪之欲, 絶琦瑋之情.

해설 실용적이고 현실적인 것이 중요하다는 것을 강조한 글이다. 현실에 아무 쓸모도 없는 옛 것을 소중히 여기는 풍토에 대한 비판이다. 실용적인 가치가 전혀 없는 황금이나 주옥이란 이름에 현혹되어 실질을 경시해선 안 된다는 충고이다. 여기서 육가는 현실을 중시하는 성향을 드러내는 한편, 성인은 탐욕을 경계하고 자신의 몸을 소중히 여긴다는 대목에 이르면 인간사회의 이기적 현실과는 동떨어진 느낌을 주기도 한다. 육가사상의 융합적 특성을 느낄 수 있다.

도는 가까운데 있으니 요원한 옛날에서 찾을 필요가 없습니다. 그 핵심만 취하면 바로 성취할 수 있습니다. 『춘추』는 위로 오제를 언급하지 않으며, 아래로 삼왕을 말하지도 않습니다. 제환공齊桓公・진문공晉文公 등의 작은 선정과 노魯나라 군주 열 두 분의 정치적 공과를 서술하고 있을 뿐입니다. 이를 근거로 성패의 효험을 충분히 알 수 있는데 어찌하여 먼 삼왕을 들먹인단 말입니까? 그러므로 옛날 사람들이 하는 행위도 오늘날의 우리와 똑같았습니다. 사업을 벌이는 사람은 도덕을 떠나지 않았으며, 현악기를 조율하는 사람은 궁宮・상商의 음조를 잃지 않았습니다. 천도는 사시四時의 균형을 잡고, 인도는 오상五常의 질서를 관리

10 고대엔 '성性'과 '생生'을 같이 썼다. 여기선 '생'으로 해석한다.

11 이 12자 한 구절은 원 판본에 없었는데, 『교주』에선 『후한서』「반고전班固傳」의 주해 인용에서 전후가 같은 문장을 인용하며 원문에 첨가하였다(『교주』, 40면). 『독본』처럼 없이 번역해도 뜻이 통하나, 있을 경우 훨씬 명료하다.

12 왕리기는 버릴 '기棄'자를 감출 '장藏'자로 보아야 한다고 주장한다. 원래 '장'자와 같은 의미의 감출 '거弆'자였는데 잘못하여 감출 '기弃'로 쓰게 되어 오류가 생겼다는 주장이다. 상세한 것은 『교주』, 40~41면.

13 순이 황금을 산에 감추고, 우가 주옥을 못에 버린 일은 『회남자』「태족훈泰族訓」, 『염철론鹽鐵論』「본의本義」, 『포박자抱朴子』「안빈安貧」, 『장자』「천지」 등 주로 도가의 서적에 보인다.

합니다. 주공周公과 요·순은 하늘로부터의 상서로운 징조 즉 부명符命을 받았고, 진 2세와 걸·주는 하늘로부터 징벌의 재앙을 받았습니다.

道近不必出於久遠, 取其致要而有成. 春秋上不及五帝, 下不至三王,[14] 述齊桓、晉文之小善,[15] 魯之十二公,[16] 至今之爲政, 足以知成敗之效,[17] 何必於三王? 故古人之所行者, 亦與今世同. 立事者不離道德, 調弦者不失宮商,[18] 天道調四時, 人道治五常,[19] 周公與堯、舜合符瑞,[20] 二世與桀、紂同禍殃.

해설 옛 성왕을 운운하지 않고 가까운 시대의 정치적 성패를 거울삼아 충분히 선정을 베풀 수 있다는 주장이다. 사업을 수립하는 사람이 모두 도덕에 입각해 진행한다면 옛날의 원리원칙을 물을 필요 없이 성취할 수 있다는 논리다. 도덕정치의 원리원칙이 역사적으로 관통되고 있다는 순자의 통류統類 개념을 이어받은 것으로 생각된다. 육가는 그 정치도덕의 원

---

14 삼왕은 하나라를 세운 우禹, 은나라를 세운 탕湯, 주나라를 세운 문文왕을 말한다. 실제 은을 정벌하고 주왕조를 개창한 인물은 무武왕이지만, 『서경』이나 『춘추』의 대의는 천명을 부여받은 인물을 문왕으로 본다.

15 춘추시대 천하의 제후를 회합시켜 맹주가 된 다섯 패자의 정치를 말한다. 오패가 누구냐에 대해선 설이 분분하다. 『순자』는 제나라 환공, 진나라 문공, 초楚나라 장왕莊王, 오吳나라의 왕 합려闔閭, 월越나라의 왕 구천勾踐을 가리킨다. 진秦나라 목공穆公, 송宋나라 양공襄公, 오나라 왕 부차夫差 등을 꼽는 경우도 있다.

16 노나라 역사책인 『춘추』는 은공隱公, 환공桓公, 장공庄公, 민공閔公, 희공僖公, 문공文公, 선공宣公, 성공成公, 양공襄公, 소공昭公, 정공定公, 애공哀公까지 12공에 대해 공자가 죽은 해(B.C. 479)까지 역사를 편년체로 기록하고 있다.

17 "魯之十二"부터 "成敗之效"까지의 문장을 그대로 해석할 수가 없다. 『춘추』가 육가의 '지금' 정치를 쓸 수 없기 때문이다. 판각 시의 오류로 생각되어 유월은 "魯之十二公之爲政, 至今足以知成敗之效"로 바로잡았다. 여기서는 교정에 따라 해석하였다.

18 '궁상宮商'은 음악의 '궁상각치우宮商角徵羽' 다섯 음조를 말한다.

19 '오상五常'은 다섯 가지 윤상도덕을 말한다. 『서경』 「태서泰誓 하」에 대한 공영달孔穎達의 주소엔 "부의父義, 모자母慈, 형우兄友, 제공弟恭, 자효子孝"를 오상이라 하고, 동중서의 「현량책賢良策 1」에는 인仁·의義·예禮·지智·신信을 '오상'이라 한다.

20 '부서符瑞'는 하늘이 새로운 군주의 출현을 알리기 위해 내리는 상서로운 징조를 말한다.

칙을 『춘추』에서 가져올 수 있다고 말한다.

순임금은 동이東夷에서 탄생하였고, 우임금은 서강西羌에서 나셨습니다. 시대가 다르고 지리적으로도 멀리 떨어져 있었지만, 그 법이 합치하고 제도가 같았습니다. 그러므로 성현의 행동은 도와 합치하고 어리석은 사람은 항상 재앙을 마주하는 것입니다. 덕을 품은 사람은 복이 따르고 악한 마음을 지닌 사람은 재난이 따릅니다. 덕이 박한 사람은 자리가 위태로워지며, 도를 버린 사람은 몸이 멸망하게 됩니다. 근본 법도는 만세토록 바뀌지 않으며, 근본 기강은 예나 지금이나 같습니다.

文王生於東夷,[21] 大禹出於西羌,[22] 世殊而地絶,[23] 法合而度同. 故聖賢與道合, 愚者與禍同, 懷德者應以福, 挾惡者報以凶, 德薄者位危, 去道者身亡, 萬世不易法, 古今同紀綱.

해설 현재가 중요하다는 것을 강조하기 위하여 역사적으로 관통하는 법칙이 존재하고 그것이 현재에도 여전히 중요한 작용을 하고 있다는 말이다. 대체로 고대 요순시대의 덕목을 찬송하지만, 역사를 관통하는 기본 통치 원칙이 존재하는 한 도덕적 이상국가를 만들 수 있다는 유가 정치사상의 중요한 특징이 잘 반영되어 있다. 도가 관통하고 있다는 순자의 도관道貫 개념을 잇고 있다. 맹자도 "앞선 성인이든 뒤이은 성인이든 그 도는 한 가지다"(「이루

21 『맹자』 「이루 하」편에 "순임금은 저풍諸馮에서 나시어 부하負夏로 옮겨서 살다 명조鳴條에서 돌아가신 동이 사람이다"고 한다. 이에 근거해 역대 주석가들은 여기 문왕文王이 대순大舜의 오기라고 주장한다. 글의 순서상 뒤의 '대우'보다 '문왕'이 먼저일 수도 없으므로 여기선 왕리기의 주장에 따른다(『교주』, 43면 참조).

22 우禹임금은 백제白帝의 정령으로 서이西夷인 융지戎地에서 태어난 9척 2촌의 장신이었다고 한다.

23 『맹자』 「이루 하」편에 "문왕은 기주岐周에서 나시어 필영畢郢에서 돌아가신 서이 사람이다. (순임금과) 살았던 땅이 천여 리나 떨어져 있고, 시대가 천여 년이나 뒤이지만 중국에서 큰 뜻을 얻으시어 부절을 합한 듯 천도를 행하셨으니 앞선 성인이든 뒤이은 성인이든 그 도는 한 가지였다"고 한다. 세수世殊·지절地絶은 이 의미이다.

하」)고 말한다.

그러므로 좋은 말이 기기騏驥만 있는 것은 아니며, 예리한 검이 간장干將만 있는 것은 아니며, 미녀가 서시西施만 있는 것은 아니며, 충신이 여망呂望만 있는 것은 아닙니다. 오늘날도 좋은 말은 있지만 왕량王良만한 말몰이꾼이 없으며, 예리한 검은 있지만 고운 숫돌에 가는 노력이 없으며, 미녀는 있지만 흰 분 검은 눈썹의 치장술이 없으며, 훌륭한 선비는 있지만 문왕 같은 분을 만나지 못하고 있을 뿐입니다. 세상을 경영할 도술을 지녔음에도 발휘되지 못하고 있으니 아름다운 옥이 갑 속에 담겨 깊이 감추어진 형국입니다. 그러니 도를 품은 사람은 그에 맞는 환경이 갖추어져야 하고, 박옥을 가진 사람은 기술자의 가공을 기다려야 합니다. 도는 지혜로운 사람을 만나야 제대로 발휘되며, 좋은 말은 훌륭한 말몰이꾼을 만나야 능력을 발휘하며, 현자는 성인을 만나야 제대로 쓰이며, 변론은 지혜로운 사람을 만나야 제대로 소통되며, 경서는 깨친 사람을 만나야 제대로 전파되며, 사리는 분별력 있는 사람을 만나야 제대로 밝혀집니다. 따라서 일을 관리하는 사람은 해당 규칙을 지켜야 하고, 약을 먹는 사람은 좋은 처방에 따라야 합니다. 좋은 책이 꼭 공자의 문하에서만 나오는 것은 아니며, 좋은 약이 꼭 편작扁鵲의 처방에서만 나오는 것은 아닙니다. 도에 합치하는 것이면 모두 좋으며, 모범으로 삼을 수 있으며, 세상의 변화에 따라 잘 저울질하여 권력을 행사하면 됩니다.

故良馬非獨騏驥,[24] 利劍非惟干將,[25] 美女非獨西施,[26] 忠臣非獨呂望.

---

24 『초사楚辭』「이소離騷」, 매승枚乘의 『칠발七發』 등에 등장하는 준마. 손양孫陽이 '기기'를 만나고, 조보趙父가 '녹이騄駬'를 몰았다는 고사처럼 녹이와 더불어 준마의 상징.

25 춘추시대 오吳나라 사람 간장干將과 그의 처 막야莫邪가 좋은 쇠를 얻어 몸을 희생해가며 만든 명검. 두 자루 검의 이름을 각각 '간장'과 '막야'라 부른다. 오왕 합려闔閭에게 바친 이 검들은 거궐鉅闕·벽려辟閭와 더불어 예리한 보검의

今有馬而無王良[27]之御, 有劍而無砥礪[28]之功, 有女而無芳澤[29]之飾, 有士而不遭文王, 道術蓄積而不舒, 美玉韞匵而深藏. 故懷道者須世, 抱樸[30]者待工, 道爲智者設, 馬爲御者良, 賢爲聖者用, 辯爲智者通, 書爲曉者傳, 事爲見者明. 故制事者因其則, 服藥者因其良. 書不必起仲尼之門,[31] 藥不必出扁鵲[32]之方, 合之者善, 可以爲法, 因世而權行.

상징.

26 서시西施는 춘추시대 월越나라 저라苧蘿 사람. 월왕 구천勾踐이 회계會稽에서 치욕스런 패배를 당하자 명신 범려范蠡는 미녀 서시를 얻어 오왕 부차夫差에게 바침으로써 강화에 성공, 목숨을 보전하였다. 구천이 실력을 쌓아 오나라를 멸망시킨 뒤 서시는 범려에게 되돌아왔고 천하를 주유하다 죽었다. 중국문화에서 가냘픈 미녀의 상징.

27 왕량王良은 춘추시대 진晉나라 조간자趙簡子 휘하의 최고 말잡이. 『맹자』「등문공滕文公 하」에 조간자의 환관 폐해嬖奚와 왕량의 고사가 실려 있다. 조간자는 왕량을 원하는 폐해의 요구를 들어주었다. 왕량은 폐해와 사냥을 나갔으나 종일 새 한 마리도 잡지 못했다. 폐해가 천하의 쓸모없는 사람이라 비난하자, 왕량이 재차 요구해 같이 사냥을 나가 이번엔 하루아침에 열 마리를 잡았다. 이제 폐해는 천하의 최고 말잡이라고 극찬하였다. 왕량은 정도를 지키니 한 마리도 잡지 못하고, 편법을 쓰니 열 마리를 잡았다며 올바르지 못한 사람의 마부가 되지 않겠노라고 말하고는 떠나버렸다. 왕량은 조보趙父·백락伯樂과 더불어 최고 말잡이의 상징.

28 지려砥礪의 '지'는 고운 숫돌, '려'는 거친 숫돌을 말한다. 합하여 정교하게 간다는 말.

29 『초사』「대초大招」에 '흰 분을 바르고 검게 눈썹을 그려 방택芳澤하게 한다'는 말이 있다. 초췌한 모습을 윤택하게 만드는 여자들의 화장을 말한다.

30 '박樸'은 아직 짜개지 않은 통나무(『노자』, 19장). 여기선 가공되기 전의 원석 상태 '박옥璞玉'을 말한다. 춘추시대 초나라 사람 화씨和氏가 산에서 박옥을 얻어 려왕厲王에게 바쳤으나 그것을 돌로 보고 미친 사기꾼이니 왼 발목을 잘라버리라고 말했다. 무왕武王 때 다시 바쳤으나 역시 돌로 여기고 오른 발목마저 끊어버렸다. 문왕文王이 즉위한 뒤 옥공을 시켜 박옥을 갈라 보니 천하의 보옥이 얻어져 이를 화씨지벽和氏之璧이라 불렀다. 이로부터 '포박抱璞'이란 말은 탁월한 재주를 지녔음에도 시대를 만나지 못함을 비유할 때 쓴다.

31 공자와 유가사상을 존중하지 않는 듯한 이 구절은 논란의 소지가 있으나, 백가를 물리치고 유술독존儒術獨尊을 이룬 동중서보다 육가가 공자 성인화 작업이 이루어지기 훨씬 전에 살았던 점을 감안해야 한다(『교주』, 47면 참조).

32 『사기』「편작扁鵲열전」에 따르면 편작은 발해渤海 막鄚지방 사람으로 성은 진秦, 이름은 월인越人이다. 장상군長桑君에게 의술을 익힌 전국시대 명의. 그의

해설 위 장을 이어받아 현실을 강조한다. 오늘날 세상에도 현명하고 재능 있는 사람이 없지 않으므로 군주가 이런 사람을 잘 쓰기만 하면 치국의 도술이 빛을 발할 것이라는 주장이다. 굳이 옛 것에 매이거나, 옛날의 현인 운운하지 말고 지금 천하에 도덕을 품은 채 숨어 있는 인재들을 발굴하라는 주문이다.

본성은 사람에게 간직되어 있지만 기는 하늘에까지 이르니, 섬세하고 작은 일에서 크고 원대한 일에 이르기까지 그리고 아래로 인간사에서 위로 천명까지 두루 통합니다. 사물들은 유유상종하며, 소리는 가까운 음끼리 서로 조화합니다. 도가 주창되면 덕이 따라서 호응하고, 인이 수립되면 의가 따라서 일어납니다. 왕이 조정에서 도덕과 인의를 행하면 필부들은 민간에서 그것을 실천하게 됩니다. 말절의 작은 일을 처리하려면 근본의 큰일부터 다스려야 하고, 그림자를 단정히 하고 싶으면 제 몸을 먼저 바르게 챙겨야 합니다. 뿌리를 잘 기르면 가지와 잎사귀가 무성해지고, 뜻과 기운이 잘 조화하면 도에 합치하게 됩니다. 원대한 목표를 추구하는 사람은 가까운 것을 하나라도 잃어선 안 될 것이며, 그림자를 바로잡으려는 사람은 자기 현재의 용모단정을 잊어선 안 될 것입니다. 위가 투명하면 아래가 청렴하고, 군주가 성명하면 신하는 충성을 다합니다. 그런데 어떤 사람들은 원대한 일을 도모한다면서 가까

수많은 일화 가운데 제나라 환공桓公에게 머물 때의 고사가 압권이다. 편작은 환공을 보고 '피부에 병이 있으니 치료하지 않으면 심해지리라'고 건의했으나 돈 밝히는 놈이란 핀잔을 들었고, 닷새 뒤 다시 '혈맥에 병이 있으니 치료 않으면 심해지리라' 건의했으나 불쾌한 대답만 들었고, 닷새 뒤 다시 '위장에 병이 있으니 치료치 않으면 심해지리라' 건의했으나 무시당하였다. 다시 닷새 뒤 편작은 환공을 보더니 말없이 물러가버렸다. 환공이 사람을 시켜 물어보니 편작은 '병이 피부에 있을 때는 탕약으로 치료가 가능했고, 혈맥에 있을 때는 침으로 치료가 가능했고, 위장에 있을 때는 술찌끼로 치료가 가능했다. 그런데 지금 병이 골수에 들어갔으므로 나도 어쩔 수 없다'고 말했다. 다시 닷새 뒤 환공이 병이 들자 급히 편작을 찾았으나 이미 달아나고 없었으며 환공은 죽었다. 편작이 진秦에 갔는데 태의였던 이혜李醯는 자신의 실력이 그만 못함을 알고 사람을 시켜 암살하였다.

운 일들을 놓치고 있으며, 어떤 사람들은 도가 막히어 더 이상 나갈 길이 없게 되었습니다. 계손씨季孫氏는 전유顓臾의 토지를 탐냈기 때문에 자기진영 내부의 변란을 초래했습니다. 남의 땅에 진공하려는 사람은 일의 어려운 점들을 고려하지 않을 수 없으며, 군주를 위해 일을 꾸미는 사람은 충성을 다하지 않을 수 없습니다. 그래서 형벌이 확립되면 덕이 없어지고, 아첨꾼이 임용되면 충신이 사라집니다. 『시경』에는 "너의 마음을 바꿈으로써 수많은 나라 백성들이 길러질지니"라고 말합니다. 군주가 일심으로 천하를 교화시켜 (而□□國治) 한다는 말은 바로 이 뜻입니다.

故性藏於人, 則氣達於天, 纖微浩大, 下學上達,[33] 事以類相從, 聲以音相應,[34] 道唱而德和, 仁立而義興, 王者行之於朝廷, 疋[35]夫行之於田, 治末者調其本,[36] 端其影者正其形,[37] 養其根者則枝葉茂, 志氣調者卽[38]道沖.[39] 故求遠者不可失於近, 治影者不可忘其容, 上明而下淸, 君聖而

33 '하학상달下學上達'의 출처는 『논어』「헌문憲問」편. 하안의 『논어집해』에는 공안국孔安國의 말을 인용하여 "아래로 인간사를 배우고 위로 천명을 알다"고 주석한다.

34 『예기』「악기樂記」에는 "모든 음의 시작은 사람의 마음에서 생겨난다"고 한다. 낱개의 소리를 '성聲'이라 하고, 사람의 마음이 움직여 궁상각치우 각 음조들이 섞여 조화한 것을 '음音'이라 한다.

35 낮은 벼슬아치를 뜻하는 '필疋'이 아니라, 평범한 보통 사람을 뜻하는 '필匹'자는 고대에 서로 통용되었다.

36 보통 고전에서 '말末'은 장사 등을 말하며, '본本'은 농사를 말한다. 여기선 군주와 신하, 윗사람과 아랫사람을 뜻하기도 하고, 천명에 따른 인의가 근본이고, 인간사의 세세한 일은 말절이란 의미이기도 하다.

37 '곧은 나무의 그림자는 똑바르다'는 주장의 출처는 『순자』「군도君道」편과 「왕패王覇」편. 순자는 가까운 곳을 다스리면 먼 곳도 다스려지고, 처음 한 가지 일이 마땅하면 오만가지 일이 바르게 된다는 현실주의를 견지하였다. 지나친 것은 못 미치는 것과 다름없다고 생각하여 옛 것, 요원한 것, 가상의 존재 등에 대한 괜한 관심을 경계하였다. 그림자와 형체에 관한 육가의 주장은 순자사상과 깊은 연관이 있어 보인다.

38 '즉卽'은 '즉則'으로 보아 앞 구절과 종속관계로 해석해야 순조롭다.

39 『노자』「4장」의 "도가 충沖하니 그것을 이용한다"에 대하여 하상공河上公은

臣忠. 或圖遠而失近, 或道塞而路窮.[40] 季孫貪顓臾之地, 而變起蕭牆之內.[41] 夫進取[42]者不可不顧難, 謀事者不可不盡忠; 故刑立則德散, 佞用則忠亡. 詩云 : "式訛爾心, 以蓄萬邦."[43] 言一心化天下, 而□□國治, 此之謂也.

해설 도덕과 인의가 치국의 근본이므로 현실의 군주는 이를 실행하여야 한다는 주장이다. 순자의 사상을 계승한 유가의 현실주의자로서 육가 자신의 사상을 드러내고 있다. 한 고조 유방에게 공간적으로 먼 곳이 아니라 가까운 곳에서 출발하고, 시간적으로 과거가 아니라 현재에서 출발하라고 권유하는 구절이다.

"충沖은 중中이다"고 주석하였다. 따라서 여기서는 『독본』처럼 "뜻과 기운이 잘 조화한 사람의 도가 공허하고 광대하여 포함하지 않는 것이 없다"(『독본』, 29면)고 해석하지 않고, 앞 구와 대구로 해석하여 '도에 합치하다'로 해석한다.

40 『독본』은 '도道'를 '길'로 해석하여 "한계에 도달해 더 이상 나아갈 길이 없다"(29면)고 해석하였다. 여기선 '도'와 '길' 어느 해석도 가능하다고 본다.

41 노魯나라 계손씨季孫氏의 전유顓臾 지역에 대한 침공과 결과는 『논어』「계씨」편에 보인다. 전유는 당시 노나라 부용附庸국으로 오늘의 산동성 비현費縣 서북이다. 노나라 실력자 계씨가 전유를 정벌할 것이라는 제자들의 말에 공자는 "계손씨 걱정거리는 전유에 있는 것이 아니라 소장蕭牆의 안에 있다"라고 예언했는데, 과연 나중에 계환자季桓子는 가신 양호陽虎에게 구금되고 말았다. '소장'의 '소'는 군신 접견시 가림막인 '숙肅'을 말하고, '장' 역시 가림막인 '병屛'을 의미한다. 군주와 신하 상견례는 매우 엄숙하게 진행된다는 점에서 둘 다 엄숙하다는 의미로 쓰인다. 여기서는 소장이 있는 내부를 지칭.

42 『한서』「고제기高帝紀」 용례에 따르면 '진취進取'는 '진공進攻'의 의미.

43 『시경』「소아小雅」「절남산節南山」의 구절. '와訛'는 '화化', '축蓄'은 '양養'의 의미.

제3편 보정

輔政 第三

해제_ 정치의 성공여부는 보좌하는 사람에게 달려있다. 즉 용현用賢문제가 이 편의 주지이다. 현명하고 인의를 실천하는 신하를 임용하여 보좌를 받는 것이 뛰어난 군주로 거듭나고, 훌륭한 정치를 펼치는 핵심이라고 주장한다. "경상卿相의 보좌야말로 군주의 터전이자 의지처이다"는 『순자』 「군도」편의 맥락을 계승한 논의로 보인다.

높은 곳에 사는 사람은 자신의 거처가 불안해서는 안 됩니다. 위험한 지역을 다니는 사람이 짚는 지팡이는 견고하지 않으면 안 됩니다. 자신의 거처가 불안하면 추락하고, 사용하는 지팡이가 견고하지 않으면 넘어집니다. 그래서 성인은 높은 위치에서 있게 되면 인의로 보금자리를 만들고, 위험한 지경에 빠지게 되면 성현을 지팡이로 삼습니다. 그러므로 높아도 추락하지 않고, 위험해도 넘어지지 않습니다.

夫居高者[1]自處不可以不安, 履危者任杖不可以不固. 自處不安則墜,任杖不固則仆.[2] 是以聖人居高處上, 則以仁義爲巢, 乘危履傾, 則以聖賢爲杖, 故高而不墜, 危而不仆.

해설 높은 지위를 누리고 사는 사람, 즉 군주는 응당 인의를 보금자리 삼고 살아야 한다는 주장이다. 그리고 여의치 않을 경우 성스럽고 현명한 사람을 지팡이 삼아 보좌토록 하라는 말이다.

옛날에 요임금은 인의로 보금자리를 삼았고, 순임금은 직稷과 설契을 지팡이로 삼았습니다. 그래서 높아질수록 편안하였고 움직일수록 견고하였습니다. 그분들은 편안한 높은 지위에 있으면서도 공경과 겸양을 계속하였습니다. 덕은 천지와 짝을 이루었고, 빛은 팔방을 덮었으며, 공적은 무궁히 후세에 드리워졌고, 명성은 영원히 썩지 않고 전해졌습니다. 그건 그분들 인의의 거처가 적절한 보금자리였으며, 이용할 지팡이로 제대로 사람을 얻었기 때문입니다. 진나라는 형벌을 보금자리로 삼았으므로 둥지가 뒤집히고 알이 깨지는 환난을 당하였습니다. 이사李斯와 조고趙高를 지팡이로 삼았으므로 사직이 넘어지고 상처를 입는 재앙을 당하였습니다. 무엇 때문이겠습니까? 사람을 잘못 임용했기 때문입니다. 그러므로 성자를 지팡이로 삼으면 제帝가 되고, 현자를 지팡이로 삼으면 왕王이 되고, 인자를 지팡이로 삼으면 패覇가 되고, 의로운 사람을 지팡이로 삼으면 강자强者가 됩니다. 중상모략을 일삼는 사람을 지팡이로 삼았다간 나라가 멸망하고, 도적을 지팡이로 삼았다간 목숨을 잃게 됩니다.

昔者, 堯以仁義爲巢, 舜以稷[3]、契[4]爲杖,[5] 故高而益安, 動而益固. 處

1 높은 곳에 거처하며 사는 사람을 말한다. 지위가 높은 사람, 특히 군주를 빗댄 표현.

2 '임장任杖'은 지팡이에게 맡긴다, 즉 지팡이를 사용한다는 의미. '부仆'는 사람이 넘어지거나 죽어서 엎어져 있는 형상.

3 주왕조의 선조로 농업신으로 추앙받는 '후직后稷'을 말한다. 어머니 강원姜嫄이 천제의 족적을 밟아 잉태해 아들을 낳자 버렸다. 그래서 이름이 버릴 '기棄'자

宴安之臺, 承克讓之涂,[6] 德配天地, 光被八極,[7] 功垂於無窮, 名傳於不朽, 蓋自處得其巢, 任杖得其人也. 秦以刑罰爲巢, 故有覆巢破卵之患;[8] 以李斯[9]、趙高[10]爲杖, 故有頓仆跌傷之禍, 何者? 所任者非也. 故杖聖者帝, 杖賢者王, 杖仁者霸, 杖義者强, 杖讒者滅, 杖賊者亡.[11]

해설 요·순 시대와 진나라를 예로 들면서 현자를 임용하는 것이 얼마나 중요한 일인지를 설파하고 있다. 군주가 인의의 원칙을 견지하고 정치를 이끌어갈 성현을 얻어 보좌를 받으면 커다란 정치적 성취를 이루겠지만, 형벌의 원칙을 세우고 진나라 조고 같은 간신의 보좌를 받으면 국가도 멸망하고 군주 자신의 목숨도 보전할 수 없다는 주장이다.

다. 순임금 때 농업담당관을 지내며 백성들에게 쌀농사 등을 가르쳤다. 태邰지역에 봉해졌으므로 '후직'이라 불린다.

4 '설契'은 '偰'이라고도 쓰는데, 은나라를 만든 상商부족의 시조이다. 원래 동이족 일파인 상족의 간적씨簡狄氏가 현조玄鳥의 알을 삼켜 설을 낳았다고 한다. 치수에 공이 있어 순임금이 사도에 임명하였다. 대민교화를 담당해 큰 공을 이루었다.

5 '직설稷契'의 앞에 '우禹'가 있다는 주장이 있으나 『교주』(51면)에 의거하여 없이 번역한다.

6 두 구절이 해석도 어렵고 연결도 안 된다. 송상봉宋翔鳳은 『신어교본新語校本』에서 이 두 구절이 본래는 "然處高之安, 承克讓之敬"이었다고 한다. 여기선 송씨의 주장대로 번역한다(『교주』, 51면 참조).

7 『상서』「요전」의 '光被四表' 때문에 '팔극八極'은 '사표'가 맞다는 주장도 있다(『교주』, 52면 참조). 여기선 의미에 지장을 주지 않으므로 그냥 '팔방'으로 번역한다.

8 『시자尸子』「명당明堂」편에 "둥지가 뒤집히고 알이 깨지니 봉황이 오지 않는다"는 똑같은 구절이 있다.

9 이사는 순자의 제자로 진시황을 섬겨 중국을 통일시키고 재상에 오른다. 철저한 법치와 관료정치인 이리위사以吏爲師를 주장한다. 한비자를 질투하여 죽였으며 분서갱유 정책을 입안하였다(『사기』「이사열전」 참고).

10 조고는 진시황 대의 환관으로 시황이 죽자 유서를 조작하여 2세 호해胡奚를 왕위에 앉히고 스스로 낭중령郎中令이 되어 권력을 전횡하였다. 가혹한 형벌과 과도한 부역으로 진나라를 망하게 만들었다.

11 '참讒'은 원래 중상모략을 일삼는 사람을 말하고, '적賊'은 좋은 사람을 모해하는 도적을 말한다.

그러므로 굳센 성격을 가진 사람은 시간이 오래 가면서 좌절을 맞지만, 부드러운 성격을 지닌 사람은 오래오래 유지할 수가 있습니다. 조급하고 안달하는 사람은 빠르게 뒤집히지만, 완만하고 신중한 사람은 장구히 존재할 수 있습니다. 용맹을 숭상하는 사람은 후회가 빠르지만, 온순 돈후한 사람은 행동이 너그럽고 편안합니다. 조급하고 빠른 성격을 지닌 사람은 꼭 모자라는 점이 있습니다만, 부드럽고 좀 나약한 사람은 굳세고 강경한 사람을 제압할 수 있습니다. 조그만 재주를 지닌 사람이 큰 적을 막을 수는 없으며, 작은 말재주로 대중을 설복시킬 수는 없습니다. 장사치는 교묘한 수단으로 판매 이익을 얻을 수는 있겠지만, 충정어린 선량이 되는 데는 아무 쓸모가 없습니다. 간사한 신하는 속임수와 거짓을 좋아하고 저절로 아첨아양을 떨며 비리를 감추려 들 뿐 절대로 공정하고 방정한 일은 할 수가 없습니다. 자기만의 말단 기교를 감추고 국가를 위해 공을 세우는 일은 애써 피하기만 합니다.

故懷剛者久而缺, 持柔者久而長,[12] 躁疾者爲厥速,[13] 遲重[14]者爲常存, 尙勇者爲悔近, 溫厚者行寬舒, 懷急促者必有所虧, 柔懦者制剛强, 小慧[15]者不可以御大, 小辨者[16]不可以說衆, 商賈巧爲販賣之利, 而屈[17]爲貞良, 邪臣好爲詐僞, 自媚飾非,[18] 而不能爲公方, 藏其端巧, 逃其事功.

---

12 '굳셈[剛]'에 대해 '부드러움[柔]'을 강조한 것은 노자 등 도가의 상용구이다. 실제 『노자』 36장 "부드럽고 약함이 굳세고 강함을 이긴다"에 대해 하상공은 "부드럽고 약한 자는 장구하고, 굳세고 강한 자는 먼저 죽는다"고 주석하였다.

13 '궐厥'은 엎어질 '궐蹶'자와 통한다. '궐속'은 급속하게 뒤집힌다는 뜻.

14 '지遲'는 더디고 완만함, '중重'은 가볍고 부박하지 않은 신중함.

15 『논어』 「위령공衛靈公」편 "好行小慧"라는 표현에 대해 정현은 "소혜란 小小之才(자잘한 재주)를 말한다"고 주석하였다(『논어집해』).

16 소변자小辨者의 '변'은 '변辯'이며 대체와 무관한 변론, 자잘한 말재주를 이른다.

17 '굴屈'이 '졸拙'자와 글자가 유사하여 잘못 쓰였다는 유월의 주장을 따른다. '불가不可'의 오기라는 송상봉의 주장은 잘못. 『교주』, 53면 참조.

18 '식비飾非'는 『장자』 「도척盜跖」편 "변론으로 능히 비리를 감출 수 있다"와 같은 의미.

해설 인재를 발탁하거나 사람을 판단할 때 참고가 되는 성격에 관한 논의이다. 도가적 성향을 사람을 중시하고 있지만, 결국 국가를 위해 공을 세울만한 훌륭한 인재를 찾아야 된다는 것이 더 중요한 목적이다. 과격한 사람, 입바른 사람, 장사치의 속임수를 쓰는 사람, 간사한 사람보다 부드럽고 너그러우며 신중하고 온순한 사람이 더 큰 일을 할 수 있다는 주장이다.

그러므로 지혜로운 사람의 단점이 어리석은 사람의 장점만 못하는 경우도 있습니다. 진晉나라 문공 같은 명군이 껍질 벗긴 쌀을 파종했고, 증자 같은 현인이 양에 안장을 얹어 끌었습니다. 선비를 자세히 보고 심사숙고하지 않으면 사악한 사람을 믿고 방정한 사람을 잃게 됩니다. 제아무리 세밀한 관찰력을 지닌 사람이라도 보지 못한 곳이 있을 것입니다. 마음이 한없이 넓은 사람이라면 어찌 포용하지 못하는 것이 있겠습니까. 질박한 사람은 충성하기가 십상이나, 아첨 잘하는 궤변론자는 배반하여 달아나기 십상입니다.

故智者之所短, 不如愚者之所長. 文公種米, 曾子駕羊.[19] 相[20]士不熟, 信邪失方. 察察[21]者有所不見, 恢恢[22]者何所不容. 朴質者近忠, 便巧者近亡.[23]

---

19 문공이 쌀을 심고, 증자가 양에 굴레를 얹었다는 이야기는 『회남자』 「태족훈泰族訓」, 『설원說苑』 「잡언雜言」 등에 보이지만 구체적인 이야기와 출처는 알 수 없다. 대체로 큰 일에 힘쓰는 사람은 작은 일을 잘 모른다는 의미로 써온 듯하다. 왕리기는 안되는 줄 알면서도 하는 사람을 일컫는다고 해석한다. 『교주』, 54면 참조.

20 '상相'은 상을 본다는 용례처럼 사람을 상세하게 뜯어본다는 뜻.

21 '찰찰察察'은 『노자』 20장의 '찰찰'과 『순자』 「영욕榮辱」편 '찰찰' 모두 상세하고 분명하게 관찰한다는 뜻.

22 '회회恢恢'는 『노자』 73장 "하늘의 그물은 회회한데 성글지만 무엇 하나 빠뜨리지 않는다"에서 '회회'에 대해 하상공은 매우 크다고 주석하였다. 『순자』 「해폐解蔽」편은 '회회광광恢恢廣廣'처럼 크고도 넓다는 뜻.

23 『논어』 「계씨」에 "편녕便佞한 사람을 사귀면"에 대해 『논어집해』는 "편便은 변辯이다"는 정현의 말을 인용하였다. 또한 황간皇侃은 '편녕'은 곧 "궤변하며 아첨함을 일컫는다"고 주석하였다. 여기선 황간의 해석에 따른다.

해설 지혜로운 사람도 단점이 있음을 말하고, 그래서 사람을 쓰기 위해서는 세밀한 관찰이 필요하다고 주장한다. 질박한 사람을 골라야지 말 잘하고 아첨하는 사람은 안 된다고 강조한다.

군자는 미모의 여색을 멀리하며, 쟁쟁거리는 화려한 음악소리를 내치며, 달콤한 미식을 먹지 않으며, 아양을 떠는 감정표현 따위에 관심이 없습니다. 큰 것으로 작은 것을 억제하고, 무거운 것으로 가벼운 것을 누르는 것이 하늘의 도입니다. 작은 것으로 큰 것을 다스린다면 법도를 어지럽히고 정도를 침범하는 행위입니다. 참소를 잘하는 사람은 현명해 보이고, 아름다운 말은 아주 믿을만하게 여겨집니다. 그러나 그들의 말을 들으면 미혹에 빠지고, 그들의 행위를 보면 판단이 흐려집니다. 그렇게 하여 소진蘇秦은 제후들의 존중을 받았으며, 상앙商鞅은 서쪽 진秦나라에서 영달하였습니다. 세상에 현명하고 지혜로운 군주가 없다면 누가 능히 그들의 본래면목을 알아보겠습니까? 그래서 요임금께서 환두驩兜를 내쫓으셨고, 공자께서 소정묘少正卯를 주살하였습니다. 아름다운 말로 찬양하는데 기울어지지 않는 사람은 없습니다만 오직 요임금께선 그 실질을 알아챘으며, 공자께선 그 정실을 꿰뚫어보았습니다. 그런 사람들이 성왕을 범하려 들면 주살을 당하고 현군을 막으려 들면 형벌을 받습니다만, 평범한 왕을 만나면 부귀해지고 난세에 살게 되면 영화를 얻습니다. 정담鄭儋이 제齊나라에서 도망하여 노魯나라로 귀순하자 제나라는 아홉 차례나 제후들을 회합시키는 위명을 날리게 되었으나, 노나라는 건시乾時 전투에서 치욕을 당하였습니다. 병거 천 대를 낼 수 있는 제후국을 다스리면서 참소하고 아첨하는 신하의 계책을 믿고서도 망하지 않는 경우는 아직 없었습니다. 그래서 『시경』엔 "참소하는 무리 끝없이 날뛰니 온 나라 뒤엉켜 혼란에 빠지네!"라고 말합니다. 수많은 간사한 무리들이 합심하여 한 명의 군주를 뒤엎는다면 나라는 위태로워지고 백성들은 사라지는 것이 당연한 일 아니겠습니까!

君子遠熒熒之色,[24] 放錚錚之聲,[25] 絶恬[26]美之味, 疏嗌嘔之情.[27] 天道以大制小, 以重顚[28]輕. 以小治大, 亂度干貞. 讒夫[29]似賢, 美言似信, 聽之者惑, 觀之者冥. 故蘇秦[30]尊於諸侯, 商鞅[31]顯於西秦. 世無賢智之君, 孰能別其形? 故堯放驩兜,[32] 仲尼誅少正卯;[33] 甘言之所嘉,[34] 靡不爲之傾, 惟堯知其實, 仲尼見其情. 故干聖王者誅, 遏賢君者刑, 遭凡王者貴,

---

24 『사기』「조세가趙世家」에 '미인형형美人熒熒'의 용례. 미인의 얼굴에 빛이 나는 모양을 뜻한다.

25 '쟁쟁錚錚'은 금속이나 옥이 부딪히면서 내는 소리를 말한다. '방放'은 방기하다, 내치다의 의미. 『논어』「위령공衛靈公」에 "음란한 정나라 음악을 방기하다"가 그 용례.

26 당안은 『육자신어교주』에서 '염恬'을 '달 첨甛'자로 생각하였다.

27 당안의 『육자신어교주』엔 익구嗌嘔를 『순자』의 '예구俔嘔'와 같이 보아 아양 떠는 소리로 해석.

28 '전顚'은 누르다, 진압하다는 의미의 '진鎭'자의 가차. 유월은 '전塡'자로 보아야 한다고 주장하였다. 상세한 내용은 『교주』, 56면 참조. 여기선 전자를 따른다.

29 중상과 모략을 일삼는 신하를 지칭.

30 소진蘇秦은 낙양洛陽 사람으로 자는 계자季子. 전국 말기 종횡가학파의 대표로 연나라, 제나라에 유세하여 고위관직에 올랐다. 마침내 세 치 혀로 진秦의 동쪽 다섯 나라 군주를 설득하여 합종合縱을 성공시켜 진나라로 하여금 제帝 칭호를 쓰지 못하도록 압박하는 데 성공하였다. 여섯 나라의 재상 인수를 쥐고 천하를 종횡무진 하였다. 조趙나라에서 무안군武安君에 봉해졌다.

31 상앙商鞅은 위衛인으로 어려서 형명술刑名術을 익혔다. 위魏나라에서 중용되지 않자 진효공秦孝公에게 가서 재상격인 대량조大良造에 임용되었다. 두 차례의 변법을 성공시켜 진나라를 강대국으로 성장시켰다. 그 공으로 상商에 봉해져 상군商君으로 불리었다. 호적제도, 이십등작제二十等爵制 등 역사적 자취를 남겼다. 엄격한 형벌 통치를 하였으며, 진효공 사후 귀족들의 반격으로 거열형車裂刑을 당하였다. 저작으로 『상군서商君書』가 있다.

32 『맹자』「만장萬章 상」편에 "순임금이 악인 공공共公을 유주幽州로 유배시키고, 환두驩兜를 숭산崇山으로 내쫓았다"고 하였다. 숭산은 남예南裔를 가리킨다. 요임금 시절 신하였던 순이 환두를 방출한 사실을 말한 듯하다.

33 소정묘는 노나라 대부. 소정少正은 관직, 묘卯는 이름. 『순자』「유좌宥坐」편이 이 고사의 출처. 공자가 56세에 노나라 사구司寇로 임용되어 재상 일을 대신 보면서 7일 만에 정치혼란의 주범으로 소정묘를 지목하여 죽인 일을 말한다. 공자는 소정묘가 음험하고 편벽되며 거짓을 일삼고 비리를 저지르는 등 죽여야 할 악을 모두 갖춘 사람이라고 평가하였다.

34 감언이설로 찬양하는 말을 듣고 기뻐하게 된다는 의미.

觸[35]亂世者榮. 鄭儋亡齊而歸魯,[36] 齊有九合之名,[37] 而魯有乾時之恥.[38] 夫據千乘之國, 而信讒佞之計, 未有不亡者也. 故詩云 : "讒人罔極, 交亂四國."[39] 衆邪合心, 以傾一君, 國危民失,[40] 不亦宜乎!

해설 군주는 실정을 정확히 파악하여 중상모략을 일삼는 사람, 감언이설로 아양을 떠는 사람, 아첨꾼 등을 밝혀내야 한다는 주장이다. 그들을 몰아내고 성현을 임용해야 국가와 정치는 올바른 길로 나갈 것이며, 참소하는 사람의 말을 믿어 현인 임용에 실패한다면 국가는 위태로워지고 백성들은 모두 흩어져 사라질 것이라는 충고이다. 종횡가, 법가의 무리들을 척결하고 유가적 군자가 임용되어야 한다는 주장이 깊이 깔려 있음을 알 수 있다.

35 '촉觸'은 해당한다는 의미의 '치値'. 왕충王充의 『논형論衡』「기수氣壽」편에 '촉치觸値의 명'이란 용례가 있다.

36 『춘추곡량전』엔 '정첨鄭詹', 『공양전』엔 '정첨鄭瞻'으로 쓰여 있다. 원래 정鄭나라 아첨꾼이었는데, 제나라에서 잡혔다가(莊公 10년 봄) 노나라로 도망쳐 오니 사람들이 "아첨꾼이 왔다"고 외쳐대었다고 한다. 뒤 문장 건시乾時의 패배(장공 9년)는 그가 노나라로 오기 1년 전의 일이었으므로 정담과는 무관하다.

37 『논어』「헌문憲問」편에 나오는 '제 환공桓公의 구합제후九合諸侯'를 일컫는다. 『사기』「제태공세가齊太公世家」에 나오는 환공의 말을 빌리면 "병거兵車의 회합이 세 차례, 승거乘車의 회합이 여섯 차례로 모두 아홉 번 세후들을 회합시켜 한 번에 천하를 바로잡았다"고 한다. 『춘추』 기록에 따르면 제환공이 제후들과 회합한 것은 아홉 차례가 훨씬 넘는다. 6, 9, 12, 24, 36, 72, 108 등 3의 배수는 많다는 의미로 쓰이는데, 여기서의 '구합'도 그렇게 볼 수 있다.

38 『춘추』「장공莊公 9년」조에 "장공 9년 8월 제나라 군대와 건시에서 전투를 벌려 우리 군대가 패하였다"고 쓰여 있다. '건시'는 제나라의 한 지역.

39 『시경』「소아 · 청승青蠅」. 중상모략을 일삼는 무리를 쉬파리 떼에 비유한 시.

40 '민실民失'은 백성들이 흩어져 없어져버린다는 뜻.

제4편 무위

無爲 第四

해제_ 이 편의 주지는 순임금과 주공의 통치에 대한 찬양이다. 앞 「보정」편과 더불어 진시황의 폭정을 질타한다. 극단적 형벌주의와 교만·사치가 가져오는 재앙에 대해 얘기하며, 예악과 시가에 바탕을 두고 수신과 현인임용에 능한 순임금과 주공의 무위정치를 칭송한다. 한나라가 성립된 뒤 진의 혹독한 법가 통치에 반대하는 기운이 팽배하여 무위를 주창한 도가사상이 궁중과 민간에 유행하였고, 이에 황노黃老사상이 크게 신봉되었다. 무위통치를 주장하는 이 편은 한나라 초엽 청정무위 정치의 선구자적 모습을 보여주는 작품이다.

치국의 도로 무위보다 큰 것은 없으며, 행동의 원칙으로 삼가고 공경하는 것보다 중요한 것은 없습니다. 왜 그렇게 얘기하겠습니까? 옛날에 순임금은 천하를 다스리면서 오현금五絃琴을 타시고 「남풍南風」이란 시를 노래하셨습니다. 평온하기가 마치 치국할 의사가 없는 듯하였고, 조용하기가 마치 천하를 근심하는 마음이 없는 듯하였으나 천하는 오히려 대단히 잘 다스려졌습니다. 주공周公이 예악 제도를 만들고, 천지에 제사지내고, 산천에 제를 올리고, 군대를 만들지 않았으며, 형법은 한 쪽에 놓아두고 사용하지 않았으나 사해 안 모든 나라들이 몰려 와 공물을 바쳤습니다. 머나먼 남해 월상越裳국의 군주까지 중역을 거듭해가며 내조하였습니다. 그러므로 무위는 곧 유위인 셈입니다.

道莫大於無爲,[1] 行莫大於謹敬. 何以言之?昔舜治天下也, 彈五弦之琴,[2] 歌南風之詩,[3] 寂若無治國之意, 漠若無憂天下之心, 然而天下大治. 周公制作禮樂,[4] 郊天地, 望山川,[5] 師旅[6]不設, 刑格[7]法懸, 而四海之內, 奉供來臻, 越裳[8]之君, 重譯[9]來朝. 故無爲者乃有爲也.

---

1 도가 정치사상에서 무위無爲는 인위적인 정치행위 일체를 하지 않음을 말한다. 그러나 『논어』 「위령공衛靈公」편에서 공자가 "무위하여 통치한 사람은 순임금이로다! 어떻게 하였는가? 자신을 공손하게 추스르고 정도를 지키며 남면하고 있었을 따름이다"고 말할 때처럼, 유가에서의 무위는 높은 수양을 통해 정도를 지키며 훌륭한 신하에게 맡기는 것을 말한다. 육가의 무위는 형벌이 아니라 덕치를 통해 백성들을 교화시키는 유가의 무위를 말한다.

2 『예기』 「악기樂記」편엔 "순임금이 오현五弦의 금琴을 만들어 「남풍南風」을 노래했다"고 한다. '다섯줄의 거문고'란 실제 악기를 지칭하기도 하며 궁상각치우宮商角徵羽 다섯 곡조의 정음正音을 대표하기도 한다.

3 순임금이 「남풍」의 시를 지었다는 얘기는 『예기』 「악기」, 『한시외전韓詩外傳』 4, 『악부시집樂府詩集』 57, 『풍속통의風俗通義』 「성음聲音」 등에 보이지만 구체적인 가사내용은 전하지 않는다. 『시자尸子』에 그 가사의 일부라고 전하고는 있지만, 인정을 못 받고 있다. 『교주』, 60면 참조.

4 주공周公 단旦은 무왕武王의 동생으로 은나라를 정벌한 후 2년 만에 무왕이 죽자, 어린 조카 성왕成王을 보좌해 섭정을 하였다. 각종 반란 등을 진압하고, 『예기』 「명당위明堂位」에 따르면 천자 섭정 6년 만에 명당에서 제후들을 조회하며 제례작악制禮作樂하였다고 한다. 예와 악을 천하통치의 근본으로 삼았다는 의미.

5 '교郊 제사'는 천자가 여름에 하늘에, 겨울에 땅에 올리는 제사. '망望'은 산천, 일월, 성신에 올리는 제사.

6 『주례』 「하관夏官」에 따르면 군대조직의 5백 명이 1려旅, 5려가 1사師.

7 '격格'은 '각擱'의 의미. 잡고 있던 것을 한 쪽에 놓아둔다는 뜻.

8 『후한서』 「남만전南蠻傳」에 월상越裳국은 오늘날 광동·광서 및 베트남 북부에 있었던 교지交趾의 남쪽에 있었다고 한다.

9 월상국 군주가 중역을 거듭하며 주나라에 입조했다는 것은 이 책에 처음 보인

해설 무위정치의 모범적인 사례로 순임금과 주공의 통치방식을 들고 있다. 아무 것도 하지 않는 무위가 아니라, 도덕수양을 높이 한 통치자가 위에서 백성들을 덕으로 교화시키고 훌륭한 신하와 제도가 뒷받침되어 주면 국내가 잘 다스려질 뿐만 아니라, 외국에서도 덕을 흠모하여 찾아오게 된다는 얘기다. 음악이나 들으며 평온의 극치를 보인 무위의 예로 순임금을 들고 있으며, 제도를 통한 덕치의 수행을 통해 천하를 감화시킨 예로 주공을 들고 있다.

진시황은 각종 형벌을 설치하고 거열車裂과 같은 잔혹한 형을 가함으로써 간사한 사람을 막고자 하였습니다. 주변 민족들과의 변경에 장성을 쌓음으로써 호胡인과 월越인을 방비하고자 하였습니다. 큰 나라는 정벌하고 작은 나라는 집어삼키며 천하에 위명을 떨쳤습니다. 군대가 사방으로 종횡무진하며 외국들을 정복하였습니다. 몽염蒙恬은 밖에서 난을 토벌하였고, 이사李斯는 안에서 법치를 행하였습니다. 그런데 일이 번잡해질수록 천하는 혼란스러워졌고, 법이 늘어날수록 나쁜 짓이 창궐하였으며, 군대가 많이 설치될수록 적이 늘어났습니다. 진나라가 질서를 잡고 싶지 않았던 것이 아닙니다. 그럼에도 끝내 나라를 잃은 것은 민중들에게 너무 포악한 조치를 내렸으며 형벌이 너무 극단적이었기 때문입니다.

秦始皇設刑罰, 爲車裂[10]之誅, 以斂奸邪, 築長城於戎境,[11] 以備胡、

다. 『사기』, 『한시외전』, 『설원說苑』 등은 이보다 뒤이다. 중역은 도로가 너무 멀고 산천이 험준하여 말이 통하지 않으니 여러 번 통역과정을 거치게 되었다는 의미.

10 '거열車裂'은 '오마분시五馬分尸'라고도 하는데, 다섯 마리의 말에 사람의 머리와 사지를 각각 묶어 각기 다른 방향으로 치달리게 하여 죽이는 혹형. 『묵자』「친사親士」편, 『한비자』「화씨和氏」편, 『사기』「상군열전商君列傳」 등에도 이 형벌이 보인다. 육가의 말처럼 진시황 때 처음 이 형벌을 설치한 것은 아니다.

11 『독본』(37~38면)처럼 장성長城을 만리장성으로 풀이할 수는 없다. '장성'에 대한 가장 상세한 기록은 『회남자』「인간훈人間訓」에 있다. 진시황이 몽염 등을 시켜 50만 병졸을 동원해 서쪽으로 유사流沙에서 동쪽으로 조선朝鮮까지 기존 성곽을 개축・신축하여 연결시킴으로써 호胡인을 방비하였다고 한다. 「인간훈」

越,[12] 征大呑小, 威震天下, 將帥橫行, 以服外國, 蒙恬[13]討亂於外, 李斯[14]治法於內, 事逾煩天下逾亂, 法逾滋而姦逾熾,[15] 兵馬益設而敵人逾多. 秦非不欲治也, 然失之者, 乃擧措太[16]衆、刑罰太極故也.

해설 진시황이 공전절후의 무력으로 천하를 통일하고, 질서를 잡기 위해 강력한 법치를 실행하는 등 노력을 하였으나 끝내 망했다는 내용이다. 그 이유는 형벌이 극단적이었기 때문에 민심이 이반했기 때문이라고 한다. 무위의 통치가 얼마나 중요한지를 강조하기 위한 것으로 보인다.

그리하여 군자는 관용과 원만함을 숭상하여 자기 몸을 덕으로 감싸고, 스스로 중화中和의 도를 실천하여 머나먼 지역까지 그 영향을 미칩니다. 백성들은 군자의 위엄을 두려워하여 그의 교화에 따르고, 군자의 덕을 흠모하여 그의 경내로 귀순하며, 군자의 정치를 찬미하여 감히 그의 통치를 거역하지 못합니다. 백성들은 벌을 주지 않아도 두려워하고, 상을 주지 않아도 선을 권장합니다. 이는 도덕에 물이 들고 중화의 도

에는 또 남쪽의 보물을 탐내어 50만 군대를 동원해 월越인 등과 싸우다 나중 초楚나라가 쌓았던 방성方城(『한서』「地理志」 등엔 長城으로 불림)을 경계로 수졸戍卒을 두었다는 기록을 전하고 있다. 따라서 육가가 얘기하는 장성은 남·북의 두 장성을 말하며, 자연스레 호인·월인을 연결시킬 수 있다.

12 중국 고대엔 북방민족과 서역의 민족을 모두 '호胡'라 불렀으며, 진나라·초나라의 남쪽 광동·광서나 강절江浙·복건 일대에 살던 민족을 통칭하여 '월越'이라 불렀다.

13 몽염蒙恬의 조상은 제나라 사람이나 조부부터 진나라를 섬긴 중신. 진시황 26년 진의 장군으로 제나라를 격파하여 통일중국을 달성하였다. 통일 후 30만 정병을 거느리고 흉노匈奴를 격퇴하고 하남河南(현 내몽고 河套 이남) 땅을 회복하였다. 만리장성을 수축하였으며, 외처에 거주한지 10여 년 북방을 호령하였다. 시황이 죽고 간신 조고趙高의 모함으로 자살하였다.

14 이사李斯는 진시황 시대의 재상. 앞 「보정」편 주9) 참조.

15 '유愈', '유逾', '익益'이 같은 용법으로 쓰인다. '~할수록 더욱'.

16 『독본』 및 역대 판본들 대부분은 '폭暴'으로 되어 있다. 『교주』는 '태太'로 되어 있으나 해석이 안 되어 여기선 '폭'으로 보고 포악하다고 번역한다.

에 감복당해서 이루어진 결과입니다.

是以君子尙寬舒以裒[17]其身, 行身中和[18]以致疏遠; 民畏其威而從其化, 懷其德而歸其境, 美其治而不敢違其政. 民不罰而畏, 不賞而勸, 漸漬[19]於道德, 而被服[20]於中和之所致也.

해설 도덕으로 무장하고 유가학술의 중요한 관념인 중화를 실천하는 군자의 정치를 하면 천하가 감화를 받아 이상 정치를 이룰 수 있다는 주장이다. 육가는 관대함과 원만함을 유가적 정치의 핵심 덕목으로 파악하고 있다.

법령은 악한 범죄를 징벌하기 위함이지 선행을 장려하려는 것이 아닙니다. 그러니 증삼曾參 · 민자건閔子騫의 효행과 백이伯夷 · 숙제叔齊의 청렴함이 설마 법의 가르침을 두려워하여 그렇게 한 것이겠습니까? 도덕교화가 그렇게 만든 것입니다. 그래서 요임금 · 순임금 시절 백성들은 집집마다 덕행으로 표창을 받게 되었으나, 걸桀왕 · 주紂왕 시절 백성들은 집집마다 악행으로 징벌을 받게 되었습니다. 왜 그랬겠습니까? 교화를 잘하고 못하고가 그렇게 만든 것입니다. 따라서 하천에 가까운 지역은 습하고, 산에 가까이 있는 나무는 건조합니다. 비슷한 부류끼리 한데 모이는 것이지요. 높은 산에서 구름이 일면 낮은 구릉에도 그 기운이 밀려들고, 네 개의 큰 강이 동쪽으로 흐르니 수많은 작은 하천들 중 서

---

17 '포裒'는 판본에 따라 감싼다는 의미의 '포苞'자로 되어있기도 한다. 『독본』(38면)은 몸이 풍만하고 튼실해진다고 해석하여, 정치가 편안하면 몸이 힘들지 않음을 비유한 것이라고 설명한다.

18 '중화中和'에 대한 정의는 『예기』 「중용中庸」이 대표적. "희 · 노 · 애 · 락이 아직 발하지 않은 상태를 '중中'이라 하고, 발하여 모두 법도에 합치하는 것을 '화和'라고 한다. '중'이란 천하의 큰 근본이며, '화'란 천하에 통달하는 도이다. '중화'에 이르면 천지가 자리를 잡고 만물이 길러진다."

19 '점지漸漬'는 물에 침윤된다는 의미. 젖어들어 감화됨을 비유.

20 『사기』 「예서禮書」에서도 '피복被服'은 '점지'와 나란히 쓰인다. 몸에 유가학술이란 옷을 걸친다는 의미로 친히 감복을 받는다는 뜻.

쪽으로 흐르는 물이 없는 것입니다. 작은 것은 큰 것을 닮고, 적음은 많음을 따라가게 되어 있습니다.

夫法令所以誅暴也,[21] 故曾、閔之孝, 夷、齊之廉,[22] 此寧畏法教而爲之者哉?[23] 故堯、舜之民, 可比屋而封, 桀、紂之民, 可比屋而誅,[24] 何者?化使其然也.[25] 故近河之地濕, 而近山之木長者,[26] 以類相及也. 高山出雲, 丘阜生氣, 四瀆[27]東流, 百川無西行者, 小象大而少從多也.

해설 교화의 중요성을 강조한 문장이다. 백성들을 효성스럽고 청렴하게 만들기 위해서는 군주가 위에서 훌륭한 도덕교화를 실행해야 한다. 강한 법의 통제로 범죄를 막는 것보다 덕행의 장려로 악이 싹트지 못하게 미리 막는 통치방법이야말로 유가정치사상의 핵심이다.

---

21 완전하게 끝나지 않은 이 구절에 대하여 송상봉은 원문이 "夫法令者, 所以誅惡, 非所以勸善"이었나고 수정하였다. 『교주』, 65면 참조. 여기선 송상봉의 주장대로 번역하였다.

22 증曾・민閔은 공자의 제자 가운데 효행으로 이름을 날린 증삼과 민자건을 말한다. 이夷・제齊는 청렴결백한 현인으로 이름을 떨친 백이와 숙제. 『맹자』 「만장萬章 하」편엔 나쁜 모습은 보지 않고, 나쁜 소리는 듣지 않고, 군주답지 않으면 섬기지 않았던 백이에 대해 극찬이 실려 있다. 천하가 맑아지기를 기다리고 사는 백이의 소문을 들으면 완악한 사람도 청렴해지고 나약한 사람도 뜻을 세우게 되었다고 한다.

23 송상봉의 주장에 따르면 이 구절은 원래 "豈畏死而爲之哉?教化之所致也"였다고 한다. 여기서는 앞 구절은 원문대로 번역한 뒤, 원문에 없는 뒤 구절 '도덕교화가 그렇게 만든 것'이란 송상봉의 말을 번역하여 번역문을 매끄럽게 하였다. 또한 당안唐晏에 의하면 증자・민자건의 효성, 백이・숙제의 청렴은 본성에서 나온 것이므로 '교화가 그렇게 만들었다'는 육가의 말은 곧 순자 화성기위化性起僞론을 이어받은 것이라고 한다. 『교주』, 66면 참조.

24 '요임금・순임금의 백성'부터 '징벌을 받게 되었습니다'까지의 문장은 왕충의 『논형』 「솔성率性」편, 『한서』, 『태평어람太平御覽』 등 후대 작품에도 자주 나오는데, 육가의 이 말이 그 출처인 듯하다.

25 '화化'는 의미상 '교화教化'에서 '교'자가 탈루된 것으로 본다.

26 앞의 '습濕'과 대구를 이루려면 '장長'자 대신 마를 '조燥'를 써야할 듯. 여기선 송상봉의 주장에 따라 해석하였다. 『교주』, 66면 참조.

27 '사독四瀆'은 중국 역사에 등장하는 대표적인 큰 강 넷을 말한다. 황하黃河, 장강長江, 회하淮河, 제수齊水.

그리하여 국가이념과 교육의 큰 물줄기만 잡히면 백성들의 작은 행동들은 모두 그에 따르게 될 것이라는 주장이다.

왕의 도읍지에 남면南面하고 있는 군주는 모든 백성들이 본받아야 할 모범이므로 일거수일투족이 법도를 잃어서는 안 됩니다. 옛날 주양왕周襄王이 계모를 모실 수가 없어 정鄭 지역에 나와서 살자 그의 아랫사람들 상당수가 제 부모를 배반하였습니다. 진시황이 교만하고 사치하고 화려함에 빠져 누대·정자를 높이고 궁전을 넓히길 좋아하니 천하의 부호들이 제 저택을 지으면서 그걸 모방하지 않는 사람이 없었습니다. 침실에 협실을 설치하고, 마구간과 곳간을 갖추고, 건물에 정교한 조각을 새겨 넣고 멋진 그림을 그려 넣는가 하면, 현황玄黃의 각종 진기한 색채를 폭넓게 도색하여 건축제한규정을 크게 어지럽혔습니다. 제환공齊桓公이 여색을 좋아하여 고모 자매들까지 아내로 삼으니 나라 안에 골육간의 간음사례가 빈번하였습니다. 초평왕楚平王은 사치하고 방종하여 덕으로 아랫사람을 다스리거나 단속할 수 없었습니다. 그런데 백 필의 말에 안장을 올려 타고 다니면서 천하 사람들을 풍요롭고 부유하게 만들고 싶어 했으니 절대로 이루어질 수가 없었습니다. 그래서 초나라 사람들은 날로 사치스러워졌으며 군신간의 구별도 없어졌습니다. 그러므로 윗사람이 아랫사람을 교화시키는 일은 바람이 부는 대로 풀잎이 쏠리는 것과 같습니다. 군왕이 조정에서 무력을 숭상하면 농부들이 논밭에서 갑옷이나 병기를 수선하게 됩니다. 따라서 군자는 백성들이 사치하면 절검으로 대응하고, 교만하고 음란하면 인의의 도리로 통제하여 아랫사람들을 다스려야 합니다. 윗사람이 인애한데도 아랫사람이 나쁜 짓을 하는 경우는 아직 없습니다. 윗사람이 양보를 하는데 아랫사람들이 길을 다투는 경우는 아직 없습니다. 그래서 공자님께선 "풍속을 바꾸라"고 말씀하신 것입니다. 어떻게 집집마다 다니면서 그걸 보여줄 수 있겠습니까? 군주 자신부터 그것을 실천에 옮길 따름이지요.

夫王者之都, 南面之君, 乃百姓之所取法則者也, 擧措動作, 不可以失法度.[28] 昔者, 周襄王不能事后母, 出居於鄭,[29] 而下多叛其親. 秦始皇驕奢靡麗, 好作高臺榭,[30] 廣宮室,[31] 則天下豪富制屋宅者, 莫不仿之, 設房闥,[32] 備廐庫, 繕雕琢刻畫之好, 博玄黃琦瑋之色, 以亂制度.[33] 齊桓公好婦人之色, 妻姑姊妹, 而國中多淫於骨肉.[34] 楚平王[35]奢侈縱恣, 不能制下, 檢民以德, 增駕百馬而行,[36] 欲令天下人饒財富利, 明不可及, 於是楚

---

28 여기서의 법도는 법을 지칭하지 않는다. 앞 장에서 순임금과 주공은 무위함으로써 천하가 다스려졌으나, 진시황은 번잡한 법에 근거했는데도 천하가 혼란스러웠다는 육가의 주장에서 알 수 있듯이 여기서의 법도는 곧 유가적 무위와 도덕. 관용 등을 뜻한다.

29 주양왕은 주혜왕周惠王의 아들로 이름이 정鄭. B.C. 652년 즉위하여 33년간 재위하였다. 『춘추공양전』 「희공僖公 24년」조에 보이는 이 고사의 구체적인 사건 기록은 찾을 수가 없다. 하지만 그 행위에 대해 불효보다 큰 죄는 없다는 비판적 평가가 많나.

30 '대臺'는 흙을 높이 쌓아 경관을 구경하기 위해 설치한 구조물이고, '사榭'는 그 위에 지붕을 올리고 춤과 연주를 할 수 있는 공간을 두는 화려한 건축물을 말한다.

31 『사기』 「진시황본기」에 따르면 진시황은 수도 함양咸陽의 인구가 많은데 선왕의 궁실이 작으니 키워야 한다며 조궁朝宮 건설에 들어갔는데, 앞 전각인 아방阿房은 동서가 500보, 남북이 50장丈으로 전각 안에 사람 1만 명이 앉을 수 있을 정도로 거대했다고 한다.

32 '달闥'은 침실 좌우에 설치한 작은 문 또는 그 방을 말한다.

33 거대한 규모, 화려한 조각, 진기한 채색 등이 구체적으로 어떤 제도를 어지럽혔는지 알 수 없어 여기선 그냥 '건축제한규정'이라고 번역하였다. 이에 대한 『교주』, 69면의 주석은 육가가 친히 목도한 사실이라는 정도이며, 위와 중복된 무관한 내용이다.

34 이 음사의 주인공이 제환공이 아니라 제양공襄公이란 주장도 있다. 그러나 『관자』 「소광小匡」편, 『순자』 「중니仲尼」편, 『논형』 「서허書虛」편, 『한서』 「지리지地理志 하」 등에 제환공이 음란하여 고모 자매 7명을 시집보내지 않았다는 기록이 있다. 상세한 내용은 『교주』, 69면 참조.

35 B.C. 529년 진陳・채蔡・허許・엽葉 등 네 민족이 초나라에 반란을 일으켜 초의 도읍에 난입하자 초영왕楚靈王은 자살하였다. 이에 공자 기실棄疾이 공자 비比를 주살하고 왕위에 오르니, 그가 바로 초평왕이다. 13년간 재위.

36 초강왕楚康王 시절의 얘기란 설도 있으나, 타는 말을 100필로 늘린 사실이 언제인가 등에 대한 구체적 사료는 찾을 수 없다.

國逾奢, 君臣無別. 故上之化下, 猶風之靡草也.[37] 王者尚武於朝, 則農夫繕甲兵於田. 故君子之御下也, 民奢應之以儉, 驕淫者統之以理; 未有上仁而下賊,[38] 讓行而爭路者也.[39] 故孔子曰 : "移風易俗."[40] 豈家令人視之哉?亦取之於身而已矣.

해설 군주는 백성의 모범이 되어야 한다는 요구이다. 군주가 위에서 하는 대로 신하와 일반 백성들은 아래서 따라하므로 군주는 행동거지 하나하나를 유가의 법도에 따라야 한다는 주장이다. 주양왕의 불효, 진시황의 사치, 제환공의 호색, 초평왕의 무능을 예로 들면서 군주의 역할이 정치사회의 질서와 혼란에 직접적인 관계가 있음을 설파하고 있다. 몸으로 보여주는 교화의 중요성을 강조한 문단이다.

37 '바람이 부는 대로 풀잎이 쏠림'을 군주와 백성, 또는 군자와 소인에 비유한 예는 『논어』 「안연顔淵」, 『맹자』 「등문공滕文公 상」편 등에 보인다.
38 『예기』 「대학大學」편에 "위에서 인을 좋아하는데 아래서 의를 좋아하지 않는 경우는 없으며, 의를 좋아하는데 일이 마무리되지 않는 경우는 없다"는 구절을 반영하였다.
39 『독본』(42면)에선 이를 군주와 신민간의 갈등으로 풀어 "군주가 도의를 실행하는데 신민이 명리를 쟁탈하는 경우는 없다"고 해석하였다.
40 "사회분위기와 풍속을 바꾸라"는 이 구절은 『효경』 「광요도廣要道장」 및 『예기』 「악기」에 있다.

제5편 변혹

辨惑 第五

해제_ 이 편은 아첨과 유언비어에 대한 경계이다. 충언은 귀에 거슬리게 마련이고 아첨하는 말은 귀에 잘 들어오기 마련이니 주의하라는 주문이다. 유언비어는 성인을 해치기 십상이므로 군주는 미망에서 벗어나 냉철하고 분명한 변별력으로 세밀하게 관찰해야 한다. 권모술수에 능한 간신을 변별하고, 유가의 인의를 해치는 자들을 주변에서 없애는 것이 군주의 업무임을 강조한다.

일을 하는데 어떤 사람은 매우 잘하는데도 잘한다는 칭송을 얻지 못하고, 어떤 사람은 잘못하는데도 잘한다고 칭찬받는 것은 무엇 때문이겠습니까? 그것을 관찰하는 사람이 잘못한데다 논평하는 사람이 그릇되었기 때문입니다. 그래서 행동이 세속의 요구에 부합하거나, 말이 세인들의 귀에 순응하는 것은 모두 윗사람의 뜻에 영합하기 때문이요, 윗사람의 취지에 순종하기 때문입니다. 몸가짐이 정직한 사람은 시의에 어긋나기 쉽고, 뒤틀린 마음을 품은 사람은 간사한 사람과 잘 화합합니다. 그들이 강유剛柔의 세력변화를 꿰고 권모술수를 잘 부리기 때문에 군주의 귀에 거슬리는 말이 없고, 군주의 뜻에 합치하지 않음이 없는 것입니다.

夫擧事者或爲善而不稱善, 或不善而稱善者, 何?視之者謬而論之者誤也. 故行或合於世, 言或順於耳,[1] 斯乃阿上之意, 從上之旨, 操直而乖方,[2] 懷曲而合邪, 因其剛柔之勢, 爲作縱橫之術,[3] 故無忤逆之言, 無不合之義者.[4]

해설 군주가 아랫사람들을 평가하는데 미혹되기 쉬운 것이 바로 그들에 대한 세인들의 평가인데, 그것이 잘못되는 경우가 많다는 주장이다. 관찰자나 평가자들이 군주의 뜻에 영합하여 권모술수를 부려 정직한 사람이 설 땅이 없어진다는 얘기다.

옛날 노나라 애공哀公이 유약有若에게 "흉년이 들어 재용이 부족하니 어찌해야 하오?"라고 물었습니다. 공자의 제자였던 유약은 "왜 10분의 1을 과세하는 철법徹法을 시행하지 않으십니까?"라고 대답했습니다. 이는 위로 군주의 재용을 줄여 아래로 백성들에게 되돌려주는 것입니다. 애공은 귀에 거슬리고 뜻에도 부합하지 않아 거절하고 채택하지 않았습니다. 이것이 바로 자신의 행동을 바르게 하여 구차하게 세속에 영합하

1 위 구절 '행동과 세속의 요구'에 대한 대구로 보아 이耳를 '세인들의 귀'로 번역하였다.

2 『독본』(43면)에선 '방方'을 시의에 적절하다고 번역. 여기선 '괴乖'자에 천착하여 그에 따른다.

3 전국시대 종횡가의 학설이 유가들의 절대적 비판을 받았다는 점을 고려하면 여기서도 '종횡縱橫가의 술'로 번역할 수 있겠으나, '종횡'의 원 뜻이 '권변權變'의 의미에 있으므로 여기서는 '종횡의 술'을 '권모술수'로 번역하였다. 『사기』의 「소진蘇秦열전」·「장의張儀열전」 등에서도 사마천은 '종횡'을 '권변'으로 해석하였다.

4 여기서의 '의義'는 육가가 여태까지 강조해 온 인의의 '의' 개념이 아니다. 즉 '의의意義·의사意思'라는 일반적 의미로 본다. '군주의 뜻 혹은 시대적 의의나 의사에 합치하지 않음이 없다'로 번역할 수 있다.

지 않는 예입니다. 유약이 어찌 애공의 뜻에 영합하고 국고를 늘려야한다는 시대적 의의를 몰랐겠습니까? 군자는 도에 따라 정직하게 행동하며 반드시 굴욕을 당할 줄 알면서도 피하지 않습니다. 따라서 그들은 구차하게 세속에 영합하는 행위를 하지 않으며, 구차하게 세상에 굴종하는 말을 하지 않습니다. 세상에 남긴 공적이 없어도 명성은 칭송을 받기에 족하고, 의견이 국가에 채택되지 않아도 그들의 언행은 본받을 만합니다.

昔哀公[5]問於有若曰 : “年饑, 用不足, 如之何?”有若[6]對曰 : “盍徹[7]乎?”[8] 蓋損上而歸之於下, 則忤於耳而不合於意, 遂逆而不用也. 此所謂正其行而不苟合於世也. 有若豈不知阿哀公之意, 爲益國[9]之義哉?夫君子直道而行,[10] 知必屈辱而不避也. 故行不敢苟合, 言不爲苟容,[11] 雖無功於世, 而名足稱也; 雖言不用於國家, 而擧措之言可法也.

해설 군자의 행위에 대해 말하고 있다. 정직하고 도에 따라 행동하며, 세속에 영합하는 말이나 행동을 하지 않는 자가 군자이다. 세상에 공적을 남기진 않았지만 구차하지 않은 언행은 본받아야 한다는 주장이다.

---

5 노魯나라의 애공을 말한다. B.C. 495~B.C. 468년 재위.

6 유약은 공자의 제자로 자는 자유子有. 외모가 공자와 흡사하여 공자 사후 제자들에 의해 한 때 스승으로 받들어지기도 했다.

7 철徹법은 주나라 토지세 제도 『맹자』「등문공」편에 하나라는 공貢법, 은나라는 조助법, 주나라는 철법을 시행했다고 한다. 100묘畝를 단위로 10분의 1의 세금을 부과하였다. 유가사상가들에겐 성인의 시대에 시행되었던 농민들에게 혜택을 주는 낮은 세율로 인식되었다.

8 노애공과 유약과의 이 대화 전문은 『논어』「안연」편이 그 출처.

9 ‘익益’은 ‘부익附益’ 즉 ‘늘린다, 증가한다’는 의미. 공자의 제자 염구冉求가 세금을 늘려 계씨季氏의 창고를 채우는 일에 대한 공자의 비판이 『논어』「선진先進」편에 실려 있다.

10 ‘직도이행直道而行’은 『논어』「위령공衛靈公」편에 하·은·주 삼대 백성들을 묘사한 말로 표현되어 있다.

11 『전국책』「진책秦策 하」, 『사기』「채택蔡澤열전」에도 이 말이 있으나, ‘언言’과 ‘행行’이 바뀌어 있다.

그러므로 세속과 다른 사람은 일반 대중으로부터 자신이 고립되기 십상입니다. 간사하고 뒤틀린 사람들은 서로 결탁하며, 법을 어기고 곡해를 일삼는 사람들은 끼리끼리 비호합니다. 그러니 정직한 사람이 그 사이에 몸을 둘 수가 없습니다. 사특한 아첨꾼들은 서로를 붙들어주고, 중상모략을 일삼는 사람들은 서로를 추켜 올려줍니다. 그들이 오르지 못할 높은 곳이 없으며, 가지 못할 깊은 곳이 없는 이유가 무엇이겠습니까? 작당을 짓는 무리가 많은데다 그들의 언사가 서로 어울려 일치하기 때문입니다.

故殊於世俗, 則身孤於士衆. 夫邪曲之相銜, 枉橈之相錯,[12] 正直故不得容其間. 諂佞之相扶, 讒口之相譽, 無高而不可上, 無深而不可往者何?以黨輩[13]衆多, 而辭語諧合.[14]

해설 간사하고 아첨을 일삼는 성격이 뒤틀린 사람들은 서로 작당 모의하여 정직한 사람을 중상모략하고, 자기들끼리 서로 추어주어 아무리 높은 지위라도 결국 장악하므로, 군주는 그 위험성을 미리 알아 방어해야 한다는 주장이다.

수많은 입(사람)들의 훼방이나 찬양은 돌도 물에 뜨게 만들고, 나무도 물에 가라앉게 합니다. 사악한 무리들이 서로 억누르면 곧은 것도 굽은 것으로 바뀝니다. 보이는데도 자세히 관찰을 못하면 흰 것이 검은 것으로 보입니다. 굽은 것과 곧은 것의 형체가 다르고, 흰 것과 검은 것의 색깔이 다름은 세상사람 누구도 쉽게 변별할 수 있습니다. 그런데도 눈

12 '섞이다'는 의미에서 '착錯'이 '조措'로 쓰인 판본도 많다. 여기선 문장의 전개상 '결탁하다'고 해석한다.

13 '당배黨輩'는 이 책 「자질資質」편에 '당우黨友'로 표현하였다. 당을 지어 무리를 이룸을 말한다. 고대어의 '당군黨群', '당주黨儔', '당륜黨倫' 등도 같은 의미.

14 이 구절을 『독본』(45면)은 이 편 전체의 내용에 천착하여 "그들의 언사가 세속의 수요에 완전히 부합하기 때문"으로 해석하였다. 그러나 이 문단의 내용전개로 볼 때 '세속의 수요'는 적절하지 않아 여기서는 '이而'자의 용법에 주의하여 "그들의 언사가 서로 어울려 일치하기 때문"으로 해석하였다.

이 잘못되고 마음이 현혹당하는 것은 무수한 사설이 그르치게 만들기 때문입니다.

夫衆口毁譽, 浮石沈木.[15] 群邪相抑, 以直爲曲. 視之不察,[16] 以白爲黑.[17] 夫曲直之異形, 白黑之殊色, 乃天下之易見也, 然而目繆心惑者, 衆邪誤之.

해설 사악한 무리들이 작당을 하여 훼방을 놓으면 자명한 사회적 관념들도 잘못 뒤집힐 수 있다는 경고이다. 수적인 다수가 그릇된 관념을 바른 관념이라고 우기면 흑과 백도 뒤집힐 수 있으니 세밀히 관찰하여야 한다는 주장이다.

진 2세 때 조고趙高가 사슴이 끄는 수레를 타고 2세를 수행하였습니다. 이를 본 왕이 "승상은 어찌하여 사슴이 끄는 수레를 다 타시오?"라고 말하자, 조고는 "말이옵니다"고 대답했습니다. "승상이 잘못 아셨소. 사슴을 말이라 하다니요"라고 왕이 말하자, 조고는 "이것은 말입니다. 폐하께서 신의 얘길 믿지 못하시겠거든 여러 신하들에게 한 번 물어 보십시오"라고 대답했습니다. 그리하여 여러 신하들에게 묻게 되었는데, 신하들의 반은 말이라 하고 반은 사슴이라 하였습니다. 이렇게 되니 진 왕은 자신의 눈조차 제대로 믿을 수가 없게 되어 하릴없이 간사한 신하들의 말을 좇았을 뿐입니다. 사슴과 말의 형체가 다름은 보통 사람들도 모두 알고 있는 바입니다. 그런데도 그 옳고 그름을 분별할 수가 없는데, 하물며 애매모호한 일은 오죽하겠습니까? 『주역』에 "두 사람이 한

15 원래 돌은 무거워 물에 가라앉고, 나무는 가벼워 물에 뜨지만 수다한 사람들이 아니라고 우기면 이런 명징한 진리마저 혼란을 겪게 된다는 의미성어 부석침목浮石沈木의 어원임.

16 '불찰不察'은 여러 사람들의 말로 인해 관점이 흐려져 자세히 관찰할 수 없게 된다는 의미를 포함하고 있다.

17 흑과 백의 자명함을 뒤바꾸는 일에 대한 경고는 『시경』「소아·청승青蠅」에 대한 정현鄭玄의 주해에 있다. 그는 아첨꾼이 선과 악을 혼란시키는 것이라고 비판한다. 『교주』, 75면 참조.

마음이면 그 예리함이 단단한 쇠도 자른다"는 말이 있습니다. 무수한 도당들이 합의하여 군주 한 사람을 무너뜨리려 들면 어찌 넘어지지 않을 수 있겠습니까!

秦二世[18]之時, 趙高駕[19]鹿而從行, 王曰 : "丞相何爲駕鹿?" 高曰 : "馬也." 王曰 : "丞相誤邪, 以鹿爲馬也." 高曰 : "乃馬也. 陛下以臣之言爲不然, 願問群臣." 於是乃問群臣, 群臣半言馬半言鹿.[20] 當此之時, 秦王不能自信其直目, 而從邪臣之言. 鹿與馬之異形, 乃衆人之所知也,[21] 然不能別其是非, 況於闇昧之事乎? 易曰 : "二人同心, 其義斷金."[22] 群黨合意, 以傾一君, 孰不移哉!

해설 진 2세 황제 시절 조고의 지록위마 고사를 인용하여 시비분별을 혼란에 빠뜨리는 간신의 위험성을 경고하고 있다. 눈에 보이는 분명한 사물도 이렇게 많은 사람을 동원하여 잘못된 판단을 하도록 만들 수 있는데, 정치문제에서 발생하는 무수한 애매모호한 일들은 간신들의 작당모의로 얼마든지 시비가 뒤집힐 수 있다는 주장이다. 그리고 군주도 몰아낼 수

18 진나라 2세 황제 호해胡亥를 말한다. 진시황은 만세토록 진나라를 이어간다는 자신감에서 황제의 명칭을 숫자로 이어가라는 제도를 만들었다.

19 '가駕'는 말에 올라탄다는 의미도 있고, 말에 멍에를 지워 끄는 수레를 탄다는 의미도 있다. 『독본』은 전자로 번역하였으나(47면), 사슴에 직접 올라탈 수도 없으려니와 승상은 마부를 대동하고 수레를 타는 신분이므로 여기서는 후자로 해석한다.

20 지록위마指鹿爲馬 고사는 『사기』 「진시황본기秦始皇本紀」에도 보이는데 내용이 약간 다르다. 조고가 사슴을 진 2세에게 바치면서 말이라고 하자, 2세가 웃으면서 승상이 잘못 알았지 그건 말이라고 하였다. 그리고 좌우에 물어보았는데 혹자는 입을 다물고 혹자는 말이라고 말하였다고 한다. 이 사건을 두고 조고가 난을 일으키기에 앞서 신하들이 자기를 따르는지 실험한 것이라는 설이 분분하다. 죽음으로 위협하여 말이라고 말하도록 강요했다는 것이다. 어쨌든 육가는 사마천보다 훨씬 앞선 인물이며, 이 사건을 친히 목도했을 가능성이 높아 본문의 내용이 '지록위마' 고사의 실체에 더 가까워 보인다.

21 『순자』 「유효儒效」편에 따르면 '중인衆人'은 노동자 · 농민 · 상인을 말한다. 여기선 '보통 사람들'로 해석.

22 『주역』 「계사繫辭 상」엔 "二人同心, 其利斷金"으로 되어 있다. 따라서 여기선 '의義'를 예리하다는 의미의 '리利'로 해석한다.

있다고 경고한다.

효자인 증자曾子와 성도 이름도 똑같았던 사람이 살인을 저질렀는데, 어떤 사람이 증자의 어머니에게 "삼參이가 사람을 죽였다"고 아뢰었습니다. 증자의 어머니는 흔들림 없이 베 짜는 일을 계속했는데, 잠시 후 또 그렇게 알려오는 사람이 있었습니다. 그와 같은 사람이 세 명이나 되자 증자의 어머니는 베틀 북을 던져버리고 담을 넘어 달아났습니다. 증자의 어머니는 자기자식이 살인하지 않았음을 몰랐던 것이 아니라 그렇게 말하는 사람이 많았기 때문입니다. 유언비어가 겹쳐 오고 무수한 사람들이 시비하는 일이면 아무리 현명하고 지혜로운 사람이라도 감히 자기가 알아서 끝내지 못하는데, 하물며 범인들은 오죽하겠습니까?

人有與曾子[23]同姓名者殺人,[24] 有人告曾子母曰:"參乃殺人." 母方織, 如故, 有頃復告云,[25] 若是者三, 曾子母投杼踰垣而去. 曾子之母非不知子不殺人也, 言之者衆. 夫流言[26]之竝至, 衆人之所是非, 雖賢智不敢自畢,[27] 況凡人乎?

해설 지극한 효성으로 성인으로 칭송받는 증자의 어머니도 유언비어에 넘어가고 말았다는 예를 들면서 그 위험성을 지적하고 있다. 많은 사람들이 재삼재사 조작하면 정직도 믿기 어렵게 만들 수 있다는 주장이다.

---

23 춘추시대 노魯나라 사람 증석曾晳의 아들로 부자가 모두 공자의 제자였다. 증삼曾參은 특히 효행으로 널리 알려졌다. 『효경』은 공자와 증자의 효에 대한 문답.

24 살인을 저지른 동명이인에 대해 『전국책』 「진책秦策 상」에는 비費 사람이라 하고, 『사기』 「저리자감무열전樗里子甘茂列傳」에는 노나라 사람이라고 하였다.

25 왕리기는 '운云'을 그러하다는 의미의 '연然'과 같다고 하였다(『교주』, 78면 참조).

26 『시경』 「대아大雅」 「탕蕩」의 '유언流言'에 대한 주희의 집전集傳엔 "뜬 구름처럼 근거가 없는 말"이라고 주석하였다.

27 '필畢'이 '안安'으로 되어 있는 판본이 더 많다. '안安'일 경우 해석도 순조롭다. 그러나 끝마친다는 의미의 '필畢'로 해석하여도 내용에 큰 영향을 주지 않으므로 원본대로 해석한다.

노나라 정공定公 시절, 정공과 제나라 경공景公이 협곡夾谷이란 곳에서 회합을 가졌는데 공자가 의례를 주관하는 상相의 역할을 맡았습니다. 두 군주는 단 위로 오르고 두 나라 상은 단 아래 있었습니다. 양자 간에 서로 읍을 하는 등 군신 간의 의례가 위엄과 장중함을 잘 갖춘 체 진행되었습니다. 그런데 제나라 사람들이 북을 울리며 떠들썩하게 일어나더니 노정공을 납치하려 하였습니다. 공자는 계단을 밟아 올라 한 계단을 남기고 서서 제경공에게 이렇게 말하였습니다. "두 군주께서 좋이 화합하시어 예의로 서로를 이끄시고, 음악으로 서로를 감화시키고 계시옵니다. 신이 듣자오니 편종・편경을 쓰는 가악嘉樂은 궁 밖 교외에서 합주하지 않고, 소・코끼리 무늬의 희犧・상象 술그릇은 집 밖으로 옮겨내지 않는다고 합니다. 그런데 저 이적夷狄의 야만인들이 무슨 짓을 하려는 것입니까?" 하고는 병사를 담당하는 사마司馬에게 명하여 그들을 제지하겠다고 청하자 노정공이 "좋다"고 말하였습니다. 제경공은 주저하더니 자리를 피해 일어나며 "이건 과인의 잘못입니다"고 말하고는, 물러나 대부들을 질책하였습니다. 회동이 끝나고 제나라에선 배우 전旃을 노정공의 장막으로 보내 교예를 펼쳐보이도록 하였는데, 오만하게 교예를 펼치면서 노나라 군주의 빈틈을 노리고 정공을 납치하려 하였습니다. 공자는 "군주가 욕을 당하면 신하는 죽어야 마땅하다"고 탄식하며 사마를 시켜 배우에게 참斬형을 가하고 머리와 발을 따로 분리해 다른 문으로 나가도록 하였습니다. 그리하여 제나라 사람들은 두려움에 떨며 군주고 신하고 태도를 바꾸어 지난 행동들에 대해 심히 불안해하면서 침탈하였던 노나라 네 개의 읍성을 되돌려주었습니다. 그리고 끝내 노나라를 이겨보려는 마음을 없앴습니다. 이 사건은 주변 나라들도 진동시켜 사람들마다 노나라를 공경하는 마음을 품게 되었으며, 강대국의 교만한 군주들 가운데 두려움에 떨지 않는 사람이 없었으며, 간사한 신하나 아첨꾼들은 모두 자기 행동과 생각을 바꾸게 되었습니다. 천하의 정치는 (□□하여) 공자의 말에 맞추어 판단을 하였습니다. 그런데도 노정공은 중손仲孫・

숙손叔孫·계손季孫 세 대부 집안[三家]에 통제당하고 무수한 입방아에 묻혀 끝까지 공자를 임용할 수 없었습니다. 그는 안으로 독자적인 현명한 견해를 갖지 못했고, 밖으로 사악한 신하들 무리에 현혹당함으로써 나라는 약해지고 제 몸은 죽음에 이르렀습니다. 정치권력은 세 대부 집안에게 돌아갔고, 읍성과 땅은 모두 강대국 제나라에 넘어갔습니다. 사람을 잘 쓰니 그처럼 강해졌었고, 사람을 잃으니 그처럼 쇠약해진 것입니다. 그런데도 정공은 이를 깨닫지 못하고 계손씨의 간계만 믿고 충정한 신하의 계책을 저버림으로써 극도로 허약한 군주라는 악명만 얻고 산악처럼 거대한 공적을 놓쳤습니다. 이 또한 미혹 때문 아니겠습니까?

魯定公之時,[28] 與齊侯[29]會於夾谷,[30] 孔子行相事.[31] 兩君升壇,[32] 兩相處下, 兩相欲揖, 君臣之禮, 濟濟備焉.[33] 齊人鼓噪而起, 欲執魯公. 孔子歷階[34]而上, 不盡一等而立, 謂齊侯曰: "兩君合好, 以禮相率, 以樂相化. 臣聞嘉樂不野合, 犧象之薦不下堂.[35] 夷、狄之民何求爲?"[36] 命司馬請

---

28 소공昭公이 죽자 계손씨季孫氏가 소공의 동생 송宋을 옹립하니 그가 노정공이다. 이 사건은 노정공 10년(B.C. 500)에 일어났다.

29 제나라 대부 최저崔杼가 군주 장공莊公을 시해하고 장공의 동생 저구杵臼를 옹립하니 그가 제경공이다. 58년간 재위.

30 『좌전』「정공 10년」조엔 '여름, 축기祝其에서 제후와 회동했는데, 실은 협곡夾谷이다'고 기록되어 있고, 『공양전』과 『곡량전』엔 '협곡頰谷'이라고 쓰였다. 오늘날의 중국 산동성 내무현萊蕪縣 남쪽에 위치.

31 '상相'은 '찬례贊禮', 즉 '전례를 행할 때 의례형식 등을 정하여 알리고 사람들에게 집행하도록 관리하는 일을 주관하는 사람'을 말한다.

32 '단壇'은 제단. 평지에 흙을 쌓아 제사, 회맹, 초빙 등을 거행하던 장소.

33 '읍揖'은 당시 제나라·노나라에 특히 유행하던 예의 형식. 넓은 소매 속에 양손을 교차하여 넣고 높이 추켜들어 경의를 표하는 방식. '제제濟濟'는 예절이 위의와 공경을 잘 갖춘 모양을 말한다.

34 '역계歷階'는 계단에 올라선다는 뜻. 『예기』「곡례曲禮 상」에 한 발을 먼저 올리고 뒤 발을 따라 올려 거기에 나란히 붙이는 것을 말한다. 『교주』, 80면 참조.

35 이 구절의 출처는 『좌전』「정공 10년」 "희상犧象은 문을 나가지 않고, 가악嘉樂은 교외에서 연주하지 않는다." 가악은 제사연회 때 편종·편경을 사용하여 하는 음악. 희상은 큰 제사에 쓰이는 소나 코끼리 무늬를 새겨 넣은 술그릇을 말한다. 예법에 따르면 가악과 희상은 모두 제후들이 궁내에서 상견례를 하면

止之.[37] 定公曰 : "諾." 齊侯逡巡[38]而避席[39]曰 : "寡人之過." 退而自責大夫. 罷會. 齊人使優旃於魯公之幕下,[40] 傲戲, 欲候魯君之隙, 以執定公. 孔子歎曰 : "君辱臣當死.[41] "使司馬行法斬焉, 首足異門而出.[42] 於是齊人懼然而恐, 君臣易操, 不安其故行, 乃歸魯四邑之侵地,[43] 終無乘魯[44]之心, 鄰□[45]振動, 人懷向魯之意, 强國驕君, 莫不恐懼, 邪臣佞人, 變行

서 해야 할 것들이지 궁 밖 교외에서 하는 것은 정중한 제사예법을 무시한 처사. 공자는 정중한 예법을 예로 들며 떠들썩한 음악을 빙자하여 나쁜 짓을 하려는 제나라 사람들을 무례하다고 비판한 것이다. 『교주』, 80면 참조.

36 『곡량전』에는 '구求' 대신 '래來'로 되어 있다. 두 군주가 화친하는 자리에서 노나라 군주를 납치하려는 무례한 행위를 보고 공자가 이적夷狄의 야만인이라고 질타한 것이다. 『좌전』에는 래萊인들이 노나라 군주를 납치하려 했다고 하였다. '래'는 동이족.

37 이 구절까지를 공자가 제경공에게 한 말로 볼 수도 있다. 『독본』은 그렇게 해석하였다. 그러나 제지명령에 대한 다음 구절의 응답이 노정공임을 감안하면, 공자가 노정공에게 한 요청으로 보아야 한다. 여기선 『교주』본에 따라 번역한다.

38 '준순逡巡'은 뒷걸음질하며 물러날 듯 주저주저하는 행동.

39 '피석避席'은 『효경』 「개종명의開宗明義」 장에 보인다. 자리를 피해 일어나 퇴각한다는 뜻.

40 『곡량전』엔 '우시무어노군지막하優施舞於魯君之幕下'로 '시施'라는 광대가 노나라 군주의 장막 아래서 춤을 춘 것으로 되어 있다. 여기선 원문대로 배우 '전旃'이 각종 교기기예를 펼친 것으로 번역하였다.

41 『곡량전』엔 '군주를 비웃는 자는 그 죄가 죽어 마땅하다'고 되어 있다. 육가는 곡량학자답게 정확한 의미를 구사하고 있다.

42 '문門' 대신 다른 항아리에 담아냈다는 의미에서 '하河'로 된 판본도 많으나, 『곡량전』엔 '문'으로 되어 있다. 몸을 잘라 따로 떼어놓는 것은 가장 엄한 형벌의 하나.

43 『사기』 「공자세가孔子世家」에 따르면 제경공이 두려움에 떨며 '노나라는 군자의 도로 군주를 보좌했는데, 나는 이적의 도로 무례를 범했으니 어찌해야 하는가?'고 신하들과 상의했다고 한다. '군자는 잘못이 있으면 실질[質]로 사죄하고, 소인은 잘못이 있으면 형식[文]으로 사죄한다'는 신하의 말을 받아들여 과거 노나라에서 빼앗은 운運, 환讙, 귀龜, 음陰 네 개 읍성을 되돌려주었다고 한다. 상세한 것은 『교주』, 81~82면 참조.

44 '승乘'은 '이길 승勝'으로 봄. 노나라를 업신여겨 어떻게 승리해보려는 생각을 말한다.

45 빠진 글자가 없이 '인방隣邦'이라고 쓴 판본도 있다. 글자가 없어도 뜻이 통하므로 여기선 빠진 글자를 무시하고 그대로 번역하였다.

易慮, 天下之政, □□而折中;[46] 而定公拘於三家,[47] 陷於衆口,[48] 不能卒用孔子者, 內無獨見之明,[49] 外惑邪臣之黨, 以弱其國而亡其身, 權歸於三家, 邑土單[50]於强齊. 夫用人若彼, 失人若此; 然定公不覺悟, 信季孫之計, 背貞臣[51]之策, 以獲拘弱[52]之名, 而喪丘山之功, 不亦惑乎!

해설 노정공의 사례를 통해 중구난방 떠드는 유언비어들에 속지 말고 진정한 충신을 임용해야 한다는 것을 강조한다. 공자라는 탁월한 군자를 신하로 둠으로써 일약 강대국 제나라를 굴복시킬 수 있었던 정공이지만 맹손, 숙손, 계손씨의 준동과 시기 질투하는 많은 사람들의 참언으로 공자가 밀려나자 노정공은 나라도 잃고 몸도 망치게 되었다는 것이다. 많은 무리에 현혹당해 미혹에 빠지지 말라는 충고이다.

따라서 간사한 신하가 현명한 사람을 가리는 것은 마치 뜬 구름이 해와 달을 가로막는 것과 같습니다. 신령의 조화를 얻어 구름과 안개를 걷어내 깊은 산, 넓은 바다로 휘돌린 뒤에야 찬란한 빛을 볼 수 있으며, 천하의 습지를 쬐어 말릴 수 있으며, 사방 어두운 곳을 밝게 비출 수 있습

---

46 판본에 따라 빠진 글자 없이 '취이절중就而折中'이라 된 곳도 있다. '절折'은 결단, 판단의 '단斷'. 공자의 말로 천하의 정치를 판단하게 되었다는 사실은 「공자세가」와 『한서』 「공우전貢禹傳」 등에 보인다.

47 삼가三家는 모두 노 환공桓公의 후손이다. 환공의 적자 장공莊公이 군주가 되고, 서자였던 경보慶父, 숙아叔牙, 계우季友의 후손들이 각각 중손仲孫, 숙손叔孫, 계손季孫으로 자손들은 대대로 중(나중 孟으로 바꿈), 숙, 계를 성씨로 삼았다. 환공의 자손이므로 모두 '손孫'자를 쓴 것이다.

48 '중구衆口'를 『독본』에선 유언비어로 해석한다(51면). 여기선 원문대로 번역한다.

49 『회남자』 「병략兵略」에 '독견獨見'과 '독지獨知'라는 개념이 보인다. 독견은 다른 사람이 보지 못하는 것을 보는 것, 독지는 다른 사람이 알지 못하는 것을 아는 것. 다른 사람이 보지 못하는 것을 봄을 '명明'이라 하고, 다른 사람이 알지 못하는 것을 앎을 '신神'이라 한다.

50 '단單'은 고대어에서 다하다, 모두 등을 뜻하는 '탄殫'자와 통용.

51 '정신貞臣'은 충정한 신하란 의미로 곧 공자를 지칭한다. 구체적 의미는 『설원說苑』 「신술臣術」편을 인용한 『교주』, 83~84면 참조.

52 『교주』(84면)에 따르면 '구약拘弱'은 '극약極弱'의 잘못.

니다. 오늘날은 위로 성명한 군주가 없고 아래로 충정한 제후들이 없어 간신이나 도적의 무리를 제거하고 맺히고 꼬인 고리를 풀어주지 못하고 있습니다. 그렇게 되어야 충성스럽고 어질고 방정하고 올곧은 사람들이 세상에 모습을 드러내 정치적 재능을 풀어낼 수 있을 텐데 말입니다. 그래서 군주는 어둡고 신하는 어지러우며, 수많은 사악한 자들이 자리를 차지하고 정치의 도는 중손・숙손・계손 세 대부 집안에 가로막히고, 인의는 위정자의 공문에서부터 끊겨버린 시대를 만난 공자는 〈공릉公陵〉이란 노래를 지었습니다. 그는 세상에 성현의 권력이 없고, 선왕의 위대한 교화가 끊겨 소통되지 않고, 도덕은 폐기되어 쓰이지 않음을 한탄하여 이렇게 말하였습니다. "어떻게 해보겠다는 생각이 없는 사람은 나도 어떻게 해볼 수가 없느니." 도는 권력이 있어야 서며, 덕은 세력이 있어야 행해질 수 있음을 말한 것입니다. 권세 있는 자리에 있지 않으면 정치를 바로잡을 수 없으며, 권력의 칼자루를 잡고 있지 않으면 형벌로 통제할 수가 없습니다. 『시경』에 "도끼도 있고 도끼 자루도 있네!"라고 합니다. 권병을 어떻게 잡고 다스려야 하는지를 말한 것입니다.

故邪臣之蔽賢, 猶浮雲之鄣日月也, 非得神靈之化, 罷雲霽翳, 令歸山海, 然後乃得睹其光明, 暴天下之濡濕, 照四方之晦冥. 今上無明王聖主, 下無貞正諸侯, 誅鉏奸臣賊子之黨, 解釋凝滯紕繆之結, 然後忠良方直之人,[53] 則得容於世而施於政.[54] 故孔子遭君暗臣亂, 衆邪在位, 政道隔於三家, 仁義閉於公門,[55] 故作公陵之歌,[56] 傷無權力於世, 大

53 '충량방직忠良方直'은 앞의 '간신적자奸臣賊子'와 반대. 군주를 잘못에 빠뜨리고, 상벌을 부당하게 집행하고, 정령을 제대로 수행하지 못한 사람이 '간신'. 열성을 다하고, 현명한 사람을 추천하고, 덕행으로 일관하고, 국가 종묘사직을 안정시키는 사람이 '충신'. 구체적인 모습은 『설원』「신술」편을 인용한 『교주』, 84~85면을 참조.

54 『논어』「위정爲政」편엔 "시어유정施於有政". 정치적 능력을 펼친다는 의미는 곧 정치에 참여한다는 뜻. '시施'는 '행行'.

55 '공문公門'은 고대에 제후가 정무를 행하던 공적 공간을 가리킨다. 군문君門. 『예기』「곡례曲禮 하」, 『논어』「향당鄕黨」편 등에 용례가 있다.

化[57]絶而不通，道德施[58]而不用，故曰：無如之何者，吾末如之何也已矣.[59] 夫言道因權而立，德因勢而行,[60] 不在其位者,[61] 則無以齊其政，不操其柄者，則無以制其剛.[62] 詩云："有斧有柯."[63] 言何以治之也.[64]

해설 구름이 해와 달을 가리듯 아첨과 중상모략을 일삼는 간신들이 군주의 성명함을 가려 세상이 어두워지게 되므로, 사악한 무리들을 걷어내고 밝은 빛으로 온 세상 어두운 곳 구석구석을 비추고 백성들에게 따뜻한 자양분을 제공해주라는 주장이다. 오늘날 그런 훌륭한 군주가 없어 유능한 사람들이 가려져 있으니, 그들이 아무리 도덕적이라 하더라도 간신들에게 막혀 적절한 정치적 지위를 얻지 못해 도덕정치를 펼치지 못한다는 얘기다. 간사한 무리를 헤치고 훌륭한 인물을 잘 살펴 발탁하라는 일관된 취지의 내용이다.

---

56 '「공릉公陵」지가'는 판본에 따라 '「구릉丘陵」지가', '「공구公丘」지가' 등으로도 쓰여 있다. 뒤 구절 '무여지하無如之何'가 「공릉」의 노래 가사 일부인지는 알 수 없다. 『공자가어』엔 '「구릉」의 노래'란 제목이 없으며, 『공총자孔叢子』「기문記問」편엔 기록과 가사가 있으나 '무여지하'란 구절은 없다. 자세한 내용은 『교주』, 86면 참조.

57 '대화大化'는 광대한 덕화란 의미. 선왕으로부터 물려받은 위대한 교화.

58 '시施'는 해석이 안 된다. 해이해지다, 폐기되다, 없애다 등 의미의 '이弛'자와 글자가 비슷해 생긴 오류인 듯.

59 이 구절의 출처는 『논어』「위령공衛靈公」편. 『논어』에는 '여지하如之何'가 한 번 더 들어가 있다.

60 도덕이 권세에 의지해 실천될 수 있다는 이 말은 순자를 계승한 유가 현실주의자로서 육가의 사고를 드러낸 것이다. 권모술수의 정치학이 아니라 위정자의 도덕적 태도가 중요하다는 것을 강조하기 위한 말.

61 그 자리에 있지 않으면 훌륭한 정치를 도모할 수 없다는 주장은 『논어』「태백泰伯」편, 「헌문憲問」편에도 보인다.

62 왕리기는 '강剛'을 '강綱'이 아니라 형벌의 '벌罰'로 보아야 한다며 『한비자』「이병二柄」편을 예로 들고 있다. 여기선 왕씨의 주장을 따른다. 『교주』, 87~88면 참조.

63 현존 『시경』에는 이와 똑같은 구절이 없다. 「빈풍豳風·벌가伐柯」에는 "도끼 자루 베는 데는, 도끼 아니면 아니 되네", "도끼 자루를 베네, 도끼 자루를 베네. 치수가 너무 멀면 아니 되네" 등 구절이 있는데 이를 합해 놓은 듯. 도끼는 정치교화를, 도끼 자루는 군주의 권병을 뜻한다.

64 나무를 베는 데 도끼가 있어야 하듯 국가를 다스릴 때는 의거하는 권력의 칼자루가 있어야 한다는 의미.

제6편 신미

愼微 第六

해제_ 이 편은 내적 수양의 중요성을 강조한다. 궁정 또는 가정 내에서 작은 일부터 신중하게 수양을 함으로써 마음의 그릇됨을 없애고 인의에 장애가 되는 요소들을 제거하면 그 미덕이 길이 빛날 것이라고 한다. 특히 군주가 내적 수양을 잘하여 성현의 능력을 충분히 발현할 수 있을 때 백성들의 삶은 안정되고 천하는 크게 다스려질 것이라고 강조한다.

천하에 큰 공로를 세운 사람은 반드시 가정 내에서 먼저 자기 수양을 잘 하고, 만세에 위대한 명성을 드리운 사람은 반드시 미세한 작은 일부터 먼저 실천합니다. 그래서 이윤伊尹은 솥단지를 걸머지고 유신씨有莘氏의 들녘에 거주하며 이엉 집 아래서 도덕을 수양하였습니다. 친히 농부의 일에 종사하면서도 제왕의 도에 뜻을 두었고, 몸은 누추한 나무문 안에 있었으나 뜻은 팔방의 통치를 도모하였습니다. 그리하여 솥단지를 걸머진 요리사의 뜻을 내던지고 천자의 보좌가 되어 하夏나라를 극복하고 상商나라를 세웠습니다. 반역의 무리를 소탕하고 폭란을 징벌하여 천하의 걱정거리를 없애고 사회악을 일으키는 부류들을 제거하였습니다. 그런 뒤 세상은 잘 다스려지고 백성들이 편안해졌습니다. 증자曾子는 부모에게 효도하여 밤이면 잠자리 돌봐드리고 아침이면 문안하는 일을 거르지 않았습니다. 거처가 추운지 더운지 조절해드리고, 의복이 가벼운지 무거운지 살펴드렸습니다. 미음이나 죽 같은 소소한 일에 힘을 쓰고, 누울 자리 같은 작은 일에 실천을 했을 뿐인데도 그의 미덕은 후세에 길이 존중을 받습니다. 이 두 사람은 안에서 수양을 잘하여 밖으로 저명해졌으며, 작은 일을 실천하여 큰 영향력을 발휘하였습니다.

夫建大功於天下者必先修於閨門[1]之內, 垂大名於萬世者必先行之於纖微之事. 是以伊尹[2]負鼎, 居於有莘[3]之野, 修道德於草廬之下,[4] 躬執農夫之作, 意懷帝王之道, 身在衡門[5]之裏, 志圖八極之表, 故釋負鼎之志, 爲大子之佐, 克夏立商, 誅逆征暴, 除天下之患, 辟殘賊[6]之類, 然後海內治, 百姓寧. 曾子孝於父母, 昏定晨省,[7] 調寒溫, 適輕重,[8] 勉之於糜粥[9]之

---

1 '규문閨門'은 궁원宮苑이나 내실의 문. 전하여 궁정 또는 가정을 뜻하기도 하고 부녀자의 방 또는, 부녀자를 뜻하기도 한다.

2 '이윤伊尹'은 제1편 「도기」의 주 144) 참조. 솥단지를 진 부정負鼎과 이윤의 출신에 대한 이야기는 여러 설이 있다. 탕湯왕 처가의 노복, 요리사, 유신有莘 지역 농부 등 세 가지 주장이 있다. 여기서는 둘째와 셋째 설에 따르고 있다.

3 '유신有莘'은 고신국古莘國으로 오늘날 산동성 조현曹縣의 북쪽에 있었다. 이윤이 유신씨 땅에서 농사를 지으며 요순의 도를 즐겼다는 내용은 『맹자』 「만장萬章 하」편에 보인다.

4 '초려草廬'는 띠 풀, 이엉 등으로 엮은 초막.

5 '형문衡門'은 『시경』 「진풍陳風」 「형문」이 출처. 나무를 옆으로 걸쳐 대문을 삼는 누추한 시설.

6 '잔적殘賊'은 사회를 해치고 다치게 하는 등 각종 사회악을 일으키는 부류.

7 증자 혼정신성昏定晨省의 효도는 『예기』 「곡례曲禮 상」. 밤에 잠자리가 편안하신지 여부를 묻고 부모가 안정하신 뒤에 물러나며, 새벽에 밤새 안녕하셨는지 여부를 묻고 온도가 적절한지 의복이 적절한지 등을 살피는 효성.

8 하룻밤에도 다섯 번 일어나 부모 의복의 후박과 베개의 높낮이를 살핀다는 효성을 일컫는다.

9 『예기』 「월령月令」에 가을이 되면 쇠로한 노인에게 궤장을 드리고 미음이나

間, 行之於衽席[10]之上, 而德美重於後世. 此二者, 修之於內, 著之於外; 行之於小, 顯之於大.

해설 이윤과 증자를 예로 들면서 그들이 작은 일, 사소한 일부터 수양을 잘하여 국가적으로 큰일과 역사에 남을 공적을 쌓았음을 설파하고 있다. 누추한 가옥에서 농사를 짓고 살면서도 이윤은 제왕의 국가경영에 대한 깊은 도덕수양을 하여 마침내 나라를 안정시키는 큰일을 하였고, 조석으로 조금도 소홀함 없이 부모를 섬긴 증자는 결국 온 세상 사람들이 본받을 모범적인 덕을 보여주었다는 것이다.

안회顔回는 밥 한 대접에 물 한 바가지 마시며 누추한 뒷골목에 살았는데, 다른 사람은 그 걱정을 참아내지 못하겠지만 안회는 즐거운 삶의 태도를 바꾸지 않았습니다. 예에 맞추어 행동하였고 겸손한 태도를 드러내었습니다. 열심히 공부하여 『시경』·『서경』 구절을 외는 것은 보통 사람도 할 수 있는 일입니다. 장강長江·황하黃河를 옮기고 태산泰山을 움직이고자 한다면 이는 인간의 힘으로 할 수 없는 일입니다. 몸과 마음을 잘 조절하고, 악을 지양하고 선을 지향하며, 재물을 탐하지 않고, 조그만 이익에 구차히 굴지 않으며, 재물을 나눌 때 적게 취하고, 사회에 봉사하며 노고를 아끼지 않는 일 등은 천하 사람들이 쉽게 알 수 있는 도리이며 쉽게 실천할 수 있는 일입니다. 그 가운데 정말 하기 어려운 일이 있습니까? 조보造父처럼 말을 몰고, 예羿처럼 쇠뇌를 운용하는 것이 이른바 어렵다는 일입니다. 군자는 어려운 일이라고 하여 나서서 하지 않으며, 어려운 일을 했다고 하여 잘했다고 생각하지 않습니다. 기운이나 힘을 쓰는 일은 하지 않으며 오직 덕을 숭상합니다.

顔回[11]一簞食, 一瓢飮, 在陋巷之中, 人不堪其憂, 回也不改其樂.[12]

죽을 식용으로 제공한다는 기록이 있다.

10 『예기』「곡례 상」에 나오는 '임衽'의 의미는 '와석臥席' 즉 '누울 자리'를 말한다.

11 안회顔回는 공자가 가장 아낀 수제자로 자는 자연子淵. 덕행이 뛰어나고 인을

禮以行之, 遜以出之. 蓋力學而誦詩、書, 凡人所能爲也; 若欲移江、河, 動太山,[13] 故人力所不能也. 如調心在己, 背惡向善, 不貪於財, 不苟於利, 分財取寡, 服事[14]取勞, 此天下易知之道, 易行之事也, 豈有難哉?若造父之御馬,[15] 羿之用弩,[16] 則所謂難也. 君子不以其難爲之也, 故不知以爲善也, 絶氣力, 尙德也.

해설 위에서 얘기한 내적 수양의 구체적 덕목들을 나열되어 있다. 군자는 힘이나 기운을 숭상하지 않고 오직 덕을 숭상해야 하는데, 그것이 어려운 일이 아니라 누구나 할 수 있는 일이라고 주장한다. 안회처럼 청빈하고 겸손한 삶이 가장 좋으며, 재물을 탐하지 않고 선을 지향하는 생활을 하며, 사회에 봉사하는 삶을 살라고 충고한다.

눈으로 흑색 백색을 구별할 수 없고, 귀로 청음 탁음을 구별할 수 없고, 입으로 선함 악함을 설명할 수 없다고 하면 이는 할 수 없다는 말입니다. 그래서 도를 세우는 사람은 누구나 쉽게 알아볼 수 있도록 하므로 보통 사람들의 마음에 꿰뚫고 들어가 할 수 없다는 그 행동들을 할 수 있도록 바꾸어줍니다. 도란 사람들이 다니는 길입니다. 큰 도가 밝고

실천하다 32세에 죽었다. 후인들이 공자를 이은 '후성後聖'으로 받들고 있다.

12 이 구절은 『논어』 「옹야雍也」편에 공자가 안회를 어질다고 칭찬한 부분에서 왔다. 『맹자』 「이루離婁 하」편에도 인용되었다. 이로부터 대광주리의 밥과 표주박의 물은 청빈의 상징.

13 중국 고대어에서 고유명사로 '강江'은 오늘의 장강, '하河'는 오늘의 황하, '태산太山'은 태산泰山이다. 『맹자』 「양혜왕梁惠王 상」편은 사람이 하기 어려운 일로 태산을 옆구리에 끼고 북해를 뛰어넘는 일을 예로 들고 있다.

14 '복사服事'는 공무를 위해 봉사하는 일. 용례는 『좌전』 「희공僖公 21년」.

15 조보造父는 주나라 때 말을 잘 몰던 사람. 성은 영嬴, 비렴飛廉의 아들. 준마를 얻어 목왕穆王에게 헌사한 뒤 조성趙城을 하사받았다는 전설이 있다.

16 예羿는 하나라의 제후로 동이족 유궁有窮의 군주. 활을 잘 쏘아 백발백중이었다고 한다. 열 개의 태양이 뜬 하늘에 활을 쏘아 아홉을 떨어뜨려 세상의 질서를 잡은 전설의 인물이기도 하다. '노弩'는 쇠뇌, 장치로 여러 개의 화살을 연속으로 쏠 수 있는 장치.

서 지나가면 할 수 없는 일이 없습니다. 그래서 도라고 일컫는 것입니다. 공자께서 "도가 더 이상 행해지지 않는다"고 말씀하신 것은 사람들이 있는 도를 실천할 수 없게 되었다는 말입니다. 그래서 안연顔淵에게 이렇게 말했습니다. "도를 운용할 수 있으면 실천하고, 그것을 버려야 한다면 감춰두는 것, 이것은 오직 너와 나 둘만이 갖게 된 상황이구나." 이것은 안연의 도가 세상에 퍼졌는데도 그것이 쓰이지 못하고 있다는 말입니다. 사람들은 인애의 마음을 품고서 정의를 실천할 수 없고, 미세한 일을 분별할 수 없고, 천지의 이치를 헤아릴 수도 없으면서 제 몸을 괴롭히고 형체를 힘들게 하여 깊은 산에 들어가 신선을 구하고 있습니다. 양친을 버리고, 골육을 팽개치고, 오곡을 끊고, 『시경』·『서경』을 폐기하고, 천지에 보배로운 생명을 배반한 채 불사의 방술을 구하고 있습니다. 이는 세상 이치에 통달하고 잘못을 방지하는 길이 아닙니다.

夫目不能別黑白, 耳不能別清濁,[17] 口不能言善惡, 則所謂不能也. 故設道者易見曉, 所以通凡人之心, 而達不能之行. 道者, 人之所行也. 夫大道履之而行, 則無不能, 故謂之道. 故孔子曰 : "道之不行也."[18] 言人不能行之. 故謂顔淵曰 : "用之則行, 舍之則藏, 惟我與爾有是夫."[19] 言顔淵道施於世而莫之用. 由[20]人不能懷仁行義, 分別纖微, 忖度[21]天地, 乃苦身勞形, 入深山, 求神仙,[22] 棄二親, 捐骨肉, 絶五穀, 廢詩、書, 背天

17 본래 물의 청탁清濁을 말하는 용어인데, 여기선 소리의 청탁으로 쓰인다.

18 이 구절의 출처는 『예기』「중용」: "도가 더 이상 행해지지 않을 것임을 나는 안다."

19 『논어』「술이述而」편에 유사한 내용이 보이나 육가의 이해와는 약간 차이가 있다. 「술이」편의 내용은 도의 사용과 버림이 때에 따라 다르나 어떤 경우든 구애받지 않는 경지를 말하고 있다.

20 '유由'자는 고어에서 '마치 ~같다'는 의미의 '유猶'자와 통용했다.

21 '촌도忖度'는 『시경』「소아小雅」「교언巧言」에 보인다. "다른 사람에게 그런 마음이 있으면, 내가 헤아릴 수 있다네."

22 양웅揚雄의 『법언法言』「군자君子」편에 따르면 당시 신선을 구해 입산하는 경우가 매우 잦은 듯하다. 원래 유가에서는 사회문제를 해결해가는 적극적인 사회참여의 성인을 바라지 신선을 구하지 않는다. 『교주』, 94면 참조(楊은 揚의

地之寶,[23] 求不死之道,[24] 非所以通世防非者也.

해설 도는 비근한 일상에 언제든 존재하는 것으로, 굳이 신선을 추구하고 불사를 추구하며 몸을 괴롭히는 일은 도와 관련이 없다는 말이다. 사람이 다니는 길이 모두 도이니 부모형제와 제 몸을 힘들게 하는 신선 따위를 구하지 말고 오직 인의를 행하여 사회에 공을 세우라는 얘기다.

은나라 탕湯왕과 주나라 무武왕 같은 군주, 은의 이윤伊尹과 주의 여망呂望 같은 신하는 천시에 입각하여 형벌을 행하였고, 음양에 순응하여 행동을 하였습니다. 위로 천문을 올려다보고 아래로 인심을 헤아렸습니다. 그리하여 소수의 군대로 다수의 적을 물리치고, 약한 힘으로 강한 상대를 눌렀으며, 병거 3백 대와 갑사 3천 명으로 적의 무리를 징벌 타파하여 백성들의 근 원한을 갚아주었습니다. 음란반역의 군주를 노벌하여 혼탁의 근원을 끊어버리니 천하가 화평하고 집집마다 풍요로워졌습니다. 필부들도 인을 행하고, 상인들은 신용을 지키고, 공덕은 천지와 나란하고, 정신은 귀신과 일치하게 되니 황하黃河에서 「하도河圖」가 솟고, 낙수洛水에서 「낙서洛書」가 나왔습니다. 이 도에 근거하여 그것을 천지간에 전파하였으니, 옛 사람들이 말하는 득도한 사람 아니겠습니까?

若湯、武之君,[25] 伊、呂之臣, 因天時而行罰, 順陰陽而運動, 上瞻天

착오).

23 '천지지보天地之寶'는 문맥으로 보아 생명을 뜻한다. 『주역』 「계사繫辭 하」 "천지의 대덕을 '생生'이라 하고, 성인의 대보를 '위位'라 한다"는 구절에서 연유한 듯.

24 특히 진시황이 신선을 믿고 불사약을 구하러 수많은 동남동녀를 파견해 동해 등을 다녔던 행위를 비판하는 말인 듯.

25 상商왕조를 세운 탕湯왕과 주周왕조를 세운 무武왕 모두 신하의 신분으로 쿠데타를 통해 하와 은을 대신하고, 모두 백성을 구제한다는 '혁명革命'을 명분으로 자기정당화를 한 뒤 놀라운 현실정치의 성취를 통해 정치안정을 이룬 사람들이다. 육가가 이들을 예로 들어 한 고조 유방을 설득한 것은 기왕 통일을 하여 새 왕조를 개창하였으니, 진시황처럼 불사약이나 구하는 신선술에 빠지지 말고

文, 下察人心, 以寡服衆, 以弱制强, 革車三百甲卒三千,[26] 征敵破衆, 以報大讎, 討逆亂之君, 絶煩濁之原, 天下和平, 家給人足, 疋夫行仁, 商賈行信, 齊天地, 致鬼神, 河出圖,[27] 洛出書,[28] 因是之道, 寄之天地之間, 豈非古之所謂得道者哉.

해설 도를 수양한다는 것은 신선이 되려 하고 불사약이나 구하는 행위가 아니라 현실에서 위대한 성취를 하는 것이라는 얘기다. 은나라 탕왕이나 주나라 무왕처럼 위로 천문을 살피

탕왕·무왕처럼 현실정치의 성취에 힘쓰라는 충고이다.

26 '혁거革車'는 말에 메어 달리는 전투용 수레, 즉 '병거兵車'. 무왕이 은 주紂왕을 정벌할 때 병거 3백 대와 호분虎賁 혹은 갑졸甲卒 3천 명을 동원했다는 얘기는 『맹자』「진심盡心 하」, 『한비자』「초견진初見秦」, 『전국책』「조책趙策」, 『회남자』「주술主術」 등에 보인다.

27 황하에서 그림이 솟았다는 「하도河圖」 전설은 『주역』 8괘의 근원과 관련이 있다. 『주역』「계사繫辭 상」에 "황하에서 그림이 솟고 낙수에서 책이 나와 성인이 이를 본받아 규격화하였다"고 한다. 「하도」와 「낙서」는 모두 제왕이 천명을 받아 천하를 통치한다는 의미와 관련이 있다. 황하에서 솟아오른 신령한 말의 배에 그려진 천도의 운행양식은 다음 그림과 같다.

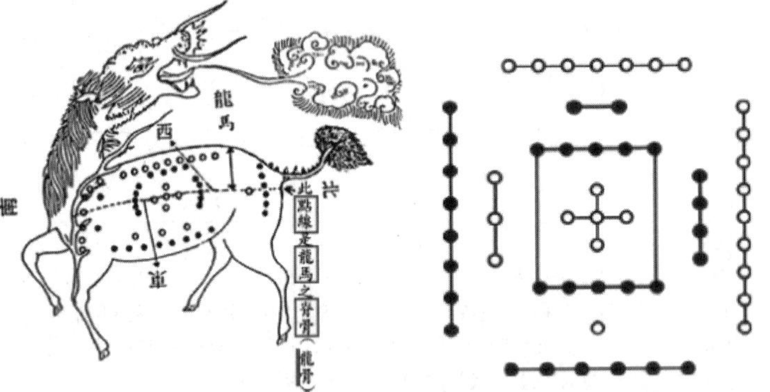

28 낙수에서 책이 나왔다는 「낙서洛書」전설도 『주역』 8괘의 근원과 관련이 있다. 여러 전설이 있으나 대체로 우禹가 치수사업을 할 때 신령스런 거북이 낙수에서 출현하였는데 등딱지에 9조의 점 그림이 그려져 있어 천도의 운행을 나타내 천명이 내렸음을 알렸다고 한다. 이것이 홍범구주洪範九疇인데 『서경』의 「홍범洪範」이 바로 「낙서」라고 한다. 그림은 다음과 같다.

고 아래로 민심을 잘 추슬러 덕을 베풀면 모든 백성들이 인의를 실행하고, 상인들이 신용을 지켜 마침내 태평한 세상을 만들 수 있게 된다는 주장이다.

베옷·가죽옷을 버리고 머리를 산발하고 높은 산에 올라 나무 열매를 먹고 사는데 한가롭고 여유로운 모습이란 찾아볼 수가 없고, 인의의 말이라곤 들어볼 수가 없이 미친 사람처럼 정신 나간 모습을 한 사람들이 있습니다. 뒤에서 밀어도 나아가지 않고, 앞에서 끌어당겨도 오지 않습니다. 당시 사람들은 그의 은공을 입지 못하고 후대 사람들은 그의 재능을 알아보지 못합니다. 군주가 넘어져도 부축하지 않으며, 나라가 위태로워도 지키지 않습니다. 적막하게 지내며 이웃도 없고 광활하고 텅 빈 곳에서 홀로 잠을 잡니다. 이들은 세상에서 도피한 사람이라 부를 수는 있겠으나 도의를 지닌 사람은 아닙니다. 그래서 몸을 망쳐가며 재난을 피하는 것은 좋은 계책이 아니며, 도의를 품고서 세상에서 노피하는 것은 충성이 아닙니다.

夫播布革,[29] 亂毛髮, 登高山, 食木實,[30] 視之無優游之容,[31] 聽之無仁義

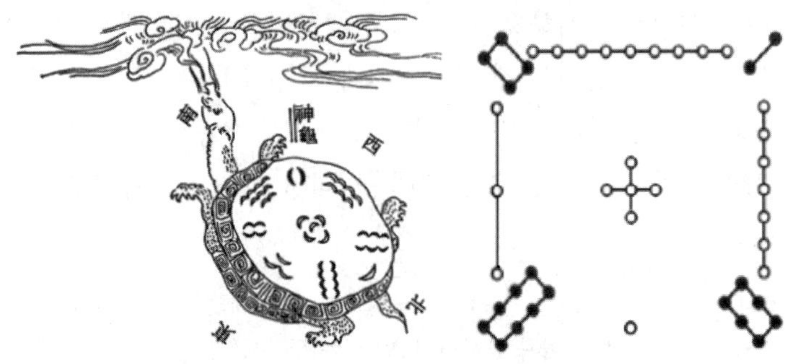

29 '파播'는 『서경』 「다방多方」의 용례처럼 '버린다'는 뜻. 포혁의 '포布'는 포의布衣 즉 베옷, '혁革'은 의구衣裘 즉 갖옷을 말한다.

30 『열자』 「주목왕周穆王」편에 "부락阜落이란 나라 백성들을 풀뿌리와 나무열매를 먹고 산다"는 구절이 있다. '목실木實'은 과실.

31 우유優游의 모습이란 『시경』 「대아大雅」 「권아卷阿」에 용례가 있으며 '여유롭고 한가함'을 뜻한다.

之辭, 忽忽[32]若狂痴, 推之不往, 引之不來,[33] 當世不蒙其功, 後代不見其才, 君傾而不扶, 國危而不持,[34] 寂寞而無鄰, 寥廓[35]而獨寐, 可謂避世,[36] 而非懷道者也. 故殺身以避難則非計也, 懷道而避世則不忠也.

해설 은거하는 삶이 훌륭한 삶이 아니라는 얘기다. 도덕을 수양해 세상으로 나와 오늘날 사람들을 위해 공적을 쌓고, 후세 사람들에게 훌륭한 재능을 보여주는 것이 도의를 지닌 사람의 행동이라는 말이다.

따라서 군자는 난세에 처하면 더욱 도덕에 합치하고, 미세한 선행들이라도 다 채택하며, 가느다란 악행이라도 완전히 끊습니다. 부자간의 예를 잘 닦아서 군신간의 질서에 미치도록 합니다. 이는 천지에 관통하는 도리로써 성인이라면 절대로 놓치지 않습니다. 그래서 마음에 감춰두면 도라 부르고 겉으로 펼쳐지면 문장이 됩니다. 마치 시가 마음에 있을 땐 뜻이었다가 입을 통해 나오면 말씀이 되듯이 말입니다. 어긋나고 잘못된 사람은 바로잡아주고, 재능이 아둔한 사람은 갈고 닦아주며, 문아한 선비들은 다듬고 꾸며주며, 의심되는 일은 억제시키고, 막힌 곳을 뚫어 순리대로 가게하고, 옳고 그름을 분별하여주면 백성들의 뜻이 만족을 얻게 되고 본성을 잘 다스려가게 될 것입니다. 잘 보이지도 들리지도 않은 작은 사물들까지 도의 지배를 받게 됩니다. 도는 살펴보면 아무 징조가 없고, 숨어 있으면 광대무변하여 아무 흔적이 없고, 그 움

---

32 '홀홀忽忽'은 정신이상자에게 보이는 황홀한 표정.
33 육가의 이 구절은 세상의 교화 속으로 나오라고 뒤에서 밀어도 고집을 피우며 나오지 않고, 조정에 나와 봉사하라고 이끌어도 수긍하지 않는 비참여적 염세주의자들에 대한 비판. 참고로 『회남자』 「수무훈修務訓」에는 도가적 무위의 고요한 상태를 일컬으며 같은 문장을 쓰고 있다.
34 이 구절의 출처는 『논어』 「계씨季氏」편.
35 '요寥'는 텅 비어 있음, '곽廓'은 크고 광활함을 뜻한다.
36 『논어』 「헌문憲問」엔 '현자의 피세'란 말이 있다. 세상의 잡무로부터 도피하여 은거해 산다는 뜻.

직임도 보이지 않으며, 무슨 인덕을 지녔는지 볼 수도 없습니다. 깊은 물에 잠겨 있는 듯 깨닫지 못하다가 시간이 오래 지나면 자연스레 여러 가지 형상으로 나타납니다. 이치를 밝히자면 천지를 생각하게 되고, 움직임은 사물의 중추에 대응합니다. 올려다보거나 내려다보거나 나아가거나 물러가거나 도와 함께하지 않음이 없습니다. 몸에 도를 감추고 있으면서 여유롭고 한가하게 때를 기다립니다. 그러므로 도道는 폐기되어 일어서지 못하는 경우가 없고, 기器는 훼손되어 갖춰지지 못하는 경우가 없습니다. 공자는 "지극한 덕과 핵심적인 도가 있어 천하를 화순하게 한다"고 말합니다. 덕이 행해지면 천하 사람들이 그에 순종하게 된다는 말입니다.

是以君子居亂世, 則合道德,[37] 采微善, 絶纖惡, 修父子之禮, 以及君臣之序, 乃天地之通道, 聖人之所不失也. 故隱之則爲道, 布之則爲文, 詩在心爲志, 出口爲辭,[38] 矯以雅僻,[39] 砥礪鈍才, 雕琢文彩,[40] 抑定[41]狐疑, 通塞理順, 分別然否, 而情得以利, 而性得以治, 緜緜漠漠,[42] 以道制之, 察之無兆, 遁之恢恢,[43] 不見其行, 不覩其仁, 湛然未悟,[44] 久之乃

37 도에 대한 깊이 있는 분석을 시도하면서 육가가 도덕道德을 같이 언급한 것은 유가적 의미를 강조하기 위함으로 보인다.

38 유월兪樾에 따르면 '문文'자가 쓸데없이 들어간 것으로 '포지즉위시布之則爲詩'로서 앞글과 대구라고 한다. 당안唐晏은 뒤 구도 '재심위지在心爲志, 발언위시發言爲詩'라고 한다. 『교주』, 98면 참조.

39 당안은 '이아벽以雅僻'이 '정사벽正邪僻'의 오기라고 한다(『교주』, 98면).

40 당안은 '문채文彩'를 '문아文雅'로 본다(『교주』, 98면). 문장의 의미가 매끄러워 그에 따른다.

41 당안은 '정定'이 '지止'여야 한다고 주장(『교주』, 98면). 여기선 그에 따른다.

42 '면면緜緜'은 '면면綿綿'으로도 쓴다. 가느다랗게 이어져 잘 보이지 않는 모양. 『노자』 6장에 보인다. '막막漠漠'은 소리가 없어 잘 들리지 않는 모양. 『순자』 「해폐解蔽」편에 보인다.

43 '회회恢恢'는 흔적을 뚜렷이 볼 수 없는 광대무변한 모양. 『순자』 「해폐」편엔 '회회하고 광광廣廣하다'고 한다.

44 '담연湛然'은 『한어대사전』에 따르면 '맑다, 편안하다, 담박하다, 깨어나다' 등의 의미를 지녀 이 부분의 해석에 적용하기 어렵다. 『독본』(61면)의 '심후한

殊, 論思[45]天地, 動應樞機,[46] 俯仰進退, 與道爲依, 藏之於身, 優游待時. 故道無廢而不興, 器無毁而不治.[47] 孔子曰 : "有至德要道以順天下."[48] 言德行而其下順之矣.

해설 아무리 난세라도 군자는 도덕수양을 거듭하여 세상에 공적을 세우고자 노력한다는 얘기다. 군자가 수양해야 할 도에 대한 구체적이고 현학적인 분석을 통하여 육가는 현실주의적이고 사회참여적인 유가사상의 높은 철학적 경지를 보여주고자 하였다. 보이지도 않는 작은 사물에서부터 천지만물에 이르기까지 도는 작용을 하며, 그 작용형태는 잘못된 사람을 바로잡아주는 일부터 온 백성이 만족을 얻는 일까지 다양한 형상으로 나타난다. 정치의 의의가 곧 도임을 알 수 있는 단락이다.

모양'이란 의미를 빌려 문장전개상 '깊은 물에 잠겨 있는 듯'으로 번역한다.

45 왕리기는 '논사論思'를 '토론 · 사고'로 번역한다(『교주』, 99면). 그러나 이 부분은 육가가 '도'의 현학적 의미에 대해 현학적으로 앞 문장에 이어 설명을 계속해가는 부분으로 앞 구문들과 동격으로 보아야 할 듯. 여기서는 '논하자면 ~를 생각하게 한다'로 번역한다.

46 『주역』「계사 상」에 '군자의 추기樞機'란 말이 있다. 행동을 통제하는 핵심중추를 말한다.

47 '도道'와 '기器'에 대한 이 구절은 형이상학과 형이하학을 가르는 『주역』「계사 상」의 "형이상의 것을 도라 일컫고, 형이하의 것을 기라 일컫는다"에서 유래. 육가가 도와 기를 들어 도의 형상과 작용을 설명하는 것으로 보아 유가의 계승자임을 확인할 수 있다. 유가에서 도는 무형의 것으로 규율과 준칙의 의미를 지닌다. 기는 유형의 것으로 구체적 사물이나 명칭 · 제도 등을 가리킨다. 도기관계란 추상적 도리와 구체적 사물 사이의 관계를 지칭한다.

48 이 구절은 『효경』「개종명의開宗明義」장 공자의 말.

2부
하권

제7편 자질

資質 第六

해제_ 이 편은 훌륭한 현량으로써 자질을 지닌 사람이 적재적소에서 일을 하면 탁월한 업적을 낼 수 있다는 내용이다. 또한 현량의 자질을 지닌 사람이 드러나지 않는 것은 발탁할 의무가 있는 대신들의 책임이라고 말한다. 공경의 자제나 왕실의 친지들은 특별한 재능이 없는데도 높은 지위를 누리고 있어 국가적 병폐가 되므로 현명한 사람을 구해 보완해야 한다고 주장한다.

자질이 훌륭한 사람은 세상에 쓰임으로써 더욱 고귀해지며, 재주가 뛰어난 사람은 명성을 떨침으로써 더욱 능력을 발휘합니다. 왜 그렇게들 말하겠습니까? 편楩・남枏・예장豫章은 천하에 유명한 나무입니다. 깊은 산 속에서 생장하며 계곡 옆에서 재목으로 생산됩니다. 서 있을 땐 큰 산 모든 나무의 으뜸이며, 베어 엎어놓으면 만세를 사용할 재목이 됩니다. 산 계곡 물에 떠내려 와 아득한 깊은 들녘으로 나온 뒤 장강長江・황하黃河 물길을 따라 경성 아래에 도달합니다. 도끼와 자귀로 가

공을 하면 본래의 무늬와 색채가 펼쳐집니다. 지극히 정밀하고 강한 목질과 올곧은 결이 나무 전체를 관통하여 벌레·나무좀 따위가 구멍을 뚫지 못하고, 습기에 방치해도 상하게 하지 못합니다. 높은 곳에 쓰일 때는 부드럽기 그지없고, 기둥으로 땅 속에 묻혀도 단단하기 그지없습니다. 유지를 바르지 않아도 광택이 나며, 그림을 새기지 않아도 문채가 빛납니다. 위로 제왕의 어물로 쓰이고, 아래로 공경에게 하사할 수 있으나 일반 백성들이 기계를 만드는데 그것을 사용할 수는 없습니다. 관문과 교량이 닫히고 끊겼거나, 험준한 산비탈에 놓여 있거나, 수많은 도랑의 제방에 막혀 있으면 그것들은 높이 솟은 산속에 엎어있게 되거나 아득한 산골짜기에 넘어져 있을 것입니다. 그곳은 수많은 나무들이 덩굴을 이루어 틈이 없고, 험준하게 높이 솟은 바위들 때문에 통행할 수가 없어 넓은 곳이라도 배나 수레가 다닐 수 없고, 좁은 곳은 보행할 오솔길조차 없다면 장사치들이 올 수도 없고, 목수들이 엿볼 수도 없습니다. 나무를 아는 사람은 그것을 보지 못하고, 본 사람은 그 가치를 모르니 좋은 나무는 쓸모가 없어지고 공덕을 잃은 체 그 자리에서 천천히 썩어가고 말라 문드러질 것입니다. 백 길 구렁텅이에 굴러다니거나 처연하게 홀로 쓰러져 있을 것입니다. 이 지경에 이르면 도로변의 마른 버드나무만도 못합니다. 뿌리는 엉키고 가지는 굽었으며 몸체는 굽어 고르지 못함에도 대도시의 넓은 땅에서 생장하여 명장 목수들 가까이 있는 것이 버들입니다. 기술자들이 건축재나 물건의 수요에 맞추어 베고 자르고, 컴퍼스와 자로 재어서 단단한 부분으로 썩은 곳을 매우고, 짧은 것은 길게 늘려 큰 덩어리로는 술항아리를 만들고, 작은 덩어리로는 술잔을 만듭니다. 거기에 붉은 칠을 하고 옥가루를 발라 빛을 내게 합니다. 이 기물을 위에선 세 가지 희생을 담은 태뢰太牢를 준비하여 봄가을에 학교에서 제례를 행할 때 사용합니다. 화려한 문양의 포의褒衣를 입고, 예식 순서에 따라 장중하게 서서 관대를 가지런히 갖추고 용모를 단정히 한 체 그 술잔을 들어 일일이 따라줍니다. 공경대부들이 차례대로 자리를 잡아 예당 가득 포진하고 있으면서 멀리서 그 잔을 바라보는 사람은 눈이 현란하고, 가까이에 있는 사람은 코끝이 향기로 진동할 것입니다. 그래서 사물은 막혀 있으면 세상과 단절되나 순서에 맞춰 쓰이면 두루 꿰뚫게 되고, 억누르면 물속에 잠겨있으나 일으켜주면 이름을 떨칠 것입니다. 험준한 지역에 있는 편楩나무·재梓나무가 길옆 버드나무보다 천시되는 것은 그 덕성과 아름다움에 차이가 없기 때문이 아닙니다. 그 재질과 역량에 큰 차이가 없어서도 아닙니다. 저 유명한 나무는 말라 비틀어져 머나먼 산중에 버려진 반면, 마른 버드나무는 종묘의 기물인 호련瑚璉이 되었으니 통용이 되느냐 아니냐에 달린 것입니다.

사람도 마찬가지입니다.

質美者以通爲貴, 才良者以顯爲能.[1] 何以言之?夫楩柟豫章,[2] 天下之名木也,[3] 生於深山之中, 產於溪谷之傍, 立則爲大山[4]衆木之宗, 仆則爲萬世之用, 浮於山水之流, 出於冥冥之野, 因江、河之道, 而達於京師[5]之下, 因斧斤之功, 得舒其文色, 精捍[6]直理, 密致博通, 虫蝎不能穿, 水濕不能傷, 在高柔輭, 入地堅强, 無膏澤而光潤生, 不刻畫而文章成, 上

---

1 이 단락에 등장하는 '통通'은 세상에 쓰인다는 의미, '현顯'은 명성을 떨친다, 현달하다의 의미. 대구로 쓰였다.

2 '편남예장楩柟豫章'은 각각 나무 이름. '편'은 '황편黃楩'나무로도 불리며, '남'은 '남楠'으로도 쓴다. 모두 남쪽 심산유곡에서 나는 거대한 나무로 기둥이나 들보 또는 관곽을 만드는 데 쓰인다. '예장'은 녹나무과의 상록교목으로 남방에서 난다. 크고 재질이 견실하여 건축자재로 좋다. 『묵자』「공수公輸」편에 보인다. 『회남자』「수무훈修務訓」에 따르면 "편남예장의 생장은 7년이 지난 뒤에야 알 수 있는데 관이나 배를 만들 수 있다"고 한다.

3 '명목名木'은 훌륭한 인재를 비유한 것. 크게 쓰면 큰 작용을 하리라는 주장.

4 『독본』(65면) 등은 '태산泰山'으로 해석한다. 그러나 편남예장이 남방의 나무이고, 황하와 장강을 이용해 수로로 옮긴다는 뒤 구절로 볼 때 산동성의 '태산'으로 보기 어렵다. 여기선 그냥 보통 명사로 '큰 산'으로 번역한다.

5 『공양전』「환공桓公 9년」에 '경사京師'에 대한 자세한 설명이 있다. '경'이란 크다는 뜻이고 '사'란 많다는 뜻. 천자가 사는 곳, 큰 곳, 많은 사람이 사는 곳 등으로 묘사되어 있다.

6 '한捍'은 '한悍'자의 잘못. 나무의 단단한 성질.

爲帝王之御物, 下則賜公卿, 庶賤而得以備器械;[7] 閉絶以關梁,[8] 及隘於山阪之阻, 隔於九峗[9]之堤, 仆於嵬崔之山, 頓於窅冥之溪,[10] 樹蒙蘢[11]蔓延而無間, 石崔嵬嶄岩而不開, 廣者無舟車之通, 狹者無步擔之蹊, 商賈所不至, 工匠所不窺, 知者所不見, 見者所不知, 功棄而德亡, 腐朽而枯傷, 轉於百仞之壑, 惕然而獨僵,[12] 當斯之時, 不如道傍之枯楊. 嶸[13]結屈,[14] 委曲不同, 然生於大都[15]之廣地, 近於大匠之名工,[16] 材器制斷,[17] 規矩度量, 堅者補朽, 短者續長, 大者治樽, 小者治觴,[18] 飾以丹漆, 斁[19]以明光, 上備大牢,[20] 春秋禮庠, 褒[21]以文采, 立禮矜莊, 冠帶正容, 對酒行觴,[22] 卿士列位, 布陳宮堂, 望之者目眩, 近之者鼻芳. 故事閉[23]之則絶,

---

7 유월兪樾은 이 구문의 '이而'자가 '불不'자여야 의미가 통한다고 주장한다(『교주』, 104면 참조). 여기선 유월의 주장에 따라 번역한다.

8 '관關'은 육지의 요지에 있는 관문, '량梁'은 물길의 요지에 있는 교량.

9 '항峗'은 구덩이 '갱坑'자와 같다는 주장도 있고, '항沆'과 같다는 주장도 있다(『교주』, 104~105면 참조). '구九'는 많음의 최고 숫자. 여기선 '수많은 도랑'으로 번역한다.

10 '요명窅冥'은 '요명窈冥'. 심원하고 그윽한 모양.

11 '몽롱蒙蘢'은 '초목이 몽롱하다'는 용례로 쓴다. 무성하게 뒤덮고 있는 모양.

12 '척연이독강惕然而獨僵'은 시대를 만나지 못하고 구렁텅이에서 늙어가는 불우한 현자를 비유한 것.

13 마른 버드나무의 밑동과 뿌리가 수없이 얽혀 있다.

14 '결굴結屈'은 '힐굴詰屈'로 뿌리와 밑동이 굴곡진 것을 말한다.

15 '대도大都'는 『좌전』「은공隱公 원년」에 나오며 오늘날의 대도시와 같은 말.

16 '대장大匠'의 출처는 『맹자』「고자告子 상」과 「진심盡心 상」, 목공장인들의 대장을 뜻한다.

17 '재기材器'는 건축용 자재와 기물. '제단制斷'의 '단'은 '착斲', 잘라내고 새긴다는 뜻.

18 '준樽'은 '준罇'으로 비교적 큰 제사용 술두루미, 술항아리. '상觴'은 작은 술잔들.

19 '두斁'는 옥의 가루 등을 섞어 바르는 일. 다양한 용례에 대해선 『교주』, 106~107면 참조.

20 '뢰牢'는 제사용 고기를 담는 그릇. 큰 것을 '태뢰太牢'라 부른다. 보통 소, 양, 돼지 등 세 가지 희생을 담는 큰 연회나 제사에 소용되므로 그 행사를 '태뢰'라 부르기도 한다.

21 '포褒'는 옷자락이 넓고 큰 행사용 의상.

22 '행상行觴'은 술을 담아 차례대로 잔을 돌리는 행위를 말한다.

次之[24]則通, 抑之則沈, 興之則揚, 處地[25]楩梓, 賤於枯楊, 德美非不相絶也, 才力非不相懸也,[26] 彼則槁枯而遠棄, 此則爲宗廟之瑚璉者,[27] 通與不通也.

人亦猶此.[28]

해설 자질과 재주가 뛰어난 인재들은 적재적소에 쓰이면 제 능력 이상을 발휘하며 사회에 공헌하지만, 깊은 산림에 묻혀 있거나 여러 가지 환경으로 인해 나가지 못하고 막혀 있으면 그냥 아득히 먼 곳에서 썩어버리고 만다는 말이다. 유명한 목재인 편, 남, 예장을 예로 들며 통용이 되면 그보다 좋을 수가 없으나 통용이 되지 않으면 잘 가공된 길 가의 마른 버드나무만 못하다고 말함으로써 인재를 어떻게 키우고 쓰느냐가 중요하다는 사실을 강조하고 있다.

궁벽한 시골에 사는 백성이나 쟁기 잡고 농사를 짓는 선비도 혹여 걸림 없이 드높은 재주가 있거나 우禹임금과 고요皐陶 같은 미덕을 지닐 수 있으며, 국가를 다스릴 기강을 한 몸에 갖추었거나 만세를 평탄히 할 도술을 마음에 품고 있을 수 있습니다. 그런데도 이 사람들이 세상에 쓰이지 않음은 소개하여 통용되도록 하는 사람이 아무도 없기 때문

---

23 '사폐事閉'는 일이나 사물이 나아갈 곳 없이 막혀 있음을 비유. 인재가 썩고 있음을 비유.

24 '차지次之'는 출로가 막혀 있다가도 순서에 입각하여 발탁이 되어 쓰인다는 의미.

25 '처지處地'는 생산이 되는 지역이란 뜻. 여기선 유명한 나무들이 생산되는 지역이 험준함을 비유한 것이므로 '험준한 지역'으로 번역한다.

26 앞 구절의 '상절相絶'과 같은 의미로 '상현相懸'은 서로 큰 차이가 있다는 뜻. '현절懸絶'이 본래 숙어. '상현'은 『순자』 「영욕榮辱」편에 '상현相縣'으로 되어 있다.

27 '호瑚'와 '련璉'은 모두 종묘의 의식에 쓰이는 그릇. 원래 기장 등속을 담는 그릇을 하나라 때는 '호'라 하고, 은나라는 '련'이라 하였다 한다. 『논어』 「공야장公冶長」편의 용례에 따르면 나라를 잘 다스릴 인재를 비유.

28 이 구절은 위의 나무에 비유한 사실을 현실에 적용시켜 인재를 쓰느냐 아니냐를 말하려는 부분으로 다음 문단의 주지와 연결된다. 그러나 판본에 따라 앞 문단에 연결되어 있는 경우가 많다. 『교주』에서 왕리기는 줄을 바꾸어 이 문단에 붙여 두었는데, 여기선 그를 따른다.

입니다. 공경대신의 자제나 왕실귀척의 무리는 뛰어난 재능이 없음에도 존중받는 높은 지위를 차지하고 있음은 그들을 보좌해주는 사람들의 세력이 강하고 그들을 꾸며주는 사람들의 숫자가 많기 때문으로 현달하지 않는 경우가 없습니다.

夫窮澤之民, 據犁接耜[29]之士, 或懷不羈之能,[30] 有禹、皐陶[31]之美, 綱紀存乎身, 萬世之術藏於心;[32] 然身不容於世, 無紹介通之者也.[33] 公卿之子弟, 貴戚之黨友,[34] 雖無過人之能, 然身在尊重之處, 輔之者强而飾之衆也,[35] 靡不達也.

해설 재능 있는 사람을 등용해야 한다는 주장의 연속이다. 능력이 없으면서도 강력한 세력과 방대한 정치파벌을 형성하고 있기 때문에 왕실 귀척이나 제후 대신들의 자제는 재주가 없음에도 등용이 잘 되어 높은 지위를 누리고, 시골에 사는 탁월한 현인들은 제대로 발탁되지 못하고 있음을 질타한 내용이다.

옛날에 명의 편작扁鵲이 송宋나라에 살다가 송나라 군주에게 죄를 지어 위衛나라로 망명하였습니다. 위나라에 병이 들어 곧 죽게 된 사람이 있었습니다. 편작이 그 집으로 가서 병을 고치고자 하였는데, 병자의 아버지는 편작에게 이렇게 말했답니다. "자식의 병이 너무 위중하여 좋은

29 '리犁'는 쟁기, '사耜'는 쟁기의 보습을 말한다. 농사일에 종사한다는 의미.
30 '기羈'는 고삐, 굴레를 씌워 구속한다는 등의 의미. '불기지능不羈之能' 혹은 '불기지재不羈之才'는 재능이 드높아 굴레를 씌워 제한할 수 없는 탁월한 재능의 소유자를 말한다.
31 '고요皐陶'는 '구요咎繇'라고도 쓰며 순임금의 신하로 형벌·옥사를 맡아 정치 안정을 이룬 탁월한 정치가.
32 『한비자』「난일難一」편엔 '만세의 리利'로 되어 있다. '술術'은 책략, 술수, 도술 등으로 번역이 가능하다.
33 '통通'은 '세상에 통용되도록 한다'는 의미.
34 '당우黨友'는 동한 시대 '붕당朋黨'과 같은 의미로, '정치적 파벌'을 뜻한다.
35 '꾸며준다'는 뜻은 '없는 재주를 있는 것처럼 꾸민다'는 의미와 '잘못을 저질러도 교묘한 언어로 덮어준다'는 의미를 동시에 지닌다.

의사를 대려다 치료하고 싶소. 당신이 고칠 수 있는 병이 아니오." 편작을 물리치고 쓰지 않더니 영험한 무당을 불러 복을 구하고 목숨을 빌었습니다. 무당은 편작을 마주하고 주문을 외웠으나 병자는 끝내 죽고 말았습니다. 영험한 무당이 병을 치료할 수는 없는 것이지요. 편작은 천하에 가장 훌륭한 의사였음에도 일개 무당과 경쟁하여 쓰이지 못하였습니다. 이는 신령한 무당만 알고 천하의 명의를 몰라보았기 때문입니다. 따라서 일을 처리하며 먼 곳만 추구하다가 가까운 것까지 잃고, 물건을 둘 넓은 공간만 찾다가 좁은 장소마저 잃는다는 말은 이 뜻입니다.

昔扁鵲居宋,[36] 得罪於宋君, 出亡之衛, 衛人有病將死者, 扁鵲至其家, 欲爲治之. 病者之父謂扁鵲曰 : "言子病甚篤, 將爲迎良醫治, 非子所能治也." 退而不用, 乃使靈巫[37]求福請命, 對扁鵲而咒, 病者卒死, 靈巫不能治也. 夫扁鵲天下之良醫, 而不能與靈巫爭用者, 知與不知也.[38] 故事求遠而失近,[39] 廣藏而狹棄,[40] 斯之謂也.

---

36 '편작扁鵲'은 명의의 대명사. 『사기』 「편작열전」에 따르면 발해군渤海郡 정鄭지역 사람으로 성은 진秦, 이름은 월인越人이라고 한다. 노盧나라 사람이란 설도 있다. 황제黃帝 시대에 활동했다는 설(『한서』 「藝文志」), 조간자趙簡子 시대 사람이라는 설(『사기』 색은), 진무왕秦武王 시대 사람이라는 설(『전국책』 「秦策」) 등 편작이 어느 시대 사람인가에 대한 설은 매우 다양하다. 활을 잘 쏘는 사람을 고대엔 모두 '예羿'라고 불렀듯이, 명의이면 시대에 관계없이 모두 편작이라 부른 듯하다(『교주』, 110~111면 참조). 편작이 송나라에 살다가 위나라로 도망했다는 이 편의 얘기는 어떤 사료에서도 근거를 찾을 수 없다.

37 '영무靈巫'는 '신무神巫' 즉 '신내림을 받아 굿으로 재난을 없앤다'는 영험한 무당.

38 편작이 쓰이지 못한 이유를 설명하기 위함이다. '지知'는 '무당의 영험함만을 안다'는 뜻, '부지不知'는 '편작이 명의임을 모른다'는 뜻.

39 일을 하며 먼 것만 추구하다 먼 것은 물론 신변의 가까운 것까지 잃게 된다는 뜻. 비근한 문제들에 신경을 쓰라는 주장. 『맹자』 「이루離婁 상」편에 "도가 가까운데 있는데 먼 데서 구하려 한다"는 말이 있다.

40 '협기狹棄'란 말이 문구를 구성할 수 없는 용어라 정확한 의미를 파악하기 어렵다. 『독본』(68면)에선 보통 물건을 저장하는 장소를 매우 크게 하고, 귀중한 물건을 저장하는 장소를 매우 협소하게 한다고 보아 적절하지 못한 조치라고 해석한다. 그러나 위 구절과 대구를 이루고 광장廣藏과 반대 의미로 보아 여기서는 '넓은

해설 천하의 명의 편작도 알아보지 못하면 일개 무당과의 경쟁에서도 밀린다는 예를 들어 인재를 알아보는 눈의 중요성을 강조하고 있다. 재능 있는 사람이 발탁되느냐 아니냐는 그 인재에 대한 정확한 인지가 선행되어야 한다는 말이다. 또한 가까운 데 인재를 두고도 먼 데서 구하다가 결국은 아무데서도 구하지 못할 수 있음을 경고하고 있다.

옛날 궁지기宮之奇는 우虞나라 군주를 위해 계책을 내어 진헌공晉獻公이 뇌물로 바친 벽옥과 준마를 사양하고 하양夏陽 공격로를 빌려주지 말라고 간언하였습니다. 이 어찌 나라를 굳건히 지키려는 금석 같은 계책이 아니었겠습니까? 그럼에도 우공虞公은 듣지 않았으니 그건 진기한 보물에 미혹되었기 때문입니다.

昔宮之奇[41]爲虞公畫計, 欲辭晉獻公璧馬之賂, 而不假之夏陽之道,[42] 豈非金石之計[43]哉!然虞公不聽者, 惑於珍怪之寶也.

해설 궁지기의 간언에도 불구하고 보물이 탐나 현인의 계책을 쓰지 못하고 결국 나라를 망친 우나라 군주의 사례를 들어 현인의 임용과 군주 욕망의 절제가 얼마나 중요한 것인지를 설명하고 있다.

포구鮑丘의 덕행이 이사李斯나 조고趙高보다 높지 않았던 것이 아님에도

공간만 찾다 좁은 장소마저 잃는다'로 번역한다.

41 '궁지기宮之奇'는 '궁기宮奇' 또는 '궁자기宮子奇'로도 불리는데, 춘추시대 우虞나라의 대부였다. 어려서 우나라 군주에게 길러졌기 때문에 충성을 다했는데, 우나라 군주가 뇌물을 탐해 몇 번의 간언을 받아들이지 않자 가족을 이끌고 우나라 변경인 서산西山으로 망명한다.

42 『좌전』「희공僖公 2년」조에 상세한 기록이 있다. 진晉나라 순식荀息이 보물인 굴屈에서 난 수레와 수극垂棘의 벽옥을 바치고 우나라 하양夏陽 길을 빌려 괵虢나라를 정벌하려 하였다. 궁지기의 거듭된 간언에도 불구하고 우나라 군주는 보물이 탐나 하양 길을 빌려주었고, 결국 괵나라를 멸망시킨 진나라 군대는 나중 하양을 차지하고 우나라까지 멸망시켰다. 『공양전』과 『곡량전』엔 하양下陽으로 쓰여 있다.

43 '금석金石의 계책'이란, '금석처럼 굳건하고 단단함'을 비유한 말.

그는 초막 아래 엎드려 평생을 보냈을 뿐 세상에 쓰이지 못하였습니다. 입에 발린 소리를 하는 간신들이 그를 모해하였기 때문입니다.

鮑丘[44]之德行, 非不高於李斯、趙高也, 然伏隱於蒿廬[45]之下, 而不錄[46]於世, 利口[47]之臣害之也.

해설 일신에 뛰어난 재능을 지니고 있음에도 인연을 만나지 못해 초막에서 부질없이 늙어 죽은 포구의 예를 들고 있다. 입에 발린 소리나 잘하는 간신들이 현인의 등용을 막는다는 경고이다.

선한 행위가 좋고 악한 행위가 나쁘다는 것을 모르는 사람은 없습니다. 열심히 공부하면 제 몸에 유익하고, 태만하고 놀기 좋아하면 일하는 데 무익하다는 것을 모르는 사람은 없습니다. 그럼에도 사람들이 나쁘고 무익한 짓을 하는 것은 욕망이 넘쳐서 이성으로 그 뜻을 이겨낼 수 없기 때문입니다. 현인을 얻는 것이 자신을 돕는 일이고, 현인과 가까이 지내는 것이 자신을 보좌하는 일임을 모르는 군주는 없습니다. 그럼에도 현인 · 성인이 산속이나 시골에 숨어 국가의 일에 간여하지 않는 경우가 많습니다. 이는 선발을 책임지는 귀와 눈이어야 할 대신이 아래 사정에 밝지 못하기 때문입니다. 그렇게 하여 현인의 등용길이 막힌 책

---

44 '포구鮑丘'는 '포구자包丘子' 즉 진秦나라 때 유생 '부구백浮丘伯'을 말한다. 『한서』「유림전儒林傳」·「초원왕교전楚元王交傳」에 따르면 부구백은 순자의 제자였으며, 특히 『시경』과 『춘추』를 한대 경학의 기틀을 마련한 신공申公에게 전수한 사람이다. 육가의 스승으로 육가에게 순자 곡량穀梁학을 전수한 사람으로 보인다. 『염철론鹽鐵論』「훼학毁學」편에 포구자와 이사가 나란히 순자를 스승으로 섬겼는데, 이사는 진나라로 가 삼공에 오르고 만승의 권력을 행사했으나 포구는 초막의 삶을 면치 못하고 끝내 구렁텅이에서 죽었다는 기사가 있다.

45 '호려蒿廬'는 '교외에 있는 초막'을 뜻한다.

46 '녹錄'은 '녹용錄用' 즉 '관료문서에 기록되다, 임용된다'는 뜻.

47 '이구利口'는 입에 발린 말을 잘하는 사람. 『논어』「양화陽貨」편과 『맹자』「진심盡心 하」편에 나라를 무너뜨리는 사람으로 적시하였다.

임을 군주에게 돌립니다. 현인의 등용길이 막힌 책임이 군주에게 돌려지면 충성스럽고 현명한 선비들이 들판에 버려집니다. 충성스럽고 현명한 선비들이 들판에 버려지면 아첨하는 간신의 무리가 조정을 점거합니다. 아첨하는 간신의 무리가 조정을 점거하면 아랫사람들이 군주에게 충성하지 않습니다. 아랫사람들이 군주에게 충성하지 않으면 위의 교화를 아래 백성들에게 밝힐 수 없습니다. 위의 교화를 아래 백성들에게 밝힐 수 없기 때문에 천하가 뒤집히는 것입니다.

凡人莫不知善之爲善, 惡之爲惡; 莫不知學問之有益於己, 怠戱之無益於事也. 然而爲之者情欲放溢, 而人不能勝其志也.[48] 人君莫不知求賢以自助, 近賢以自輔; 然賢聖或隱於田里, 而不預國家之事者, 乃觀聽之臣[49]不明於下, 則閉塞之譏歸於君;[50] 閉塞之譏歸於君, 則忠賢之士棄於野; 忠賢之士棄於野, 則佞臣之黨存於朝; 佞臣之黨存於朝, 則下不忠於君; 下不忠於君, 則上不明於下;[51] 上不明於下, 是故天下所以傾覆也.

해설 이 편의 결론에 해당하는 문단이다. 자질이 훌륭한 현인을 적재적소에 임용해야 하는데, 이를 관장하는 대신들이 문제가 있어 현인발탁을 제대로 하지 못함으로써 결국엔 나라가 기울게 된다는 주장이다. 간신들이 조정을 점거하고 군주의 판단을 막고는 결국 모든 책임을 군주에게 지우므로 이들을 경계하라는 내용이다.

48 이성이나 이지理智로 감정의 욕망을 이길 수 없다는 의미.

49 '관청지신觀聽之臣'은 '보고 듣는 신하'란 말인데, '국가의 이목耳目으로 현인에 관한 소식을 듣고 관찰하여 발탁하는 책임을 맡고 있는 대신'이란 의미.

50 현인의 임용길이 봉쇄되고 막힌 잘못을 군주에게 책임 지운다는 의미.

51 대체로 '군주가 신하들을 이해하지 못한다'고 해석한다(『독본』, 71면 등). 그러나 나라의 멸망을 설명하는 뒤 구절과 연결이 잘 안 된다. 유가정치사상의 본질이 백성들에 대한 교화의 관철이며, 교화의 실패는 곧 나라의 멸망으로 여긴다는 점에서 '위의 교화가 아래 백성들에게 밝혀지지 않는다'로 번역한다. 이는 육가의 기본 주장이기도 하다.

제8편 지덕

至德 第八

해제_ 이 편은 훌륭한 정치의 요체가 민심의 획득에 있음을 말한다. 그 방법은 가능하면 백성들에게 형벌을 사용하지 말고 지극한 덕을 수양하는 것이라고 설파한다. 전반부는 형벌이 많으면 정치가 괴롭고 힘들 뿐이며, 군주가 덕을 쌓으면 모든 백성들이 의지해온다고 말한다. 후반부에선 진여공晉厲公·송양공宋襄公·노장공魯莊公 등을 예로 들며, 대외적으로 전쟁을 좋아하고 대내적으로 갈취가 심한 통치자는 망하게 된다고 주장한다.

국가를 부유하게 하고 위력을 강화시키며, 땅을 개척하고 먼 지역까지 복종시키려는 사람은 반드시 백성들로부터 지지를 얻어내야 합니다. 공을 세워 명예를 드높이고, 이름을 떨쳐 영화를 후세까지 전하려는 사람은 반드시 제 몸의 수양에 의지해야 할 것입니다. 만승의 나라에 의지하고 수많은 백성들의 목숨을 장악하고 산천의 풍요로움을 갖추고 민중의 모든 힘을 관장하였음에도 일신의 공적을 수립하지 못하고 세상에 이름을 드러낼 수 없는 것은 통섭하는 이치가 잘못되었기 때문입니다.

夫欲富國强威, 闢[1]地服遠者, 必得之於民;[2] 欲建功興譽, 垂名烈, 流榮華者,[3] 必取之於身. 故據萬乘[4]之國, 持百姓之命, 苞[5]山澤之饒, 主[6]士衆[7]之力, 而功不存乎身, 名不顯於世者, 乃統理之非也.

해설 정치의 중요성을 설명하는 글이다. 통치자의 인격적 수양을 강조하는 것이 이 지덕편의 주지이다. 부국강병을 달성하고 천추에 이름을 남길 위대한 군주가 되기 위해서는 백성들의 신뢰를 얻어야 가능한데, 그러려면 우선 통치자 자신의 수양이 잘 되어 있어야 한다는 주장이다.

천지의 본성이든 만물의 온갖 종류 무엇이든 모두가 도덕을 따르는 사람에게 귀의하고, 민중은 형벌에 의존하는 통치자를 두려워합니다. 귀의해 오면 그 곁에서 붙어살지만, 두려워하면 그 나라에서 떠나게 됩니다. 따라서 형벌을 설정함에 가볍다고 싫증내지 않고, 덕을 베풂에 무겁다고 싫증내지 않고, 벌을 행함에 박하다고 걱정하지 않고, 상을 줌에

---

1 원래는 '벽辟'인데 『교주』는 천일각天一閣본과 『군서치요』에 의거해 '벽闢'으로 고친다. 두 글자의 의미가 같다는 점에서 『교주』에 따른다.

2 여기서 '지之'는 '백성들의 지지와 성원'을 말한다. 민심을 얻어야 나라가 강성해진다는 의미. 뒷부분에 민심을 잃어 정권을 잃은 네 군주에 대한 얘기는 이에 대한 증명.

3 원래 "欲立功興譽, 垂名流光顯榮華者"라는 구절을 『군서치요』에 입각해 왕리기가 고친 것이다(『교주』, 116~117면 참조). 같은 내용이지만 원 구절의 내용에 따라 해석하는 것이 문단의 흐름과 더 자연스럽게 어울리기 때문에 그에 따른다.

4 고대 정부규모를 표현할 때 통용되던 군사용어. 보병은 '졸卒'이라 하고 전차는 '승乘'이라 하였다. 즉 '승'은 네 마리 말이 이끄는 전차. '만승'은 천자만이 낼 수 있었고, 제후는 '천승', 대부는 '백승'을 낼 수 있었다.

5 '포苞'는 고어에서 '포괄하다'는 의미의 '포包'와 더불어 사용하였다.

6 여기서 '주主'는 '주지主持' 즉 '관장하다'는 의미로 해석.

7 고대 계급사회에서 '사士'는 정치하는 계급, 즉 귀족계급의 가장 하부에 있는 사람이었으며, '중衆'은 다수의 무리를 뜻하는 말로 광범한 피지배계층을 지칭할 때 자주 쓰인다. 여기선 중립적 용어인 '민중'으로 번역하였다.

후하다고 걱정하지 않는다면 근처 사람은 더 가까워지고 먼 데 사람은 귀의해 올 것입니다.

天地之性, 萬物之類, 懷德[8]者衆歸之, 恃刑者民畏之, 歸之則充[9]其側, 畏之則去其域.[10] 故設刑者不厭輕, 爲德者不厭重, 行罰者不患薄, 布賞者不患厚,[11] 所以親近而致遠也.

해설 유덕한 정치를 하면 사람이 모이고, 혹독한 형벌로 다스리면 백성들이 흩어질 것이라는 충고이다. 덕을 베풀고 형벌을 가볍게 하고 상을 후하게 주는 군주라면 먼 곳의 백성들마저 자발적으로 국왕의 근처에 몰려와 살려고 들겠지만, 법을 무겁게 하고 형벌에만 의존하여 통치하려 들면 있던 백성들도 떠나게 된다는 주장이다.

형벌이 과중하면 통치자의 마음이 번거로워지고, 사무가 번잡하면 통치자의 몸이 피로해집니다. 마음이 번거로워지는 것은 형벌을 서슴없이 운용하고도 아무것도 이룬 바가 없기 때문이며, 몸이 피로해지는 것은 가지가지 일들이 도리에 어긋나 무엇 하나 성취함이 없기 때문입니다. 그래서 군자가 정치를 하면 태연자약 아무 일도 없는 듯하며, 고요히 아무 소리도 없는 듯하며, 관청엔 마치 아무 관리도 없는 듯하며, 향촌부락엔 마치 아무 백성도 없는 듯합니다. 민간 동네에는 시비다툼이

8 본래 도의의 원칙에 따른다는 의미로써 '양도儀道'였으나, 『교주』에선 『군서치요』에 따라 '회덕懷德'으로 고쳤다. 여기서는 둘의 의미를 합쳐 '도덕을 따르는 사람'으로 번역한다.

9 본래 '귀부歸附'의 의미로써 '부附'였으나 『교주』에서 『군서치요』에 따라 '충充'으로 고친 글자이다. 여기서는 전자에 따라 '붙어살다'로 번역한다.

10 '거去'는 떠난다는 의미. '역域'은 '강역' 혹은 '변경', 즉 '나라'를 뜻한다.

11 이 네 구절은 반어법을 활용한 것. 즉 형벌은 가벼워야 하고, 덕은 두터워야 하고, 벌은 박해야 하고, 상은 후해야 한다는 뜻. 『염철론鹽鐵論』「주진周秦」편을 보면, 한고조漢高祖 유방劉邦이 진秦나라의 가혹한 형벌을 간략히 하여 백성들을 위무하고 화목하게 했다는 기록이 있는데, 유방이 육가의 이 주장을 받아들인 조치가 아니었나 생각된다.

없고, 노인과 어린아이가 집안에서 시름하는 일이 없으며, 가까이 있는 사람들 가운데 논란하는 자가 없고, 먼 데 사는 사람들도 그에 대해 귀 기울이는 일이 없습니다. 역참엔 밤에 우편물을 배달하는 역졸이 없고, 마을엔 밤에 징집을 하는 경우가 없습니다. 개가 밤에 짖는 일이 없고, 닭이 밤에 우는 일이 없으며, 노인들은 집에서 맛난 음식을 먹고, 정장丁壯들은 들에서 경작에 종사하며, 조정에 있는 사람들은 군주에게 충성하고 집에 있는 사람들은 부모에 효도합니다. 그리하여 선을 상주고 악을 벌하여 그들을 아름답게 꾸며주고, 벽옹辟雍·상庠·서序 등 학교를 일으켜 그들을 교육시키고 나면 현명한 사람과 어리석은 사람이 논의를 달리하게 되고, 청렴한 사람과 비루한 사람이 등급을 달리하게 되고, 어른과 아이들이 예절을 달리하게 되고, 윗사람과 아랫사람 사이에 차등이 있게 됩니다. 강자와 약자가 서로 돕고, 큰 사람과 작은 사람이 서로 품어주고, 존귀한 사람과 비천한 사람이 서로 받들어 마치 줄지어 서로를 좇는 기러기처럼 말하지 않아도 군주를 신뢰하고 화내지 않아도 위엄이 서게 됩니다. 어찌 견고한 갑주와 예리한 병기, 깊은 감옥과 각박한 명령, 아침부터 저녁까지 절절히 권면한 뒤라야 정부명령이 이행되는 것이겠습니까?

夫形[12]重者則心煩, 事衆者則身勞; 心煩者則刑罰縱橫而無所立,[13] 身勞者則百端回邪而無所就.[14] 是以君子之爲治也, 塊然[15]若無事, 寂然若

12 고대에 '형形'과 '형刑'은 통용하는 글자였다.

13 가로 세로를 뜻하는 '종횡縱橫'은 '아무 것도 꺼리지 않고 거침없이 내닫는다'는 의미. '입立'은 뒤 구절의 '취就'와 더불어 이루다, 성취하다는 뜻. 이 구절은 두 가지 해석이 가능하다. 본문처럼 원인과 결과로 해석할 수도 있으며, '마음이 번거로운 사람은 형벌을 수없이 사용하여도 아무 것도 이룰 수 없다'고 해석할 수도 있다. '자者'와 '즉則'의 용례에 주의하고, 문맥상 통치자의 마음이 번거로워지는 이유를 강조한다는 데 유의하여 번역하였다.

14 '백단百端'은 수만 가지 일을 뜻하며, '회사回邪'는 '회사迴邪'로도 쓰는데, 『예기禮記』「악기樂記」편 "회사곡직回邪曲直"에 대한 「정의正義」의 해석에 따라 '회'는 '괴위乖違', '사'는 '사벽邪僻' 즉 '도리에 어긋남'으로 번역하였다. 이

無聲, 官府若無吏, 亭落[16]若無民, 閭里不訟於巷,[17] 老幼不愁於庭, 近者無所議, 遠者無所聽, 郵[18]無夜行之卒, 鄕無夜召之征, 犬不夜吠, 雞不夜鳴, 耆老甘味[19]於堂, 丁男[20]耕耘於野, 在朝者忠於君, 在家者孝於親; 於是賞善罰惡而潤色[21]之, 興辟雍庠序[22]而教誨之, 然後賢愚異議, 廉鄙異科, 長幼異節, 上下有差, 强弱相扶, 大小[23]相懷, 尊卑相承, 雁行[24]相

구절도 앞 구절과 대구로 보아 원인과 결과로 해석하였다.

15 『춘추곡량전春秋穀梁傳』 「희공喜公 5년」조의 '괴연塊然'에 대한 주석이 '안연安然'이라 되어 있음에 착안하여 번역하였다.

16 여기서 '정亭'은 고대 행정단위. 『한서漢書』 「백관공경표百官公卿表 상」에 따르면, 진秦・한漢대 10리里를 1정亭이라 하고 정장亭長을 두었으며, 10정을 1향鄕이라 하였다 한다. 『광아廣雅』에 따르면 '락落'은 '거주하다'라는 의미. 현대에도 부락, 촌락 등의 용례로 쓰인다. 따라서 '정락'을 '향촌부락'으로 번역하였다.

17 '송어항訟於巷'은 소송이 아니라 마을 거리에서 백성들이 시비곡절을 다툼을 말한다. 『사기』 「진시황본기秦始皇本紀」에 등장하는 '항의巷議'와 『염철론』 「상자相刺」편의 '항언巷言', 『한서』 「예문지藝文志」 「제자략諸子略」에 등장하는 '항어巷語'와 같은 의미로 본다.

18 '우郵'는 짐이나 문서를 배달하는 '역참驛站'을 말한다. 한나라 때 '우'를 '치置'로 바꾸었는데, '우'는 '걸어서 배달함'을 말하고, '치' 또는 '역驛'은 '말을 이용해 배달함'을 일컫는다.

19 『독본』, 73면은 '식息'으로 되어 있고, 해석은 '휴식'으로 하였다. 『교주』는 '감미甘味'에 대해 『노자老子』 43장의 '감기식甘其食'과 같은 뜻이라고 본다. 『사기』 「소진열전蘇秦列傳」에 '식불감미食不甘味'도 같은 의미.

20 '정남丁男'이란 복역할 연령이 된 성년 남자를 말한다. 『사기』 「평진후주보열전平津侯主父列傳」에 "정남으로 하북河北을 방어했다"는 기록이 있다. 『사기』 「항우본기項羽本紀」엔 '정장丁壯'으로 표현된다. 왕리기는 여러 주석서를 참고하여 23세 이상을 정장으로 해석한다(『교주』, 120면 참조).

21 '윤색潤色'은 보통 문장을 아름답게 꾸며주는 것을 말하지만, 여기서는 '권선징악을 통해 사회를 아름답게 꾸며주는 것'을 일컫는다. 『논어』 「헌문憲問」편 '자우子羽가 수식修飾하고 자산子産이 윤색潤色했다'에 대해 형병邢昺은 "수식과 윤색 모두 수양을 더해 아름답게 만듦을 일컫는다"고 주석하였다.

22 '벽옹辟雍(또는 辟雝)'은 천자가 설립한 대학으로 주周나라 때 물길로 둘러쳐지고 앞뒷문이 다리로 연결된 원형의 캠퍼스에서 출발하여 송宋대 태학太學에 이르기까지 역대 왕조 모두 벽옹을 설치하였다. '상서庠序'는 고대의 지방 학교를 뜻하였으며, 나중엔 학교의 통칭으로 쓰이기도 하였다. 『한서』 「동중서전董仲舒傳」에 "국國에 대학을 세워 가르치고, 읍邑에 상서를 설치하여 교화하였다"는 기록이 있다.

隨, 不言而信, 不怒而威, 豈待堅甲利兵[25]、深牢刻令、朝夕切切[26]而後行哉?

해설 형벌을 아무리 잘 운용하더라도 덕으로 다스림만 못하다는 얘기다. 형벌로 다스리면 백성들이 형벌을 면하는 것만을 다행으로 여길 뿐이나 덕으로 다스리면 백성들의 행동이 바르게 되어 정치적 효과가 극대화된다는 『논어』「위정爲政」편 내용과 흡사하다. 진정한 도덕군자의 정치는 번거로운 형벌이나 관리들을 동원한 번잡한 업무에 의존하지 않는다는 주장이다. 통치자가 덕을 수양하고 그렇게 백성들을 교육하기만 하면 모든 백성들의 예절이 바르게 되고, 저절로 안정된 정치를 이룰 수 있다는 얘기이다. 육가가 생각하는 이상적인 정치사회의 모습이 잘 그려져 있다.

옛날 진여공晉厲公·제장공齊莊公·초영왕楚靈王·송양공宋襄公은 강대국의 권력을 장악하고 많은 민중의 위세를 등에 업은 체 멋대로 군대를 출격시켜 제후들을 능멸하고 짓밟았습니다. 대외적으로 적국을 깔보았고, 대내적으로 백성들에게 각박하게 굴었습니다. 이렇게 밖으로 주변나라들과 원수를 맺고 안으로 뭇 신하들과 원한이 쌓였는데 금석에 새겨 공적을 기리고, 세세손손 정권이 이어지길 바라는 것은 정말 어려운 일 아니겠습니까? 그래서 송양공은 홍泓의 전투로 인해 죽었으며, 나머지 세 군주는 신하들의 손에 시해 당했는데, 모두 군대를 가벼이 움직이고

23 '대소大小'는 앞의 강약強弱, 뒤의 존비尊卑와 연계하여 '큰 사람과 작은 사람'으로 번역하였다.

24 '안행雁行'은 '나는 기러기 행렬'을 말한다. 『시경詩經』「정풍鄭風」「대숙어전大叔於田」의 '안행'에 대해 「정의正義」는 "기러기가 서로 순서에 맞추어 줄을 서는 행렬"이라 한다.

25 '견갑이병堅甲利兵'은 '견고한 갑주와 예리한 병기'로 전투를 잘하는 강성한 군대를 일컫는다. 『맹자』「양혜왕梁惠王 상」편에 "몽둥이를 들고서도 진秦나라와 초楚나라의 견갑이병을 칠 수 있다"는 용례가 보인다.

26 '절절切切'은 『논어』「자로子路」편 "친구 간에 절절시시切切偲偲한다"에 대해 「집해」는 '서로 선행을 권하는 것'이라고 해석하였다.

무위武威만을 숭상했기 때문에 그 지경에 이른 것입니다. 이에 『춘추春秋』는 이 사건을 중요하게 취급하여 기록하고 그들에 대해 탄식하며 슬퍼했습니다. 세 군주는 자신의 위력을 강화시키려다 제 나라를 잃었으며, 형벌을 급하게 사용하려다 자신이 살해당한 것입니다. 이 일들은 귀감으로 삼아야 할 과거지사이며, 스승으로 삼아야 할 미래지사입니다.

昔者, 晉厲[27]、齊莊[28]、楚靈[29]、宋襄,[30] 乘大國之權, 杖衆民之威, 軍師橫出, 陵轢[31]諸侯, 外驕敵國, 內刻百姓, 鄰國之讎結於外, 群臣之怨積於內, 而欲建金石之統,[32] 繼不絶之世,[33] 豈不難哉?故宋襄死於泓之戰,[34] 三君弑於臣之手,[35] 皆輕師尙威, 以致於斯, 故春秋重而書之,

---

27 『사기』「진세가晉世家」에 따르면 진의 여공은 경공景公의 아들로 이름은 수만壽曼. 진경공 19년(B.C. 581) 즉위하여 6년에 언릉鄢陵에서 초나라를 패퇴시켰다. 이로써 제후들을 위협하여 패자가 되고자 했으나, 8년 난서欒書·중행언中行偃 등이 습격하여 여공을 가두었다가 다음 해 주살하였다.

28 『사기』「제태공세가齊太公世家」에 따르면 제의 장공은 영공靈公의 아들로 이름은 광光. 제영공 28년(B.C. 554) 즉위하였으나 6년에 최저崔杼에게 시해 당하였다.

29 『사기』「초세가楚世家」에 따르면 초의 영왕은 겹오郟敖 4년(B.C. 541) 겹오를 시해하고 자립한 왕. 영왕 11년 출병하여 서徐를 포위하고 오吳나라를 위협하였는데, 민중들의 원성이 자자했다. 이듬해 그의 동생들의 군대에 의해 수도가 포위당한 와중에 자살하였다.

30 『사기』「송미자세가宋微子世家」에 따르면 송의 양공은 환공桓公 31년(B.C. 651) 계위하였으며 이름은 자보玆甫. 양공 13년 초나라와 홍泓에서 전쟁을 치르면서 중상을 입고 이듬해 죽었다.

31 『사기』「초세가」 '능력중국陵轢中國'의 '능력'은 '인력轔轢'이라고도 쓰는데, '능멸하고 짓밟아 업신여긴다'는 의미.

32 본래 '공功'인데 『군서치요』에 '통統'으로 표시된다. '공적'을 의미한다. 『여씨춘추呂氏春秋』「구인求人」편에 "공적을 금석金石에 새긴다"는 용례가 있는데, 고유高誘의 주석에 의하면 '금'은 종이나 정鼎에 새기는 것을, '석'은 비석에 새기는 것을 말한다.

33 『논어』「요왈堯曰」, 『사기』「태사공자서太史公自序」, 『예기』「중용中庸」 등에 '끊긴 왕가를 다시 이어준다'는 의미의 '계절세繼絶世'란 용례가 있다.

34 이 사건은 『좌전』「희공僖公 22년」조에 보인다. 이 해 겨울 송양공이 홍泓에서 초나라와 접전 중 패하여 넓적다리에 상처를 입었는데, 이듬해 5월 그 상처로 인해 양공이 죽었다.

35 당안唐晏의 『육자신어교주陸子新語校注』엔 『춘추곡량전春秋穀梁傳』을 인용하

嗟歎而傷之. 三君强其威而失其國, 急其刑而自賊,[36] 斯乃去事之戒, 來事之師也.[37]

해설 여기선 진여공, 제장공, 초장왕, 송양공 네 군주의 실패를 예로 들며 형벌을 앞세우거나 무력으로 승부를 걸어 백성들의 원망을 사면 안 된다는 것을 강조하고 있다. 힘으로 주변 나라를 굴복시키려면 필시 전쟁을 치러야 하고, 그러려면 형벌을 동원하여 강제로 백성들을 이끌어야 한다. 신하와 백성들의 원망이 쌓이고 결국은 정권을 지탱할 수 없게 되어 쿠데타가 일어나게 된다는 주장이다.

노魯나라 장공莊公은 1년 가운데 봄·여름·가을 세 철을 노역을 동원하여 대형 토목건축공사를 일으키고, 산지·임야·초지·소택의 이익을 독차지하고, 수렵·어로·벌목·채집으로 인한 재부를 백성들과 다투었으며, 서까래에 조각을 새기고 앞 기둥에 단청을 입혀 현란한 화려함의 극치를 보였으며, 백성들에게 10분의 2 세금을 거두고도 어긋난 욕구를 다 충족시키지 못했고, 쓸모없는 완구들을 수선하여 부인들의 눈을 즐겁게 해주었으며, 교만을 부리고 음란한 데 재물을 탕진하고, 불요불급한 일에 인력을 소진하였습니다. 결국 위에서 군주는 써야할 재정비용이 모자라고 아래서 백성들은 먹을 것에 굶주리게 되니 장손진臧孫辰을 파견하여 제齊나라에 양식을 요청하게 되었습니다. 창고가 텅 비고 그것을 외부사람들이 알게 됨으로써 제나라·위衛나라·진陳나라·송宋나라의 공격을 당하니 어진 신하들은 떠나고 간사한 신하들은 난을

여 이 사건들을 설명하고 있다. 즉 성공成公 28년 진晉나라는 군주 주보州蒲를 시해하였고, 양공襄公 25년 제齊나라는 군주 광光을 시해하였고, 소공昭公 13년 초楚나라는 군주 건虔을 시해하였다는 것이다.

36 '적賊'은 동사로 '죽이다, 해치다'의 의미.

37 이 책의 「행사行事」편에 "거사去事를 잘 다스려 내세를 바르게 한다"는 말이 나오는데 '거사'란 지난 일, 앞의 일을 말한다. 『전국책戰國策』 「조책趙策 상」에 "전사前事를 잊지 않음이 후사後事의 스승이다"는 구절이 있다. 본문의 '거사'는 앞일 즉 과거지사를 말하고, '후사'는 뒷일 즉 미래지사를 말한다.

일으켜 자반子般이 피살되는 등 노나라는 아주 위험해졌습니다. 공자아公子牙·경보慶父의 무리가 군신상하간의 질서를 무너뜨리고 남녀간의 분별을 어지럽혔으며, 왕위 계승자를 확정하지 못하고 반역을 일으킨 자들은 두려울 바가 없었습니다. 그리하여 제환공齊桓公이 대부 고자高子를 파견하여 (노장공의 다른 아들 신(申)을 세워) 희공僖公으로 삼고 장공의 부인 애강哀姜을 주살하고 경보를 축출하고 계자季子를 돌아오게 하니, 그런 뒤에야 사직이 다시 존립하고 자손들이 조상의 기업을 되돌릴 수 있었습니다. 그러니 어찌 노장공을 미약한 자라고 말하지 않겠습니까? 그래서 위엄을 내세우면 강해지지 않을뿐더러 오히려 스스로를 망치며, 법을 앞세우면 분명해지지 않을뿐더러 오히려 자신이 다치니, 이는 바로 노장공을 일컫는 말입니다. (그래서 『춘추곡량전春秋穀』)

魯莊公[38]一年之中, 以三時興築作[39]之役, 規虞[40]山林草澤之利, 與民爭田[41]漁薪菜之饒, 刻桷丹楹,[42] 眩曜靡麗, 收民十二之稅,[43] 不足以供

38 노장공魯莊公의 이름은 동同이며 환공桓公의 아들로 B.C. 693년 즉위하여 32년간 재위하였다.

39 『좌전』「환공桓公 6년」조 '삼시三時'에 대해 「정의正義」는 농사에 중요한 계절인 봄, 여름, 가을을 말한다고 한다. '축작築作'은 대형 토목공사를 일컫는다. 『춘추곡량전』「장공莊公 31년」조에 따르면 장공은 "봄에 낭郎에 누대를 짓고, 여름에 설薛에 누대를 짓고, 가을에 진秦에 누대를 지었다"고 한다.

40 '우虞'는 고대에 산림과 소택을 관장하는 관리. 『서경』「순전舜典」에 익益에게 '우虞'를 맡으라는 내용이 있으며, 『사기』「화식열전서貨殖列傳序」에도 농農·공工·상商과 더불어 '우'를 말하고 있다. '규規'는 규획하여 점유한다는 의미. 『국어國語』「주어周語」에 "사방 천리를 규하여 전복甸服을 삼았다"는 구절이 있다. 본문의 '규우'는 점유하여 관장하는, 즉 독차지함으로 번역하였다.

41 '전田'은 농경의 뜻으로도 해석이 가능하지만, 여기선 뒤의 어로 등과 연결하여 '사냥·수렵'으로 번역함이 합당. 『주역』「항恒괘」의 "전무금田無禽"의 '전'을 왕필王弼은 "사냥하다"로 주석하였다. 『춘추곡량전』「장공 28년」조엔 장공이 산림과 소택에서 나는 이익을 백성들과 나누지 않고 독차지한 것을 비판하는 기사가 있다.

42 '각각刻桷'은 방형 서까래에 조각을 새기는 것, '단영丹楹'은 대청 앞 기둥에 단청을 입힘을 말한다. 『좌전』엔 장공 23년 가을에 단환궁영丹桓宮楹하고, 24년 봄에 각환궁각刻桓宮桷했는데 모두 예법에 어긋난 것이었다고 한다.

邪曲之欲, 繕不用之好,[44] 以快婦人之目, 財盡於驕淫, 力疲於不急,[45] 上困於用, 下饑於食, 乃遣臧孫辰[46]請滯積[47]於齊, 倉廩空匱, 外人知之, 於是爲齊、衛、陳、宋所伐,[48] 賢臣出, 邪臣亂,[49] 子般殺, 魯國危也.

---

43 수확량의 20%를 세금으로 걷는 중과세. 『춘추공양전春秋公羊傳』「선공宣公 15년」엔 10분의 1 세금이 천하의 중정中正이며, 10분의 1보다 많이 걷는 것은 폭군 걸桀왕 때나 하던 행위로 비판하고 있다.

44 '불용不用'은 실질적인 소용이 없는 쓸모없는 것. '호好'는 '완호翫好' 즉 '가지고 노는 물건'. 이 책 제4편 「무위無爲」에도 '선조탁각화지호繕雕琢刻畫之好'이라고 화려한 궁실을 꾸미는 것을 비판한 적이 있다.

45 '불급不急'은 '필요하지도 급하지도 않는 일', 즉 '불요불급한 일'을 말한다. 『순자荀子』「천론天論」에 '불급지찰不急之察', 『전국책戰國策』「진책秦策」에 '불급지관不急之官'이란 용례가 보인다.

46 장손진臧孫辰은 『논어』「위령공衛靈公」편에서 지위를 도둑질한 사람이라고 공자가 비판한 장문중臧文仲. 노魯나라 대부로 장공莊公·민공閔公·희공僖公·문공文公 네 임금을 모시며 국가간 상호협조와 종법·예치의 수호를 주장한 정치가. 폐물과 기물을 들고 제나라로 가 식량을 요청해 노나라의 기근을 해소했다. 사상이 수구적이고 미신과 점을 잘 믿어 당시 사람들로부터 조롱을 당하기도 했다.

47 '체적滯積'이란 저축해 쌓아둔다는 뜻. 원래 '쌀을 사들인다'는 뜻의 '적糴'자였는데, 『국어國語』「노어魯語 상」의 관련 기록에 의거해 두 글자를 보충한 것이다. 「노어 상」편엔 장문중이 창규鬯圭와 옥경玉磬을 가지고 제나라로 가서 제나라에 체적해둔 식량을 내어줄 것을 요청한 기사를 싣고 있다. 『춘추곡량전』「장공 28년」조에 이 사건을 기록하며 3년분 곡식을 축적하지 못한 나라는 나라도 아니라고 비판하고 있다. 9년분 저축이 없으면 부족하다고 하고, 6년분 저축이 없으면 급하다고 한다.

48 『춘추』에는 네 나라가 노나라를 공격한 기록이 없다. 『춘추곡량전』「장공 28년」조의 전傳에 장문중이 제나라에 식량을 구하러 간 기사에 덧붙여 10분의 1 세금만 거두고 풍년에 모자란 것을 보충해두면 외부에 요청하지 않아도 상하가 모두 풍족하고 흉년이 들어도 백성들이 병마에 시달리지 않는다는 내용이 있는데, 여기서 비롯된 이야기인 듯하다.

49 『순자』「신도臣道」편엔 '태신態臣'이나 '찬신篡臣'을 쓰면 나라가 위험에 빠진다고 한다. 『설원說苑』「신술臣術」편엔 공무에 힘쓰지 않고 녹이나 탐하는 '구신具臣', 군주의 이목의 쾌락에 영합하는 '유신諛臣', 교언영색하고 상벌을 부당하게 처리하는 '간신奸臣', 말을 번지르르하게 잘하고 잘못을 은폐하는 '참신讒臣', 권력을 전횡하고 제 집만 살찌우는 '적신賊臣', 참언으로 군주의 총명을 가리고 흑백시비를 구분하지 못하는 '망국지신亡國之臣' 등 여섯 가지 그릇된 신하에 대해 언급하고 있다.

公子牙、慶父之屬, 敗上下之序, 亂男女之別, 繼位者無所定,[50] 逆亂者無所懼. 於是 齊桓公遣大夫高子立僖公而誅夫人, 逐慶父而還季子, 然後社稷復存, 子孫反業,[51] 豈不謂微弱者哉?[52] 故爲威不强還自亡, 立法不明還自傷, 魯莊公之謂也. 故春秋穀(缺)[53]

---

50 이 구절은 계위자繼位者가 국가를 안정시키지 못했다고 해석할 수도 있으나, 여기서는 앞 뒤 문장의 의미를 고려하고, 특히 주52)의 내용처럼 당시 노나라의 혼란상으로 볼 때 왕위 계승자가 확정되지 않아서 생긴 정치적 변고를 설명한 것으로 해석한다.

51 희공僖公에 이르러 정치적 혼란을 끝내고 다시 정상으로 돌아갔음을 의미. 희공이 장공의 아들이었으므로 '자손반업子孫反業'이라 표현한 것.

52 자반子般이 피살되어 노나라가 위기에 빠지게 되었다는 내용부터 희공이 다시 노나라를 통치하게 될 때까지 복잡한 정치적 혼란에 대해서는 『사기』「노세가魯世家」에 상세히 전하고 있다. 내용을 요약하면 장공이 처음 당씨黨氏에서 맹녀孟女를 만나 사랑에 빠진데서 시작한다. 장공은 경보慶父·숙아叔牙(위 본문의 公子牙)·계우季友(위 본문의 季子)라는 세 아우가 있었는데, 장공이 병이 들어 맹녀가 나은 자반子般(『사기』에는 子斑으로 쓰였음)을 후사로 삼고 싶어 숙아에게 물으니 숙아는 경보를 추천하였다. 다시 계우에게 물으니 강력히 자반을 추천하고, 장공의 명을 빗대 숙아에게 사약을 내린다. 장공 사후 계우는 자반을 군주로 앉히려 했으나 경보가 자반과 원한이 있었던 어인圉人 낙犖을 시켜 상중의 자반을 살해해버린다. 원래 장공의 부인은 제나라 출신 애강哀姜이었으나 아들이 없었고, 그녀의 여동생인 숙강叔姜과 장공 사이에 개開라는 아들이 있었는데, 애강과 몰래 사통하고 있었던 경보는 자반이 죽고 계우가 진陳나라로 망명한 뒤 개를 왕위에 앉혔다. 그가 민공愍公 즉 『춘추』에 기록된 민공閔公이다. 민공 2년, 애강과 관계가 더 깊어진 경보는 민공을 죽이고 자신이 왕이 되려 하나 노나라 사람들이 경보를 미워해 죽이려 들자 거莒로 달아난다. 계우가 민공의 아우 신申을 데리고 주邾나라를 거쳐 입국하여 신을 계위시키니, 그가 리공釐公 즉 『춘추』에 기록된 희공僖公이다. 경보는 계우에 의해 입국당해 자살하고, 애강은 주나라로 달아나지만 경보와 애강이 노나라를 어지럽힌 데 화가 난 제환공齊桓公이 주나라에 애강을 죽이라고 지시하였다. 노나라로 돌아온 그 시신을 희공이 장사지내고 마침내 정치안정을 찾게 되었다. 『논어』에 노나라의 실권자로 자주 등장하는 삼환三桓 즉 맹손씨孟孫氏는 경보의 후손이고, 숙손씨叔孫氏는 숙아의 후손이며, 계손씨季孫氏는 계우의 후손이다.

53 춘추곡春秋穀으로 끝나고 생략된 뒷부분은 『춘추곡량전』의 장공의 일과 관련된 내용일 것이라 추측된다(『교주』, 128면 참조).

해설 노장공의 실정을 예로 들며 군주의 수양이 얼마나 중요한가를 설명하고 있다. 조용히 덕을 수양하고 남녀의 분별, 상하의 구분 등에 신중해야 함에도 노장공은 군주라는 권위를 이용하여 백성들을 착취해 자신만의 욕구를 충족시키고, 분별없이 이 여자 저 여자에 기울어 마침내 형제가 모두 비참하게 죽고, 자식들은 권력투쟁의 희생물이 되었으며, 다른 나라의 간섭을 받는 지경에 이르게 되었다. 군주의 위엄에 기대거나 형벌에 의한 정치의 결과는 결국 자신의 파멸을 가져온다는 충고이다.

제9편 회려

懷慮 第九

해제_ 이 편은 정치가의 생각과 행동의 일관성을 강조한다. 개인의 사리사욕을 버리고 공적인 일에 참되고 성실한 한 가지 자세로 일관해야 공명을 이룰 수 있으며, 심술心術이 전일하지 못하면 어떤 일도 성취할 수 없다고 주장한다. 관중은 오직 한 뜻으로 제나라를 섬겼기에 천하를 복종시킬 수 있었으나, 소진과 장의는 그때그때 다른 생각과 태도로 임기응변하여 끝내는 세상의 조롱거리가 되었다는 예를 든다. 위대한 통치자라면 한 가지 도를 관철시켜야 한다는 것이다.

여러 다른 생각을 품는 사람은 원대한 계획을 세울 수 없으며, 양 극단을 왔다 갔다 하는 사람은 위신을 세울 수 없습니다. 그래서 외부세계를 다스리려는 사람은 반드시 자기 내면부터 조절하고, 먼 곳을 평정하려는 사람은 반드시 가까운 일부터 바르게 정돈합니다. 천하의 기강을 바로 세우고 온 세상일에 신경을 쓰는 사람은 집안일을 걱정하지 않으며, 기운을 정양하고 성정을 함양하여 정신창달과 수명연장을 생각하는 사람은 바깥일에 뜻을 두지 않습니다. 땅을 갖고 백성들을 자식처럼 아끼며 국가와 백성을 다스리는 사람이 사사로운 이익을 도모하거나 자신의 산업을 경영한다면 교화가 행해지지 않을 것이고 어떤 정책법령도 집행되지 않을 것입니다. 소진蘇秦과 장의張儀는 그 몸이 존귀한 지위에 오르고 이름을 당세에 빛냈으며, 6국의 재상으로 여섯 군주를 섬겨 산동山東 각지에 위세를 떨쳤습니다. 사방으로 제후들에게 유세를 벌여 각 나라마다 다른 말을 하고 각 사람들에게 다른 의사를 표출하여 약소국들의 합종合縱으로 강국 진秦나라를 제압하거나, (각국이 진나라와 따로 협상하는) 연형連衡으로 합종을 깨고자 하였습니다. 내적으로 고정불변의 계책도 없었고 그 자신의 고정불변한 명분도 없었으니 공을 이룰 수 없었고 합종연횡은 중도에 폐기되었으며, 제 몸은 보통 사람의 손에 죽임을 당함으로써 천하 사람들의 조롱거리가 되었습니다. 이는 그들의 언사가 통일되지 못하고 제멋대로 방종했기 때문에 그런 것입니다.

懷異慮[1]者不可以立計, 持兩端[2]者不可以定威. 故治外者必調內, 平遠者必正近. 綱維[3]天下, 勞神八極[4]者, 則憂不存於家; 養氣治性, 思通精神, 延壽命者, 則志不流於外. 據土子民,[5] 治國治衆者, 不可以圖利,

---

1 '이려異慮를 품다' 함은 심술이 전일하지 못함, 즉 통일되지 않은 여러 가지 다른 생각을 품는다는 뜻.

2 '양단兩端'은 확실한 태도를 정하지 못하고 두 극단을 왔다 갔다 하는 경우를 말한다. 말이란 대중과 습속에 일치하도록 해야 함에도 요즘은 저 하늘 꼭대기와 황천의 바닥 '두 끝단의 논의兩末之端議'를 하고 있으니 공론公論이 이뤄지겠느냐는 『회남자』 「수무훈」의 '양단' 해설이 적절한 비유이다. 『사기』 「진세가」에도 초나라가 정鄭나라를 치려 하자 진晉이 구원하려 하였으나 양단론이 견지되어 늦고 말았다는 용례가 있다.

3 '강유綱維'는 '강기綱紀' 또는 '기강'이라고도 하며, 사마천의 「보임소경서報任少卿書」의 용례처럼 총강과 사유四維로써 법도를 비유한 말이기도 하고, 주희의 「중용장구서中庸章句序」에서처럼 강령을 의미하기도 한다.

4 '팔극八極'이란 여덟 방향의 먼 지점이란 의미로 온 세상을 뜻한다. 『장자』 「전자방田子方」편, 『회남자』 「원도훈原道訓」등에 보인다.

5 '거토據土'는 토지를 소유하고 있다는 말. 고대 왕토王土사상은 통치자가 관할 토지를 모두 소유한다고 보았다. 『사기』 「공자세가」에 따르면 공자에게 다스릴

治產業, 則教化不行, 而政令不從. 蘇秦[6]、張儀,[7] 身尊於位, 名顯於世, 相六國, 事六君, 威振山東,[8] 橫說諸侯, 國異辭, 人異意, 欲合弱而制强,[9] 持衡而御縱,[10] 內無堅計, 身無定名,[11] 功業不平,[12] 中道而廢,[13] 身死於凡人之手, 爲天下所笑者, 乃由辭語不一, 而情欲放佚故也.

땅을 내주려고 하는 초나라 왕에게 영윤令尹 자서子西가 "지금 공구가 '득거토양得據土壤'하고 현명한 제자들이 보좌함은 초나라에 도움이 안 된다"고 반대하였다 한다. 자민子民은 부모가 자식을 사랑하듯 백성을 아낀다는 의미. 『예기』「표기表記」의 "자민여부모子民如父母"가 그 예.

6 소진蘇秦(?~B.C. 284)은 전국시대 동주東周 낙양洛陽 사람으로 외교적 유세를 일삼은 종횡가縱橫家. 서쪽의 강국 진秦나라에 대항하기 위해서는 동쪽 여섯 나라가 종으로 동맹하여 대항해야 한다는 합종合縱설로 조趙나라에 의해 무안군武安君에 봉해질 정도로 이름을 떨쳤다. 세 치 혀로 6국의 옥새를 지니고 전국 말기 천하의 외교를 좌지우지하였으나 제나라에서의 간첩활동이 탄로나 거열車裂형을 당했다. 저서 『소자蘇子』 31편은 사라졌지만, 마왕퇴馬王堆 출토 백서인 『전국종횡가서戰國縱橫家書』에 그의 서간 등이 실려 있다.

7 장의張儀(?~B.C. 310)는 전국시대 위魏나라 귀족의 후예로 소진과 더불어 귀곡鬼谷선생에게 학습하였다. 진나라 혜문왕惠文王의 재상으로 무신군武信君에 봉해졌으며, 탁월한 외교적 유세로 주변 제후국들을 굴복시키고 합종의 동맹을 깨도록 하여 진나라에 개별적으로 협상토록 하는 연횡連橫(혹은 連衡)설을 제창하였다. 나중 위나라로 건너가 재상이 되었으나 곧 죽었다. 저서인 『장자張子』 10편은 현존하지 않는다. 『사기』에 열전이 있다.

8 전국시대 진나라의 동쪽 경계인 효산殽山 및 함곡관函谷關의 동쪽 나라들을 지칭하는 말로 '산동山東'이란 말이 보편적으로 쓰였다. 제자백가서에 자주 등장하는 단어로 전국시대 진나라 동쪽의 여섯 나라를 가리킨 말.

9 '합合'은 약한 산동의 여섯 나라가 동맹하여 강한 진나라를 제압해야 한다는 소진의 합종설을 뜻한다. 따라서 '강强'은 진나라를 말한다.

10 '형衡'은 '횡橫'이라고도 쓰는데 약한 산동의 여섯 나라가 옆으로 진나라와 각자 동맹을 맺어 살길을 모색해야 한다는 장의의 연횡설을 말한다. 따라서 '종縱'은 소진의 합종설을 뜻한다.

11 '정명定名'의 명은 정명正名론의 명처럼 일정불변의 명분을 뜻한다. 『관자』「구수九守」편에 같은 용례가 보인다.

12 여기서 '평平'은 '이룰 성成'의 의미로 해석한다. 『교주』, 131면 참조.

13 이 구절은 『예기』「표기」와 『논어』「옹야雍也」편에 보인다. '중도에 그만둔다'는 뜻.

해설 통치자가 가져야 할 중요한 덕목은 일관된 정책과 통일된 언행임을 강조한 구문이다. 우유부단하게 이렇게 했다 저렇게 했다 하면 권위가 서지 않아 어떤 정책도 수행될 수 없고 백성들에 대한 교화는 성공하지 못할 것이라는 주장이다. 통치자에게 그 통일성은 사적인 이익이 아닌 공적인 기강이며, 가정 일이 아니라 천하 백성의 일이라는 것이다. 특히 전국시대 말기 종횡학설로 천하의 외교를 주름잡다가 쓸쓸히 죽어간 소진과 장의를 빗대어 그들의 주장과 정책에 일관성이 없어서 아무런 공적도 이루지 못했다고 비판하고 있다.

그래서 관중管仲은 제환공齊桓公을 보좌함에 몸을 굽혀 주군을 섬기되 오로지 한 마음 한 뜻이었으며, 그 자신은 외국 사람과 사적인 교유를 하지 않았고 마음속으론 비정상적인 속임수를 생각하지 않았습니다. 자기 나라인 제나라를 바르게 이끌고 그로써 천하를 제어하여 자기 군주의 패자 지위를 존귀하게 하였으며 제후들을 굴종케 하였습니다. 권력은 사해 안에 위엄을 떨치고 교화는 중원 각지에 두루 보급되었습니다. 도의를 잃은 자는 주살하고 도의를 지키는 자는 현달시키니 한 가지 일을 하려들면 천하가 그에 따랐으며, 한 가지 정책법령을 내리면 제후들이 모두 그에 복종하였습니다. 따라서 성인은 통일된 정책법령을 고수하여 백성들을 묶고, 통일된 표준을 견지하여 만민을 가지런히 합니다. 그렇게 함으로써 세상이 모두 한결같이 다스려지도록 하며, 천하가 통일되어 있음을 밝힌 것입니다.

故管仲相桓公,[14] 詘節[15]事君, 專心一意, 身無境外之交,[16] 心無欹

---

14 관중管仲(?~B.C. 645)의 이름은 이오夷吾로 영상穎上 사람이며, 춘추시대 초기 제나라의 정치가. 공자 규糾를 섬겨 나중 제환공이 된 소백小白과 적대하였으나, 관포지교로 유명한 친구 포숙아鮑叔牙의 추천으로 몸을 굽혀 제환공을 섬겼다. 환공의 재상으로 40여 년 집정하며 농업생산의 증대, 군사력의 확충, 인재선발의 균형 등 대내적 정치개혁을 성공시켰으며, 대외적으로 '존왕양이尊王攘夷'를 내걸어 천하의 질서를 바로잡는다는 명분으로 아홉 차례나 천하 제후의 회합을 주도해 제환공을 춘추시대 첫 번째 패자로 만들었다.

15 '굴절詘節'은 '굴절屈節'로 몸을 굽힌다는 의미. 관중이 몸을 굽혀 적이었던 환공을 섬긴 일을 말한다. 이 사건을 두고 당시 논란이 많았는데, 예를 들면

斜[17]之慮, 正其國如[18]制天下, 尊其君而屈諸侯, 權行於海內, 化流於諸夏,[19] 失道者誅, 秉義者顯, 擧一事而天下從, 出一政[20]而諸侯靡. 故聖人執一政以繩百姓, 持一槩[21]以等萬民, 所以同一治而明一統[22]也.

해설 이 단락에선 한 가지 도의가 관통된 통일된 정책의 중요성을 강조하고 있다. 제환공에게 춘추시대 첫 번째 패업을 이루게 만든 관중을 예로 들며 그의 통일된 정책법령과 도의의 수호를 칭찬한다. 위에서 소진이 여섯 군주의 재상을 겸했으나 정책법령이 여럿이어서 혼란에 빠지게 된 것에 비하여 관중은 하나의 군주를 섬기고 사적인 행위를 없애 마침내 패업을 달성하고 천하를 복종시켰다는 것이다. 성인의 정치로 일정一政, 일개一槩, 일치一治를 말한다.

『논어』「헌문」편에 자로가 관중의 이 행동을 비판하자 공자는 작은 일에 몸을 굽혀 전쟁 없이 아홉 차례나 제후들을 회맹시킨 사건을 예로 들며 그의 인仁함을 칭찬하고 있다. 『전국책』「제책齊策 하」에도 소절小節을 굽히지 못하면 큰 위엄을 세울 수 없고, 작은 욕됨을 싫어한다면 영예로운 이름을 날릴 수 없다며 관중을 예로 든다.

16 『예기』「교특생郊特牲」에 의하면 대부 등 신하된 자는 천자의 특별한 명이 없는 한 외국의 제후와 교유하지 못한다고 한다. 두 군주를 섬기지 못한다는 의미.

17 '의사欹斜'는 기괴하고 사특하다는 의미의 '기사奇邪'와 같은 의미인데, 비정상적인 속임수와 정당하지 못한 행동을 가리킬 때 쓴다. 『주례周禮』「천관天官」궁정직宮正職에 용례가 보인다.

18 '여如'자로는 해석이 안 된다. 『교주』의 고증(133면)에 따라 '이而'로 해석한다.

19 '제하諸夏'는 주나라 때 분봉한 각 제후국들에 대한 통칭이었다. 『논어』「팔일」편 '제하의 멸망'에 대해 집해集解는 '중국中國'으로 해석한다. '중화中華', '중하中夏' 또는 '화하華夏'는 흔히 중원문화의 우월함을 강조하는 용례로 쓰인다.

20 '정政'은 정사, 정무, 정치, 정령 등의 의미. 위 구절에서의 용례에 근거하여 '정령政令' 즉 '정책법령'으로 통일되게 해석한다.

21 '일개一槩'의 '개'는 '개槪'로도 쓴다. 1말 혹은 10말의 용량을 잴 수 있는 나무 용기. 여기서는 표준량의 비유로서 '일개'를 '통일된 표준'으로 해석한다.

22 『춘추공양전』「은공隱公 원년」에 '일통一統'은 천명을 받은 왕이 정월에 한 해가 시작하듯 천하에 일정한 정치교화를 베풀기 시작하는 것으로 표현된다. 『한서』「동중서전」에선 천지간에 하나로 통용되는 법칙으로써 '일통'을 얘기한다. 즉 '전국이 통일되어 있는 상태'를 이른다.

그래서 하늘은 (숫자의 시작이자 한결같은 통일성인) 1로써 도를 크게 성취시키며, 사람은 그 전일함으로 인륜을 (□하게) 성취시킵니다. 초나라 영왕靈王은 사방 천 리의 강토에 살며 수 백 개 읍성으로 구성된 나라를 향유했으면서도 인의를 앞세워 도덕을 숭상하지 않고, 기이한 재주를 품고서 (□□□하고) 음양에 (□하고) 괴상한 사물과 영합하여 건계乾谿라는 누대를 짓고, 백 길이 넘는 높은 누대 위에 서서 뜬구름에 올라타 천문을 엿보고자 하였으나 그 자신은 평왕 기질棄疾의 손에 죽임을 당하고 말았습니다. 노나라 장공莊公은 중원의 땅을 점하고 성인 주공周公의 후예를 계승했음에도 주공의 유업을 닦지 않고 선왕으로부터 내려온 왕위를 이어받아 권력이나 숭상하고 위세에만 의지했습니다. 수많은 사람을 당해낼 힘이 있고 강함으로 남을 이기려는 성질을 지녔음에도 친족 자규子糾 하나 존립시킬 수 없었으며, 나라가 침략당하고 땅을 빼앗겨 끝내 수수洙水와 사수泗水 일대로 국경이 축소되고 말았습니다.

故天一[23]以大成數, 人一以□成倫. 楚靈王居千里之地, 享百邑之國, 不先仁義而尙道德, 懷奇伎,[24] □□□, □陰陽, 合物怪, 作乾谿之臺,[25]

---

23 '일一'의 의미는 매우 다양하고 추상적이다. 『노자』 39장에 따르면 "옛날 1을 얻는 자를 보면 하늘은 1을 얻음으로써 맑고, 땅은 1을 얻음으로써 편안하며, 신은 1을 얻음으로써 영험하며, 골짜기는 1을 얻음으로써 가득 차며, 만물은 1을 얻음으로써 살게 되고, 제후왕은 1을 얻음으로써 천하의 올곧음을 실천한다"고 하였다. 노자에게서 1은 곧 도이다. 『독본』 83면을 보면 1은 모든 숫자의 시작이고 도는 만물의 으뜸이므로 만수의 시작인 1로써 만물의 으뜸인 도를 비유한 것이라고 주석하였다. 또한 위 구절의 전심일의專心一意 혹은 일정一政, 일개一槩, 일치一治 등과 연계하여 한결같은 통일성으로 볼 수도 있다.

24 광대를 의미하는 '기伎'자는 '기技'자와 통한다. '기기'는 '특이한 재능', '기이한 재주'라는 뜻.

25 '건계대乾谿臺'는 약칭으로 '건계'라고도 하는데, 춘추시대 초나라 지명으로 오늘날 안휘성 박현亳縣 동남쪽. 『춘추공양전』 「소공昭公 13년」에 초영왕은 무도하였는데, 건계대를 지으려다 3년이 지나도 완성하지 못했다는 기록이 있다. 『좌전』, 『국어國語』에는 건계대 대신 장화대章華臺로 기록되어 있는데 그 유적지는 화용華容으로 오늘의 호북성 잠강시潛江市 서남쪽이다. 건계대 유적지가 오늘날 호북성 감리현監利縣 서북이라는 설도 있어 정확한 위치를

立百仞之高, 欲登浮雲, 窺天文,[26] 然身死於棄疾之手.[27] 魯莊公據中土[28]之地, 承聖人之後,[29] 不修周公之業, 繼先人之體,[30] 尙權杖威; 有萬人之力,[31] 懷兼人[32]之强, 不能存立子糾,[33] 國侵地奪, 以洙、泗[34]爲境.

해설 오직 하늘이 내린 한 가지 원칙에 입각하여 도의를 숭상한 정치를 해야 함에도 초나

알 수 없다. 높이가 10장丈 기단 넓이가 15장이었다고 한다.

26 '규천문窺天文'은 일월성신 등 '천문을 엿본다'는 의미. 고대 예법에 천자는 영대靈臺를 만들고 천문을 관찰하였는데, 여기서 초영왕이 누대를 짓고 천문을 엿보려 했다는 것은 감히 천자를 참칭하는 무례한 행위를 했다는 비판이다.

27 『사기』「초세가」에 따르면 초영왕의 무도함으로 백성들의 고역이 심하고 무참히 살해당한 사람이 많았는데, 기질棄疾이 태자를 죽이고 공자 비比를 옹립해 새 왕으로 삼으니 그가 초평왕楚平王이다. 기질은 사마司馬가 되고, 초영왕은 백성들의 버림을 받아 며칠을 굶으며 산속을 방황하다 나중 신해申亥의 집에서 비참하게 죽었다.

28 『회남자』「지형훈墬形訓」에 따르면 중토中土는 기주冀州를 말한다. 기주를 중주中州, 혹은 중토로 불러왔는데, 춘추시대 노나라의 소재지였다.

29 여기서 성인은 주공周公을 가리킨다. 노나라는 주공의 봉지로 그가 아들 백금伯禽을 보내 통치한 이래 주공의 후예들이 왕위를 계승했으므로 성인의 후예라 하였다.

30 『춘추공양전』「문공 9년」 "문왕文王의 체體를 계승하고, 문왕의 법도를 준수한다"는 말로부터 『사기』「외척세가外戚世家」는 계체수문繼體守文이란 성어를 만들어 쓰고 있다. '계체'란 적장자가 선왕의 정체正體를 받아 왕위를 이어받는다는 의미.

31 노장공이 일 당 만의 용력이 있었는지는 알 수 없으나 활을 잘 쏘았다는 얘기는 전한다.

32 '겸인兼人'이란 말은 『논어』「선진先進」편에 자로子路의 사람됨을 평가하는 말로 등장한다. '강한 힘으로 타인과 겨루어 이기려는 성질'을 뜻한다.

33 춘추시대 첫 번째 패자인 제나라 환공桓公은 부친 양왕襄王 사후 그의 형 자규子糾와 권력투쟁을 벌였는데, 먼저 입국하여 즉위한 뒤 외가인 노나라에 머물고 있는 자규를 죽이고 관중管仲 등을 잡아 보내라고 노장공에게 요구한다. 그리하여 장공이 전쟁에 지고 끝내 자규를 죽인 일을 빗댄 것.

34 수洙와 사泗 두 물길은 오늘날 산동성 사수현泗水縣 북쪽에서 합류했다가 곡부曲阜 북쪽에서 다시 둘로 갈리는데 수수가 북쪽, 사수가 남쪽을 흐른다. 오늘날은 강의 흔적만 있다. 춘추시대 노나라에 속했으며 공자가 이 두 물 사이에서 학생을 모아 강학을 시작했으므로 흔히 유가를 대칭하는 말로도 쓰인다.

라 영왕과 노나라 장공은 기괴한 관심과 용맹에만 의지하여 실패했다는 지적이다. 초영왕은 인의도덕을 숭상하지 않고 백성들에게 고역을 시키며 드높은 천문대나 만들다 결국 비참한 최후를 맞고 말았으며, 중원 땅에서 성인의 후예로 군주에 올랐던 노장공은 도덕보다 용력에만 의존해 결국 미약한 나라로 전락하게 되었다는 것이다. 성인의 유업을 닦아 인의도덕을 바로 지키는 것이 천리임을 설파하는 문단이다.

세상 사람들은 『시경』·『서경』을 배우지도, 인의를 지키지도, 성인의 도를 존중하지도, 오경·육예의 심오함을 궁구하지도 않으면서 검증이 안 된 얘기들을 논하고, 정상적이지 않는 일들을 배우고, 하늘·땅의 형상을 그리고, 재난변이의 이상함을 설파하고, 선왕의 법도를 어기고, 성인의 뜻을 위반하고, 학자의 마음을 미혹케 하고, 뭇 백성들의 생각을 흔들고 있습니다. 감히 천문지리를 거론하고 세상사 시비를 논단하며, 비정상적 변이를 가지고 사람들을 동요시키고 기괴한 일을 가지고 사람들을 놀래 키우니 이를 듣는 자는 신령하게 여기고, 이를 보는 자는 기이하게 느낍니다. 하지만 그것들이 횡액으로부터 구제하여 자신의 일생을 잘 넘기게 해주지 못하며, 어쩌면 (□□한) 법에 저촉되는 죄를 지어 죽음을 면치 못할 수도 있습니다. 그러니 일이 법도에 맞게 생겨나는 것이 아니라든지 도가 천지에 근본을 두고 있지 않다는 등은 입으로 말은 할 수 있되 실천하여선 안 되고, 귀로 들을 수는 있되 전파해서는 안 되고, (□하게) 갖고 놀 수는 있되 크게 이용해서는 안 됩니다.

夫世人不學詩、書, 存仁義, 尊聖人之道, 極經藝[35]之深, 乃論不驗[36]之語, 學不然[37]之事, 圖天地之形, 說災變之異, 乖先王之法, 異聖人之

35 '경예經藝'는 제1편 도기道基에 나오며 후성 공자가 확정했다는 '오경'과 '육예'를 뜻한다.

36 '불험不驗'이란 '사실증거가 없어 검증할 수 없다'는 뜻. 『회남자』「범론훈氾論訓」엔 '검증되지 않는 말을 성왕은 듣지 않는다'는 구절이 있다. 『염철론』「상자相刺」편에도 '요새 유학자들은 검증되지 않는 얘길 배운다'는 말이 있다.

37 '불연不然'은 '정상적이지 않는 변화'를 의미한다. 『한서』「오행지五行志 중」에

意, 惑學者之心, 移衆人之志, 指天畫地,[38] 是非世事, 動人以邪變, 驚人以奇怪, 聽之者若神, 視之者如異;[39] 然猶不可以濟於厄而度其身,[40] 或觸罪□□法, 不免於辜戮.[41] 故事不生於法度, 道不本於天地, 可言而不可行也, 可聽而不可傳也, 可□翫而不可大用也.

해설 여기선 민심을 동요하게 하고 선왕의 법도를 어지럽히는 세상의 미신을 믿지 말고 오로지 인의와 성인의 도에 치중하라고 충고한다. 사람들을 놀라게 하는 기이한 현상이나 신령한 일들은 전혀 검증이 안 된 비정상적인 것이니 그저 말은 해볼 수 있을는지 모르지만 절대로 실행에 옮기거나 횡행하게 두어서는 안 된다는 주장이다. 오경과 육예의 가르침에 따르라는 얘기다.

다수 사람들이 옳다고 하는 것이 도의 입장에서 보면 적절하지 않고, 도의 입장에서 보면 옳은 것을 다수 사람들이 옳지 않다고 하는 수도 있습니다. 그래서 일을 하려는 사람들은 (□해서는) 안 되고, 도를 세우려는 사람은 (중인이 옳다는 대로) 통용해서는 안 됩니다. 눈의 역할은 밝게 보는 것이고, 귀의 역할은 잘 듣는 것이고, 입의 역할은 맛을 구별하는 것이

"불연한 일이 있으니 늙은 어머니가 어찌 편안히 계시리!"란 용례가 있다. 『묵자墨子』「사과辭過」편에도 "창고가 가득 차있으면 충분히 불연에 대비할 수 있다"고 한다.

38 하늘을 가리키고 땅을 그린다는 지천화지指天畫地는 『사기』「위기무안후魏其武安侯열전」에서 '온 마음에 비방이 가득해 우러러 하늘을 보거나 굽어 화지하지 않는다'고 하는데 '화지'는 반기를 듦을 비유한 말이다. 『후한서』「후패전侯霸傳」에 나오는 지천화지는 재난변이의 의미로 쓰이기도 한다. 여기선 앞의 "위로 천문을 관찰하고 굽어 지리를 살핀다"는 글과 연결하여 천자의 일인 천문지리에 대해 감히 얘기한다는 참월僭越의 의미로 해석한다(『태평어람』 76 「춘추위 운두추運斗樞」 인용문이 실례).

39 이 구절은 마치 후한시대 이후 등장한 것으로 알려진 참위讖緯설을 보는 듯하다. 왕리기는 이 구절을 통해 전국시대 이래 참위설이 있었던 듯하다는 당안唐晏의 주장을 언급하고 있다(『교주』, 138면).

40 '도度'는 '도세度世' 즉 '일생을 넘긴다'는 의미.

41 '고륙辜戮'은 형벌로 죽게 만드는 것. 때로 손발을 분해시켜 죽이는 혹형을 뜻한다.

고, 코의 역할은 냄새향기를 맡는 것이고, 손은 물건을 붙잡는 데 쓰며, 발은 걷는 데 쓰입니다. 각자 한 가지 특성을 지니며 두 가지를 겸할 수 없습니다. 두 가지 역할을 겸하려 하면 마음이 혼란에 빠지고, 동시에 두 길을 가려 하면 행동이 막히게 됩니다. 마음을 단정히 하여 한결같이 굳건히 하면 오래도록 잊어버리지 않게 되며, 위에서 통치자가 안일에 빠지지 않으면 아래서 백성들이 다치지 않게 되며, 한 가지 이념을 지키고 민중들을 통치하면 비록 인구가 적더라도 나중에 반드시 많아지게 되며, 마음이 안일하고 성정이 산만하면 비록 지위가 높더라도 나중에 반드시 무너지게 되며, 정기가 새서 병이 생기면 수명을 길게 누리지 못하게 되며, 뒤집히고 엎어져 단정함이 없으면 도를 잃고 아무것도 행하지 못하게 됩니다. 그러므로 사람의 정기와 자연의 감응이 상서로우면 모습이 청결하고 밝고 빛나게 되며, 진정으로 깨끗한 본심으로 행동함이 드러나면 편안하고 화통하고 화합하고 어질게 되며, 마음이 고르고 그윽한 사람은 의지가 굳고, 정기가 편안하고 조용한 사람은 마음이 평정하게 되며, 의지가 굳건하고 마음이 평정하면 혈과 맥이 강건하게 되며, 정권을 잡은 사람이 동시에 여러 가지를 도모하면 중용이라는 통치의 중심을 잃게 되며, 전쟁하는 병사들이 경작에 종사하지 않으면 조정의 선비들이 장사를 하지 않게 되며, 사악한 자들이 정직한 자들을 범하지 않으면 둥근 것이 모난 것을 어지럽히지 않게 되며, 뒤틀리고 사나운 것들이 서로 뒤섞이면 부정한 자들을 바로잡기 어렵게 됩니다. 따라서 나라를 잘 다스리려는 군주는 사적인 이익이 나오는 문을 봉쇄해야 하고, 덕을 쌓은 사람에겐 반드시 재앙이 없도록 해야 합니다. 사적인 이익추구 행위가 두절되면 도의가 뚜렷이 드러날 것이고, 무력을 앞세우는 행위가 물러나면 덕이 홍하게 될 것입니다. 이것이 바로 나라를 장구하게 유지하는 도이며 세상에 통용되어야 할 법도입니다.

故物[42]之所可, 非道之所宜; 道之所宜, 非物之所可. 是以制事者不可□, 設道者不可通. 目以精明, 耳以主聽, 口以別味, 鼻以聞芳, 手以之持, 足以之行, 各受一性, 不得兩兼, 兩兼則心惑, 二路[43]者行窮, 正心一堅, 久而不忘,[44] 在上不逸, 爲下不傷, 執一[45]統物, 雖寡必衆, 心佚情散, 雖高必崩, 氣泄生疾, 壽命不長, 顚倒無端, 失道不行. 故氣感之符, 淸潔明光, 情素[46]之表, 恬暢和良, 調密者固, 安靜者詳,[47] 志定心平, 血脈乃彊,[48] 秉政圖兩,[49] 失其中央,[50] 戰士不耕, 朝士不商, 邪不奸直, 圓不亂方, 違戾相錯, 撥剌[51]難匡. 故欲理之君, 閉利門, 積德之家, 必無災殃,[52]

---

42 잡색의 소를 뜻하던 '물物'자는 물질이란 의미 외에 '나我'와 상대하는 타물(『주역』「계사 하」), 종류, 많은 다수의 사람(『좌전』「소공 11년」) 등의 의미로 쓰인다.

43 '이로二路'는 두 가지 감관의 역할을 겸한다는 앞 구절의 양겸兩兼과 대구로 해석하여 '동시에 두 길을 가려는 것'으로 해석한다.

44 『교주』, 『교본』 등 기존 주석서에는 모두를 연결하여 불분명하게 해석한다. 역자 생각엔 양겸에서 행궁行窮까지 위 구절을 끊고, 정심일견正心一堅에서 실도불행失道不行까지 긴 구절은 4자 2구의 압운 구조로 보아 따로따로 끊어 해석해야 의미가 분명해진다. 그 이후 고故로부터 이어지는 긴 문장도 같은 압운 형식이다.

45 '집일執一'은 『시자尸子』, 『한비자韓非子』 등 법가 저술에 많이 보이는데, 대부분 위대한 정치가의 통일된 정치이념에 대한 강조이다(『한비자』「양각揚搉」편). 『여씨춘추』엔 「집일執一」편이 있는데, 역시 "집일 즉 한 가지 정치이념을 지켜야 만물이 잘 다스려진다"고 말하고 있다.

46 '정소情素'는 '정소情愫'라고도 쓰는데 '진정, 깨끗한 본심'을 일컫는다. 『전국책』「진책秦策 3」에 상앙商鞅이 진나라 효공孝公을 섬김에 능력을 다하고 '정소'함을 보이었다는 용례가 있다. 『사기』「채택蔡澤열전」에도 같은 예.

47 이 여덟 글자 한 구절이 대표하는 바는 위에서 계속 언급하고 있는 사람의 마음과 정기를 받는 것으로 해석한다. 고固와 상詳을 의지, 마음의 작용으로 해석하여야 뒤 구 지정심평志定心平과 자연스럽게 연결된다.

48 당안의 주장에 따르면 두 번째 문장의 제사자制事者로부터 구이불망久而不忘까지는 『순자』「권학勸學」편의 취지를 이어받은 주장이고, 재하불일在下不逸부터 여기 혈맥내강血脈乃彊까지는 『장자』「양생주養生主」편의 설을 이어받았다고 한다(『교주』, 140면 참조).

49 '양兩'은 꼭 둘이라기보다 많다는 의미로 해석.

50 '중앙中央'은 유가의 수양 및 통치의 중심이념인 '중용中庸'의 도로 해석한다.

51 '발자撥剌'는 『회남자』「수무훈」에 "금소리가 발자하고 어지럽다"에 용례. 고씨高氏는 이를 '부정不正'이라 주석한다.

52 『주역』「곤괘坤卦」「문언전文言傳」 "선을 쌓은 집안은 반드시 경사가 넘칠 것이요, 선하지 않는 일을 많이 한 집안은 반드시 재앙이 넘칠 것이다"는 구절에

利絶而道著, 武讓[53]而德興, 斯乃持久之道, 常行之法也.[54]

해설 육가는 전국시대 말에 탄생한 사람이다. 여기서 그는 순자, 장자, 맹자 등 전국시대 유행한 학설들을 종합하여 그의 정치적 주장을 전개하였다. 핵심은 본 편 전체 주지와 일관되게 통치자는 전일한 한 가지 생각과 이념을 가지고 통치에 임해야지 여러 가지 권력수단을 동원하여선 안 된다는 것이다. 이익, 무력 등을 배제하고 오직 도의에 입각하여 중용의 도를 지키고 덕을 쌓아 일관된 통치를 하여야 천하의 안정을 이루게 된다는 주장이다. 육가의 유가적 정치성향이 잘 드러난 문단이다.

서 따온 듯.

53 '양讓'은 자기가 갖고 있는 것을 다른 사람에게 준다는 의미. '무양武讓'은 무력의 양보, 즉 '무력을 앞세우는 행위를 않게 된다'는 의미.

54 이익을 따지지 않는 정치가 필요하다는 주장은 정치가가 하필 이익을 말하느냐고 힐난한 『맹자』 「양혜왕梁惠王 상」편의 주장과 맥락이 비슷하다.

제10편 본행

本行 第十

해제_ 인의와 도덕을 근본 원리로 삼고 이를 실천에 옮기는 것이 국가통치의 기본임을 주장하는 논설이다. 주로 공자의 사상과 정치적 편력을 예로 들며 선왕들의 단정한 정치를 회복하는 것이 중요하다고 말한다. 힘을 숭상하거나, 재물을 중시해 이익을 강조하는 따위는 국가 전체로 볼 때 가치 없는 일이므로 존비귀천의 모든 경우를 인의도덕으로 표준을 삼으라고 충고한다.

나라를 다스림에는 도덕을 최상으로 여겨야 하며 일을 실행함에는 인의를 근본으로 삼아야 합니다. 그래서 존중받는 높은 지위에 있으면서도 덕이 없는 사람은 퇴출시켜야 하고, 풍부한 재물을 소유하고 있으면서도 의가 없는 사람은 형벌을 가해야 합니다. 신분이 천하지만 덕을 좋아하는 사람은 존귀하게 만들어주고, 가난하면서도 의가 있는 사람은 영달시켜야 합니다. 단간목段干木은 (수레도 없이) 걸어 다니는 평민 선비였으나 도덕을 수양하고 실천하였기 때문에 위문후魏文侯가 그의 집을 지나칠 때면 수레 앞턱을 붙잡고서 경의를 표하였습니다. 공자께서는 진陳나라와 채蔡나라 사이에서 횡액을 당하셔서 콩밥에 나물국으로도 배고픔을 달랠 수 없었으며, 제자들은 헤진 베옷에 무명 핫옷으로 추위를 막을 수 없었으니 곤궁하고 억울한 그 욕된 처지가 매우 심각하였습니다. 그럼에도 공자께서는 도로써 임하셨으며 제자들은 의를 가까이하였습니다. 베옷 입은 보통 선비일 따름이었지만 위로 천자를 (□하고), 아래로 일반 백성들을 정돈함으로써 제 몸은 수고로웠으나 위로 정치를 바로잡았습니다. 주왕실의 쇠미함과 예의가 행해지지 않음을 안타깝게 여겨 횡액과 좌절을 당하면서도 각지의 제후들에게 유세를 벌여 제왕의 도를 바로잡고 천하의 정치를 선왕시대로 되돌리고자 하였습니다. 공자 자신은 통치할만한 지위가 없었고, 세상엔 그를 써줄만한 군주가 없었으며, 천하를 두루 돌아다녔으나 그의 뜻에 화합하는 지역이 없었습니다. 큰 도는 가리어져 펼쳐지지 못했으며 이상의 날개는 꺾여 날아오르지 못했습니다. 스스로 (□□□) 그 교화를 깊이 받아들여서 (노나라 열 두 군주의) 시작과 끝에 대해 자리매김하였고, 과거의 일들을 추념하여 정리함으로써 미래를 바르게 만들려고 하였으며, 참위 도록을 기술하고 그에 입각하여 천지의 본성과 미래의 운명을 알도록 했고, 『육경』을 정리하고 확정하여 유가학술에 무게를 실어주었습니다. 선과 악이 서로 간여하지 못하도록 하였으며, 귀와 천이 서로 업신여기지 못하도록 하였으며, 강과 약이 서로 능멸하지 못하도록 하였으며, 현명한 사람과 불초한 사람이 서로 넘나들지 못하도록 하였습니다. 등급에 따른 시험으로 서로 상하 질서를 갖도록 하여 (爲萬□□□而不絶하였고), 공적이 대대로 전해져 쇠약해지지 않도록 하였으며, 『시경』·『서경』·『예경』·『악경』이 각각 제자리를 잡도록 하였습니다. 이것이 바로 천도의 확립이요 대의의 실행이오니 어찌 (以□□□威)이겠습니까?

治以道德爲上, 行以仁義爲本. 故尊於位而無德者絀,[1] 富於財而無義者刑, 賤而好德者尊, 貧而有義者榮. 段干木[2]徒步[3]之士, 修道行德,魏文侯過其閭而軾之.[4] 夫子陳、蔡之厄,[5] 豆飯菜羹, 不足以接餒,[6] 二三子[7]布弊縕袍,[8] 不足以御寒, 倥傯[9]屈厄, 自處甚矣; 然而夫子當於道, 二三子近於義,[10] 自布衣之士, 上□天子, 下齊庶民, 而累其身而匡上

---

1 '출絀'은 물리치다, 겸양하다의 의미. 보다 적극적으로 퇴출, 파면을 뜻하는 '출黜'자와 통용.

2 '단간목段干木'은 전국시대 위魏나라 사람으로 어려서 빈천하였다. 서하西河에서 공자의 제자인 복자하卜子夏에게 배웠으며 높은 덕행으로 알려졌다. 위나라에 살면서 그의 친구들은 큰 벼슬을 하였으나 단간목은 도를 지키며 벼슬길에 나가지 않았다. 위나라 문후文侯가 재상으로 삼고자 그의 집을 찾을 때마다 담을 넘어 피신한 것으로 유명하다.

3 걸어 다닌다는 의미의 '도보徒步'란 말은 『전국책』「제책齊策」, 『회남자』「범론훈」 등에 보이는데 '문밖을 나서면서 수레도 없는 필부'를 뜻한다. 평민의 대명사로 쓰인다.

4 '식軾'은 수레의 사람 타는 부분 맨 앞에 옆으로 가로지른 앞턱을 말한다. 고대에 수레에 탄 사람이 그것을 붙잡고 머리를 숙여 다른 사람에게 예의를 차렸으므로 글자 자체가 '수레 앞턱을 붙들고 경의를 표시한다'는 의미를 지니기도 한다. 위문후가 단간목의 집 앞을 지날 때마다 수레 앞턱을 붙들고서 경의를 표했다는 고사는 『여씨춘추』「기현期賢」편에 매우 상세하다. 위문후 스스로 자신은 땅과 재물이 넘치지만 단간목은 덕과 의가 넘친다고 말하면서 항상 예의로 대해 모든 백성들이 위문후를 칭송했고, 이러한 현인 대접 때문에 결국 다른 나라에서도 감히 위나라를 군사적으로 넘보지 못했다고 한다.

5 공자가 진나라와 채나라 사이에서 횡액을 당한 사건은 『여씨춘추』「신인愼人」편과 『사기』「공자세가」에 자세히 전한다. 공자가 여러 나라를 주유하며 초나라로 가려 함에 진·채 두 나라 대부들이 초나라에서 공자를 중용하면 장차 자신들 나라에 불이익이 생길까봐 공자 일행을 포위하여 식량을 끊어버린 사건. 7일을 초근목피로 연명했다고 한다.

6 『회남자』「정신훈」과 『문자文子』「수평守平」편엔 "성인은 음식을 먹고 접기接氣한다"는 말이 있다. 접기, 접뇌接餒의 '접'은 생명을 유지한다는 의미.

7 '이삼자二三子'란 말은 『논어』에 특히 많이 나온다(「八佾」·「述而」·「陽貨」편 등). 2~3인이라기 보다 여러 제자들을 아울러 부르는 말이다.

8 '포폐온포布弊縕袍'의 '폐'는 '폐敝'라고도 쓰며 '메袂' 즉 '옷소매'를 뜻한다(『예기』「치의緇衣」). '온포'는 겉에 입는 무명 핫옷.

9 '공총倥傯'은 '공총倥怱'이라고도 쓰며 '곤고하고 궁핍한 지경'을 의미.

10 『여씨춘추』「신인」편을 보면 진·채 사이에서 곤경을 당하고도 공자는 여전히 악기를 연주하고 제자 안회顔回는 채소를 뜯었다고 한다. 자로子路와 자공子貢이 곤궁함을 따지자 공자는 인의의 도를 얘기하며 안으로 반성하고 덕을 잃지 말 것을 충고한다. 눈서리가 내리고서야 송백의 무성함을 안다는 공자의 말에

也. 及閔周室之衰微, 禮義之不行也, 厄挫頓仆, 歷說諸侯,[11] 欲匡帝王之道, 反天下之政, 身無其立,[12] 而世無其主, 周流天下, 無所合意, 大道隱而不舒, 羽翼摧而不申, 自□□□深授其化, 以序終始, 追治去事, 以正來世,[13] 按紀圖錄,[14] 以知性命,[15] 表定六藝, 以重儒術, 善惡不相干, 貴賤不相侮, 强弱不相凌, 賢與不肖不得相踰, 科第[16]相序, 爲萬□□□而不絶, 功傳而不衰, 詩、書、禮、樂, 爲得其所,[17] 乃天道之所立, 大義之所行也, 豈以□□□威耶?

해설 인의와 도덕이 정치의 핵심이라는 이 편 전체의 주장을 앞에 싣고 거기에 대한 구체적인 정책, 예컨대 신분이 높거나 재물이 많아도 인의도덕이 없으면 바로 제재를 가하라고 한다. 그것은 매우 어려운 일이지만 꼭 실천해야 한다는 것을 위문후와 공자의 사례를 인용하

자공은 하늘 높은 줄 몰랐다고 반성한다.

11 '역세歷說'는 '각지를 주유하며 유세를 벌였다'는 뜻. 공자가 14년여 동안 유세하면서 『여씨춘추』 「우합遇合」편에는 80여 군주를 만났다고 하고, 『한서』 「양웅전揚雄傳」엔 70여 차례 유세를 했으나 뜻 맞는 군주를 만나지 못했다고 한다.

12 '입立'자는 확고히 선다는 의미에서 고대에 자리 '위位'자와 통용했다.

13 시작과 끝을 자리매김하고, 과거의 일을 기록해 미래의 거울로 삼았다는 이 구절은 공자가 『춘추』를 기술하고 정리했다는 뜻이다. 『춘추』는 노나라 은공隱公부터 애공哀公까지 열두 명의 군주에 대한 편년체적 기술이며, 도덕과 인의의 입장에서 통치자의 정치 행위 및 사회 현상에 대한 평가를 싣고 있음을 염두에 둔 내용.

14 '도록圖錄'은 대나무 편에 기록한 '도록圖籙', 즉 미래에 대한 예측과 예언을 기록한 '도참圖讖'을 말한다. 육가는 여기서 한대에 유행했던 참위의 기원을 공자에 기탁하고 있다.

15 '성명性命'은 주로 공자가 해설을 달고 정리했다는 『주역』의 개념이다. 천지의 본성과 인간세계 미래의 운명이 핵심.

16 '과제科第'는 등급, 순서 등의 의미와 시험을 보고 등급을 매긴다는 의미가 있다. 육가의 시대엔 공식적인 필기시험 방식이 확립된 것 같지 않다. 『한서』 「원기元紀」엔 과제를 통해 랑郎·종從의 관리를 선발했으며 시험으로 등급의 높낮이를 정했다는 기록이 있다.

17 경전이 각각 제 자리를 잡았다는 얘기는 『논어』 「자한子罕」편에 공자가 위衛나라에서 노나라로 돌아오자 음악이 바로잡히고 『아雅』와 『송頌』이 각각 제 자리를 잡았다는 내용에서 비롯된 듯하다.

여 주장한다. 특히 인의도덕의 원류와 핵심은 모두 유가학술 내에서 발현되는 것인데, 공자는 참으로 어려운 환경에서 이 원리원칙을 만들어냈으며 그것이 역사에 큰 공헌을 하였다는 것이다. 『춘추』의 필법대로 인의도덕에 입각하여 선악, 강약, 귀천, 현불초가 서로 넘나들지 못하는 굳건한 사회질서를 구축하는 것이 치국의 큰 도임을 설파하고 있는 문단이다.

사람의 아름다운 모습은 연지나 분으로 꾸밀 수 있는 것이 아니며, 큰 분노에서 비롯되는 위엄은 기운이나 힘에 기대어서 행해질 수 있는 것이 아닙니다. 성인은 하늘의 위엄에 순응하고, 하늘의 기운에 합치하고, 하늘이 부여한 소임을 받들고, 하늘의 모습을 띠고 있는데, 그럼에도 하늘과 더불어 공을 세우지 않는다는 것은 너무 어려운 일 아니겠습니까? (폭군 걸(桀)왕과 주(紂)왕은) 술로 연못을 만들어 배를 띄울 수 있었고, 술지게미 언덕이 산을 이루어 멀리 조망을 할 정도였으니 어찌 재물이 모자랐다고 하겠습니까? 사해를 통괄하는 권력을 지녔으며 구주의 온 백성들을 주관했는데 어찌 무장력이 약했다고 하겠습니까? 그럼에도 걸·주의 공적은 자신의 나라를 보존할 수도 없었고, 위엄은 자신의 생명을 지켜낼 수도 없었습니다. 이는 그들이 빈약해서나 아니라 일신에 도덕을 갖추지 못했으며 아래 백성들에게 인의를 실천하지 못했기 때문입니다.

夫人之好色,[18] 非脂粉所能飾; 大怒之威, 非氣力所能行也. 聖人乘天威,[19] 合天氣,[20] 承天功,[21] 象天容,[22] 而不與爲功,[23] 豈不難哉?夫酒池

18 '호색好色'의 '호'는 좋아한다는 의미보다 아름답다는 의미. '미색美色'으로 해석.

19 '천위天威'는 하늘의 위엄. 『서경』의 「군석君奭」편과 「태서泰誓 상」편에 용례.

20 '천기天氣'는 음양·풍우·명암 등 자연현상을 이른다. 『회남자』 「태족泰族」편에 용례.

21 '천공天功'은 『서경』 「순전舜典」에 "천공을 빛내다"고 했을 때는 하늘의 소임 또는 공능을, 『순자』 「천론天論」에 "천공이 이미 이루어져 형체를 갖추고"라고 했을 때는 자연의 공적을 뜻한다.

22 '천용天容'은 천색天色 즉 하늘의 모습.

可以運舟, 糟丘可以遠望,[24] 豈貧於財哉?統四海[25]之權, 主九州[26]之衆, 豈弱於武力哉?然功不能自存, 而威不能自守, 非貧弱也, 乃道德不存乎身, 仁義不加於下也.

해설 최고의 아름다움은 화장을 한다고 이루어지지 않고, 최고의 위엄은 힘이 있다고 되는 것이 아니라는 주장이다. 폭군 걸왕과 주왕을 예로 들며 무력과 재물이 세상의 으뜸이었으나 결국 제 나라와 자신의 성명도 보존하지 못했다고 비판하며, 그것은 인의도덕을 실천하지 않았기 때문이라고 한다. 반대로 성인은 하늘에서 부여한 소명을 수행하는 사람으로 인의도덕을 세상에 실천하여 위대한 공적을 세울 수 있다고 한다. 망할 수도 있다는 강력한 경고와 성인의 정치를 할 수도 있다는 충고를 동시에 하고 있다.

그래서 이익은 세세히 헤아리면서 도의 실천에는 흐리멍덩한 사람은 많은 사람들의 계략의 대상이 되고, 힘에는 과감하면서 인의의 실천에는 소극적인 사람은 군사적 도모의 대상이 됩니다. 군자는 의에는 돈독하나 이익은 경시하고, 실행은 민첩히 하나 말에는 신중하여 (所□□□으로) 공덕을 넓힙니다. 그러므로 공자는 "의에 따르지 않고 얻은 부와 귀

23 『문선文選』에 주석으로 인용된 곳엔 여지쟁공與之爭功 즉 '하늘과 더불어 공을 다툰다'고 되어 있다.

24 『한시외전韓詩外傳』 4와 『신서新序』 「절사節士」편을 보면 하夏나라 걸桀왕이 술 연못을 만들어 배를 저을 정도였고, 술지게미 언덕의 높이가 10리를 조망할 수 있었다고 한다. 『회남자』 「본경本經」편을 보면 은殷나라 주紂왕이 고기안주의 밭과 술 연못을 만들어놓았다고 한다. 오늘날의 하내河內 조가朝歌 지역이 그 곳이라고 한다.

25 고대엔 중국의 사방 끝에 모두 바다가 있다고 생각하여 사해四海라 부름. 중국을 해내海內, 그 밖을 해외海外라 하였다. 천하天下와 같은 의미.

26 『서경』 「우공禹貢」을 보면 천하에 구주九州를 설치하였는데, 기冀주 · 곤兗주 · 청靑주 · 서徐주 · 양揚주 · 형荊주 · 예豫주 · 량梁주 · 옹雍주가 그것. 구주는 중국의 대칭. 전국시대 추연鄒衍 등은 대구주大九州를 얘기하며 구주 밖에 또 다른 구주들이 아홉 개나 있다고 한다. 중국은 그 중 하나인 적현신주赤縣神州라고 하였다.

는 나에게 있어 뜬 구름과 같다"고 말했습니다.

故察於利而惛於道者, 衆之所謀也; 果於力而寡於義者, 兵之所圖也.[27] 君子篤於義而薄於利, 敏於行而愼於言,[28] 所□□□廣功德也. 故曰 : "不義而富且貴, 於我如浮雲."[29]

해설 인의에 노력하지 않고 이익이나 힘만 따지는 행위에 대한 비판이다. 힘을 따지면 결국 전쟁을 부르므로 도덕의 실천에만 매진해야 하며, 부귀를 따지면 세상 모두가 계교를 부리게 되므로 뜬구름과 같은 이익을 멀리 하라는 충고이다.

가슴에 벽옥을 달고, 허리에 고리 달린 패옥을 차고, 유명한 보석으로 치장한 옷을 입고, 진기하고 괴이한 물건을 소장하고, 옥잔에 술을 따라 마시고, 황금장식을 아로새긴 술동이를 갖고 있는 것 등은 그것으로 소인의 눈앞에서나 자랑할 수 있지(자신을 도덥게 하거나 일에 도움이 되지는 않습니다). 백 길이나 높은 누대, 화려하게 채색한 견고한 성곽 등은 그것으로 백성들의 근력이나 피로하게 만들지(약점을 떠받치거나 망할 것을 존치시키는 역할을 하지는 않습니다). 그래서 성인은 궁실은 낮게 짓고 도덕을 높이 떠받들며, 화려하게 옷 입는 것은 미워하고 인의의 실천에 부지런히 매진합니다. 덕행에 손상이 가지 않는 범위 내에서 자기 용모를 다듬고, 도덕에 손상이 가지 않는 범위 내에서 자기 몸을 꾸밉니다. 국가는 하지 않아도 될 의미 없는 일을 하지 않으며, 집안엔 쓰지 않는 기물을 저장하지 않습니다. 그렇게 함으로써 백성들의 부역을 덜어주고 공물의 헌납을 줄여줍니다. 벽옥이나 각종 진주를 위에서 군주가 진상하지 못하

27 이 구절은 『논어』 「계씨季氏」편 첫 장에서 공자가 제자 염구冉求와 계로季路에게 인의의 실천보다 군사적 도모를 좋아하는 계씨 내부에 문제가 있음을 지적한 내용과 일치한다.

28 이 구절은 "일에는 민첩하고 말에는 신중하라"는 『논어』 「학이學而」편 내용과 같다.

29 이 구절은 『논어』 「술이述而」편 내용을 그대로 옮긴 것.

게 하면 아래서 백성들이 놀이개나 기호물품 등을 버리게 되고, 잘 새기고 다듬은 조각이나 그림 등을 군주에게 헌납하지 못하게 하면 아래 백성들 사이에 간사한 재주나 바르지 못한 기교들이 사라지게 될 것입니다. 농사나 잠업 등의 일을 그만두고 깊은 산이나 바다에 들어가 진주·구슬을 채집하고 비취 등을 구하며 근력을 소진하고 돈을 살포하면서 그저 눈이나 귀의 기호를 만족시키고자 하고 그릇된 사치심에 기뻐하는 것이니 어찌 황당한 일이 아니겠습니까?

夫懷璧玉, 要[30]環佩, 服名寶, 藏珍怪, 玉斗酌酒, 金罍[31]刻鏤, 所以夸小人之目者也;[32] 高臺百仞, 金城文畫,[33] 所以疲百姓之力[34]者也. 故聖人卑宮室而高道德, 惡衣服而勤仁義,[35] 不損其行, 以好其容, 不虧其德, 以飾其身, 國不興不事之功, 家不藏不用之器, 所以稀力役[36]而省貢獻也. 璧玉珠璣,[37] 不御[38]於上, 則翫好[39]之物棄於下; 琱琢刻畫之類, 不納

---

30 '요要'는 고대어에서 '허리 요腰'자의 원형.

31 '금뢰金罍'는 『시경』 「주남周南」 「권이卷耳」에 등장하는 말. 술통, 술항아리를 가리킨다. 『한시외전』에 따르면 이 술항아리를 "천자는 옥으로 장식하고, 제후와 대부는 황금으로 장식하고, 사 계급은 판목을 쓴다"고 한다.

32 송상봉宋翔鳳은 이 부분이 본래는 '가이과소인可以夸小人, 비소이후어기이제어사야非所以厚於己而濟於事也'라고 한다. 그럴 경우 의미가 더 분명해지므로 여기선 이 주장을 받아들여 괄호 안처럼 번역한다(『교주』, 149면 참조).

33 금성金城은 무쇠처럼 단단하게 만든 성곽이란 뜻. 문화文畫는 화려한 문양의 채색 그림.

34 송상봉은 여기에 본래 '비소이부약존망非所以扶弱存亡' 일곱 글자가 더 있었다고 한다. 의미가 분명해지므로 여기선 그 주장을 받아들여 괄호 안처럼 번역한다(『교주』, 149면 참조).

35 『논어』 「태백泰伯」편에서 공자는 우임금을 찬양하며 화려한 의복 대신 평상복을 즐겨 입고 궁실은 낮게 짓고 일은 열심히 한 행위 등을 예로 든다.

36 『맹자』 「진심盡心 하」편 '역역力役'에 대해 조기趙岐는 부역賦役징수로 주석하였다.

37 '주珠'와 '기璣'는 모두 진주구슬이나 '주'는 둥근 것을, '기'는 모난 것을 말한다.

38 '어御'는 군주에게 쓰이는 용어. 『예기』 「왕제王制」편엔 "천리 안의 물건을 어御로 삼는다"고 하는데, 이때의 '어'는 '군주가 쓰는 물건을 진상한다'는 말.

39 '완翫'자는 '완玩'자와 통하며 완구, 놀이개를 뜻한다. 『주례周禮』 「천관天官·대부大府」엔 공물로 놀이개를 진상한다는 기록이 있다.

於君, 則淫伎曲巧[40]絶於下. 夫釋農桑之事, 入山海, 采珠璣, 捕豹翠,[41] 消筋力,[42] 散布泉,[43] 以極耳目之好, 快淫侈之心, 豈不謬哉?[44]

해설 군주의 소박한 생활과 인의의 도덕정치에 대한 주문이다. 군주가 위에서 화려한 의상과 드높은 궁궐로 권위를 세우려 하거나, 갖가지 진기한 놀이개 및 보물을 좋아하면 백성들이 농사를 포기하고 그런 귀물들을 찾아다니게 되므로 나라가 제대로 서지 않는다는 주장이다. 덕행과 도덕에 손상이 가지 않는 범위 내에서 최소한의 자기 용모관리만 하면 되며, 나머지 시간과 정력은 모두 인의의 정치를 구현하는데 사용해야 된다는 것이다. 이목의 즐거움에 빠지는 행위는 황당한 것이니, 아예 진주보석과 같은 공물 제도를 없애버려야 한다는 주장은 백성의 부역과 세금을 줄여주자는 데 목적이 있다. 국가는 의미 없는 일을 하지 않고, 집안에 쓸모없는 물건을 두지 않는다면 사회는 매우 건전해질 것이다.

40 '곡교曲巧'는 『회남자』 「원도훈」에 보인다. 음기곡교 즉 간사하고 부정한 기교라고 한 것은 생활에 쓰이는 기물들이 아니라 쓸모없는 물건들에 정력을 소비하며 정밀한 기교를 부리는 것을 말한다.

41 '표豹'자는 잘못 끼어들어간 듯. 송상봉은 원래 '포비취捕翡翠'였다고 한다. 여기에 근거하여 번역한다(『교주』, 150면 참조).

42 '근력筋力'은 '근력筋力' 혹은 '근력觔力'과 같다.

43 『주례』 「천관」 「외부外府」는 '포布'의 출입을 관장했다고 하는데, '포'는 천泉 즉 재물, 돈을 의미한다. 화폐 대용으로 유행한 '포목'을 얘기한다. 『한서』 「식화지食貨志」에 상세하다.

44 『교본』, 93면 및 다른 판본에는 이 구절 뒤에 '미견선도이후리未見先道而後利, 근덕이원색자야近德而遠色者也'란 한 문장이 더 있다. "도를 앞세우면서 이익을 뒤로 하는 사람을 본 적이 없고, 덕을 가까이하면서 색을 멀리하는 사람을 본 적이 없다"는 뜻.

제11편 명계

明誡 第十一

해제_ 군주의 덕행을 강조한 논문이다. 역사상 여러 군주들의 흥망성쇠를 분석하고, 통치자들의 정치행위에 따라 천명이 결정되었음을 설파한다. 선한 행위, 도덕의 함양, 좋은 품성 등 통치자의 선한 기가 결국 하늘을 움직인다는 천인감응에 대해 논의하고 있다. 군주와 신하는 언행에 신중해야 하며, 악한 기운을 없애고 도덕적 통치를 강화해야 한다는 주장이 이 편의 핵심 주장이다.

군주가 밝게 덕정을 펼치면 그 영향이 먼 곳까지 미칠 수 있고, 신하들이 돈독히 인의를 실천하면 국가가 강대한 상태에 다다를 수 있습니다. 왜 그렇게 말을 하겠습니까? 옛날에 은나라 탕湯왕은 사방 70리의 봉지로 출발했으나 마침내 제왕의 지위에 올랐으며, 주공 자신은 삼공의 지위에 있었으나 공덕은 흔히 오제삼왕五帝三王에 견주어 지는데, 이는 그들이 입으론 항상 선한 말을 뱉고 몸으론 항상 선한 도를 행했기 때문에 그렇게 된 것입니다. 따라서 안정이냐 위험이냐의 요체, 길이냐

흉이냐의 징조는 하나같이 제 몸에서 출발하며, 도의 존망과 일의 성패는 한결같이 선한 행위를 하느냐 마느냐에 기원합니다. 요임금·순임금은 해와 달 등 자연현상이 바뀌지 않았는데도 흥성하였으며, 하나라 걸桀왕 은나라 주紂왕은 별빛이 바뀌지 않았는데 멸망하였습니다. 천도는 바뀌지 않았는데 인도가 바뀐 때문입니다.

君明於德, 可以及於遠; 臣篤於義, 可以至於大. 何以言之?昔湯以七十里[1]之封, 升帝王之位; 周公自立三公之官,[2] 比德於五帝三王;[3] 斯乃口出善言, 身行善道之所致也. 故安危之要, 吉凶之符, 一出於身; 存亡之道, 成敗之事, 一起於善行;[4] 堯、舜不易日月而興, 桀、紂不易星辰而亡, 天道不改而人道易也.[5]

해설 군주가 분명하게 덕치를 실행하면 통치의 범위가 매우 넓어지고, 신하가 정의롭고 충후하고 성실하다면 강대한 국가를 만들어갈 수 있다는 주장이다. 천도 운운하지 말고 정치사회에 대한 고매한 논의를 전개하고, 도덕과 인의의 표준에 부합하는 치국의 도를 선한 길

---

1 은나라를 개국한 성탕成湯이 사방 70리의 땅으로 출발했다는 말은 『맹자』 「공손추公孫丑 상」편 "왕도를 실현하는데 땅이 클 필요는 없다. 탕왕은 사방 70리로 출발했다"는 말에서 유래한다.

2 '삼공지관三公之官'은 이 책 제1 「도기」편에 "강태공姜太公은 포의의 평민에서 출발해 삼공의 지위에 올랐으며"란 구절에 따라 '삼공의 지위'로 번역한다.

3 오제五帝가 누구인지에 대해선 이 책 제2편 「술사」 첫 단락 각주 2)를 참조. 대체로 황제, 전욱, 제곡, 요, 순. 삼왕三王은 「술사」편 세 번째 단락 각주 14)를 참조. 하나라 우왕, 은나라 탕왕, 주나라 문왕.

4 대구를 이룬 구절의 문법상 앞의 구출선언口出善言 및 일출어신一出於身에 대응하려면 일출어행一出於言 등이 되어야 하나 그대로 번역해도 의미 손상이 없으므로 그대로 번역한다(상세한 것은 『교주』, 153면 참조). 『주역』 「계사繫辭 상」편 '출기언出其言', '언출기신言出其身'이 육가 주장의 근원인 듯하다.

5 하늘에 기대는 종교적 편향을 없애고 오직 인간사회의 정치적 성취를 중시해야 한다는 순자의 주장을 계승한 듯하다. 순자는 우왕 때든 걸왕 때든 일월성신은 항상 같았는데 우왕은 치세를 걸왕은 난세를 이루었으니 하늘 때문이 아니라고 강조한다. 육가는 『순자』 「천론天論」편 "하늘의 운행질서는 항상 일정하여 요임금 때문에 존재하지도 걸왕 때문에 없어지지도 않는다"는 내용에서 발전시킨 듯하다.

로 여겨 통치자들이 그에 매진하면 아주 먼 곳까지 정치적 영향력을 미칠 수 있으며 강대한 나라를 만들 수 있다는 얘기다. 천도는 자연의 규율이고, 인도는 인류사회의 도덕규범인데 천도보다 인도가 중요하다는 순자의 주장을 계승한 논의로 육가의 정치적 이상을 엿볼 수 있는 단락이다.

천지변화를 주도하는 정치권력을 장악하고, 사해의 표준 강령을 관장하는 군주는 굽히고 펴는 모든 행동이 법도를 잃어서는 안 되며, 동작 하나하나가 법도를 벗어나서는 아니 됩니다. 오류가 입에서 한 번 발출되기만 하여도 그 혼란은 만 리 밖까지 미치는데, 하물며 죄 없는 사람을 감옥에 가두고 형벌을 가하거나 무고한 사람을 저자거리에서 죽인다면 어찌 되겠습니까?

夫持天地之政, 操四海之綱, 屈申不可以失法, 動作不可以離度,[6] 謬誤出口, 則亂及萬里之外, 何況刑無罪於獄, 而誅無辜於市乎?[7]

해설 군주의 일거수일투족은 언제든 도덕의 표준에 입각해서 이루어져야 한다는 충고이다. 군주는 국가의 구석구석까지 광범한 영향력을 미치기 때문에 정의를 수호하고 추호의 오류도 있어서는 안 된다는 것이다. 특히 저자거리에서 행해지는 공공연한 형벌집행 등 정치행위가 잘못된 경우는 그 파급효과가 너무 크다는 주장이다.

그러므로 세상이 쇠락하고 도덕이 상실된 상황은 하늘이 그렇게 만든 것이 아니라 국군 자신이 그런 행위를 했기 때문에 얻어진 것입니다.

---

6 굴신屈申에서 이도離度까지의 구절은 연결되어 '굴신동작屈伸動作'이 '실리법도失離法度'해선 안 된다는 의미. 판본에 따라 이도의 '도度'자를 '도道'자로 쓴 곳도 있으나 의미상 큰 차이는 없다.

7 『예기』「왕제」편에 의하면 은나라 법에 따르면 귀한 자든 천한 자든 저자거리에서 형벌을 집행했으나, 『예기』「문왕세자文王世子」편 등에 의하면 주나라에선 귀족들의 경우 교외에서 왕기를 관장하는 전사씨甸師氏가 따로 형벌을 집행했다고 한다.

사악한 정치가 사악한 기운을 낳으며, 사악한 기운이 재앙이변을 낳습니다. (곡물줄기를 갉아먹는) 마디충 부류는 사악한 기운에 따라 생겨나며, 무지개 등속의 징조는 악렬한 정치로 인해 나타납니다. 아래에서 군주가 치국의 도를 잃으면 위에서 천문이 그에 대응하여 바뀌고, 백성들에게 사악한 정치가 행해지면 들에 마디충 재난이 생겨납니다. 군주가 현명하여 지혜로우면 그 변화에 맞추어 언행과 정책을 바꿀 줄 알며, 재난의 종류에 따라서 그 해결책을 고민하며 (於□□□變) 조정을 시도합니다. 성인이 나라를 다스리면 그 은혜가 곤충에까지 미치고 은택이 초목에까지 미쳐서, 하늘의 기운을 타고 태어나 추위와 더위 등 계절의 변화에 따라 움직이는 것들 가운데 목을 길게 빼고 성인의 정치를 앙망하지 않는 자가 없고, 귀를 기울여 성인의 교화를 경청하지 않는 자가 없습니다. 성인은 사물을 관찰함에 어느 것 하나 빠뜨림이 없는데, 위로 해·달·별들에 미치고 아래로 새·짐승·초목·곤충에까지 이르며, (□□□하는) 익조鷁鳥가 멀리 나는 모양이나 다섯 개의 운석이 떨어지는 것 등을 모두 기록하여 아주 미세한 부분도 놓치지 않습니다. 구관조가 날아오고, 겨울에 큰사슴이 늘어나는 등의 일에 이르면 새나 짐승의 부류를 말하는 (□□□입니다). 12월에 서리가 내려도 콩잎을 죽이지 못하는 것은 한서의 기운이 절도를 잃었다는 말입니다. 새·짐승·초목 등속도 각자 제 위치를 알아 법도에 따라 통괄하고 절기의 역수를 벼리로 삼고자 하는데 하물며 사람에게 있어서이겠습니까?

故世衰道失, 非天之所爲也, 乃君國[8]者有以取之也.[9] 惡政生惡氣,[10]

8 송상봉의 견해에 따르면 본래 '국군國君'으로 되어 있었다고 한다. 그에 따라 해석한다(『교주』, 155면 참조).

9 '고故'에서 '야也'까지 이 한 문장을 위 단락에 붙여 해석하면 더 자연스럽다(『교본』, 96면이 그러함). 그러나 의미에 큰 차이가 없어 여기선 『교주』의 배치에 따랐다.

10 판본에 따라 악기惡氣의 앞에 '어於'자가 붙어 "악한 정치가 악한 기운에서 비롯된다"고 해석할 수도 있으나, 의미상 맞지 않으므로 나쁜 정치의 결과 나쁜 기운이 도는 원인-결과의 맥락으로 해석한다. 『논형』「견고譴告」편 "형벌과

惡氣生災異.[11] 螟蟲[12]之類, 隨氣而生; 虹蜺[13]之屬, 因政而見. 治道失於下, 則天文變於上; 惡政流於民, 則螟蟲生於野. 賢君智則知隨變而改, 緣類而試思之, 於□□□變. 聖人之理,[14] 恩及昆蟲, 澤及草木, 乘天氣而生, 隨寒暑而動者, 莫不延頸而望治,[15] 傾耳而聽化.[16] 聖人察物, 無所遺失, 上及日月星辰, 下至鳥獸草木昆蟲, □□□鷁之退飛,[17] 治五石之所隕, 所以不失纖微.[18] 至於鴝鵒來,[19] 冬多麋,[20] 言鳥獸之類□□□也. 十

상이 실질을 잃으면 나쁘니, 사악한 기운이 그에 응하여 일어난다"는 내용이 그 예.

11 판본에 따라 재이災異의 앞에 '어於'자가 붙어 "악한 기운은 재앙 이변에서 비롯된다"고 해석할 수도 있으나, 의미상 맞지 않으므로 사악한 기운 때문에 재앙이 생긴다는 원인—결과의 맥락으로 해석한다. 『논형』「견고」편에 재이는 예로부터 군주가 실정할 때 "하늘이 재앙이변을 통해 그에게 견책하는 경고를 보낸다"는 내용이 그 예.

12 '명충螟蟲'은 곡물 줄기를 갉아먹는 해충의 통칭. 마디벌레. 『춘추공양전』「은공隱公 5년」에 '명螟'을 재앙의 기록이라고 한다.

13 '홍예虹蜺'는 암수의 결합어. 안쪽 밝은 부분을 '웅雄' 혹은 '홍虹'이라 하고 바깥쪽 덜 밝은 부분을 '자雌' 혹은 '예蜺(또는 霓)'라 한다. 단순히 무지개를 뜻하기도 하고, 화려한 재주를 비유하기도 하지만 두 기운의 부정한 교합으로 생긴다는 데서 음란 혹은 혼란한 상황을 비유하기도 한다. 『회남자』「원도훈原道訓」"무지개나 혜성 등이 출현하지 않음은 도덕 함유의 소치이다"가 그 예.

14 '리理'는 국가를 다스린다는 의미. 당나라 고종高宗의 이름이 이치李治였으므로 당대에 교정 편찬된 고문헌들은 황제의 이름자를 피해 '리理'자 등으로 대체하였다.

15 '목을 늘어뜨리고 훌륭한 정치를 앙망한다'는 '경이망치頸而望治'를 『여씨춘추』 등에는 '목을 늘어뜨리고 발꿈치를 들어올린다'는 '연경거종延頸擧踵'으로 표현하고 있다.

16 '귀를 기울여 경청한다'는 '경이이청傾耳而聽'은 『예기』「공자한거孔子閒居」편에 용례.

17 해오라기와 비슷하게 생겼으며 날개 색깔이 창백하고 높이 나는 물새 '익鷁'은 '역鷊'이라고도 쓰는데, 잘 멀리 가라는 의미에서 옛날에 배 앞에 익조의 그림을 새겨 넣은 풍습에서 배를 익이라고 부르며, 뱃머리를 익수라고도 부른다. 『춘추좌씨전』「희공僖公 16년」에 '육익퇴비六鷁退飛'란 구절이 있다. 이 때문에 판본에 따라 이 부분 □□□ 대신에 '육六'자만 쓰여 있는 경우도 있다.

18 『춘추곡량전』「희공 16년」의 주석에 따르면 성인은 아무 지각도 없는 돌, 아주 작은 지각을 가진 익조 등 미물까지도 세세히 관찰하는데 하물며 사람의 일을

有二月隕霜不煞菽,[21] 言寒暑之氣, 失其節也. 鳥獸草木尙欲各得其所, 綱之以法, 紀之以數,[22] 而況於人乎?

해설 한 나라의 군주가 얼마나 중요한 존재인가를 역설하는 내용이다. 정치를 잘못하면 하늘도 이에 대응하여 각종 천재지변과 기상재해 등을 가져와 금수나 곤충, 초목에 이르기까지 그 영향을 받아 나빠진다는 주장이다. 육가는 여기에서 성인의 정치의 중요성을 강조하고 있다. 하늘의 징조와 인간사회의 일, 자연의 현상 등은 상호 감응하며 성인이 정치를 했을 때 그 효과가 십분 드러난다고 한다. 천도는 인도에 기인하므로 성인이 정치를 하면 자연현상과 하늘이 여기에 감응하여 금수나 초목도 이를 앙망하고 경청하게 된다는 것이다. 이에 성인은 더욱 더 세심하게 관찰하고 미세한 부분까지 기록하여 하나하나 해결책을 모색하고 질서를 갖도록 배려한다. 미물에까지 미친 성인의 관심은 사람의 일에 있어서는 더욱 치밀하여 확실한 절도와 기강을 갖추게 된다는 것이다.

성인은 하늘의 광명을 받들고, 해와 달의 운행을 바르게 하고, 별자리 움직임의 도수를 기록하고, 하늘과 땅이 가져다주는 이로움에 근거하고, (고원이나 평지 등의) 높고 낮음에 따라 작물의 등급을 정하고, 산과 물의 편의에 따라 (수레 · 배 등과 관련된) 설비를 하고, 사해를 평정하고, 구주를 획분하고, 좋아하고 싫어하는 가치기준을 같게 만들고, 풍속을

소홀히 하겠느냐는 말이라고 한다.

19 '구욕鴝鵒'은 '구관조九官鳥'를 말한다. 이 구절은 『춘추』 「소공 25년」조에 보인다. 『교주』, 157면 당안唐晏을 인용한 『춘추』 「소공 15년」은 오기인 듯.

20 겨울에 큰사슴이 많이 늘어난 사건은 『춘추』 「장공 17년」조에 나온다. 『교주』, 157면 당안唐晏을 인용한 『춘추』 「소공 17년」은 오기인 듯.

21 『춘추』 「정공定公 원년」엔 "겨울 10월에 서리가 내려 콩잎을 죽였다" 하고 「희공 33년」엔 12월에 "서리가 내렸으나 (얼음덩이가 없어) 풀잎을 죽이지 못했다"고 한다.

22 이 두 구절은 법수法數를 기강紀綱으로 삼는다는 의미로 흔히 인간사회의 도덕적 원리원칙을 강조할 때 사용하는 개념이지만, 여기서는 자연의 원리에 적용하여 금수나 초목의 절기에 맞춘 역수曆數의 원칙을 얘기한 것이다.

통일시킵니다. 『주역』에 이렇게 얘기합니다. “하늘이 상을 드리워 길흉에 관한 징조를 보이니 성인이 그것을 모범으로 삼고, 하늘이 선한 도를 내세우니 성인이 그것을 얻도다.” 이는 도참·역법의 변화를 점단하여 이용하고 풍속·교화의 실책을 모아 감소시킴으로써 국가의 성쇠를 바로잡고 만물에 관한 일들을 기록하여 세상을 안정시키면, 그런 뒤에는 실행해선 안 될 정치가 없어지고, 다스려지지 않는 백성이 없어진다는 말입니다. 그래서 “하늘의 광명을 모범으로 삼고 땅이 가져다주는 이로움에 근거한다”고 말한 것입니다. 천문의 변화를 관찰하고 그로부터 지상 만사만물의 유사성을 연역 추론하여 그것을 (□□) 사이에 산포하고, 그것을 추위·더위라는 절기에 맞추어 조절하고, 그것을 사시사철의 기운에 따라 양육하고, 그것을 비바람의 변화에 맞추어 통일하게 만듦으로써 먼 나라, 풍속이 상이한 곳이더라도 (□□□할 것을) 모르지 않고, 즐거우면 노래하고, 슬프면 울게 되니 이것이 바로 성인의 교화가 가지런히 통일되었다는 것입니다.

聖人承天之明, 正日月之行, 錄星辰之度, 因天地之利, 等高下之宜, 設山川之便,[23] 平四海, 分九州, 同好惡, 一風俗.[24] 易曰:“天垂象, 見吉凶, 聖人則之; 天出善道, 聖人得之.”[25] 言御[26]占圖歷[27]之變, 下衰[28]風化

---

23 산이나 물과 관련지어 마땅히 갖추어져야 할 시설을 만든다는 의미.

24 풍속을 가지런히 통일시킨다는 의미. 『순자』「의병議兵」편은 정책과 법령을 확정지음으로써 풍속을 통일시키는 것이 정치의 요체라고 설명한다. ‘응소應劭’는 『풍속통의風俗通義』 서문에서 ‘풍속’에 대해 환경에 따라 정직할 수도, 사악할 수도, 선할 수도, 음란할 수도 있는 풍속을 성인이 가지런히 통일시켜 바르게 인도했다고 풀이한다.

25 육가가 인용한 『주역』의 이 구절은 현존본 『주역』의 내용과 차이가 있다. 현존본 『주역』「계사 상」에는 “하늘이 상을 드리워 길흉의 징조를 나타내니 성인이 그를 본받고[聖人象之], 황하에서 ‘도圖’가 나오고 낙수에서 ‘서書’가 나오니 성인이 그를 모범으로 삼았다[聖人則之]”로 되어 있다. 한편 『예기』「교특생郊特牲」편엔 “하늘이 상을 보이니 성인이 그것을 모범으로 삼았다”고 한다. 왕리기는 한대 위서인 『역경위易經緯』에서 왔다고 주장한다(『교주』, 158~159면 참조).

之失, 以匡盛衰, 紀物定世, 後無不可行之政, 無不可治之民, 故曰 : "則天之明, 因地之利."[29] 觀天之化, 推演萬事之類,[30] 散之於□□[31]之間, 調之以寒暑之節, 養之以四時之氣, 同之以風雨之化, 故絶國異俗,[32] 莫不知□□□, 樂則歌, 哀則哭, 蓋聖人之教所齊一也.

해설 이 단락은 성인의 정치가 어떤 모습인지에 대하여 이념과 정책을 예시해주고 있다. 하늘이 해 · 달 · 별 등 밝은 빛을 내는 상으로 미리 조짐을 보여주면, 성인 정치가는 그것을 현실 정치에 적용시켜 백성들의 생활을 안정시키고, 산천과 고원 · 평지 등 땅의 각종 특성에 기인하여 그것이 가져다주는 여러 가지 생산 가능한 원천들 및 관련 기사를 일일이 기록하고 또 여러 시설을 정비하여 현실정치에 적용시킨다는 것이다. 그러면 안 되는 정책이 없고 안 따르는 백성이 없게 될 것이라고 주장한다. 천상과 도참 등을 종합적으로 기록 · 관찰

26 '어御'는 '치治'와 같은 의미로 '나스린다, 이용한다'는 의미. 『서경』「태서泰誓 상」 '어사서사御事庶士', 『국어』「주어周語 상」 '백관어사百官御事' 등이 그 용례.
27 '점占'은 '점을 쳐 검증한다, 점단한다'는 의미. '도력圖歷'의 '도'는 '도위圖緯' 즉 예언서인 도참과 위서緯書, '력'은 '력曆'과 통용되는 글자로 '녹력錄曆' 즉 연월일시와 절기를 기록하는 역법 서책.
28 앞 구절과 같은 문법구조의 대구로 취급하여 '하下'는 '내려놓다, 감소시킨다'는 의미로 해석한다. 그 경우에도 '쇠衰'는 여전히 문맥상 매끄럽게 해석되지 않는다. '쇠'자를 모양이 비슷한 모으다, 취한다는 의미의 '부裒'자의 오기로 보면 가능하다. 조봉趙鋒 평석의 『신어』(『평석본백화評析本白話 법언法言 · 신어新語 · 신감申鑒』, 북경광파학원출판사北京廣播學院出版社, 1992), 116면 참조. 여기선 그 해석에 따른다.
29 이 두 구절은 『효경』「삼재三才」장에 보인다. 이 단락 서두의 주장을 강조하는 증거로 쓰인다. 『좌전』「소공 25년」조에는 '땅이 가져다주는 이로움에 근거한다' 대신 '땅의 본성에 근거한다因地之性'로 되어 있다. '하늘의 광명'이란 '일월성신'을, '땅의 본성'이란 '높고 낮은 것, 딱딱하고 부드러운 것'을 말한다고 한다.
30 '류類'는 앞의 동사 '추연推演'과 연결하여 부류라는 뜻보다 '안다, 유사하다' 등의 의미로 번역한다. 『회남자』「설림훈說林訓」편에 용례.
31 판본에 따라 '□□' 대신 '미만彌漫'으로 되어 있는 경우도 있다(『교주』, 159면 참조).
32 '절絶'은 '끊겨 막힌, 아득히 멀다'는 의미. 『회남자』「수무훈」에는 '절국수속絶國殊俗'이란 말로 표현된다.

하고 삼라만상을 추론하여 인간 삶의 자연적 조건들과의 조화를 잘 해낼 수 있으면 궁극적으로 백성들이 좋아함과 싫어함, 기쁘고 슬픈 일 등을 동일하게 느끼는 일원화된 정치이데올로기가 만들어진다는 주장도 하고 있다. 그리고 이것을 성인이 천하를 통일시키는 정치의 핵심으로 본다.

마음에 선한 도를 갖추고 있으면 거리가 멀다고 귀의해오지 않는 사람이 없을 것이며, 제 몸으로부터 악한 행위가 드러나면 아무리 가까운 사람이라도 떠나지 않는 사람이 없을 것입니다. 주공께서 몸소 예의를 실천하고 후직后稷에게 교郊 제사를 올리니 남해 월상越裳국에서 공물을 받들고 내조하였으며, 기린·봉황·백치白雉·상서로운 풀과 나무 등이 그에 응하여 출현하였습니다. 반대로 은나라 주왕이 무도하니 미자微子는 골육을 버리고 도망해버렸습니다. 선을 행하는 사람은 온 백성이 기뻐하고, 악을 행하는 사람은 자손들도 원망합니다. 그러므로 밝은 군주는 먼 곳 사람들까지 귀의시킬 수 있으나, 그렇지 못한 사람은 가까운 사람들도 잃을 수 있습니다. 그래서 『춘추』는 위헌공衛獻公의 동생 전鱄이 진晉나라로 망명한 일을 기록하고 있는데, 전이 골육의 친분을 끊고, 대부의 지위도 버리고, 선인들이 물려준 국경을 넘어 타인의 영역에 붙어서 궁핍으로 가난과 추위에 떨며 신발을 엮어 팔아 먹고살았으니 이는 위헌공이 밝지 못한 때문이라고 합니다.

夫善道存乎心, 無遠而不至也; 惡行著乎己, 無近而不去也. 周公躬行禮義, 郊祀后稷,[33] 越裳奉貢而至,[34] 麟鳳白雉[35]草澤[36]而應.[37] 殷紂無

33 『효경』「성치聖治」장엔 "옛날 주공이 후직에게 교 제사를 올림으로써 하늘과 짝을 지었다"고 한다. 교 제사는 성밖 환구단圜丘壇에서 하늘에 올리는 제사를 말한다. 후직은 주나라 시조로 주공이 섭정을 하면서 하늘에 대해 교 제사를 지냈다 함은 시조를 하늘과 짝하는 존귀한 존재로 받들었다는 뜻.

34 남해 월상국에서 주나라에 조공을 왔다는 내용에 대해선 이 책 제4편「무위」첫 단락의 각주 8)과 각주 9)를 참조.

35 꿩과의 백치白雉는 고대로부터 상서로운 새로 여겨져 왔다. 『태평어람』 권785에 인용된 『상서대전尙書大全』 권4 부분에 주공이 섭정 6년 만에 예악을 만들고

道, 微子棄骨肉而亡.[38] 行善者則百姓悅, 行惡者則子孫怨.[39] 是以明者可以致遠, 否者可以失近. 故春秋書衛侯之弟鱄出奔晉,[40] 書鱄絶骨肉之親, 棄大夫之位, 越先人之境, 附他人之域, 窮涉寒饑, 織履而食,[41] 不明之效也.

해설 군주가 사리에 밝고 선정을 베풀면 머나먼 이국에서까지 공물을 들고 귀순해 올 것이지만, 군주가 사리에 어둡고 악한 행위를 하면 자기 주변의 혈육과 막료들도 떠나게 된다는 충고이다. 그 예를 세 가지 들고 있다. 예악을 제정하여 평화를 달성한 주공에 대해선 머나먼 남해의 월상국에선 백치 등 귀중한 공물을 들고 입조하였으나, 무도한 은나라 주왕에 대

천하가 태평해지자 월상국의 사신이 세 번의 중역을 거쳐 백치를 바쳤다는 기록이 있다. 『초사』「천문天問」편과 『백호통』「봉선封禪」편에도 길조로 '백치'가 등장한다.

36 '초택草澤'은 황량한 풀밭을 뜻하는 말로 문맥상 해석이 어렵다. 송상봉은 본래 '초목연화草木緣化'였다 한다. 문맥에 맞추어 길한 풀과 나무로 해석한다.

37 주공 시절에 신물인 기린·봉황이 나타나고 무슨 초목이 있었다는 구체적 기록은 없다. 그런데 『시경』「대아大雅·권아卷阿」에 성왕成王 시절 봉황이 날았다는 기록이 있는데, 이때를 주공 섭정 시절로 볼 수 있고 위의 『상서대전』 기록으로 보아 주공 때 월상국에서 백치를 헌상했다고 볼 수 있다. 육가는 고문상서를 본 듯하다.

38 미자微子의 이름은 계啓, '미'는 국명(오늘날의 산동성 梁山 서북)이고 '자'는 작위를 뜻한다. 은나라 마지막 주왕의 배다른 형으로 폭정에 대해 간언을 거듭하였으나 듣지 않자 떠났다. 나중 주나라 등장 후 은 민족의 제사를 받드는 적통으로 송宋에 봉해져 송나라의 선조가 되었다. 미자가 주왕을 떠난 사실은 『논어』「미자」편, 『사기』「송미자宋微子 세가」 등에 언급.

39 앞 문장을 받기 위해선 '선을 행하는 사람은 새나 짐승도 따르고, 악을 행하는 사람은 신하들도 원망한다'가 되어야 하는데, 여기선 백성과 자손으로 대체되었다. 여기서는 문맥에 크게 어긋나지 않는 것으로 보아 원문대로 번역하였다.

40 위나라 헌공獻公의 아우 전鱄이 진나라로 망명한 사건은 『춘추』「양공襄公 27년」에 일어났다. 권력전횡을 노리던 영희甯喜가 위후 즉 위헌공에게 살해되자, 그와 밀약을 한 바 있던 헌공의 동생 전이 진나라로 망명하였다. 『좌전』이나 『춘추공양전』엔 이 사건에 대한 논평을 달지 않았지만, 『춘추곡량전』엔 '춘추春秋정신에 합치한다'고 평가하고 있다. 육가가 본 춘추 내용은 『춘추곡량전』인 듯하다.

41 전鱄(專으로도 씀)은 진나라에 망명하여 신발 코를 엮는 일로 궁핍하게 생활하며 평생 위나라에 대해 말하지 않았다고 한다(『춘추곡량전』「양공 27년」).

해선 골육인 미자도 다른 곳으로 떠나버렸으며, 위헌공이 덕을 갖추지 못하니 그의 아우 전이 다른 나라로 망명을 하여 비참한 생활을 하면서도 끝내 돌아오지 않았다는 것이다. 덕과 예의를 갖추고 선한 정치를 하라는 주문이다.

제12편 사무

思務 第十二

해제_ 마지막 편인 사무편의 주지는 군주에 대한 도덕성의 요구이다. 사람들의 삶에 결정적 영향을 미치는 군주는 성인과 같은 높은 도덕적 수양을 하고, 인의를 앞세운 선한 행위를 해야 한다는 주장이다. 군주가 신경을 써야 할 군자의 덕목을 소인인 보통 사람들의 행위와 대비시켜 구체적으로 예시하고 있다. 폭넓은 사유, 광범한 의견청취, 풍부한 지적 성취, 냉철한 판단력, 시대변화에 대한 응변 등을 주문하며 요임금 · 순임금 · 공자 등을 그 예로 들고 있다. 선하고 어진 군주의 곁에 어질고 총명한 신하들이 모여든다고 결론을 짓는다.

임기응변을 잘하는 사람은 타인의 속임수 때문에 궁해지지 않습니다. 도에 통달한 사람은 괴이한 일 때문에 놀라지 않습니다. 언변에 능숙한 사람은 타인의 말 때문에 현혹되지 않습니다. 대의에 정통한 사람은 이익 때문에 마음이 움직이지 않습니다. 그래서 군자는 폭넓게 생각하고 널리 의견을 청취하며, 나아가고 물러남에 법도를 준수하고, 동작은 법도에 합치하고, 많은 사람을 통해 듣고 보려 하지만 채택은 신중하게 하고, 광범하게 학문을 하려 하면서도 자신의 행실은 돈후하게 합니다. 사악한 것을 보면 무엇이 정직한 것인지를 알고, 화려한 겉모습을 보고서 무엇이 견실한 것인지를 압니다. 눈은 현란한 색체로 인해 어지럽혀지지 않고, 귀는 아부하는 말 때문에 혼란에 빠지지 않습니다. 제나라·노나라의 모든 재부만큼 큰 이익이 있더라도 뜻을 옮기지 않으며, 신선 왕자교王子喬·적송자赤松子처럼 장수할 수 있다고 얘기가 되어도 행동을 바꾸지 않습니다. 그렇게 한 뒤라야 도를 한결같이 견지하여 품행절조를 확정할 수 있으며, 자기 사업에 온 힘을 쏟아 공을 세울 수 있는 것입니다.

夫長於變者, 不可窮以詐.[1] 通於道者, 不可驚以怪. 審於辭者, 不可惑以言. 達於義者, 不可動以利. 是以君子博思而廣聽, 進退順法, 動作合度, 聞見欲衆, 而采擇欲謹, 學問欲博而行己欲敦,[2] 見邪而知其直, 見華而知其實,[3] 目不淫於炫耀之色, 耳不亂於阿諛之詞, 雖利之以齊、魯之富[4]而志不移, 談之以王喬[5]、赤松[6]之壽, 而行不易, 然後能壹其道而定

1 '궁이사窮以詐'의 해석방법은 중국어에서도 두 가지가 가능하다. 동사+이以+명사의 구조에 대해 하나는 동사의 뒤에 대명사가 생략된 문장으로 보아 동사가 그 대명사를 받는 것으로 해석하는 방법이고, 하나는 동사가 앞의 주어를 직접 받는 문장으로 보아 뒤의 명사를 원인으로 본 원인-결과로 해석하는 방법이다. '궁이사'를 전자로 해석하면 '속임수로써 다른 사람을 궁하게 만든다'는 의미가 되고, 후자로 해석하면 '다른 사람의 속임수 때문에 막힌다'는 의미가 된다. 여기서는 문맥의 구조상 후자의 해석방법에 따른다. 이하 세 구절도 마찬가지이다.

2 '행기行己'는 『논어』 「공야장公冶長」편에 '기행기야공其行己也恭'으로 용례가 있다. '자신의 행실'을 뜻한다.

3 '화華'자를 꽃으로 보고, '실實'을 열매로 보아 직역해도 무방하다. 원문은 '견화이見華而' 대신 '관화내觀花乃'였다고 한다(『교주』, 164면 참조). 그러나 여기선 문맥에 따라 의미에 치중하여 해석한다.

4 원문은 '진초지부晉楚之富'였다고 한다(『교주』, 164면 참조). 『맹자』 「공손추公孫丑 하」편에 최고의 부유함으로 '진초지부'를 애기한 것으로 보아 당시 유행하던 말이었던 듯하다. 여기선 『교주』 원문대로 해석한다.

其操, 致其事而立其功也.

해설 정치가로서 군주의 행동거지에 대한 언급이다. 타인의 속임수나 괴이한 물건이나 소문 등에 영향을 받지 않고 대의를 지키며 작은 이익에 매이지 말라는 충고이다. 진퇴동작에 법도가 있어야 하고, 광범한 민중의 의견을 청취하되 신중하게 판단하여 채택하고, 폭넓은 학문과 돈후한 행실로 아첨하는 말이나 부귀나 눈앞의 화려함에 현혹당하지 말아야 한다. 그렇게 굳건히 자기 의지를 지키고, 뜻을 관철시켰을 때 비로소 위대한 공적을 달성할 수 있다는 말이다.

보통 사람들은 그렇지 않습니다. 눈은 부귀영화라는 영광에 방종하고, 귀는 불로장생이라는 도술에 어지러워져 대다수가 자신이 잘하는 장점을 버리고 못하는 단점만을 구하므로 자신에게 없는 바를 얻지 못할 뿐더러 자신이 갖고 있는 바도 잃게 됩니다. 그래서 오吳나라 왕 부차夫差는 제齊나라에 승리해 애릉艾陵 땅을 취할 수 있다는 것만 알았지 취리檇李에서 월越나라에 패망할 줄은 몰랐습니다. 따라서 일을 함에 때로 한 가지 이익을 보고는 수만의 기회를 잃고, 한 가지 행복을 취하고는 수많은 재앙에 이르곤 합니다. 학문이 있는 자라면 신령스런 변화에 정통하고 천지의 개벽, (□□□의 弛張), 성명의 장단, 부귀의 소재, 빈천의 극복방법 등에 대해 훤히 압니다. 그런즉 손발이 수고롭지 않고 눈과 귀가 어지럽지 않으며, 사려가 잘못되지 않고 계책이 어긋나지 않습니다. 최상으론 천문을 보고 옳고 그름을 결단하며, 다음으론 당세의 상황

5 '왕자교王子喬'는 간칭으로 '왕교' 또는 '교'라고도 부르는데, 유향劉向의 『열선전列仙傳』에 따르면 주나라 영왕靈王의 태자로 이름은 '진晉'. 생황을 잘 불었는데 도사 부구공浮丘公을 따라 숭산嵩山에서 20년을 수련한 뒤 구씨산緱氏山 정상에서 신선이 되어 백학을 따고 떠났다고 한다.

6 유향의 『열선전』에 따르면 상고시대의 신선으로 신농씨神農氏 시대 우사雨師였다고 한다. 『사기』 「유후留侯세가」에도 이름이 나오며, 『회남자』 「제속훈齊俗訓」에는 왕자교와 더불어 토납 호흡법을 쓴 신선으로 묘사된다.

에 따라 의심스런 난제들을 결정짓습니다. 무슨 일이든 폐지하거나 일으킬 때 반드시 근거에 입각하고, 무엇을 바꿀 때는 반드시 일정한 규칙을 준수합니다. 그러므로 도는 (□□□□□事를) 본받을 만합니다.

凡人則不然, 目放[7]於富貴之榮, 耳亂於不死之道,[8] 故多棄其所長而求其所短, 不得其所無而失其所有. 是以吳王夫差知艾陵之可以取勝,[9] 而不知檇李可以破亡也.[10] 故事或見一利而喪萬機, 取一福而致百禍. 夫學者[11]通於神靈之變化, 曉於天地之開闔, □□□弛張,[12] 性命之短長, 富貴之所在, 貧賤之所亡, 則手足不勞而耳目不亂, 思慮不謬, 計策不誤, 上[13]訣[14]是非於天文, 其次定狐疑[15]於世務, 廢興有所據, 轉移有所守, 故道□□□□□事可法也.

---

7 '방放'은 '놓다'는 의미이기 보다 문맥상 뒤의 난亂과 대응하는 구절로 일정한 곳에 집중하지 않고 제멋대로 놀리는 '방종'의 뜻.

8 『열자』 「설부說符」편에 '옛날에 불사지도不死之道를 아는 사람이 있었다'는 말이 있다. 수련과 복약을 통해 죽지 않고 불로장생할 수 있다는 생각이 전국시대 이래 존재해 왔는데, 특히 『사기』 「진시황본기」에 방사方士들이 '불사의 신약'을 구한 이야기는 유명하다. 육가의 이 비유는 진시황에 대한 풍자가 담긴 듯하다.

9 『좌전』 「애공 11년」 5월에 오왕 부차가 쓸데없는 제나라 정벌을 하지 말고 복심의 질환인 월越나라를 경계해야 한다는 오자서伍子胥의 충고를 무시하고 제나라 땅 애릉艾陵에서 전쟁을 벌여 제 국서國書를 대패시켰다는 기록이 있다. 『여씨춘추』 「지화知化」편에도 같은 기사. 애릉은 산동성 래무현萊蕪縣 동쪽.

10 『좌전』 「정공 14년」에 의하면 월왕 구천句踐이 취리檇李(오늘날 절강성 가흥嘉興 서남쪽)에 진을 치고 오왕 부차를 맞아 대패시키고 오나라를 멸망시켰다 한다. 육가는 제나라와 전쟁에 이길 줄만 알았지 월나라에 패망할 줄 몰랐던 오왕 부차를 풍자했다.

11 육가가 한고조 유방을 설득하는 글이므로 순수한 '학자'라기보다 통치자는 '학문이 있어야 함'을 강조하는 것으로 보아야 한다.

12 □□□을 단순히 뜻에 맞추어 '인사지人事之'로 추측하는 판본도 있으나 왕리기는 이를 억측으로 본다(『교주』, 167면 참조).

13 '상上'은 최상으로 해석. 고서에선 보통 최상을 '태상太上'운운하고, 그 다음을 '기차其次'운운하는데 이 문장을 같은 용례로 본다.

14 '결訣'자와 '결決'자는 고전에 많이 통용했다. '결단하다'는 의미.

15 '호의狐疑'는 의심스러워 잘 결정을 내리지 못하는 일에 쓴다. 여우의 의심 많은 성격을 빗댄 관용어.

해설 내용이 두 단락으로 나누어져 있다. 앞부분은 이전 단락에서 말한 성인의 행동과 다른 소인 혹은 범인들의 행태를 꼬집고 있으며, 뒷부분은 배움이 있는 사람은 그런 범인의 행태를 벗어나 높은 경지를 보인다는 내용이다. 소인들은 부귀영화나 불로장생 등 자신이 도저히 이룰 수 없는 것에 이목이 현혹당해 마침내 자신이 잘하는 모든 것까지 잃게 된다고 한다. 오나라 왕 부차처럼 작은 이익에 빠져 수많은 기회를 잃게 된다는 것이다. 반면, 학문이 있는 사람은 천문에 정통하고 정확한 이목을 갖추게 되어 시대의 임무를 완수하고 어려운 난제들을 풀어 큰 공적을 이룰 수 있다는 주장이다.

옛날에 순임금·우임금은 태평성세로 인하여 치세를 이루었으며, 공자는 쇠락의 시대를 이었음에도 큰 공적을 일구었습니다. 성인은 부질없이 나오지 않으며, 현자는 허공에서 태어나지 않습니다. (□□□□□□하여) 선에 귀의토록 하니, 이것은 천지의 법도를 빌어 실질적인 일을 처리하는 것이며, 당세의 미땅함에 근거하여 적절한 성의를 세우는 것입니다. 그러므로 성인이 실천하는 도라고 하여 꼭 같은 것은 아니며, (□□□□□□합니다). 아름다운 것은 꼭 같은 색깔이 아니라도 모두 아름다우며, 추한 것은 꼭 같은 형상이 아니라도 모두 추한 법이니 천지의 법수가 바로 이렇게 운명적인 외형을 띠게 하는 것입니다. 태양이 (□□□□□□□□하고) (스물)여덟 별자리가 나란히 벌여 있으나 각자 주관하는 바는 따로 있습니다. 수 만 가지 사물은 각자 다른 길을 가며, 수 천 가지 법도는 각기 다른 형태를 띱니다. 성인은 그들의 추세에 근거하여 조절을 하는데, 작은 것과 큰 것이 서로를 타넘지 않도록 하고, 모난 것과 둥근 것이 서로를 범하지 않도록 하며, 하늘의 도수에 맞추어 천체의 위치 등을 구분하고, 시절의 변환에 맞추어 (추위·더위 밤낮 등을) 기록합니다. 그리하여 별이 낮에 보이는 경우가 없고, 태양이 밤에 비추는 경우가 없으며, 우레가 겨울에 치는 경우가 없고, 서리가 여름에 내리는 경우가 없습니다. 신하가 군주를 능멸하는 일이 없으면 음이 양을 (□□) 침범하는 경우가 없습니다. 한여름이 무덥지 않고, 한겨울에 찬 서리가 내리지 않고, 검은 기운이 태양을 감싸고, 혜성이 긴 꼬리를 흩날리고, 겨울에 무지개가 나타나고, 겨울잠 자는 벌레가 한여름에 땅 속에 숨어들고, 화성이 어지러이 별자리 위치를 못 잡고, 뭇 별들이 운행질서를 잃게 되면 성인은 그 변화에 맞추어 알맞은 공적을 세우고 괴이한 현상들로부터 벗어나 태평시대에 이르도록 합니다. 요임금·순임금은 치우蚩尤의 실패한 교훈을 받아들여 위의를 엄정히 하고 사방을 밝힐 도를 생각했습니다. 군자는 외부에서 발생한 악을 보면 내부에 생길 변화를 곧 압니다. 하나라 걸왕과 은나라 주왕이 난폭하지 않았다면 은나라 탕湯왕과 주나라 문文왕의 어짊이 드러나지 않았을 것입니다. 재능이 있어도 많은 사람들의 비난 때문에 헷갈려서 오히려 그것을 바꾸는 경우가 있고, (□□□□□□□亂之於朝廷하여) 필부들은 자기 집안에서 수양을 하게 됩니다. 그리하여 접여接輿와 노래老萊가 그로써 (窮□□□□□으로) 세상을 피하였고 높은 지위를 멀리하게 된 것입니다. 군자가 한가로이 숨어 지내면서도 도덕을 실천하면 소인은 많은 사람들 속에서 그것에 분발합니다. 노자老子는 "최고의 덕은 덕이 있음을 내세우지 않는다"고 말합니다. (□□□□□□虛也).

昔舜、禹因盛而治世,[16] 孔子承衰而作功,[17] 聖人不空出, 賢者不虛生,[18] □□□□□□而歸於善, 斯乃天地之法而制其事, 則世之便而設其義. 故聖人不必同道,[19] □□□□□□,[20] 好者不必同色而皆美, 醜者不必

16 '치세治世'는 세상을 다스린다는 의미가 아니라 질서가 잘 잡히고 천하가 태평한 치세를 이루었다는 의미.

17 열국의 다툼과 정치·사회윤리의 붕괴라는 춘추시대의 혼란기에 『춘추』 등을 짓고 제자들을 교육하여 시대의 사표가 되었다는 의미로 볼 수 있다.

18 왕충의 『논형』 「대작對作」편에 "현자·성인은 부질없이 생겨나지 않는다"는 용례.

19 이 구절은 『맹자』 「만장萬章 상」편 "성인들의 행동은 각기 달라서 어떤 사람은 멀리 하고 어떤 것은 가까이 하며, 어떤 사람은 떠나 버리고 어떤 사람은 떠나지 않는데, 결국 모두 자신의 몸을 청결히 하는 것으로 귀결되었다"는 내용과 유사하다.

同狀而皆惡, 天地之數, 斯命之象[21]也. 日□□□□□□□□八宿[22]竝列, 各有所主, 萬端異路, 千法異形, 聖人因其勢而調之, 使小大不得相踰, 方圓不得相干, 分之以度, 紀之以節,[23] 星不晝見, 日不夜照, 雷不冬發, 霜不夏降. 臣不凌君, 則陰不□□陽,[24] 盛夏不暑, 隆冬不霜, 黑氣苞日, 彗星揚□□,[25] 虹蜺冬見, 蟄蟲夏藏, 熒惑[26]亂宿, 衆星失行. 聖人因變而立功, 由異而致太平,[27] 堯、舜承蚩尤[28]之失, 而思欽明之道,[29] 君子見惡

---

20 문장 전체의 대구 구조로 보아 유실된 여섯 글자의 형태는 앞 구절에 관계하는 것으로 보이며, 또한 뒤 구절은 이와 다른 대구를 형성하고 있으므로 여기서 끊어 해석한다.

21 '명命'은 천명, 운명의 의미. '상象'은 외재하는 형상, 즉 '외형'을 뜻한다. '명지상命之象'은 운명의 형상, 즉 자연스레 그런 외형을 띠게 된다는 의미.

22 여기서 '숙宿'은 성숙成宿 즉 '별의 집합체, 별자리'를 뜻한다. 예컨대 기숙箕宿은 별 넷으로 조성된 별자리이고, 미숙尾宿은 아홉 개의 별로 이루어진 별자리를 뜻한다. 하늘의 별자리를 이십팔숙二十八宿으로 표현하므로 이 구절의 앞에 '이십二十'이 빠진 듯하다.

23 이 문장 전체가 하늘의 형상과 변화에 대한 얘기이므로 '분지이도分之以度, 기지이절紀之以節' 두 구절도 사회현상에 대한 추상적 원리원칙으로 해석하지 않고, '하늘을 구분해 일월성신의 운행 위치를 확정하고, 밤낮이나 추위 더위 등 시간과 계절의 변환을 기록한다'와 같이 천체의 구체적인 현상으로 해석해야 한다.

24 대부분의 판본들은 □□탈자 없이 '침侵'으로 기록하고 있다. 문맥상 일리가 있어 그에 따라 번역한다(『교주』, 169면 참조).

25 대부분의 판본들은 □□탈자 없이 '광光'으로 기록하고 있다(『교주』, 169면 참조). 혜성은 긴 꼬리를 끌면서 가는데 그 끝 부분에서 빛을 발한다. 옛날 사람들은 이 발광을 불길한 징조로 여겼다.

26 '형혹熒惑성'은 화성火星의 별칭. 화성은 모습이 보였다 안보였다 함으로 '형혹'이란 말로 표현한 데서 유래.

27 많은 판본들은 여기서 문장을 끝내고, 이 두 구절 대신에 "하늘의 변화에 근거하여 자신의 잘못을 바로잡고, 그 드러난 실마리들을 정리하여 근본을 바로잡는다[因天變而正其失, 理其端而正其本]"로 쓰여 있다(『교주』, 169면 참조). 해석상 일리가 있으나 여기선 왕리기의 원문에 충실하여 그대로 번역한다.

28 치우蚩尤에 관한 전설은 매우 많다. 동방 구여족九黎族의 수령으로 오늘날 중국 산동성, 하남성, 하북성 일대에서 활동한 인물로 전한다. 짐승을 닮은 몸에 청동 머리, 철 이마를 지닌 전쟁의 화신으로 등장한다. 중원의 황제黃帝와 탁록涿鹿의 들판에서 대규모 전쟁을 벌였는데, 운무를 지배한 치우의 용병술에 고

於外, 則知變於內矣. 桀、紂不暴, 則湯、武不仁, 才惑於衆非者而改之, □□□□□□□□亂之於朝廷, 而匹夫治之於閨門.[30] 是以接輿[31]、老萊[32]所以避世於窮□□□□□□而遠其尊也. 君子行之於幽閒, 小人厲[33]之於士衆. 老子曰: "上德不德."[34] □□□□□□虛也.

해설 세상을 다스리는 도는 고정불변한 것이 아니라 시대와 환경에 따라 다를 수 있다는 것이 이 단락의 주지이다. 성인군자의 행동은 여기에 초점이 맞추어져야 한다는 강조이다. 각 시대의 소명에 따라 그 때 그 때의 정의가 각기 존재하므로 성인의 정책방향도 그에 따라야 한다. 성인이 하는 행동은 역사적으로 볼 때 반드시 같은 도에 따른 것이 아니었으며, 각자 시대와 환경에 맞는 성취를 하였다. 따라서 선대에 실패한 교훈을 잘 본받고, 시절의 변화에 잘 적응하고, 추세에 맞추어 이로운 방향으로 세상을 잘 이끄는 것이 군자 혹은 정치가의 도이다. 외부의 변화와 시대의 변천을 보면 군자 즉 정치가는 그런 변화를 통해 세상을 바로잡을 수 있는 내부 조건의 전환에 대해 미리 예측하고 대응책을 고민해야 한다는

전하던 황제가 마침내 지남거指南車를 발명해 방향을 잡음으로써 전투에 승리함으로써 중앙의 황제가 되었다고 한다.

29 흠명欽明은 『서경』 「요전堯典」 및 「여형呂刑」편에 관련 기록이 나온다. 「요전」 '흠명문사안안欽明文思安安'에 대한 해석에 '흠'은 위의를 갖춘다는 의미, '명'은 사방에 빛을 밝힌다는 의미(『교주』, 169면 참조).

30 규문閨門은 부녀자의 작은 집이란 뜻으로 여기선 민가의 보통 집안을 말한다.

31 접여接輿는 『논어』 「미자微子」편에 나온다. 춘추시대 초나라 사람으로 성은 육陸이고 이름은 통通, 접여는 자. 초나라 소왕昭王의 정치가 상도에 어긋나자 머리를 풀어헤치고 벼슬에 나가지 않아 당시 사람들이 초광楚狂이라 불렀다고 한다.

32 노래老萊 또는 노래자는 공자와 같은 시대 초나라 현인. 사마천은 『사기』 「노장신한老莊申韓열전」에서 '노래자'를 '노자老子'와 같은 인물로 본다. 이에 대해선 역사적으로 많은 논란이 있어 왔다(장현근 편, 『중국정치사상입문』, 지영사, 1997, 276~289면 참조). 어지러운 세상을 피해 몽산蒙山 아래 은거해 새의 깃털로 옷을 해 입고 저서 15편을 남겼다고 한다.

33 '려厲'는 '뛰어오르다, 분발하다'의 의미.

34 『도덕경』 38장 첫 구절. 이어지는 구절 '시이유덕是以有德'과 결부하면 해석이 분명해진다. 진정한 덕은 덕을 내세우는 것이 아님을 강조한 말. 38장은 유가에서 내세우는 덕을 하덕下德으로 취급하고 무위無爲의 덕을 최고의 덕으로 여긴다.

주장이다.

입으로는 성인의 말씀을 외우고, 몸으론 현자들의 행실을 배우며 오랜 시간이 지나도 피곤해하지 않고 힘들어도 이를 폐지하지 않음은 아직 군주가 되기 전일지라도 (□□□□□□할 따름). 공자는 이렇게 말합니다. "하나라의 정확한 역법시간을 쓰고, 은나라의 질박한 수레를 타고, 주나라의 단아한 면류관을 쓰며, 음악은 순임금의 소韶와 주 무왕의 무舞를 듣되 음란한 정鄭나라 악곡을 물리치고 아첨하는 사람을 멀리해야 하니라." 이러한 (□□□의) 도가 세상에 행해지면 요임금·순임금 같은 군주가 아니라 하더라도 요임금·순임금과 똑같은 위업을 이룰 것입니다. 오늘날 군주가 된 사람들은 그렇지가 못합니다. 정치를 하며 오제五帝의 통치술에 따르지 않으면서 요새 세상은 도덕으로 다스릴 수 없다고 말합니다. 신하 되는 자로써 후지后稷·상설商契을 본받고지 고민히지 않으면서 요새 백성들은 인의로 바로잡을 수 없다고 말합니다. 자식 되는 자는 조석으로 효행을 멈추지 않는 증자曾子·민자건閔子騫의 현명한 자질을 갖지 못하면서 집안사람들이 응해주지 않는다고 말합니다. 학자들은 밤이고 낮이고 게으름을 피우지 않았던 안회顔回·단목사端木賜의 부지런한 정신에 다가서지 못하면서 도를 실천할 수 없는 세상이라고 말합니다. 군주로부터 서인에 이르기까지 성인의 법도를 본받아 현자가 되려고 노력하는 사람이 없습니다. 『주역』에 "가옥이 튼실하고 그 위에 덮개를 눌렀으니, 지게문을 들여다보려 해도 고요하여 아무도 없는 듯하다"는 말이 있습니다. 사람이 없다는 말은 그 어떤 사람도 없다는 말이 아니라, 그것을 다스릴 성현이 없다는 말입니다.

夫口誦聖人之言, 身學賢者之行, 久而不弊, 勞而不廢, 雖未爲君□□□□□□已. 孔子曰[35] : "行夏之時,[36] 乘殷之輅,[37] 服周之冕,[38] 樂則韶[39]

35 이 인용문은 『논어』 「위령공衛靈公」편에 나온다. 나라를 다스리는 방법을 묻는 제자 안연顔淵의 질문에 대한 공자의 대답이다.

舞,[40] 放鄭聲,[41] 遠佞人." □□□[42]道而行之於世, 雖非堯、舜之君, 則亦堯、舜也.[43] 今之爲君者則不然, 治不以五帝之術, 則曰今之世不可以道德治也. 爲臣者不思稷[44]、契,[45] 則曰今之民不可以仁義正也. 爲子者不執曾[46]、閔[47]之質, 朝夕不休, 而曰家人不和也. 學者不操回[48]、賜[49]之

---

36 고대에 왕조가 등장하고 책력을 정해 어떤 달을 정월로 삼느냐는 백성들의 생활을 지배하는 중요한 정치행위이다. 보통 하늘을 자 · 축 · 인 · 묘 …… 의 12 시진으로 나누어 열두 달을 거기에 맞추는데, 북두칠성을 중심으로 자루모양 부분이 어디를 가리키는지에 따라 기준을 세우는 것을 월건月建이라 한다. 주나라는 자시를 정월로 삼아 건자建子, 은나라는 축시를 정월로 삼아 건축建丑, 하나라는 인시를 정월로 삼아 건인建寅이라 하였다. 이 삼정三正 가운데 공자가 하지시夏之時 즉 하나라 역법시간을 표준으로 사용하고자 한 것은 '건인'으로 구분할 경우 춘하추동 4계절의 시작이 모두 자연현상과 잘 맞아떨어지기 때문이다.

37 은나라 때 제왕이 타던 수레인 대로大輅에서 연유하여 은나라의 목제 수레를 대표하는 것이 로輅인데 질박하고 견실한 것이 특징이다.

38 '면冕'은 대부 이상 계급이 조회 및 의례에 사용하는 예식용 모자. 주나라 면관은 관 위에 쓰는 넓은 면류관으로 단아하고 이전보다 약간 화려했다.

39 '소韶'는 순임금 때의 음악 곡. 요임금의 덕을 계승했다는 의미에서 '소'라 한다. 『서경』「익직益稷」편엔 이 음악을 연주하니 봉황이 거동했다 하고, 『논어』「술이」편에서 공자는 제나라에서 이 음악을 듣고는 석 달을 고기 맛을 몰라볼 정도였다고 한다.

40 주 무왕시절의 음악곡인 '무舞'는 '무武'로도 쓴다.

41 '정성鄭聲'은 정나라 음악 곡을 말하는데, 공자가 음란하다고 비판한 이래 유학자들은 정악 또는 아악에 반하는 속악 부류를 모두 '정성'이라고 공격했다.

42 □□□ 대신 '성인지聖人之'로 되어 있는 판본도 있다. 이 경우 문장의 뜻은 더 분명해진다(『교주』, 171면 참조).

43 한고조 또한 요임금 · 순임금처럼 될 수 있다는 것을 강조하기 위한 말. 『맹자』「고자告子 하」편 "요임금의 복장을 하고, 요임금의 말씀을 외고, 요임금의 행실을 실천하면 그게 바로 요임금이라"는 말과 비슷하다.

44 '직稷'은 주나라 조상으로 섬겨지는 '후직后稷'을 말한다. 순임금 때 농관農官을 역임했으며 태邰지역에 봉해졌다. 어머니 강원姜嫄이 천제의 발자국을 밟아 잉태했다가 나중 버려졌다고 하여 '기棄'라고도 불린다.

45 설契은 전설 속 은나라의 선조로 오제의 하나인 제곡帝嚳의 아들. 순임금 때 우禹를 보좌하여 치수에 공로가 있었다. 나중 사도司徒에 올라 상商 땅에 봉해지고 자씨子氏 성을 하사받았다. 순임금의 명신 직, 설, 고요皐陶의 역할에 대해선 『서경』「순전舜典」에 상세하다.

精, 晝夜不懈, 而曰世所不行也. 自人君至於庶人, 未有不[50]法聖道而爲賢者也. 易曰 : "豊其屋, 蔀其家, 闚其戶, 闃其無人."[51] 無人者, 非無人也, 言無聖賢以治之耳.

해설 도덕수양을 통해 성인군자가 되려는 노력을 기울여야 한다는 주장이다. 누구나 힘들어도 열심히 하고, 음란함을 물리치고 질박하고 성실한 자세로 노력하는 것이 중요하다. 그럼에도 요즘 사람들은 환경의 핑계나 대면서 세상이 썩었다는 둥, 집안에서 밀어주지 않는다는 둥, 인의도덕이 통하는 사회가 아니라는 둥 이유를 대면서 해야 할 노력을 기울이지 않는다. 육가는 이런 세인들 생각의 일천함에 대해 질타하고 궁행실천의 중요성을 강조한다. 앞 단락에서 육가는 성인군자는 시대의 변화에 순응하여 거기에 맞는 치도를 가져야 한다고 강조하였는데, 이 단락에 이르러선 그 치도가 근본 즉 인의도덕과 그것을 실천하는 현명한 군주가 되기 위해 노력하지 않으면 안 된다는 것을 지적한다. 공자의 탁월한 제자들을 예로 들며 유교적 수양방법을 언급하고 있는 점은 육가를 포함하여 지식인이 가져야 할 자

46 증曾, 즉 증자는 춘추 말 노나라 무성武城(오늘날 산동성 費縣) 사람으로 이름은 삼參, 자는 자여子輿. 공자의 학생으로 효행으로 널리 알려졌다. 『논어』「학이」편에 매일 자신의 세 가지 사항을 돌아보는 증자의 수양방법이 나온다. 『대학大學』이 그의 작품이라는 설이 있으며, 후대에 종성宗聖으로 추앙된다.

47 민閔 즉 민자건閔子騫(B.C. 536~B.C. 487)의 이름은 손損. 춘추시대 노나라 사람. 『논어』「선진先進」편에 스승 공자가 그의 효행을 칭찬하는 대목이 있다. 학대하는 계모를 변호한 단의순친單衣順親 고사로 유명하다.

48 회回 즉 안회顔回(B.C. 521~B.C. 490)의 자는 자연子淵. 공자의 가장 탁월한 수제자로 춘추시대 말 노나라 사람. 빼어난 덕행과 현명함으로 알려졌으나 불행히 일찍 죽었다. 『논어』「옹야雍也」편은 공자가 인의를 실천한 안회를 칭찬하는 내용을 담고 있다. 후대에 복성復聖으로 불렸다.

49 사賜는 춘추 말 위衛나라 사람. 공자의 우수한 제자로 자는 자공子貢. 탁월한 언변과 외교역량으로 노나라 및 위나라의 재상을 역임하였고, 경제 및 상업에 능통하여 거부가 되었다. 『사기』「중니제자仲尼弟子열전」에 그에 대한 상세한 기록이 있다.

50 미유불未有不의 '불不'자는 맥락상 잘못 들어간 듯하다. 그대로는 해석이 불가하다. 일부 판본에는 '불'자가 없다(『교주』, 172~173면 참조).

51 이 구절은 『주역』「풍괘豐卦 · 상육上六」의 효사. '부蔀'는 높게 횡목을 걸치고 덮개를 얹어 보온과 차광을 하는 설비. '격闃'은 인기척이 없는 고요함을 뜻한다.

세와 현실 속에서 지식인이 해야 할 일을 언급한 것으로 보인다.

그러므로 어진 사람이 왕위에 있으면 어진 사람이 다가오고, 의로운 사람이 조정에 있으면 의로운 선비들이 몰려듭니다. 그래서 묵자墨子의 문하엔 용사들이 많고, 공자의 문하엔 도덕지사가 많으며, 문왕의 조정엔 어질고 현명한 신하들이 많고, 진시황의 조정엔 상서롭지 못한 사람이 많습니다. 따라서 선한 사람은 반드시 그런 선량한 군주가 있기에 몰려드는 것이며, 악한 사람은 반드시 그런 불량한 까닭이 있기에 다가오는 것입니다. 선과 악은 공연히 지어지지 않으며, 화와 복은 제멋대로 생겨나지 않습니다. 오직 군주의 마음이 향한 바와 군주의 의지가 실천하는 바에 따라 결정될 따름입니다.

故仁者在位而仁人來, 義者在朝而義士至. 是以墨子之門多勇士,[52] 仲尼之門多道德,[53] 文王之朝多賢良, 秦王之庭多不詳. 故善者必有所主而至, 惡者必有所因而來. 夫善惡不空作, 禍福不濫[54]生, 唯心之所向, 志之所行[55]而已矣.

---

52 묵자墨子는 창시자 묵적墨翟을 지칭하기도 하고 그가 이끈 학파를 지칭하기도 한다. 춘추시대 말기 묵적은 송나라 대부를 역임했으며 원래 유가사상을 배웠다. 그러나 나중 유학을 비판하고 일종의 종교적 조직을 만듦으로써 수공 기예가 뛰어난 묵적은 군사적 방어기술 등을 개발하였으며, 그의 제자집단은 방어전의 명수로 당대에 이름을 떨쳤다. 『회남자』 「태족훈泰族訓」에 따르면 묵자에 복종하는 자들이 180여 명이었는데 모두 물불을 가리지 않았으며 죽음을 앞에 두고도 뒤돌아서지 않는 용사들이었다고 한다. 『여씨춘추』 「상덕上德」편에도 묵자의 제자에 대한 일화들이 실려 있다.

53 유가의 도·덕과 예에 관한 기사는 『예기』 「곡례曲禮 상」편에 상세하다. 여기서 공자의 문하를 도덕에 비유하고, 묵자의 문하를 용사에 비유한 것은 전국시대 이래 제자백가들의 습관적 대비인 듯하다. 『교주』, 174~175면엔 노장사상의 도·덕과 유가사상 도덕과의 차이에 대해서도 상세히 비교하고 있다.

54 화와 복이 아무 이유 없이 생겨나지 않는다는 뜻. '남濫'은 '함부로 하다, 제멋대로 하다'는 의미.

55 심心의 향방과 지志의 실행, 그 주체는 보편적 인간의 심리 문제라기보다 군주로 보아야 한다. 이 책이 한고조 유방에게 건의하는 형식이므로 육가 주장의

해설 현실 군주에게 선한 마음과 뚜렷한 도덕실천 의지를 가지라는 충고이다. 누가 통치자, 최고지도자의 지위에 있느냐에 따라 거기에 모여드는 사람의 차이가 발생하는데, 선의 실현을 위해선 선한 군주가 윗자리에 있어야 한다는 주장이다. 정치적 성패를 훌륭한 인물들의 취산으로 보고, 한고조에게 모범을 보이라고 주문하는 내용이다.

주체를 군주로 해석했다.

3부
부록

1. 『신어』 일문

新語佚文

설명 『한서』 「예문지 · 제자략諸子略」 「유가」란엔 "『육가陸賈』 23편"이라 하고 『신어』란 이름은 없으나, 『사기』 「육가열전」엔 "무릇 저서가 12편인데, (…중략…) 책 이름을 『신어』라 부른다"고 하고, 한나라 유흠劉歆의 『칠략七略』엔 "『신어』 2권, 육가 지음"이라 한다. 당나라 마총馬總이 편집한 『의림意林』에도 "『신어』 2권, 육가 지음"이라 한 걸 보면, 2권 12편으로 구성되고 자구의 탈락이 많은 현존본 『신어』는 당나라 때의 판본인 듯하다. 그렇다면 『한서』 「예문지」 기록과 비교할 때 육가의 저술은 11편이 더 있을 가능성이 높다. 왕리기는 역대 문헌들 속에 산발적으로 존재하는 육가의 말을 본문과 중첩되지 않은 범위에서 일문으로 뽑았다.

의는 덕의 벼리인데, 그것을 실천하는 사람이 성인이다.
義者, 德之經, 履之者聖也.[1]

—남조 양梁나라 소통蕭統 편집의 『문선文選』 내 응길보應吉甫의

「진무제화림원집시晉武帝華林園集詩」 주석의 『신어』 인용문

현자가 세상에 머물음은 금석이 모래 속에서 생겨나고, 예장 나무가 심산유곡에서 생산되는 것과 같다.

賢者之處世, 猶金石生於沙中, 豫章產於幽谷.[2]

—송대 『태평어람』 957의 『신어』 인용문

세상 사람들은 바둑을 병법에 비유하여 말하곤 하는데, 최상은 성기게 멀찍이 펼쳐놓고 많은 길목을 차지함으로서 승리하는 것이고, 중간은 상대의 맥을 끊어 요처를 다툼으로써 승리를 구하는 것이고, 하급은 변의 귀를 지켜 재빨리 집을 짓는 것이다. 이는 마치 경포黥布의 반란에 대한 설공薛公의 다음 주장과 같다: 최상의 계책은 오吳・초楚의 넓은 지역을 취하는 것이고, 중간 계책은 성고成皐에 요새를 쌓고 요처를 차단해 승리를 다투는 것이고, 하급 계책은 장강長江에 의지하여 월越 땅에 임하고 변방 귀를 지켜 재빨리 거점을 확보하는 것이다.

世言圍碁, 或言兵法之類 : 上者, 張置疏遠, 多得道而勝; 中者, 務相遮絶, 爭便求利; 下者, 守邊隅, 趨作罫[3]猶薛公之言黥布反也 : 上計, 取吳、楚廣地; 中計, 塞成皐, 遮要爭利; 下計, 據長江以臨越, 守邊隅, 趨作罫者也.[4]

1 『신어』 「도기」편 마지막 단락 첫 구절 "인은 도의 준칙이며 의는 성인의 학문입니다. 인의를 배운 사람은 사리에 밝으며, 인의를 잃은 사람은 사리에 어두우며, 인의를 거스르는 사람은 망하게 됩니다"와 유사한 의미.

2 뛰어난 사람을 훌륭한 나무 예장豫章에 비유한 구절은 『신어』 「자질」편 "편楩・남柟・예장豫章은 천하에 유명한 나무입니다. 깊은 산 속에서 생장하며 계곡 옆에서 재목으로 생산됩니다"에 보인다.

3 罫(Guai) : 바둑판에서 선이 교차하는 눈.

4 이 비슷한 구절은 환담桓譚의 『신론新論』 「언체言體 제4」편에 보인다. 경포黥布는 유방을 도와 한나라를 건국한 주체세력이었으나 나중 유방에 반기를 들어 주살되었다. 경포의 반란을 바둑판에 비유하는 고사는 여기 외에도 『사기』 「경

—『태평어람』 753의 『신어』 인용문

양梁나라 군주가 사냥을 나가 흰 기러기를 발견하고 자신이 활을 쏘려고 하였는데, 길 위에 기러기를 놀라게 하여 날아가 버리게 한 사람이 있었다. 양왕은 화가 나서 그 사람을 쏘아버리라고 명령하였다. 말을 몰던 공손룡公孫龍이 간언하였다. "옛날 위문공衛文公 때 3년간 큰 가뭄이 들었는데, 점을 치니 '반드시 사람을 제물로 바쳐야 한다'고 말하였습니다. 이에 위문공은 '비를 구하는 것은 백성을 위해서인데 지금 백성을 죽이는 어질지 못한 짓을 하느니 차라리 내가 그 역할을 하겠노라'고 말하였는데 이 말이 끝나기도 전에 비가 내렸다고 합니다. 오늘 주군께서 기러기를 중시하여 사람을 죽인다면 어찌 호랑이·이리와 다르겠습니까?" 양나라 군주는 공손룡을 이끌어 수레에 태우고는 성곽으로 들어와 만세를 외쳤다. 그리고 "참 좋다! 오늘 사냥을 나가 좋은 말을 들었노라!"고 말하였다.

梁君出獵, 見白鴈而欲自射之, 道上有驚鴈飛者, 梁王怒, 命以射此人. 其御公孫龍諫曰: "昔衛文公時, 大旱三年, 卜云: '必須人祀.' 公曰: '求雨者爲民也, 今殺之不仁, 吾自當之.' 言未卒而雨下. 今君重鴈殺人, 何異虎狼." 梁君引龍登車入郭, 呼萬歲. 曰: "善哉!今日獵, 得善言."[5]

—『태평어람』 917의 『신어』 인용문

높은 누대란 경사京師 즉 수도를 비유한 것이며, 슬픈 바람이란 정치 교화 명령을 말하는 것이고, 아침 해란 군주의 명철함을 비유한 것이고,

---

포열전」 집해, 『문선』 「박혁론博奕論」 주 등에 상세하다.

5 유향劉向의 『신서新序』 「잡사雜事 제2」편에 조금 더 상세히 기록된 같은 글이 있으며 『예문유취藝文類聚』 66, 『태평어람』 457, 『곤학기문困學紀聞』 10 등에 같은 얘기가 전한다. 그런데 『신서』에는 공손룡 대신에 공손습公孫襲, 위문공 대신에 제경공齊景公으로 되어 있다.

북쪽 숲이란 좁다는 말로 소인을 비유한 것이다.

高臺, 喩京師; 悲風, 言教令; 朝日, 喩君之明; 照北林, 言狹, 比喩小人.[6]

—『문선』 내 조자건曹子建 「잡시雜詩」 6수 주석의 『신어』 인용문

말절의 작은 일을 처리하려면 근본의 큰일부터 다스려야 한다.

治末者調其本.[7]

—『문선』 내 반안인潘安仁 「적전부籍田賦」 주석의 『신어』 주 인용문

이루離婁의 눈이 밝으나 군막 휘장 안을 살필 수는 없으며, 사광師曠의 귀가 밝으나 백 리 밖의 것을 들을 수는 없다.

離婁之明, 不能察帷薄之內; 師曠之聰, 不能聞百里之外.[8]

—한나라 왕충王充 『논형論衡』 「서허書虛」편의 육가 인용문

하늘과 땅이 사람을 낳음에 예의의 본성을 부여했다. 사람이 자기가 부여 받은바 천명을 살필 수 있다면 순응하며, 그 순응해 감을 도라 일컫는다.

天地生人也, 以禮義之性; 人能察已所以受命, 則順; 順之謂道.[9]

---

6 조조의 아들 조식曹植의 『잡시』 "높은 누대엔 슬픈 바람 많고, 아침 해는 북쪽 숲을 비춘다. 그대 아들 만리 이역에 있고, 강호는 멀고도 깊구나"에 대한 이선李善의 주석에 인용된 『신어』 구절. 『신어』 「본행」편에 고대백인高臺百仞 즉 "백 길이나 높은 누대"란 말이 나오지만, 한나라 초 육가가 한나라 말 조식의 문장을 주석했다는 엉뚱한 논리. 착오로 인한 인용인 듯하다.

7 이 문장은 『신어』 「술사」편에 하단에 똑 같은 구절이 있다. 『신어』 주注에서 인용했다고 쓰여 있으나, 당나라 이전 『신어』의 주석은 없었다. 잘못 들어간 글자인 듯하다.

8 이루離婁는 『맹자』 「이루 상」편에 나오는 백보 밖도 볼 수 있고, 추호의 끝도 볼 수 있는 초강력 시력의 소유자. 사광師曠은 춘추시대 진晉나라 악사로 비범한 청력으로 음률을 구분할 수 있었던 사람.

9 왕충은 그 다음에서 본성이 악하여 실행할 수 없으면 아무런 소용이 없는 것이라며 육가가 실상을 알지 못한 것이라고 비판하고 있다. 이와 유사한 구절을

—『논형』「본성本性」편의 육가 인용문

육가는 박한 장례에 대해 논하였다.

陸賈論薄葬.[10]

—『논형』「박장薄葬」편에 왕충의 육가 주장 반박

번쾌樊噲 장군이 육가에게 물었다. "자고로 군주는 모두 하늘로부터 명을 받았다고 말하고, 서응瑞應 즉 상서로운 조응이 있었다고 말하는데 어찌 그런 일이 있습니까?" 육가가 응답하였다. "있습니다. 눈꺼풀이 떨리면 술과 음식을 얻고, 등불이 꽃을 이루면 돈과 재물을 얻고, 건작乾鵲이 맑게 지저귀면 행인들이 몰려들고, 거미가 모이면 온갖 일이 즐거워집니다. 작은 일에도 이런 징조들이 있는데 큰일이야 물론 그렇겠지요. 그러므로 눈꺼풀이 떨리면 정성을 다해 빌며, 등불이 꽃을 이루면 절을 하고, 건작이 지저귀면 먹이를 주며, 거미가 모이면 석방을 합니다. 하물며 천하의 큰 보배나 군주와 같은 중요한 지위가 천명이 없이 어떻게 얻어질 수 있겠습니까? 서瑞란 보배요 신물입니다. 하늘은 보배로 신물을 삼아 사람의 덕에 응應하는 것입니다. 그래서 서응이라고 말합니다. 천명이 없다면 보배로운 신물도 없으며, 힘으로 취할 수 있는 것이 아닙니다."

樊將軍噲問於陸賈曰:"自古人君皆云受命於天, 云有瑞應, 豈有是乎?" 陸賈應之曰:"有. 夫目瞤得酒食, 燈火花得錢財, 乾鵲噪而行人至, 蜘蛛集而百事喜. 小旣有徵, 大亦宜然. 故目瞤則呪之, 燈火花則拜

『신어』에서는 찾을 수 없다. 왕충은 육가와 시대가 멀지 않은 사람이니 육가의 다른 저술을 보았을 수도 있다.

10 왕충은 후한 상장례를 사치라 여기고 묵가의 박한 상장례를 두둔한다. 왕충은 육가가 유가의 주장에 따라 박한 장례에 대해 논하였지만 공자의 진짜 의도와는 다른 의미 없는 말이라고 비판한다. 『신어』엔 이와 유사한 구절이 없어 육가의 상장례에 관한 주장을 알 수는 없다.

之, 乾鵲噪則餧之, 蜘蛛集則放之; 況天下大寶, 人君重位, 非天命何以得之哉? 瑞者, 寶也, 信也, 天以寶爲信, 應人之德, 故曰瑞應. 無天命, 無寶信, 不可以力取也."[11]

—동진 갈홍葛洪이 후한 유흠劉歆의 이름을 빌어 편찬한 『서경잡기西京雜記』 권3

11 송대 『태평광기太平廣記』 135는 은운殷芸의 「소설小說」을 인용하며 이 문장을 인용하고 있다. 『신어』 「술사」편에서도 육가는 순임금이 상서로운 부절을 하늘로부터 받았다는 내용이 있다. 육가는 천명이나 귀신의 일, 서응 등에 관한 논의를 좋아한 듯하다. 번쾌樊噲는 개를 잡아 파는 미천한 출신으로 한고조 유방을 도와 항우項羽를 물리치고 난을 제압한 공로로 제후에 올랐으나 여呂태후 사건에 휘말려 죽임을 당한 인물이다. 건작乾鵲이 기쁜 소식을 알려오는 길조임에 대해서는 『논형』 「용허龍虛」편 등에 보인다. 간작干鵲으로 쓰기도 한다.

2. 『초한춘추』 일문

楚漢春秋佚文

설명 『한서』 「예문지·육가략六家略」 「춘추」 "초한춘추 9편"의 본 주석에 "육가의 기록"이라 한다. 『수서隋書』 「경적지經籍志」와 『신당서新唐書』 「예문지藝文志」에도 같으나 마단림馬端臨의 『문헌통고文獻通考』에 목록이 없는 것을 보면 남송 때 이미 실전된 듯하다. 『후한서』 「반표전班彪傳 상」, 『사기』 「고조공신후연표高祖功臣侯年表」 색은, 『사통史通』 등의 내용을 종합하면 천하가 평정된 뒤 한 고조와 혜제惠帝 때 태중대부太中大夫였던 육가가 『초한춘추』 9편을 저술하였다고 한다. 『한서』 「사마천전司馬遷傳」 찬贊을 보면 사마천이 『사기』를 쓸 때 『초한춘추』에 입각하였으며, 이 때문에 진·한에 관한 기록이 특히 상세한 듯하다. 다음은 임해臨海 홍이훤洪頤煊이 원래 모은 육가 『초한춘추』 일문을 강진江津 왕리기王利器가 교정校訂한 것으로 한나라 역사연구의 1차 자료이다.

항연項燕이 진秦나라 장군 왕전王翦에게 살해당했다.
項燕爲秦將王翦所殺.[1]

—『사기』「항우본기項羽本紀」 색은索隱

항량項梁이 은밀히 갑사 90명을 양성하였는데, 참목參木이란 사람이 그와 더불어 계책을 많이 도모하였다. 참목은 병을 가장하고 집안에 있으면서 대전大錢을 주조하여 병장기를 마련하였다.

項梁陰養生士九十人, 參木者, 所與計謀者也. 木佯疾, 於室中鑄大錢, 以具甲兵.[2]

—『태평어람』 835

항량은 일찍이 은밀히 갑사를 양성하였는데, 가장 뛰어난 자는 힘이 장사여서 나무를 뽑아들고 땅을 내려찍을 정도였다.

項梁嘗陰養士, 最高者多力, 拔樹以擊地.

—『태평어람』 386

오광吳廣이 진섭陳涉에게 말하였다. "왕께서 군대를 이끌고 서쪽을 치시면 성밖 들판에서 교전하는 일이 없을 것입니다."

吳廣說陳涉曰 : "王引兵西擊, 則野無交兵."[3]

—『문선』 조자건 「우증정의왕찬시又贈丁儀王粲詩」 주석

회계會稽군에서 거짓으로 군수 은통殷通을 지켜주는 척 했다.

---

1 항연項燕은 서초패왕 항우의 조부로 일찍이 진나라를 패퇴시킨 적이 있으나, B.C. 224년 진이 왕전王翦을 대장으로 한 60만 대군이 공격하자 결사항전하다 패퇴하여 자살하였다.

2 항량項梁은 초나라 장군 가문출신으로 항우의 숙부. 진승陳勝의 난을 틈타 항우와 더불어 진나라 군대를 패퇴시키고 초나라를 재건하였으나 전사하였다.

3 진섭陳涉은 진승陳勝의 자. 오광吳廣(자는 叔)은 진승과 더불어 진나라 폭정에 반기를 들어 농민군을 이끌고 신속히 중원을 점령하고 장초張楚정권을 선포하였다. 진승이 왕이 되고 나중 오광도 가왕假王이 되었으나 내홍이 발생하고 진나라의 공격이 삼엄해져 실패하고 부하에게 피살되었다.

會稽假守殷通.[4]

—『사기』「항우본기」 정의正義;『한서』「항적전項籍傳」 주석

동양東陽의 옥리 진영陳嬰.
東陽獄史陳嬰.[5]

—『사기』「항우본기」 정의

주상이 진류陳留를 지날 때 역생酈生이 알현을 청하자 사자가 들어와 통보하였다. 공은 그에 발을 씻고 있으면서 물었다. "어떻게 생긴 사람이더냐?", "생김새가 큰 유생 부류입니다"고 대답하자 주상이 "내 지금 천하를 도모하는 일을 하므로 큰 유생을 만날 여가가 없다"고 말하였다. 사자가 나와 그렇게 아뢰었다. 역생이 눈을 부릅뜨고 검을 어루만지며 "들어가 아뢰어라. 고양高陽의 술꾼이지 유생이 아니라고 말이다"라고 하였다.

上過陳留, 酈生求見, 使者入通. 公方洗足, 問 : "何如人?" 曰 : "狀類大儒." 上曰 : "吾方以天下爲事, 未暇見大儒也." 使者出告. 酈生瞋目按劍曰 : "入言, 高陽酒徒, 非儒者也."[6]

—당나라『북당서초北堂書鈔』 122;『태평어람』 342 · 366

고조가 함양咸陽의 남쪽을 향해가며 완宛성을 공략했으나, 완성 수비가 견고하여 함락되지 않았다. 이에 깃발을 숨기고, 사람들에겐 막대기

4 회계會稽는 고대 군 이름으로 오늘날 절강성 소흥紹興현 동남쪽. 하나라 우임금이 여기서 제후들과 대 회합을 가졌다는 데서 유래.

5 춘추전국시대 노 · 제 · 진晉 · 조 등 여러 곳에 동양東陽이란 지명이 있었다. 여기선 초나라 읍으로 오늘날 강소성 우이盱眙현.

6 역생酈生의 본명은 역식기酈食其로 진류陳留 땅을 취하는 계책으로 유방을 도와 진나라에 항거하는 기반을 다지게 한 인물. 유방이 고양高陽읍 여관에서 시녀들이 발을 씻는 중에 역식기를 만나는데, 역식기에 의해 현인을 몰라본다는 야단을 맞고서야 반성하고 의관정제를 했다고 한다.

를 물리고, 말의 혀를 묶고, 용처럼 기어오르고 날개가 달린 듯 떨쳐 일어나 닭이 울기 전에 완성을 세 겹으로 에워쌌다. 완성이 항복하였다.

高祖向咸陽南攻宛, 宛堅守不下. 乃匿其旌旗, 人銜枚, 馬束舌, 龍擧而翼奮, 雞未鳴, 圍宛城三匝. 宛城降.[7]

—『사기』「고조본기」 색은; 『태평어람』 357

번쾌 장군이 죽이라고 주청하였다.

樊噲請殺之.[8]

—『사기』「고조본기」 색은

패공沛公 유방이 서쪽 무관武關으로 들어와 파상灞上을 차지하고는 장군을 보내 함곡관函谷關을 닫아 항왕項王을 안에 들이지 못하게 하였다. 항왕의 대장 아보亞父가 관문에 이르렀으나 들어가지 못하게 하자 노하여 "패공이 반기를 들려는가?"라고 말하였다. 그리고 즉각 각 집들에 명령하여 장작 한 묶음씩 내오게 하여 관문을 태워버리려 하자 이에 관문을 열었다.

沛公西入武關, 居於灞上, 遣將軍閉函谷關, 無內項王. 項王大將亞父至關, 不得入, 怒曰 : "沛公欲反耶?" 卽令家發薪一束, 欲燒關門, 關門乃開.[9]

—『예문유취藝文類聚』 6

해解선생이 "사람을 보내 함곡관을 지키고 항왕을 들이지 말라"고 했다.

解先生云 : "遣守函谷, 無內項王."[10]

---

7 장량張良은 유방에게 진나라 수도 함양을 공략하기 위해선 완성宛城 공략이 필수적이라고 건의하였다.

8 진왕 자영子嬰의 항복 얘기를 다룬 구절의 색은에 인용.

9 파灞는 섬서성에서 회수淮水로 흘러드는 강. 아보亞父는 항우가 명신 범증范增을 높여 부른 말.

—『사기』「고조본기」 색은

항왕이 홍문鴻門에 자리하자 아보가 간하였다. "제가 사람을 시켜 패공을 바라보니, 그 기세가 충천하고 오색이 서로 휘감겨 용 같기도 하고 뱀 같기도 하고 호랑이 같기도 하고 구름 같기도 하고 사람 같기도 하답니다. 이는 사람의 신하될 기운이 아니오니 죽이는 것만 못합니다."

項王在鴻門, 而亞父諫曰:"吾使人望沛公, 其氣沖天, 五色相摎, 或似龍, 或似蛇, 或似虎, 或似雲, 或似人, 此非人臣之氣也, 不若殺之."[11]

—북위 역도원酈道元의 『수경水經』「위수주渭水注」; 『태평어람』 15 · 87 · 872

패공이 홍문에서 몸을 빼내 샛길을 따라 군중에 도달했다. 이에 한신韓信과 장량이 항왕의 군문에 이렇게 아뢰었다. "패공께서 신에게 백벽白璧 한 짝을 받들어 대왕 족하께 바치고, 옥두玉斗 한 짝을 내장군 족하께 바치라고 하셨습니다." 아보는 옥두를 받아 땅에 놓고는 창을 쳐들어 깨버렸다.

沛公脫身鴻門, 從間道至軍. 張良、韓信乃謁項王軍門曰:"沛公使臣奉白璧一雙獻大王足下, 玉斗一雙獻大將軍足下." 亞父受玉斗, 置地, 戟撞破之.[12]

—『태평어람』 352

10 『사기』「항우본기」 집해, 『한서』「장량전張良傳」 주석 등에 보인다. 항우에 맞서 함곡관을 지키는 것이 중요하다고 유방에게 충고했다는 추생鯫生의 본래 성이 해解라고 한다.

11 유방이 함양을 먼저 함락시키자 항우는 범증의 계책에 따라 40만 대군을 이끌고 홍문鴻門(오늘날 섬서성 新豊鎭 동쪽)에 진을 치고 연회 명목으로 유방을 불러다 칼춤을 통해 죽이려 했다. 장량과 번쾌의 기지로 유방이 탈출하였다.

12 범증이 든 것은 끝이 두 가닥으로 갈라진 창인 극戟. 육가는 어쩌면 현장을 직접 보았을 것이다. 그래서 묘사가 생생하다. 범증은 이를 두고 항왕의 천하를 빼앗을 사람은 유방이라 예언하였다.

채생蔡生.

蔡生.[13]

—『사기』「항우본기」 집해

동공董公이 82세에 이르자 이내 성후成侯에 봉하였다.

董公八十二, 遂封爲成侯.[14]

—『사기』「고조본기」 정의

항왕이 높은 누각을 지어 태공太公을 위에 올려놓고 한漢왕에게 고하였다. "지금 급히 끌어내리지 않으면 내 태공을 삶아버리리다." 한왕이 말하였다. "나와 항왕은 형제가 되기로 약속하였으니 나의 아버지는 곧 당신의 아버지요. 당신의 아버지를 삶으시겠다면 내게도 국 한 그릇을 나눠주기 바라오."

項王爲高閣, 置太公於上, 告漢王曰 : "今不急下, 吾烹太公." 漢王曰 : "吾與項王, 約爲兄弟, 吾翁卽汝翁, 若烹汝翁, 幸分我一杯羹."[15]

—『태평어람』 184

신창新昌 정장亭長.

新昌亭長.[16]

---

13 항우가 초나라 사람을 비꼬는 자를 죽였다는 내용 뒤에 붙은 육가 인용 주석.

14 『한서』「고제기高帝紀 상」에 따르면 유방은 낙양에 이르렀을 때 "덕에 순응하는 사람이 흥하고 덕에 거스르는 사람은 망한다"는 신성新城의 삼노三老 동공董公의 건의를 받아들인다. 그리하여 항우가 죽인 의제義帝를 위해 전군에 3일간 상복을 입힘으로써 마침내 천하 제후들의 지지를 얻어냈다.

15 유방의 배짱을 읽을 수 있는 사건이지만, 이 사건 때문에 태공太公이 유방의 아버지가 아니라는 주장이 제기되곤 한다.

16 유방의 명장 한신韓信이 어려서 고생한 얘기 중 남창南昌 정장亭長에게 자주 기식했다는 내용에 대한 주석 인용. 「회음후열전」의 남창南昌이 오늘날 강서성의 남창은 아니다. 고대 제도에 따르면 10리里를 1정亭, 10정을 1향鄕이라 하였

—『사기』「회음후淮陰侯열전」 색은

비산卑山.

卑山.[17]

—『사기』「회음후열전」 색은

북곽北郭선생이 회음후에게 혁대를 바치며 말하였다. "소가 사람에게 맡겨져 사용되다가 힘이 다하면 그 가죽도 남기지 못함과 같습니다."

北郭先生獻帶於淮陰侯曰 : "牛爲人任用, 力盡猶不置其革."[18]

—『태평어람』 696

항왕이 무섭武涉으로 하여금 회음후를 설득토록 하는데, 회음후가 말하였다. "신이 옛날엔 항왕을 섬겼으나 지위가 낭중郎中에 불과하였고, 관은 집극執戟에 불과하였습니다. 그런데 초나라를 떠나 한나라로 오니 한왕은 신에게 옥 소반의 음식과 옥 자루의 검을 하사하셨습니다. 신이 그를 배반한다면 내심이 많이 부끄러울 것입니다."

項王使武涉說淮陰侯, 淮陰侯曰 : "臣故事項王, 位不過郎中, 官不過執戟, 及去楚歸漢, 漢王賜臣玉案之食, 玉具之劍, 臣背叛之, 內愧於心也."[19]

—『북당서초』 133; 『예문유취』 69; 『문선』 장평자張平子 「사수시四愁詩」 주; 『태평어람』 710

주상이 동쪽으로 항우를 포위할 때 번쾌가 반란을 일으켰다는 소식

으므로 정장은 촌장보다 한 단계 높은 신분.

17 「회음후열전」의 "좁은 길목 비산萆山을 따라 조나라 군사를 바라본다"는 구절에 대한 색은의 육가 인용. 비산은 오늘날 하북성 석가장石家莊시 서쪽.

18 북곽北郭선생은 춘추시대에 초나라 장왕莊王의 초빙에도 벼슬하지 않는 사람으로 벼슬길을 사양하는 사람에게 자주 쓰인다. 『후한서』「방술전方術傳 · 요부廖扶」의 북곽선생도 같은 용례.

19 무섭武涉은 범증이 화병으로 죽은 뒤 항우의 군사가 된 사람. 집극執戟은 궁정 시위.

을 들었으나 선두 기수 공손융公孫戎이 끝내 반란을 일으키지 않았다고 분명히 해주어 융戎을 2천 호에 봉하였다.

上東圍項羽, 聞樊噲反, 旄頭公孫戎明之卒不反, 封戎二千戶.[20]

—『한서』「왕망전王莽傳 상」 진작晉灼 주

주상이 후공侯公을 봉하려 하였으나 숨어서 다시는 나타나려 하지 않자 이렇게 말하였다. "이 사람은 천하의 변사이다. 그가 있는 곳으로 나라가 기울게 되므로 평국군平國君이라 부르노라."

上欲封侯公, 匿不肯復見, 曰 : "此天下之辨士, 所居傾國, 故號平國君."[21]

—『사기』「항우본기」 정의; 『문선』 육사형陸士衡 「한고조공신송漢高祖功臣頌」 주

노래는 이러했다. "한의 병사들이 이미 땅을 빼앗았으니 사방에 초나라 노랫소리구나. 대왕의 의기가 소진하였으니 천첩이 어디에 삶을 의지하리오."

歌曰 : "漢兵已略地, 四方楚歌聲; 大王意氣盡, 賤妾何聊生."[22]

—『사기』「항우본기」 정의

고제高帝는 처음 제후에 봉하는 사람들에게 모두 단서丹書와 철권鐵券을 하사하고 말씀하였다. "황하가 다 걷어 올려지고 태산이 다 갈아 없어

---

20 모두旄頭는 왕의 행차에 맨 앞에서 깃발을 드는 사람. 왕리기 원본에 공손융명公孫戎明 전체를 이름으로 보고 밑줄 친 것은 착오인 듯하다.

21 팽성彭城에서 유방이 패한 뒤 그의 부친 태공이 항우에게 잡혔다. 유방이 먼저 육가를 보내 설득했으나 항우가 들어주지 않았는데 나중 후공侯公(성명미상)을 보내 설득하니 항우가 귀환시켜 주었다. 육가보다 변론이 뛰어난 사람으로 알려졌으나 그 후 기록에 사라지고 없다.

22 항우가 해하垓下에서 패퇴하고 우虞미인을 곁에 두고 "역발산혜기개세力拔山兮氣蓋世" 자작시를 읊은데 대하여 미인이 화답했다는 내용에 대한 『초한춘추』 인용 정의.

지게 되더라도 한왕실 종묘가 있는 한 너희는 대대로 끊김이 없으리라.”

高帝初封侯者, 皆賜丹書鐵券, 曰: “使黃河如帶, 泰山如礪, 漢有宗廟, 爾無絶世.”[23]

—『태평어람』 598 · 633; 『곤학기문困學紀聞』 12

한나라가 이미 천하를 평정한 뒤 여러 신하들이 적군을 깨뜨리고 적장을 잡은 얘기들을 하는데 죽고 사는 경험이 줄어들 줄 모르는 사람은 강관絳灌과 번쾌였다. 공을 세우고 이름을 날려 용맹한 무신이 되어 대대손손 이어가며 백세토록 기울어지지 않을 사람은 강후絳侯 주발周勃이었다.

漢已定天下, 論群臣破敵禽將, 活死不衰, 絳灌、樊噲是也. 功成名立, 臣爲爪牙, 世世相屬, 百世無邪, 絳侯周勃是也.[24]

—『문선』 유자준劉子駿 「이서양태상박사移書讓太常博士」 주

주상이 팽성에서 패했을 때 설薛땅 사람 정고丁固가 추격해 왔다. 주상은 머리를 산발한 채 돌아보며 “정공 어찌 그리도 심하게 핍박하시오?”라고 말하자, 이내 말을 돌려 가버렸다. 주상이 즉위하고 그간 공적을 나열하면서 주상은 이렇게 말하였다. “항씨가 천하를 잃도록 만든 사람은 바로 너다. 신하가 되어 두 마음을 품었으니 충이 아니다.” 그리고는 하급 관리들을 시켜 그를 때려 죽였다.

上敗彭城, 薛人丁固追上, 上被發而顧曰: “丁公, 何相逼之甚?” 乃廻馬而去. 上卽位, 欲陳功, 上曰: “使項氏失天下者是子也. 爲人臣用兩心, 非忠也.” 使下吏笞殺之.[25]

—『태평어람』 373 · 649

---

23 단서丹書는 면죄 등 세습특권을 기록하여 황제가 내린 문서. 철권鐵券은 쇠로 만든 계약서로 황명으로 만들어 제후들에게 주었다.

24 유방의 천하경략을 도운 강관絳灌이란 무신이 있었던 듯함. 이 구절에 따르면 널리 알려진 강후絳侯와 관영灌嬰 두 사람을 뜻하는 말이 아니다.

25 유방이 즉위한 뒤 정고丁固가 찾아왔을 때 생긴 일.

주상이 허부許負를 명자정후鳴雌亭侯에 봉하였다.

上封許負爲鳴雌亭侯.[26]

—『사기』「주발周勃세가」 색은

정강正疆이 수차례 사건에 대해 하는 말이 타당하여 주상이 수레에 참승參乘하도록 하고 옥검을 풀어 그에게 채워주었다. 천하가 안정되자 내보내 군수로 삼았는데 그를 고발하는 자가 있었다. 주상이 "천하가 막 화급해졌을 때 너는 어디에 있었느냐?"고 물었다. "도망하였습니다"라고 대답하자 주상께서 말하였다. "정강은 서리와 이슬로 목욕을 하며 나와 더불어 종군하였는데, 너는 도망을 하고서 이제 그를 고발하는 것은 무엇 때문이냐?" 그리고 정위廷尉에게 하명하여 코를 베는 의劓형에 처하였다.

正疆數言事而當, 上使參乘, 解玉劍以佩之. 天下定, 出以爲守. 有告之者, 上曰 : "天下方急, 汝何在?" 曰 : "亡." 上曰 : "正疆沐浴霜露, 與我從軍, 而汝亡, 告之何也?" 下廷尉劓.[27]

—『태평어람』 648

회음후와 무왕武王이 반란을 일으키자 주상이 스스로 그를 치러갔는데 장량張良이 행차를 거수居守하였다. 주상의 옥체가 불안하여 온거轀車 속에 누워 3~4리를 행군하였다. 유후留侯 장량이 달려 동쪽에서 쫓아오더니 비녀가 떨어져 산발이 된 채 온거에 이르러 문을 열어젖히고 이렇게 말하였다. "폐하께서 곧 천하를 버리시면 왕으로 장례를 치르고 싶사옵니까, 포의로 장례를 치르고 싶사옵니까?" 주상이 책망하며 "늙은

26 명자鳴雌는 우는 암탉이란 뜻이 있고, 정후亭侯는 제후 가운데 가장 낮은 지위인 것을 보면 농담이 섞인 듯하다.

27 참승參乘이란 수레에 같이 타도록 하는 것. 존자가 왼쪽에 타고 마부는 중앙에 타고 오른쪽에 앉았으므로 '거우車右'라고도 불렀다.

천자이기로서니 어찌하여 왕으로 장례를 치르느니 포의로 장례를 치르느니 한단 말이오?"라고 말하자 장량이 대답하였다. "회남왕이 동쪽에서 반란을 일으키고, 회음후가 서쪽에서 훼방을 하니 폐하께서 산골짜기 곤경 속에서 끝을 볼까 심히 두렵사옵니다."

淮陰武王反, 上自擊之. 張良居守. 上體不安, 臥轀車中, 行三四里. 留侯走, 東追上, 簪墮被發, 及轀車, 排戶曰: "陛下卽棄天下, 欲以王葬乎?以布衣葬乎?"上罵曰: "若翁天子也, 何故以王及布衣葬乎?"良曰: "淮南反於東, 淮陰害於西, 恐陛下倚溝壑而終也."[28]

—『태평어람』 394

사공
謝公.[29]

『시기』「회음후열선」 색은; 『한서』「한신전韓信傳」 주

어찌 그렇겠는가?
豈是乎?[30]

—『사기』「경포黥布열전」 색은

경포가 반란을 일으켰다는 우서羽書가 다다르자 주상께서 대노하였다.
黥布反, 羽書至, 上大怒.[31]

---

28 유방의 공신 주발周勃이 나중 무왕武王 칭호를 받았고 회음淮陰 사람이지만, 여기 회음무왕이란 말은 장량의 뒤 구절과 연계하여 회음후는 한신韓信을, 무왕武王은 회남왕淮南王이었던 경포黥布를 가리킨다. 거수居守는 황제가 출정하거나 순행을 할 때 중신이 수도 혹은 행차를 지키는 것을 말한다. 온거轀車는 누워서 갈 수 있는 일종의 와거臥車.

29 한신에게 죄를 지은 사람이 있어 그를 죽이고자 했다는 구절에 대한 색은의 『초한춘추』 인용.

30 경포가 웃으며 자신이 제왕의 상을 지녔다는 말을 했다는 구절에 대한 색은의 『초한춘추』 인용.

—『문선』 우자양虞子陽 「영곽장군북벌시詠霍將軍北伐詩」 주

하채下蔡의 정장이 회남왕을 꾸짖어 말하였다. "당신은 병거 천승을 낼 수 있는 작위에 봉해져 동남지역에서 온 종일 소출이 있는데, 아직 도적질을 일삼는 경포의 무리만큼 충분치 못해서 그런 것이오? 반란을 일으키다니 어째서이오?"

下蔡亭長詈淮南王曰 : "封汝爵爲千乘, 東南盡日所出, 尙未足黔徒群盜所邪?而反, 何也?"[32]

—『문선』 육사형 「오등론五等論」 주

소하蕭何를 참하라고 고발한 사람.

斬告蕭何者.

—『북당서초』 7

등공滕公은 어마를 몬 사람이다.

滕公者, 御也.[33]

—『사기』 「번역등관樊酈滕灌열전」 색은

공孔장군이 왼쪽에 포진했다.

孔將軍居左.[34]

—『한서』 「고제공신표高帝功臣表」 주

---

31 우서羽書는 새를 이용한 서신으로 우격羽檄이라고도 한다.

32 원문 검도黔盜의 '검'자와 '경黥'자가 고대에 서로 통용되었다는 점에서 경포로 보아야 한다는 주석이 많다. 그러나 『한서』 등 이 무렵 서적들에 그렇게 혼용한 용례가 없다는 점을 들어서 그냥 '검은 머리 백성들'로 해석해야 한다는 주장도 있다.

33 한초 하후영夏侯嬰을 등공滕公에 봉했다.

34 한신이 30만 군대로 항우와 싸우러 해하垓下에 갈 때 좌익을 맡았던 요후蓼侯 공희孔熙.

숙손통叔孫通의 이름은 하何이다.

叔孫通名何.[35]

—『사기』「숙손통叔孫通열전」 집해 · 색은

숙손하가 "신이 세 번 간하여도 따르지 않으시니 청컨대 제 몸으로 그 죄를 감당할까 합니다" 하고 검을 손에 쥐고 자살하려 하였다. 주상께서 자리를 벗어나며 "내 그대 계책에 따라 태자를 바꾸지 않겠소"라고 말하였다.

叔孫何曰："臣三諫不從, 請以身當之." 撫劍將自殺. 上離席云："吾聽子計, 不易太子."[36]

—『사기』「숙손통열전」 색은

네 사람은 위관韋冠을 쓰고, 은환銀環을 찼으며, 의복은 매우 깨끗하였다.

四人冠韋冠, 佩銀環, 衣服甚鮮.[37]

—『후한서』「풍연전馮衍傳」 사호四皓 주

혜제惠帝가 붕어하자 여태후는 분묘를 높게 만들어 미앙궁未央宮에 앉아서도 바라볼 수 있도록 하고자 하였다. 여러 장수들이 간언하였으나 듣지 않자 동양후東陽侯가 눈물을 떨치며 말하였다. "폐하께서 밤낮으로 혜제의 무덤을 보시고 슬픔의 눈물을 그치지 않으신다면 목숨을 잃게 되십니다. 신 등은 차마 그것이 슬프옵니다." 그리하여 태후가 그만두었다.

惠帝崩, 呂太后欲爲高墳, 使從未央宮坐而見之. 諸將諫, 不許. 東陽

35 숙손통은 진나라 박사 출신으로 한고조에 봉사하여 한왕조 의례의 기초를 마련하였다.

36 숙손통은 유방과 여呂태후와의 사이에 난 태자의 태부太傅였다.

37 진나라 말 상산商山에 은거한 동원공東園公, 녹리선생甪里先生, 기리계綺里季, 하황공夏黃公을 '상산 사호四皓'라 한다. 한고조가 장량의 계책으로 흰 눈썹과 흰 수염의 이들을 만나고 태자 폐위의 뜻을 접었다.

侯垂泣曰 : “陛下日夜見惠帝冢, 悲哀流涕無已, 是傷生也. 臣竊哀之.” 於是太后乃止.[38]

—『예문유취』 35; 『태평어람』 457 · 488 · 557

전자춘田子春이 장경張卿에게 말하였다. “유택劉澤이 종가입니다.”

田子春說張卿云 : “劉澤, 宗家也.”[39]

—『사기』 「연왕燕王세가」 색은

조趙의 중대부中大夫가 말했다. “신은 월越왕 구천句踐이 소갑素甲으로 3갑三甲을 살았다고 들었습니다.”

趙中大夫曰 : “臣聞 : 越王句踐, 素甲三甲.”[40]

—『문선』 반안인潘安仁 「관중시關中詩」 주

오吳 태자의 이름은 현賢, 자는 덕명德明이다.

吳太子名賢, 字德明.[41]

—『사기』 「오왕비吳王濞열전」 색은

한韓왕 신도信都.

韓王信都.[42]

—『사기』 「한왕신韓王信열전」 색은; 『한서』 「공신표功臣表」 주; 『사통史通』 「잡설雜說 상」

---

38 동양후東陽侯는 나중 흉노 토벌에 이름을 날렸던 장상여張相如로 태자의 태부였다.

39 제나라 사람 전생田生은 전 재산을 털어 그림을 사서 영릉후營陵侯 유택劉澤의 환심을 샀고, 그가 준 돈으로 나중 여呂태후를 설득해 크게 출세한 뒤 유택을 낭야왕琅邪王에 오르게 만들었으며 자기도 성공하였다.

40 소갑素甲은 가죽이 아닌 명주로 만든 흰 갑옷.

41 황태자가 공손하지 못한 오吳 태자에게 바둑판을 던져 죽인 사건을 기록한 부분에 대한 색은의 『초한춘추』 인용문.

42 한왕韓王 신信은 원래 한 지역 사도司徒였다. 다른 책에는 모두 그냥 '신'으로 되어 있는데 『초한춘추』에는 신도信都로 쓰여 있다. 오류인 듯하다.

청양후清陽侯 왕흡王隆.

清陽侯王隆.[43]

—『사기』「고조공신연표」 색은

음릉陰陵.

陰陵.[44]

—『사기』「고조공신연표」 양릉후陽陵侯 부관傅寬조 색은

이름은 분濆.

名濆.

—『사기』「고조공신연표」 박양후博陽侯 진비陳濞조 색은

야후夜侯 충달蟲達.

夜侯蟲達.[45]

—『사기』「고조공신연표」 색은

남궁후南宮侯 장이張耳.

南宮侯張耳.[46]

—『사기』「고조공신연표」 색은

43 육가의 『초한춘추』와 『사기』 『한서』의 공신 배치 등이 일부 다르다. 이는 육가는 고조 초기에 정한 18후侯를 중심으로 기술했으나, 『사기』와 『한서』는 나중 여후呂后의 명으로 진평陳平이 배열한 143명의 열후를 기록하였기 때문인 듯하다. 이하 「고조공신연표」 내용은 같다.

44 춘추시대 초나라의 읍성. 항우가 패배하여 길을 잃었던 곳. 현재 안휘성 정원定遠현 서북.

45 야현夜縣은 동래東萊군에 속하며, 충달蟲達의 나중 봉호는 곡성어후曲城圉侯였다.

46 장이張耳는 대량大梁 사람으로 평민시절 유방과 사귀었다. 처가의 재력을 동원해 유방을 도왔다.

빙성후憑成侯.

憑成侯.[47]

—『사기』「괴성후蒯成侯열전」 색은

47 괴성후의 성은 주周, 이름은 설緤. 『사기』엔 괴蒯, 『한서』엔 붕鄘이라고 되어 있는데 『초한춘추』에 빙憑이라고 되어 있음은 고대어의 유사한 발음체계 때문인 듯하다.

3. 서록

書錄

설명 왕리기 『교주』엔 육가 관련 기사가 들어 있는 고대 문헌들을 그 내용과 함께 매우 상세히 설명하고 여러 자료를 동원하여 '변증辨證'을 하고 있다. 본문의 주석들과 중복되는 내용도 많고 문헌학 분야의 지식을 담은 것이 대부분이어서 여기서는 전체를 옮기지 않는다. 저자, 서명, 편명만 명기하고 어느 시대 작품인 것인지만 밝혀 육가 연구자들에게 참고로 제공코자 한다.

후한後漢 왕충王充, 『논형論衡』「초기超奇」·「서해書解」·「안서案書」·「대작對作」편
후한 반고班固, 『한서漢書』「서전敘傳 상」「답빈희答賓戲」, 『한서』「고제기高帝紀 하」
후한 공융孔融, 『후한서』「유림儒林 하·사해전謝該傳」「상서천사해上書薦謝該」
진晉 육희陸喜, 『진서晉書』「육희전」「자서自序」
남조南朝 양梁 유협劉勰, 『문심조룡文心雕龍』「제자諸子」·「재략才略」편
남송南宋 황진黃震, 『황씨일초黃氏日鈔』 권56
원元 양유정楊維禎, 『거지부족재총서據知不足齋叢書』본 「산거신화서山居新話序」
명明 전복錢福, 「신간신어서新刊新語序」(李廷梧본·程榮본)

명 도목都穆, 「신어후기新語後記」(이정오본 · 정영본)

명 「육자제사陸子題辭」(字彙본)

명 호유신胡維新, 「각양경유편서刻兩京遺編序」

명 범대충范大沖, 「육가신어서陸賈新語序」

명 귀유광歸有光 수집, 『제자휘함諸子彙函』에 전하는(권14) 「운양자雲陽子제사題辭」

명 민경현閔景賢 편, 『제자짐숙諸子斟淑』 「신어제사新語題辭」

청淸 장림臧琳, 『경의잡기經義雜記』 19 「기한위총서記漢魏叢書」

청 여가석余嘉錫, 『사부제요변증四庫提要辨證』 권10 「자부子部－유가류儒家類」 「사고전서총목제요四庫全書總目提要」(余嘉錫의 상세한 辨證이 단락마다 붙어 있음)

청 왕모王謨, 「한위총서식어漢魏叢書識語」 · 『한위총서漢魏叢書』 「신어총평新語總評」

청 주광업周廣業, 「의림부주意林附注」

청 장학성章學誠, 『교수통의校讐通議』

청 엄가균嚴可均, 『철교만고鐵橋漫稿』 권5, 「신어서新語敍」

청 주중부周中孚, 『정당찰기鄭堂札記』 1

청 대언승戴彦升, 「육자신어서陸子新語序」(宋翔鳳, 『浮溪精舍叢書』 「新語校本序」)

청 송상봉宋翔鳳, 『부계정사총서』 「신어」 「신어교본제기新語校本題記 이칙二則」(송상봉 校本에 있음)

청 황식삼黃式三, 『경거집儆居集』 4 「독자집讀子集 1」 「독서간육씨신어讀徐栞陸氏新語」

청 담헌譚獻, 『복당일기復堂日記』 권4

청 왕지창汪之昌, 『청학재집靑學齋集』 권23 「서신어후書新語後」

민국民國 당안唐晏, 「육가신어교주서陸子新語校注序」 · 『용계정사龍溪精舍』 「육자신어교주발陸子新語校注跋」(교간본, 1917)

4. 『사기』 · 『한서』 「육가전」 합동주석

『史記』·『漢書』「陸賈傳」合注

설명 전한 사마천의 『사기』 권97 「역생육가열전酈生陸賈列傳 37」과 후한 반고의 『한서』 권43 「역육주류숙손전酈陸朱劉叔孫傳 13」에 기록된 내용 가운데 육가 부분을 뽑아 합하였다. 『한서』의 관련 기록은 대부분 『사기』의 것을 거의 그대로 채택하고 있으므로, 여기선 『사기』의 내용을 위주로 하고 『한서』 관련 내용, 『사기』의 색은 및 정의, 왕리기의 『교주』 등을 참고하여 번역하면서 간결한 역주를 달아준다.

육가는 초나라 사람이다. 객경 신분으로 한 고조를 따르며 천하를 평정하였는데, 변론에 능한 선비란 명성을 얻었으며 고조의 좌우에 머물며 자주 제후국에 사신으로 나갔다.

陸賈者,[1] 楚人[2]也. 以客從高祖定天下, 名爲有口辯士,[3] 居左右, 常使

1 『한서』에는 '자者'자가 없다.

2 육씨의 족보에 따르면 전국시대 전씨田氏 제나라 선왕宣王이 아들을 평원平原군

諸侯.

한 고조에 이르러 중국이 처음 평정되었을 때 남월南越의 위尉 조타趙他는 남월을 평정하고 스스로 왕이 되었다. 고조는 육가를 사신으로 보내 위 조타에게 남월왕이란 인수를 하사케 하였다. 육가가 도착하니 위 조타는 맨상투에 가랑이를 쩍 벌리고 육가를 맞이했다. 육가는 이에 조타에게 나아가 말했다. "족하는 중국인이며, 부모형제의 분묘가 중국의 진정眞定에 있습니다. 그런데 지금 족하는 천성에 반하여 의관정제를 버리고 조그만 월 땅을 가지고 천자와 대항하며 적국으로 삼고자 하니 그 재앙이 금방 신변에 미칠 것이오. 게다가 진나라가 정치에 실패하고 제후호걸들이 곳곳에서 일어났으나 오직 한왕만이 관중에 들어가 함양을 점거하였습니다. 항우項羽가 약속을 어기고 자립하여 서초패왕西楚霸王이 되고 제후들이 모두 그에게 복속하여 최강이라고 할만 했습니다. 하지만 한왕께서는 파巴・촉蜀 지역에서 일어나 천하를 위해 채찍을 들고 제후들을 휘어잡고 마침내 항우를 죽여 멸망시켰습니다. 5년 사이에 국내를 다 평정하였으니 이는 사람의 힘이 아니라 하늘이 세우신 바이오. 천자께선 군왕이 남월의 왕을 칭하면서 천하를 도와 포악한 역적들을 주멸하지 않음에 대해 듣고 계시며, 뭇 장수와 관료들은 군대를 움직여 왕을 치고자 합니다. 천자께선 백성들이 다시 힘들어질까 근심하셔서 잠시 군사를 멈추시고 신을 사자로 파견하여 군왕께 인수를 주고 부절을 쪼개 사신을 교통하라고 하셨습니다. 군왕께선 의당 교외에 나와 영접하고 북면하여 칭신하여야 함에도 이제 새로 세워 결집도 안 된 월나라를 믿고 여기서 이렇게 굴강하게 나오려 하는군요. 한왕실에서 이 소식을 듣고서

육陸향에 봉한 것이 시작이라 하며, 육가의 자손이 장강을 넘어 오吳군 오현에 산 것이라 한다. 한편 융戎족 계열의 육혼씨陸渾氏가 원류인데, 춘추시대 진晋에 의해 멸망당하면서 초楚로 망명했다는 설도 있다.

3 『한서』에는 '사士'자가 빠져 있다.

왕 선조들의 무덤을 파 불태우고 동족들을 주멸시키고 한 두 비장들에게 10만 병사로 월나라를 치도록 한다면 월 사람들이 왕을 죽이고 한에 항복하려 할 것인데, 이는 손바닥 뒤집듯 쉬운 일이오."

及高祖時,[4] 中國初定, 尉他[5]平南越, 因王之. 高祖使陸賈賜尉[6]他印爲南越王. 陸生[7]至, 尉他魋結箕倨[8]見陸生. 陸生因進[9]說他曰: "足下[10]中國人, 親戚[11]昆弟墳墓在眞定[12] 今足下反天性, 棄冠帶,[13] 欲以區區之越與天子抗[14]衡爲敵國, 禍且及身矣. 且夫秦失其政,[15] 諸侯豪桀並起, 唯[16]漢王先入關, 據咸陽. 項羽倍約,[17] 自立爲西楚霸王,[18] 諸侯皆屬, 可

---

4 『한서』에는 '급고조及高祖' 세 글자가 빠져 있다.

5 '타他'를 '타佗'로 쓴 곳도 있다. 조趙씨로 진정眞定 사람. 남해위南海尉 임효任囂 사후 위尉 직무를 수행하였으며, 진나라가 멸망하자 계림桂林, 상군象郡 등을 합병하고 남월무왕南越武王이 되었다.

6 『한서』에는 육가의 '육陸'자와 이 '위尉'자가 없다.

7 『한서』엔 '생生' 대신 '가賈'로 쓰여 있다. 한대 이래 유학자들은 '생生'이란 말을 붙여 불렀는데, '선생先生'이란 말의 약칭이었다. 때론 '선先' 한 글자만 쓰는 경우도 많았다.

8 퇴결魋結은 북상투로 몽치처럼 머리를 묶는 것. 기거箕倨는 기거箕踞로 가랑이를 키처럼 벌리고 거만하게 걸터앉아 있는 것.

9 『한서』엔 '진進'자가 없다.

10 진·한 이래 천자에겐 폐하陛下, 황태자에겐 전하殿下라 불렀다. 장군에겐 휘하麾下, 사자에겐 절하節下나 곡하轂下, 2천 석 이상의 장관이나 자사에겐 각하閣下, 부모에겐 슬하膝下라 하였으며 일반적으론 족하足下라 부른다. 『사기』에 등장하는 족하는 전국시대 선비들이 상서를 올리거나 군주 앞에서 논쟁할 때 상대를 비판하면서 족하란 표현을 많이 썼다.

11 고대엔 부모를 친척親戚 혹은 친親이라 불렀다. 『춘추』「소공昭公 20년」, 『묵자』「절장節葬」편 등에 용례.

12 진정眞定은 조趙나라에 있으며, 본래 명칭은 동원東垣.

13 '관'은 모자, '대'는 혁대. 의관을 정제한 모습을 말하는 것으로 관대를 하면 화족華族 즉 문명의 중국이고, 관대를 하지 않는 이적과 구분시켰다.

14 『한서』에는 '항伉'자로 쓰여 있다.

15 『한서』에는 '정正'자로 쓰여 있다. '정正'은 '정政'과 통한다.

16 『한서』에는 '유惟'자로 쓰여 있다. '유唯'와 '유惟'는 서로 통한다.

17 『한서』에는 항우 대신 항적項籍으로 되어 있으며, 배倍 대신 서로 통하는 글자인 배背자로 쓰여 있다.

18 『사기』「항우본기」에 따르면 항우는 팽성彭城에 도읍을 정하고 그 서쪽 9군의

謂至强.[19] 然漢王起巴、蜀, 鞭笞天下, 劫略諸侯,[20] 遂誅項羽滅之.[21] 五年之間, 海內平定. 此非人力, 天之所建也. 天子聞君王王南越, 不助天下誅暴逆,[22] 將相欲移兵而誅王; 天子憐百姓新勞苦, 故[23]且休之, 遣使臣授君王印, 剖符通使. 君王宜郊迎, 北面[24]稱臣, 迺欲以新造未集之越, 屈强[25]於此. 漢誠聞之, 掘燒王先人冢,[26] 夷滅宗族,[27] 使一偏將[28]將十萬衆臨越, 則[29]越殺王降漢, 如反復手耳."

그래서 위 조타는 급기야 일어나 바로 앉으며 육가에게 사과하며 말하였다. "만이 땅에 산지 너무 오래되어 정말 실례를 했습니다." 그리고는 육가에게 "나와 소하蕭何, 조참曹參, 한신韓信과 비교하면 누가 더 현명하오?"라고 물었다. 육가가 "왕께서 더 현명한 것 같소"라고 대답하자 다시 물었다. "나와 황제와 비교하면 누가 더 현명하오?" 육가가 대답하였다. "황제께선 풍豊・패沛에서 일어나 포악한 진나라를 토벌하고 강력한

서초西楚패왕을 칭하였다. 팽성의 동쪽인 동해東海, 오吳, 광릉廣陵을 동초라 하고 형산衡山 이남을 남초라 한다.

19 『한서』엔 '강强'자 다음에 '의矣'자가 있다.

20 『한서』엔 '겁제후劫諸侯'로 쓰여 있다. 역사 사실로 볼 때 유방이 다섯 제후들의 병사 56만 명의 지휘권을 휘어잡고 항우의 팽성에 입성한 사실로 보아, '겁략劫略'을 제후들을 공략했다는 의미라기보다 휘어잡아 거느렸다는 의미로 해석함이 옳다.

21 『한서』엔 '멸지滅之' 두 글자가 없다.

22 『한서』엔 이 구절 앞에 '이而'자가 있다.

23 『한서』엔 '고故'자가 없다.

24 남면南面은 군주가 신하를 대하는 자리 위치. 상대적으로 신하는 북쪽을 향해 북면北面한다.

25 유순하게 복종하지 않음을 '굴강屈强'이라 한다.

26 『한서』에는 '총冢' 아래 '묘墓'자가 있다.

27 『한서』엔 '이종종족夷種宗族'이라 쓰여 있다. 이 경우 해석이 안 된다. 여기서 '이夷'는 '평정시킨다, 제거한다'는 의미.

28 편장偏將은 한 편에서 보좌하는 장수란 의미의 편비偏裨 장수. 한왕실에서 대장군을 보내지 않고도 쉽게 굴복시킬 수 있음을 드러내기 위한 말.

29 『한서』엔 '즉卽'으로 쓰여 있다. '즉則'과 '즉卽'은 서로 통하는 글자.

초나라를 주멸하였으며, 천하를 위해 이로움을 배가하고 해악을 제거하였으며, 5제와 3왕의 업적을 계승하여 중국을 통괄하고 계십니다. 중국은 인구가 억을 헤아리고 땅은 사방 만 리에 이르며, 천하의 기름진 땅을 차지하고 사람은 많고 차량은 남아돌며, 만물이 은성한데 정치가 한 집안에서 나오고 있으니 천지개벽 이래 일찍이 그런 경우가 없었습니다. 지금 왕께선 무리가 불과 수십만인데다 모두 만·이이며, 산과 바다 사이 험준한 지형에 있으나 비유하자면 한나라의 한 군과 비슷합니다. 왕이 어찌 한왕실에 비견한단 말이오!" 위 조타가 크게 웃으며 말하였다. "내 중국에서 기병하지 않았기에 여기서 왕 노릇을 하는 것이오. 내 중국에서 살았더라면 어찌 한왕실만 못하였겠소?" 그에 육가를 크게 기꺼워하여 곁에 머무르게 하고 몇 개월을 더불어 먹고 마시며 이렇게 말하였다. "월나라 안에는 더불어 얘기할 만한 사람이 없었는데, 선생이 오고부터 난 날마다 들어보지 못한 일들을 듣게 되었소이다." 육가에게 주머니 속에 천금 값어치가 있는 물건을 넣어 하사하기도 하고, 달리 보내는 것 또한 천금에 상당하였다. 육가는 마침내 위 조타를 남월왕에 제수하고 한에 칭신하고 한왕실의 맹약을 받들도록 하였다. 돌아와 보고하니 고조는 크게 기뻐하며 육가를 태중대부太中大夫에 제수하였다.

於是尉[30]他迺蹶然起坐, 謝陸生[31]曰 : "居蠻、夷中久, 殊失禮義." 因問陸生曰 : "我孰與蕭何、曹參、韓信賢?" 陸生曰 : "王似賢."[32] 復[33]曰 : "我孰與皇帝賢?" 陸生曰 : "皇帝起豐、沛, 討暴秦, 誅彊楚, 爲天下興利除害, 繼五帝、三王之業, 統理中國.[34] 中國之人以億計, 地方萬里, 居天下之膏腴, 人衆車轝, 萬物殷富, 政由一家, 自天地剖泮,[35] 未始有

30 『한서』에는 '위尉'자가 없다.
31 『한서』에는 '육가陸賈'로 쓰여 있다.
32 『한서』에는 끝에 '야也'자가 더 있다.
33 『한서』에는 '복復' 아래 '문問'자가 있다.
34 『한서』에는 '통천하統天下, 리중국理中國'이라 한다.
35 『한서』에는 '반泮'이 '판判'자로 쓰여 있다. '부반剖泮'은 가르다는 의미로 개벽

也.[36] 今王衆不過數十萬,[37] 皆蠻、夷, 崎嶇山海閒, 譬若[38]漢一郡, 王何乃比於漢!" 尉他大笑曰:"吾不起中國, 故王此. 使我居中國, 何渠[39]不若漢?" 迺大說[40]陸生, 留與飮數月. 曰:"越中無足與語, 至生來, 令我日聞所不聞." 賜陸生槖[41]中裝直千金, 他[42]送亦千金. 陸生卒拜尉他爲南越王,[43] 令稱臣奉漢約.[44] 歸報, 高祖大悅,[45] 拜賈爲太中大夫.[46]

육가가 시시로 고조 앞에 나가 『시경』·『서경』 구절을 칭송하며 말하자 고조는 이렇게 책망하였다. "이 늙은이는 말 위에 살며 천하를 얻었는데 어떻게 『시경』·『서경』 따위를 섬기겠소!" 육가가 말하였다. "말 위에 살며 천하를 얻었다고 하여 설마 말 위에서 천하를 다스릴 수 있다고 생각하십니까? 하물며 은나라 탕湯왕과 주나라 무武왕은 이치를

을 뜻한다.

36 『한서』에는 '미상유야未嘗有也'로 되어 있다.

37 『한서』에는 '수만數萬'으로 쓰여 있다.

38 『한서』에는 '약若'이 '여如'로 쓰여 있다.

39 『한서』에는 '거渠'가 '거遽'로 쓰여 있다. 고전엔 '하거何遽'라는 용례가 많이 나온다(『묵가』「公孟」, 『회남자』「人間訓」 등). 이 경우 '거遽' 또한 '어찌 하何'와 같은 의미를 지닌다.

40 '애열愛悅' 즉 기뻐하며 아낀다는 의미.

41 보석을 담은 주머니를 이름하며 작은 것을 '탁槖', 큰 것을 '낭囊'이라 부른다. 전대 같은 것에 진귀한 보석을 담아 선물로 주었다는 의미.

42 조타의 '타'로 읽는 해석도 있으나, 여기선 '탁에 담지 않은 선물'이란 의미로 보아야 뜻이 통한다. 『한서』에는 다르다는 의미의 '타它'자로 쓰여 있다.

43 『한서』엔 '가졸배타위남월왕賈卒拜他爲南越王'이라 한다. 『한서』「고제기高帝紀 하」에 따르면 이 지역은 월粵사람들과 잡박하게 섞여 살았을 것으로 추정되나, 계림, 상군, 남해 3군을 지배하며 월인들의 습속과 다른 중국문화를 지킨 왕으로 남월왕을 보고 있다.

44 처음 장수들이 만나 진나라 수도 함양에 입성하여 관중을 평정한 자가 왕이 되자고 맹약한 계약을 말한다. 유방의 한이 승리하였으므로 한을 왕으로 받들게 되었다는 뜻.

45 『한서』에는 '열說'로 쓰여 있다.

46 『속한서續漢書』「백관지百官志 2」에 따르면 태중대부太中大夫의 작록은 천 석이었다.

거스르고 (힘으로) 취하였으나 이치에 순응하여 (덕으로) 천하를 지켰습니다. 문무의 겸용이야말로 장구히 유지할 수 있는 통치술입니다. 옛날 오吳나라 왕 부차夫差와 진晉나라 지백智伯은 무를 극단적으로 신봉하다 멸망했습니다. 진秦나라는 모든 것을 형법에만 맡기고 변통할 줄을 몰라 끝내 조씨趙氏 종실이 무너지고 말았습니다. 가령 진나라가 천하를 병합한 뒤 인의를 행하고 선왕성인을 본받았다면 폐하께서 어떻게 천하를 얻을 수 있었겠습니까?" 고조는 웃음을 거두고 부끄러운 기색을 띠더니 육가에게 이렇게 주문하였다. "나를 위해 진이 천하를 잃게 된 까닭과 내가 천하를 얻게 된 까닭, 그리고 예로부터의 국가적 성공과 실패에 대하여 글을 한 번 써주시오." 이에 육가가 국가 존망의 증험에 대하여 거칠게 서술하여 모두 12편을 써냈다. 매 1편씩 상주할 때마다 고조가 칭찬하지 않은 적이 없었으며, 좌우 신하들은 만세를 불렀는데 그 책 이름을 『신어新語』라 부른다.

陸生時時前說稱詩、書. 高帝罵之[47]曰："迺公[48]居馬上而得之,[49] 安事詩、書!" 陸生曰："居馬上得之, 寧可以馬上治之[50]乎?且湯、武逆取而以順守之, 文武並用, 長久之術也.[51] 昔者, 吳王夫差[52]、智伯[53]極武

47 한 고조 유방은 미천한 평민 출신으로 입이 거친 사람이다. 『사기』의 기록 곳곳에 그가 유생들을 좋아하지 않고 거칠게 욕하는 장면이 많다.

48 보통 '공公'은 타인에 대한 경칭으로 쓰이나 여기선 내迺와 결합해 '그대가 섬기는 이 공公', '이 늙은이'로 번역 가능. 사마천이 당시의 생생한 말투를 그대로 드러내 표현한 어투. 보편적으론 '짐朕'이라고 하는데 그 경우 어감이 살아나지 않으며, 육가와 한 고조와의 관계도 잘 드러나지 않는다.

49 『한서』엔 중간의 '이而'자가 없으며, 앞의 '내迺'자는 '내乃'로 쓰여 있다.

50 『한서』엔 '지之'자가 없다.

51 이 한 문장은 육가의 정치철학이 농축되어 있다. 역취순수逆取順守는 치세의 원리원칙을 문文의 덕치로 보는 유가사상에 바탕을 두고 '역'은 도덕에 거스르는 힘, '순'은 도덕에 순응하는 것으로 번역한다. 뒤의 문무겸용이 증거.

52 부차夫差는 오吳왕 합려闔閭의 아들로 용병을 좋아해 월越나라를 무너뜨렸으나 전쟁에만 치우쳐 마침내 와신상담한 월의 구천句踐에게 멸망당했다.

53 지백智伯은 춘추시대 진晉나라의 최고 대부인 순요荀瑤로 승리만 탐하다가 마침내 한韓·위魏·조趙 세 대부의 연합세력에게 멸문을 당하고 말았다.

而亡. 秦任刑法不變, 卒滅趙氏.[54] 鄕[55]使秦已[56]並天下, 行仁義, 法先聖, 陛下安得而有之?" 高帝不懌而[57]有慙色, 迺[58]謂陸生曰 : "試爲我著秦所以失天下, 吾所以得之者何,[59] 及古成敗之國."[60] 陸生迺粗述存亡之徵, 凡著十二篇. 每奏一篇, 高帝未嘗不稱善, 左右呼萬歲,[61] 號[62]其書曰新語.

한 혜제惠帝 때 여呂태후는 권력행사를 하며 여러 여씨들을 왕으로 봉하려들었는데, 대신들과 변론에 능한 자가 있을까 두려웠다. 육가는 그와 다툴 수 없다고 생각하고 병을 빙자하여 관직에서 물러나 집안에 머물렀다. 호치好畤현의 전답이 비옥하여 집안 살림을 잘 꾸릴 수 있었다. 아들이 다섯 있었는데, 월나라에 사신으로 갔을 때 얻은 주머니 속에 간직된 보물을 꺼내 천금에 팔아 아들들에게 나누어주니 아들마다 2백금이어서 그것으로 생업을 삼아 살도록 하였다. 육가는 자주 네 필이 말이 끄는 수레에 편히 앉아 노래하고 춤추고 금슬을 연주하는 시자들

54 여기서의 조趙씨는 진秦의 원조 성씨를 뜻한다. 진시황의 성은 영嬴이지만, 원조상은 익益의 후예로 조보造父 때 공로가 있어 목공穆公에 의해 조성趙城에 봉해졌으므로 조씨이다. 진시황의 아버지 장양왕莊襄王이 조나라에 인질로 있다가 돌아갈 때도 조씨로 불렸다.

55 향鄕은 향向. 향사向使는 '가사假使(혹은 가령) ~하더라도' 의미.

56 『한서』에는 '이已'가 아니라 '이以'로 쓰여 있다.

57 『한서』에는 '이而'자가 없다.

58 『한서』에는 '내迺'자가 없다.

59 『한서』에는 '하何'자가 없다.

60 문법상 '국國'자보다 까닭이란 의미에서 '고故'자가 합당. 『한기漢紀』에 '고'로 되어 있다. 『교주』, 237쪽 참조.

61 '만세萬歲'란 말은 『여씨춘추呂氏春秋』 등에 따르면 당상 당하 사람 모두에게 경하하는 말로 쓰였다. 『한비자』에는 군주의 천추만세를 기원하는 의미로도 나온다. 술을 마시며 서로 장수하길 기원하며 경축하는 의미로 쓰이던 만세는 민간과 궁전에서 같이 쓰인 듯하다. 후래에 황제에 대한 존칭으로 '만세'가 쓰였음에도 민간에선 고쳐지지 않고 쓰였는데, 당나라 말에 이르러 민간에서 사용하지 못하도록 막았다.

62 『한서』엔 '호號'가 아니라 '칭稱'으로 쓰여 있다.

10명을 따르게 하였으며, 갖고 다닌 보검은 백금의 값어치가 있었는데, 아들들에게 이렇게 말하였다. "내 너희와 약조를 하마. 내가 너희 집에서 묵는 동안 너희는 내 사람들과 말에게 술과 음식을 주되 그들이 원하는 대로 해주어야하며 열흘마다 집을 바꿔가겠다. 내가 뉘 집에서 죽으면 보검과 수레·말·시종들은 그 집에 주겠다. 1년이면 다른 손님댁도 왕래해야 하므로 많아야 두세 번을 넘지 않을 것이니 때마다 신선한 음식을 제공하고 오래 되어도 나에게 싫증을 내지 말거라."

孝惠帝[63]時, 呂太后[64]用事, 欲王諸呂, 畏大臣[65]有口者, 陸生自度[66]不能爭之, 迺病免家居.[67] 以好畤[68]田地善, 可以家焉.[69] 有五男, 迺出所使越得[70]橐中裝, 賣千金,[71] 分其子, 子二百金, 令爲生產.[72] 陸生常安車駟馬, 從歌舞鼓琴瑟侍者十人,[73] 寶劍直百金, 謂其子曰 : "與汝約 :

---

63 유방의 아들 유영劉盈. 한은 국가 이데올로기로 효도를 강조하여 이때부터 황제 명칭 앞에 '효孝'자를 붙이기 시작했다. 혜제惠帝는 B.C. 194년에서 B.C. 188년까지 7년 즉위하고 인정을 펼쳤으나 모친 여呂태후의 핍박 하에 있다가 24세에 요절했다. 『한서』엔 '제帝'자가 없다.

64 여태후의 본명은 여치呂雉, 유방의 정실부인으로 남편을 도와 천하경략을 돕고 한왕실의 안정에 큰 공을 세웠으나, 아들 혜제를 조종하고 혜제 사후 8년간의 실질적인 통치를 하면서 잔인한 살육으로 여씨呂氏 천하를 구상하다 병사하였다(B.C. 180).

65 한 고조는 대신들에게 유씨 외에 왕을 칭하는 사람이 있으면 모두 합심하여 주살하라고 유언하고 대신들의 약속을 받았는데, 여태후는 이를 거역하고 여씨들을 왕으로 봉했으니 대신들의 반발이 많았다. 『한서』엔 '신臣' 아래에 '급及'자가 있다.

66 헤아린다는 의미에서 '탁度'으로 읽는다.

67 『한서』엔 '내병면乃病免'이라 쓰여 있다.

68 호치好畤는 옹주雍州에 있으며 오늘날 섬서성 건현乾縣 서북.

69 이 구절이 『한서』에선 '왕가언往家焉'이라 되어 있다.

70 『한서』엔 '득得'자가 없다.

71 한나라 제도에 따르면 1금金은 1,000관貫.

72 당시로 보면 농토의 경영을 뜻하는 것으로 여태후의 의혹을 사지 않고 집안을 지켜내기 위한 육가의 고심을 읽을 수 있다.

73 『한서』엔 종가고슬시자십인從歌鼓瑟侍者十人이라 쓰여 있어 금琴하는 시종과 무舞하는 시종이 빠져 있다.

過汝, 汝給吾人馬酒食, 極欲,[74] 十日而更.[75] 所死家, 得寶劍車騎侍從者. 一歲中[76]往來過他客, 率不過再三過,[77] 數見不鮮,[78] 無久慁公爲也."[79]

여태후 때 여러 여씨들을 왕에 봉하였는데 여씨들이 권력을 전횡하고 어린 주상의 지위를 빼앗고자 하니 유씨 천하가 위태로워졌다. 우승상 진평陳平은 이를 걱정하였으나 힘으로 다툴 수가 없고 화가 제 몸에 미칠까 두려워 항상 집에 기거하며 깊이 고민하였다. 육가가 와 뵙기를 청하더니 곧추 들어와 앉는데 진 승상은 방금 깊은 고민을 하다가 불시에 육가를 보게 된 것이다. 육가가 "무슨 고민이 그렇게 깊으시오?"라고 묻자 진평은 "선생은 내가 무슨 고민을 한다고 추측하시오?"라고 말하였다. 육가가 대답하였다. "족하께선 지위가 최고 재상이며 식읍 3만 호의 제후이니 더 욕심낼게 없는 지극히 부귀한 사람이라 할 수 있습니다. 그런데도 근심걱정이 있다는 것은 그저 여씨들과 어린 주상 때문 아니겠어요?" 진평이 "그렇소. 어찌해야 한단 말이오?"라고 묻자 육가가 말하였다. "천하가 안정되면 민의는 승상을 따를 것이고, 천하가 위태로우면 민의는 장군을 따를 것입니다. 장군과 승상이 화합협조하면 선비들이 힘써 의지해올 것이고, 선비들이 힘써 의지해오면 천하에 변고가 있

74 『한서』엔 '극음極飮'이다.
75 대접을 열흘마다 바꾸어 하라는 말이 아니라 다른 아들집으로 바꾸어 행차하겠다는 뜻.
76 『한서』엔 '중中' 아래 '이以'자가 있다.
77 『한서』엔 '삼三'자가 없다.
78 『한서』엔 '삭격선數擊鮮'이다. '선鮮'은 새로 잡은 신선한 고기.
79 『한서』엔 '무구혼녀위야毋久溷女爲也'이다. '여女'는 '너 여汝', '혼溷'이 '욕을 본다'는 뜻이니 이대로 하면 '너희들을 오랫동안 어렵게 힘들게 하지 않겠다'는 의미에 가까우나, 『사기』처럼 '싫증을 낸다'는 뜻으로 '흔慁'을 쓰고 육가가 자신을 지칭하는 말로 '공公'을 썼다면 '나에 대해 싫증을 내지 말아 달라'는 뜻이 된다.

다 하더라도 권력이 분산되지 않을 것이오. 사직을 위한 계책은 두 분의 장악 하에 달렸습니다. 신은 항상 태위太尉 강후絳侯에게 이 말을 하고 싶었습니다만 강후는 나와 농담을 하며 내 말을 가벼이 여기었소. 군께서는 어찌하여 태위와 기쁨을 나누고 서로 긴밀한 연결을 갖지 않소이까?" 그리고 진평을 위해 여씨와 관련한 여러 가지 일을 기획하였다. 진평은 그 계책을 활용해 5백금을 보내 강후에게 축수하고, 풍성한 음식을 갖춰 즐거이 마셨는데, 태위 또한 마찬가지로 그에게 보답하였다. 이렇게 두 사람이 서로 긴밀하게 연결되니 여씨들의 모의가 날로 세력을 잃게 되었다. 진평은 이에 노비 100명과 거마 50승, 전錢 5백만百萬을 육가에게 음식비용으로 보내었다. 육가는 이로써 한나라 조정 공경대신들 사이에 교유하며 명성이 매우 자자해졌다.

呂太后時, 王諸呂, 諸呂擅權, 欲劫少主,[80] 危劉氏. 右丞相陳平患之, 力不能爭, 恐禍及己, 常燕居深念,[81] 陸生往請,[82] 直入坐, 而陳丞相[83]方深念,[84] 不時見陸生.[85] 陸生曰: "何念之[86]深也?" 陳[87]平曰: "生揣我何念?" 陸生曰: "足下位爲上相,[88] 食三萬戶[89]侯, 可謂極富貴無欲矣. 然有憂念, 不過患諸呂、少主耳." 陳平曰: "然. 爲之柰何?" 陸生曰: "天

80 한 혜제 사후 여태후는 데려온 아이를 황제에 앉히고 권력을 도맡으니 이가 전소제前少帝이고 나중 상산常山왕 유의劉義를 옹립하니 그가 후소제後少帝인데 이때부터 여태후는 황제와 다름없는 실질적 정치권력을 행사하였다.
81 『한서』엔 '상常'자 앞에 '평平'이 붙어 있다.
82 『한서』엔 "가왕賈往, 불청不請"이다. '육가가 가서 청하지도 않았는데 바로 진평이 있는 내실로 들어갔다'는 얘기이다.
83 『한서』엔 '진평陳平'으로 쓰여 있다.
84 『한서』엔 '방념方念'이라 쓰여 있다.
85 이 굴절이 『한서』엔 '불견가不見賈'라고 되어 있다.
86 『한서』엔 '지之'자가 없다.
87 『한서』엔 '진陳'자가 없다.
88 '상상上相'은 상장上將 용법처럼 재상 가운데 수장을 일컫는다.
89 「진평열전」에 보면 식읍이 5천 호로 되어 있다. 진평의 여러 계책으로 경포黥布의 난 등을 제압한 뒤 식읍이 는 듯하다.

下安, 注意相; 天下危, 注意將. 將相和調,[90] 則士務附;[91] 士務附, 天下雖有變, 卽[92]權不分. 爲社稷計, 在兩君掌握耳. 臣[93]常欲謂太尉絳侯, 絳侯與我戲, 易吾言. 君何不交驩太尉, 深相結?" 爲陳平畫呂氏數事. 陳平用其計, 迺以五百金爲絳侯壽, 厚具樂飮;[94] 太尉亦報如之. 此[95]兩人深相結, 則呂氏謀益衰.[96] 陳平迺以奴婢百人,[97] 車馬五十乘, 錢五百萬, 遺陸生爲飮食費. 陸生以此游漢廷公卿間, 名聲藉[98]甚.

여씨들을 주멸하고 한 문제文帝를 세우는데 육가는 매우 많은 힘을 쏟았다. 문제는 즉위하고 남월에 사신을 파견하고자 하였다. 진 승상 등이 이에 육가를 태중대부로 삼아 위 조타에게 사신으로 파견하여 위 조타로 하여금 황제의 수레덮개와 황실제도 칭호 등을 없애고, 제후와 나란히 서도록 만들 것을 건의하였는데, 모두 뜻하는 취지대로 되었다. 이 얘기는 「남월열전」 가운데 기록한다. 육가는 끝내 천수를 누리고 임종하였다.

及誅諸呂,[99] 立孝文帝,[100] 陸生頗有力焉.[101] 孝文帝[102]卽位, 欲使人

90 『한서』엔 '조調'자가 없다.
91 『한서』엔 '무務' 대신 '예豫'이다. 다음 구절도 마찬가지. '즐거이 의지해온다'는 뜻.
92 『한서』엔 '즉卽' 대신 '즉則'.
93 한나라 초에는 전국시대의 유습이 남아 있어 천자의 앞뿐만 아니라 제후급의 인물 앞에서도 '신臣'이란 호칭을 사용했다. 『사기』 「고제기」 등에도 용례가 있다.
94 『한서』엔 '음飮' 뒤에 '태위太尉'란 말이 더 있다.
95 『한서』엔 '차此'자가 없다.
96 『한서』엔 '즉則' 대신 '즉卽'을 쓰고 있다. '쇠衰'는 파괴시켜 세력을 잃게 되었다는 의미.
97 한대 귀족이나 관리, 거상들은 노비축적이 보편화되었었고 보통 100단위로 동원되었다. 『한서』 「사마상여전司馬相如傳」에 보면 탁卓왕의 하인이 8백 명이라 한다. 애제哀帝 때 조칙을 내려 계급에 따라 제한을 두는 규정을 마련하였다.
98 자藉는 '명성이 낭자狼藉하게 되었다'는 의미.
99 『한서』엔 '제여諸呂' 대신 '여씨呂氏'라 한다.
100 『한서』엔 '제帝'자가 없다.

之南越. 陳丞相等[103]迺言陸生爲太中大夫, 往使尉他, 令尉他[104]去黃屋、稱制,[105] 令比諸侯, 皆如意旨.[106] 語在南越語中.[107] 陸生竟以壽終.[108]

태사공太史公은 말한다. "내 육가의 『신어』 12편을 읽어보았는데, 과연 당세의 변사였다."

太史公[109]曰 : "余讀陸生新語十二篇, 固當世之辯士."[110]

---

101 이 구절을 『한서』엔 '가파유력賈頗有力'이라 한다.

102 『한서』엔 '제帝'자가 없다.

103 『한서』엔 '진승상등陳丞相等'이 '승상평丞相平'으로 되어 있다.

104 『한서』엔 '영위타令尉他' 세 글자가 없다.

105 황옥黃屋은 수레 위의 노란 덮개를 말한다. 『한서』 「고후기高后紀」의 용례에 따르면 칭제稱制는 황제가 내리는 문서를 호칭할 때 쓴다. 제도에 대한 명령서는 제서制書, 일에 관해 신하들에게 알리는 글은 조서詔書. 그 외에도 『후한서』 「광무기光武紀 상」에 따르면 황제의 편찬한 글을 책서策書, 자사나 태수에게 내리는 훈계는 계칙誡敕 또는 칙서라 하였다.

106 『한서』에는 '지旨'가 '지指'로 쓰여 있다.

107 『한서』에는 '어재남월전語在南越傳'이라 쓰여 있다. 「남월열전」은 남월왕 조타가 한왕실에 다시 복종하게 되었다는 것이 주 내용. 여태후가 간신들의 말에 기울고, 진정에 있는 조상의 무덤이 파헤쳐졌다는 소문이 자자하고, 장사長沙왕이 도발하는 등 이유 때문에 조타는 남월 무제武帝라 칭하고 황제만이 쓰는 황옥黃屋과 칭제稱制 등을 했노라고 말하며, 이제 한 문제가 즉위하였으니 두 명의 영웅이 있을 수 없어 칭신을 한다고 했다. 『한서』의 「남월왕전南粵王傳」에도 보인다.

108 특별히 정침에 누워 임종한 좋은 결말을 기록한 것은 한나라 개국공신 가운데 그런 사람이 극소수이기 때문인 듯하다.

109 사마천은 『사기』의 열전 후미에 '태사공太史公은 말한다' 형태로 해당 인물에 대한 총평을 달고 있다. 이 문장도 「역생육가열전」 후미에 붙은 총평의 일부이다.

110 남월의 반기를 잠재운 외교적 능력 외에도 한나라 유씨 황실의 위기극복에 큰 역할을 했던 육가의 공적을 감안하면, 역시 같은 왕조 하의 사마천이 단순히 말을 잘하는 변론가라는 의미로 육가를 변사辯士라고 얘기한 것 같지 않다. 『맹자』 「등문공滕文公 하」편이나 『순자』 「비상非相」편 등에 묘사되는 진정한 정치가로서 '군자의 변辯'을 말한 것으로 보인다.

5. 왕리기 『육가신어』 머리말

설명 왕리기王利器가 『신어교주』 앞부분에 「전언前言」이란 제목으로 쓴 장문의 머리말이다. 육가陸賈에 대한 후대인들의 평가와 교주에 사용한 문헌들의 근거를 상세히 밝히고 있다. 『신어』를 중심으로 육가의 사상을 분석한 역자의 해제와 더불어 읽으면 육가를 전체적으로 파악하는 데 도움이 될 듯하여 번역해 싣는다. 인용된 고전 원문은 본문과 부록 3 「서록」에서 대부분 언급되었기 때문에 특별한 경우가 아니면 따로 표기하지 않는다.

원나라 사람 호조胡助는 「육가찬陸賈贊」에 이렇게 쓰고 있다.

> 그에 한고조 유방(劉邦)이 공공의 천하를 말 위에서 얻었는데, 『신어』를 상주할 때마다 문득 낯빛을 펴고 크게 웃었다. 예로부터의 풍습을 종횡으로 엮고, 기이한 술수로 유세를 벌이고, 남월(南越)의 위(尉) 조타(趙佗)를 신하로 복종시키고, 진평(陳平)·주발(周勃)과 즐겁게 교유하였다.
>
> —『순백재고純白齋稿』 권19 「고현찬古賢贊」

고증하여 알 수 있는 육가의 행적에 대해 호조는 전면적으로 긍정하였다. 호조 이전에 양웅揚雄의 『법언法言』「연건淵騫」편은 이렇게 쓰고 있다.

말 잘하기로는 루경(婁敬)과 육가이다.

이에 대해 이궤李軌는 "육가가 남월 위 조타를 설복하여 한나라 신하로 만들고 또 『신어』를 지었는데 고조가 매우 좋아하였다"고 주석한다. 『한서漢書』「형법지刑法志」에는 이렇게 쓰여 있다.

한나라가 발흥하고 고조는 신묘한 무예 재능을 몸소 실천하고, 어질고 관대한 후덕을 행하고, 널리 영웅들을 모아서 진나라와 항우(項羽)를 주살하였다. 소하(蕭何)·조참(曹參)의 문재에 맡기고, 장량(張良)·진평의 책모를 이용하고, 육가·역식기(酈食其)의 변론을 구하고, 숙손통(叔孫通)의 의례를 분명히 밝힘으로써 문무가 서로 짝을 하여 국가경영의 큰 방략이 이루어졌다.

또 「육가전찬陸賈傳贊」에는 이렇게 쓰여 있다.

육가는 지위가 대부(大夫)에 그쳤고 여러 여씨(呂氏) 권력 하에선 벼슬을 사직하여 무거운 책임을 지지 않아도 되었으며, 진평·주발 사이를 분주히 내왕하고 장군 재상들을 뒤따르며 사직을 굳건히 하고 몸과 명예 모두 영달하였으니 얼마나 탁월한 사람인가!

또한 『한서』의 「서전敍傳 상」에 실린 반고班固의 「답빈희答賓戲」엔 이렇게 쓰여 있다.

가까운 시대 사람으론 육가는 매우 유유자적하였고 『신어』를 발흥시켰다

(『문선(文選)』 권45에도 보임, 원문의 '繇'자는 '游'자와 같음).

「서전 하」에도 이렇게 쓰여 있다.

육가는 행인(行人)의 직무로 백월(百越)에 갔다. 편안한 자세로 자유자재하게 논의를 펼쳤는데 문장으로 우리를 크게 넓혀주었다.

이에 대해 안사고顔師古는 이기李奇의 말을 인용하여 "『신어』를 지었다"고 주석한다. 왕충王充은 『논형論衡』 「서해書海」편에 이렇게 쓰고 있다.

고조는 이미 천하를 얻고도 말 위에서 도모함을 포기하지 않았는데, 육가가 『신어』를 지어 올리자 고조는 크게 받아들였다. 여씨들이 역모를 자행하여 유씨 정권이 무너지려 하였는데, 육가의 계책이 아니었다면 왕실이 안녕하지 못했을 것이다. 재능과 지혜가 있는 사람으로 능하지 않는 것이 없었는데, 특히 곤경을 당하였을 때 그러하였다. 난세를 만나니 지혜로 공을 이루었고, 한왕실을 흥기시키고 그 재능으로 책을 쓴 사람이다.

『문선』 내 육사형陸士衡의 「한고조공신송漢高祖功臣頌」에는 이렇게 쓰여 있다.

상국(相國) 찬(酇)의 문종후(文終侯) 소하, (…중략…) 태중대부(太中大夫) 초(楚)의 육가, (…중략…) 이상 31명은 더불어 천하를 평정하고 사직을 안정시킨 사람들이다. 칭송하여 말하기를 (…중략…) 아름다운 육가 / 지혜로운 언사는 적중하고 / 멀리 나아가 굳센 월나라를 제압하여 / 찾아와 한황실을 받들게 하였도다. / 진평·주발을 뒤따르며 / 재앙과 변란을 잘라 평정하였으니 / 이 사람을 부르노니 / 국가의 선비로다.

이에 대해 안사고의 주석은 이렇다: "『한서』엔 '무제武帝의 조서엔 아무리 많이 변해도 관례로 복귀하니 그 말의 훌륭함選을 알겠다는 『시경』의 구절을 인용한다.' 응소應劭는 '정변이 일어도 예를 회복하여 선왕의 옛 관례에 합치한다는 말이다. 선選은 선善이다'고 한다." 또 반안인潘安仁의 「서정부西征賦」엔 이렇게 쓰여 있다.

육가가 가장 유유자적하니 연회를 즐겼다.

여기엔 통틀어 소하·조참·위상魏相·병길邴吉 등 재상, 신경기辛慶忌·이광李廣·위청衛靑·곽거병霍去病 등 장군, 그리고 소무蘇武·장건張騫·김일제金日磾·사마장경司馬長卿·왕자연王子淵·양자운楊子雲·사마천司馬遷·유자정劉子政·유자준劉子駿·조광한趙廣漢·장창張敞·왕준王遵·왕장王章·왕준王駿·우정국于定國·장석지張釋之·급장유汲長孺·정당시鄭當時·종군終軍·가의賈誼 등과 더불어 나란히 논하고 있다. 또 이렇게 쓰여 있다.

혹자는 그저 침착하게 뒤를 따랐는데, 외표를 보고 내면을 이해할 수 있었다.

이에 대해 이선李善은 "육가를 말하는 것이다"고 주석하였다. 사마정司馬貞의 『사기색은史記索隱』「육가전술찬陸賈傳述贊」에는 이렇게 쓰여 있다.

육가가 월에 사신으로 가니 남월의 위 조타가 몹시 두려워하였다. 서로 나라의 안정에 대해 자세히 설명하고 책이 만들어지니 군주가 이내 깨달았다.

이상의 서술들로 볼 때 육가는 한왕실에서 뜻을 이룰 기회를 잘 만나 "천하를 평정하고 사직을 안정시킨" 공로가 있었다. 그럼에도 지위가 태중대부에 불과하였고 시종 공신의 반열에 들지 못하였다. 예컨대 『사기』「고조공신후자연표高祖功臣侯者年表」나 『한서』「고혜고후문공신표高惠高后文功臣表」에 한 고조는 18제후의 위계순서를 만들었고, 한 고조 때 147명의 제후, 고후高后 때 12명의 제후, 효문제孝文帝 때 10명의 제후를 봉했는데 육가는 모두 그 사이에 끼지 못하였다. 설마 이소경李少卿의 얘기처럼 "한왕실 또한 덕을 배반해서"(『문선』 권41 이소경의 「答蘇武書」) 그랬는가? 이에 대해 일찍이 생각해본 적이 있는데, 육가는 한왕에게 객客이었으며, 이어서 여러 여씨가 권력을 잡던 시절엔 벼슬을 그만두었다. 『사기』·『한서』에 공신들 표를 만든 것은 모두 군공에 따른 것인데 육가는 군공이 없었다. 육가와 같은 열전에 들어 있는 역식기에 대해서 『사기』는 이렇게 말한다. "고조는 공신들을 제후로 올려주면서 역식기를 생각하였다. 식기의 아들 이름이 개疥인데 여러 차례 장수로 전투에 나갔으나 군공이 제후에 이를 정도는 아니었다. 하지만 고조는 그의 아버지 때문에 개를 고량후高梁侯에 봉하였다." 『한서』「장량전張良傳」을 보자. "한나라 성립 6년째 군신들을 봉하는데 장량은 그만한 전투공로가 없었다. 이에 고제께서 '막사 안에서 전략전술을 운용하여 천 리 밖에서 승리를 거두게 된 것은 장자방의 공로이다'고 말하며 스스로 제齊 땅 3만 호를 택하도록 하였다." 이 모두는 군공이 없으면 제후가 되지 못했다는 증거이다. 또 한 가지 일이 있었다. 육가와 더 깊은 관련이 있는 이런 사건이 있었다. "한나라 군대가 형양滎陽의 동쪽에서 종리매鍾離昧를 막 포위했을 때 항왕項王(즉 항우)이 왔는데 (…중략…) 한나라는 육가를 파견하여 항왕에게 유방의 아버지 태공太公을 풀어줄 것을 설득하였는데, 항왕은 허락하지 않았다. 한나라가 다시 후공侯公을 사자로 삼아 항왕을 설득하러 보냈다. 항왕은 이내 한나라와 천하를 가운데로 갈라 홍구鴻溝 서쪽은 한나라가 차지하고, 홍구 동쪽은 초나라가 차지한다고 약조하였다. 항왕이 허락하여 한왕의 부모와 처자가 돌아왔다. 군대 전체가 만세를 불렀다. 한왕은 이에 후공을 평국군平國君에 봉하였다"(『사기』「項羽本紀」). 태공과 여후呂后를 돌려보내달라고 항우를 설득하였는데, 육가가 설득하니 듣지 않다가 후공이 설득하니 허락하였으니 한 쪽이 잘못했음이 드러난 것 아닌가. 일은 군공과 관련 없었는데, 후공은 이로 인해 평국군에 봉해졌으나 육가는 어쩌면 이로 인해 필생 제후에 봉해지기 어려웠을 것이다. 『사기』 「고조공신후자연표」를 살펴보면 객으로 따라다니다가 제후에 봉해진 사람을 헤아려보면 여택呂澤·여석지呂釋之·소하蕭何·왕릉王陵·장창張蒼·임집林執(『한서』 「고혜고후문공신표」엔 摯로 쓰여 있는데 옛날엔 통하는 글자였음)·고읍高邑·임오任敖·냉이冷耳·유양劉襄 등 열 사람이다. 육가와 같은 열전에 들어 있는 역식기 또한 객으로 한고조를 따랐는데, 제나라 역하歷下에서 유세하다 자신들을 팔아넘긴다고 생각한 제나라가 솥에 삶아 죽였다. 한나라는 천하를 평정한 뒤 그의 아들을 고량후에 봉하였다. 육가 또한 객으로 따랐으나 책봉을 받지 못했으니 어째서일까? 원래 춘추·전국 이래로 객을 기르는 풍조가 성행하였었다. 『여씨춘추呂氏春秋』 「관세觀世」편엔 이렇게 쓰여 있다. "월석보越石父가 '어른께서 예로 대해주시면 감히 공경하여 따르지 않을 수 있겠습니까?'라고 말하자 안자晏子는 그를 객으로 삼았다. 세속 사람들은 공이 있으면 덕이라 생각하고 덕을 베풀었으면 무례하게 대한다. 그런데 안자는 험한 곳에서 사람을 구해준 공이 있음에도 오히려 자신을 아래로 낮추었으니 세속 사람들과는 참으로 거리가 멀었다." 고유高誘는 여기서의 '객은 공경이라'고 주석하였다. 이 사건은 『사기』 「관안管晏열전」, 『안자춘추晏子春秋』 「잡상雜上」, 『신서新序』 「절사節士」편 등에도 보이는데 '객'이 모두 '상객上客'으로 되어 있다. 『사기』 「손자孫子열전」을 보자. "제나라 장수 전기田忌는 그를 좋게 여겨 객으로 우대하였는데, (…중략…) 그리하여 전기는 손자를 위왕威王에게 들여보냈고 위왕은 병법에 대해 물어본 뒤 그를 군사軍師로 삼았다. 훗날 위魏나라가 조趙나라를 공격함에 조나라가 급하여 제나라에 구원을 청하였다. 제 위왕은 손빈孫臏을 대장으로 삼으려 하였으나 손빈은 '형벌을 받고난 사람이어서 안 된다'고 사양하였다. 그리하여 전기를 대장으로 삼게 되었고 손자는 군사가 되어 치거輜車(장막으로 가려진 수레) 안에 거처하며 계책을 모의하였다." 「악의樂毅열전」도 보자. "그리하여 위소왕魏昭王의 사자로 연燕나라에 가게 되었는데, 연나라 왕은 그를 객의 예로 우대하였다. 악의는 사양하며 위질委質 즉 몸을 바쳐 신하가 되고자 했고, 연 소왕昭王은 그를 아경亞卿으로 삼았다." 객이 출현함에 따라 그에 상응하여 객적客籍도 출현하였다. 『전국책戰國策』 「초책楚策」엔 이렇게 쓰여 있다. "한명汗明이 춘신군春信君을 배알하였는데, (…중략…) 춘신군이 '좋다'고 말하며 문리門吏를 불러 한선생汗先生을 객적에 기록하라 하고 5일에 한 번씩 만났다." 객적에 기록함은 위질의 신하와 비교하여 다르다는 것을 분명히 한 것이다. 그래서 연 소왕이 앞서 객의 예로 악의를 대한 후에, 악의는 위질의 신하가 되었던 것이다. 객이라 함은 신분이 스승과 벗의 사이에 위치하며, 주인과 손님의 우의가 있을지언정 군주·신하의 분별은 없다. 『여씨춘추』 「거난去難」편엔 이렇게 쓰여 있다. "위문후魏文侯는 자하子夏를 스승으로 삼고, 전자방田子方을 벗으로 여겼으며, 단간목段干木을 공경하였는데 이 방면의 명성은 환공桓公을 넘어선 바 있었다." 「찰현察賢」편에도 이렇게 쓰고 있다. "위 문후는 복자하卜子夏를 스승으로 삼고, 전자방을 벗으로 여기고, 단간목을 예로 대하니 나라는 다스려지고 몸은 편안하였다." 한 번은 공경했다고 하고 두번째는 예로 대했다고 하니 모두 상객으로 여겼다는 말이다. 이것이 바로 고유가 '객은 공경이라'고 해석한 까닭이다. 『한서』 「매승전枚乘傳」에 "매승은 오랫동안 상국의 큰 손님으로 있으면서 아름다운 준걸들과 교유하였다"고 하는데, 이는 육가가 벼슬을 사직하고 한 조정 공경들 사이에 놀았던 바로 그 장면이다. 육가는 처음 객으로 한 고조를 따랐으며, 천하를 평정하였는데 군공이 없었고 나중 사신으로 남월에 갔다 돌아온 뒤 태중대부로 제수되면서 관적에 처음 등재되었다. 여태후呂太后가 힘을 쓸 때는 벼슬을 버리고 집에 머물며 공경들 사이에서 놀았다. 문제文帝 때 다시 태중대부가 되어 남월 위 조타에게 사신으로 가서 독립황제를 칭하지 못하도록 하고 제후

반열에 머물게 만들었다. 육가는 두 차례 남월에 사신으로 갔는데 모두 태중대부였다. 『속한서續漢書』「백관지百官志 2」「광록대부光祿大夫본」 주석을 보면 "무릇 대부大夫·의랑議郎은 모두 국정의 고문으로 응대하는 직무를 맡았는데 상시 업무가 없이 조서명령이 있을 경우에만 출사하였다"고 한다. 이는 아래 문장의 태중대부를 두고 한 말이 분명하다. 육가는 두 번 남월에 출사하였는데 앞에는 나중에 태중대부에 제수되었고, 뒤에는 먼저 태중대부가 되었다. 이는 태중대부가 응대의 직무를 맡고 왕명이 있을 경우에만 출사한다는 사실을 증명해준다. 『시경詩經』「용풍鄘風·정지방중定之方中」에 대한 「모씨전毛氏傳」은 '구능지사九能之士'를 말하며 이렇게 쓰고 있다. "그래서 나라를 세움에 명귀命龜 즉 거북점을 칠 수 있고, 농경에 시명施命 즉 정책명령을 시행할 수 있고, 기물을 만들면 명문銘文을 쓸 수 있고, 사신으로 가면 조명造命 즉 명령서를 만들어낼 수 있고, 회동하며 높은 자리에 위치하면 부賦 즉 시문을 지을 수 있고, 군대를 이끌면 서誓 즉 훈령을 지을 수 있고, 산천경계에 대해 자기 의사를 관철하는 설說 즉 주장이 담긴 글을 지을 수 있고, 상을 치를 때 뢰誄 즉 조문사를 할 수 있고, 제사를 지낼 때 어語 즉 의례규정에 대한 담화를 할 수 있어야 한다. 군자가 이 아홉 가지를 할 수 있으면 덕음德音이 있다고 할 수 있으며 대부가 될 수 있다." 『한서』「예문지藝文志」「시부략詩賦略」엔 이렇게 쓰고 있다. "전하는 말에 '소리내어 노래하지 않고 읊조리는 것을 부賦라 하는데, 회동하며 높은 위치에 있으면서 부를 지을 수 있으면 대부가 될 수 있다'고 한다. 이는 사물에 감응하여 사건의 실마리를 풀고, 재주와 지혜가 깊고 아름다워 더불어 일을 도모할 수 있으므로 대부의 반열에 이를 수 있다는 말이다. 옛날 제후·경대부는 이웃 나라와 접촉하면서 미묘한 언사로 서로 감응하고 읍양을 해야 할 때면 반드시 『시』를 내세워 뜻을 밝혔으니, 이로써 현명함과 불초함을 분별하여 성쇠를 관찰하였다. 그래서 공자는 '『시』를 배우지 않는 사람과는 할 말이 없다'고 말씀하셨다." 옛날 사람들은 『시』 3백 수를 암송하면 충분히 독대할 수 있었다. 높은 자리에 위치하여 부를 지을 수 있다는 말은 회동할 때 누대 위에 자리하며 담판과 연회의 중간에 시부를 지어 뜻을 분명히 할 수 있다는 말이다. 그래서 대부가 될 수 있다는 것이다. 한나라의 태중대부는 사자를 응대하는 사람으로 고대부터의 의에 근본을 두었으니 모씨의 전과 합치한다. 이에 「정의正義」에선 "높은 자리 올라 소견이 있으면 『시』를 외고, 그 형상을 시부로 지어서 일의 형세를 진술할 수 있었다"고 말한다. 이 말과 같다면 산천 경계에 대해 자기 주장을 관철할 수 있는 설說과 어떤 구별이 있단 말인가? 그게 그렇지 않음을 알 수 있는 이유가 바로 그것이다.

『신어』란 책이 『한서』「예문지」에 수록되어 있지는 않으나 「제자략諸子略」의 유가 항목에 『육가陸賈』 23편이 있는데, 『신어』는 그 가운데 포함되어 있을 것으로 생각된다. 「병서략兵書略」의 병권모가兵權謀家 즉 군사전략학파를 『한서』「예문지」는 "13가家 259편"이라고 기록하고 있는데, 본 주석엔 "『이윤伊尹』·『태공太公』·『관자管子』·『손경자孫卿子』·『갈관자鶡冠子』·『소자蘇子』·『괴통蒯通』·『육가』·『회남왕淮南王』 359종種이 덜 실렸고, 『사마법司馬法』이 제외되고 『예禮』가 들어갔다"고 한다. 반고班固의 「예문지」는 『칠략七略』을 바탕으로 완성된 책인데, 『칠략』에 두 번 실린 것을 반고의 「예문지」에선 생략하였기 때문에 출입이 생긴 것이다. 유봉세劉奉世는 종種은 편篇으로 썼어야 한다고 말하는데 옳다. 『칠략』에 두 번 실린 것을 반고의 「예문지」에선 생략하였다가 다시 거기에 출입이 있다고 상세히 밝힌 것은 모두 학술유파의 구별을 분명히 하기 위함이었다. 병권모가에 육가가 생략되었다 함은 병권모가에선 빠지고 유가에 산입되었다는 말인데, 그렇다면 생략된 것은 11편이어야 한다. 생략된 것을 합하면 육가는 23편인데, 여기엔 『신어』 뿐만 아니라 『육가병법陸賈兵法』(병권모가에 수록된 『손자병법』의 예에 따라 임시로 명명함)도 있었다는 애기다. 다만 따로 세울만하지 않아 통칭하여 『육가』라 부른 것이다. 『한서』「예문지」 유가란에는 또 『유경劉敬』 3편이 있는데, 유경 또한 사신으로 흉노匈奴에 가서 화친조약을 맺은 적이 있다. 또한 「시부략」의 「육가부陸賈賦」에 「주건부朱建賦」 2편이 부속되어 있다. 『한서』는 역식기 · 육가 · 주건朱建 · 루경婁敬(즉 유경)의 열전을 합하여 다루고 있는데, 『사기』에서 역식기 · 육가열전을 합하여 다룬 데 뿌리를 두고 있지만 새로운 내용도 있다. 『사기』 「역생육가전찬酈生陸家傳贊」엔 "내 육가의 『신어』 12편을 읽어보았는데, 역시 당대의 변사였다"라 쓰고 있다. 이 때문에 그를 과소평가한 사람도 있다. 지금 살펴보면, 『한서』 「역육유숙손전찬酈陸劉叔孫傳贊」에도 이렇게 쓰고 있다. "고조가 정벌을 통해 천하를 평정하니 진신縉紳(홀을 혁대에 끼운 사대부 복장)의 무리가 자신들이 지식과 변론을 전개시키며 큰 업적을 이뤘다." 이에 대해 안사고는 "진신은 유생의 복장이다"고 주석하였다. 즉 육가 등은 유생으로써 변론에 종사하던 사람들이었다. 이는 전국시대 백가쟁명 풍토의 여운이다. 맹자는 스스로 "내가 어찌 변론을 좋아하리오!"(『맹자』 「滕文公 하」)라고 말하였다. 『사기』 「추양전鄒陽傳」 상소문에 스스로 다음과 같이 분명히 쓰고 있다. "공자 · 묵자의 변론을 가지고도 스스로 참소와 아첨을 면할 수 없다"(『문선』 권39 추양 「於獄中上書自明」에도 보임). "이윤伊尹 · 관중管仲의 변론을 갖추고 있다"고도 쓰여 있다. 『문선』 이소원李蕭遠의 「운명론運命論」에는 "공자의 변론을 가지고도 그 말이 정공定公 · 애공哀公에게 행해지지 못했다"고 쓰고 있다. 그런즉 성현 · 호걸이라는 사람들도 변론을 좋아했다는 말인데, 변사였다고 하여 '그를 과소평가했다고' 할 수 있겠는가? 하물며 변론에도 여러 가지 구별이 있음에랴!

『한서』 「예문지」의 「시부략」에 수록된 내용으로 「굴원부屈原賦」 부속이 20가 361편, 「육가부」 부속이 21가 274편, 「순경부荀卿賦」 부속이 25가 136편, 잡부에 속한 것이 12가 230편이다. 「육가부」에 속한 것으로는 「육가부」 3편이 있는데 매고枚皐 · 주건 · 장홀기莊忽奇 · 엄조嚴助 · 주매신朱買臣 · 유벽강劉辟彊(彊이 맞음) · 사마천 · 영제嬰齊 · 신하 열說 · 신하 오吾 · 소계蘇季 · 소망지蕭望之 · 서명徐明 · 이식李息 · 회양헌왕淮陽憲王 · 양웅揚

雄・풍상馮商・두삼杜參・장풍張豊・주우朱宇 등이 그에 속하며 육가를 시조로 삼는다. 『논형』「서해」편은 이렇게 쓰고 있다. "한나라 시대 문장이 뛰어난 사람으로는 육가・사마천・유자정・양자운이 있는데 그 재능이 특이하여 세간의 칭송이 자자했다." 『문심조룡文心雕龍』「전부詮賦」편은 이렇게 쓰고 있다. "진나라 때는 운문을 하지 않고 잡부를 쓴 사람이 매우 많았다. 한나라 초엽 부를 짓는 사인詞人들은 흐름에 순응하여 저술하였는데 육가가 시작의 문을 두드리고 가의賈誼가 실마리를 풀었다." 「재략才略」편에도 이렇게 쓰여 있다. "한왕실의 육가가 처음 이채를 발휘하여 「맹춘孟春」이란 부를 짓고 『신어』를 진상하였는데(원문엔 '選典誥'라 되어 있는데 여기선 孫詒讓의 교열에 따라 고침) 그 변론이 매우 풍성하였다." 「육가부」에 속하는 것들은 설명과 수사를 으뜸으로 삼는 것이어서 종횡가의 말과 매우 유사하였다. 『한서』「양웅전揚雄傳」엔 양웅의 「해조解嘲」를 이렇게 싣고 있다. "양웅은 부를 바람과 같은 것이라고 여기며 반드시 유추하여 말했는데, 화려한 수사의 극치를 달렸으며 광대한 과장과 풍성함이 다른 사람이 더 이상 덧붙일 것이 없을 정도였다. 이에 모든 것이 바름으로 귀결되었으나 자세히 살펴보려 하면 벌써 지나쳐버린다"(『문선』「해조」문의 말미엔 이 문장이 실려 있지 않음). 또한 「사마상여전찬司馬相如傳贊」에 양웅의 말이라며 다음과 같은 내용이 실려 있다. "화려한 부는 온갖 일을 권면하나 풍격은 하나였으며, 마치 정鄭나라・위衛나라 음악처럼 속악으로 치달았으나 마지막 악곡은 끝내 아악을 연주하였다." 「양웅부」는 「육가부」 계열에 속하는 것인데, 「육가부」는 오늘날 볼 수가 없다. 하지만 육가의 『신어』가 습관적으로 화려한 운문 용어를 사용하고(「至德」・「資質」편 등), 또 양웅이 '화려함'을 거듭 강조한 점 등을 결합해볼 때 「육가부」의 부로써의 성격이 거개 짐작된다.

반고의 「답빈희」엔 이렇게 쓰여 있다.

> 가까운 시대 사람으로 육가는 매우 유유자적하였고 『신어』를 발흥시켰다.

동중서(董仲舒)는 휘장을 걷고 교육에 종사하여 유림에 문채를 발하였다. 유향(劉向)은 서적을 관리하여 옛날 소식들을 밝게 드러내었다. 양웅은 깊이 사유하여 『법언(法言)』·『태현(太玄)』을 지었다. 모두 그 시대 군주의 궁문에 이르렀고, 선대 성인의 호로병 속을 궁구하였으며, 예술의 마당에 우아한 춤사위를 보였고, 책의 동산에서 휴식하였다. 그로써 기질을 온전히 하고 문채를 발휘했으며, 성덕을 받아들임으로서 후대 사람들에게 열렬히 밝혀주었으니 상당하지 않는가!

반고는 서한의 학술을 얘기하며 육가를 동중서·유향·양웅과 나란히 논하고 있다. 왕충의 『논형』「안서案書」편은 이렇게 쓰고 있다.

『신어』는 육가가 지었으며 동중서가 그에 감화를 받은 것으로 보이는데, 모두 군신 간의 정치적 득실에 관해 얘기하였다. 말은 받아들여 실천할만하고 일은 훌륭하여 살펴볼만하다. 폭넓은 지식을 바탕으로 말을 하였으며 경전의 말씀들을 참고하고 있는데, 옛 성인의 말이라도 여기에 더 덧붙일 것이 없을 정도이다. 육가의 말은 빠진 것이 보이지 않으나 동중서의 말은 기우제를 지내듯 하늘과 조응할 수 있다고 하는데, 토룡이 비가 오게 할 수 있다는 등 이해하기가 매우 어렵다.

왕충은 "동배들을 뛰어넘는 큰 재능을 지닌 사람[冠倫大才]"(『抱朴子』「喩蔽」)으로 사이오謝夷吾는 왕충을 이렇게 천거하였다. "왕충의 천재성은 배워서 된 것이 아닙니다. 전 시대의 맹자와 순자, 최근 한나라의 양웅·유향·사마천도 그를 능가할 수 없습니다"(『後漢書』「사이오전」 주에 인용된 謝承의 書). 그는 「문공問孔」·「자맹刺孟」 등 저술을 써서 차례로 고금을 비판하고 조금도 빌어다 쓰지 않았는데 유독 육가에 대해서만은 매우 중시하고 찬사를 두루 갖추어 "옛 성인의 말이라도 여기에 더 덧붙일 것이 없을 정도"라고 말하고 있다. 지금 『육가』라는 책 전체 규모를 엿볼 수는 없지만 현존하는 『신어』를 가지고 고찰해볼 때 왕충의 말이 과장된 것이 아님을 알 수 있다. 『신어』 「도기道基」편은 이렇게 쓰고 있다. "세월이 흐를수록 풍속이 쇠미해졌고, 이에 후성後聖 공자께서 오경五經을 확정하고 육예六藝를 천명하였다." 이렇게도 쓰고 있다. "성인이 오경과 육예를 가지고 혼란을 방지하였다." 또 「술사術事」편에는 이렇게 쓰고 있다. "오경의 본말을 꾸며서 정리해보았다." 「회려懷慮」편에도 이렇게 쓰고 있다. "세상 사람들은 『시경』·『서경』을 배우지도, 인의를 지키지도, 성인의 도를 존중하지도, 오경·육예의 심오함을 궁구하지도 않는다." 또 「본행本行」편에는 이렇게 쓰고 있다. "『육경』을 정리하고 확정하여 유가학술에 무게를 실어주었다." 육가는 유가의 경전과 기예를 고취하였으며, 그로써 국가대업을 빛내고 싶어 했다. 그러나 동중서처럼 한 선생의 말만 믿고 자만하여 유가학술을 지존으로 정함으로써 백가가 쟁명하는데 장애를 만들거나 학술사상의 정상적 발전을 방해하는 그런 짓은 하지 않았다. 그는 「술사」편에서 "글이 꼭 중니(공자)의 문에서 나와야 하는 것은 아니다"고 말한다. 육가라는 인물을 『한서』 「예문지」는 유가에 편입시키고 있으며 유가들이 "중니를 스승으로 존중함"(『한서』 「예문지」의 말)에 대해 대대적으로 선전하는 데 아무 거리낌이 없었다. 육가는 일을 처리하는 도리는 "세상의 변화에 따라 잘 저울질하여 사용하면 되고"(「술사」편), 유가 또한 9류 10가의 하나에 불과하다고 생각하였다. 왕충은 동중서가 『신어』에 감화를 받았다고 지적하며 이렇게 말한다. "육가의 말은 빠진 것이 보이지 않으나 동중서의 말은 기우제를 지내듯 하늘과 조응할 수 있다고 하는데, 토룡이 비가 오게 할 수 있다는 등 이해하기가 매우 어렵다." 동중서에게 함축적으로 숨겨진 말이 매우 많은 것은 "유가의 허물은 수시로 감추었다 드러냈다 하며 도의 근본을 벗어나 어긋나는 데 있다"는 『한서』 「예문지」의 말처럼 그가 음양오행설을 유가에 끌어다 붙였기 때문 아니겠는가? 육가의 학문은 순자에게서 나왔다. 『염철론鹽鐵論』 「훼학毁學」편엔 "이사李斯와 포구자包邱子가 모두 순경荀卿을 섬겼다”고 한다. 『한서』「초원왕교전楚元王交傳」엔 “교와 신공申公이 부구백浮邱伯에게서 『시경』을 전수받았다. 부구백은 손경孫卿의 문인이다”고 한다. 손경은 즉 순경이고, 부구백은 곧 포구자이다. 순경은 초나라로 가서 살았으며 집을 난릉蘭陵에 두었다. 육가는 초나라 사람으로 부구백과 동시대에 서로 교유하였으므로 풍문을 들으면 서로 기뻐하고 서로의 정보를 사숙私淑(『맹자』「離婁 하」)하였을 것임은 충분히 짐작이 간다. 이 때문에 육가는 『신어』「자질資質」편에 이렇게 쓰고 있다. “포구鮑丘의 덕행이 이사나 조고趙高보다 높지 않았던 것이 아님에도 그는 초막 아래 엎드려 평생을 보냈을 뿐 세상에 쓰이지 못하였다. 입에 발린 소리를 하는 간신들이 그를 모해하였기 때문이다.” 포구는 즉 포구자로 육가와 포구가 서로 교유하였으니 포구에게서 순자의 학설을 얻어들었을 것이다. 그래서 육가의 책엔 적지 않은 부분에서 『순자』를 인증할 수 있는 곳이 존재한다. 「술사」편에 이렇게 쓰여 있다. “옛날 얘기를 잘하는 사람은 항상 오늘날의 사건과 결합시켜 말을 하고, 먼 과거의 일을 능력 있게 기술하는 사람은 항상 가까운 사례를 들어 고찰한다.” 이는 곧 『순자』「성악性惡」편의 다음 말에 뿌리를 둔 것이다. “옛 얘기를 잘하는 사람은 반드시 오늘날 사례에서 절節 즉 증험할만한 것을 갖고 있다.” 절節은 험驗과 같은데, 『한서』「동중서전」엔 “옛 얘기를 잘하는 사람은 반드시 오늘날 사례에서 증험할만한 것을 갖고 있다”고 한다. 이 주장은 왕인지王引之에 뿌리를 둔다. 같은 「술사」편 “세속의 사람들은 옛날로부터 전해져 내려오는 물건을 소중하게 생각하고, 오늘날 만들어진 물건은 가볍게 여긴다. 직접 눈으로 본 것은 대수롭게 여기고 소문으로 들은 것을 대단하게 여긴다”는 말은 바로 『순자』 법후왕法後王 학설이다. 『순자』「불구不苟」편은 이렇게 쓰고 있다. “역사상 수많은 왕들의 도는 모두 후왕에 옳게 전수되어 있다. 군자는 후왕의 도를 자세히 살피되 역대 수많은 왕들 이전에 논의되었던 것들을 두 손을 단정히 받들며 논의하듯 하면 된다.” 또 『순자』「비상非

相」편에는 이렇게 쓰여 있다. "성왕의 족적을 관찰하고자 한다면 그 찬연히 빛나는 내용이 후왕에게 그대로 전수되어 있다. 후왕이란 천하의 군주이니, 후왕을 버리고 상고시대를 얘기한다는 것은 비유컨대 자기 군주를 버리고 다른 군주를 섬기는 것과 같다." 「유효儒效」편에도 이렇게 쓰여 있다. "법후왕, 즉 후왕을 본받는다 함은 제도를 통일시키고, 예의를 드높이며 『시경』·『서경』을 줄이는 것이다." 「왕제王制」편에도 이렇게 쓰고 있다. "왕자의 제도를 보면 도가 삼대를 넘지 않고 후왕의 이치에 어긋나지 않는 것을 본받는다. 도가 삼대를 넘는 것을 탕蕩이라 하고, 후왕의 이치에 어긋난 것을 본받음을 불아不雅라 부른다." 법후왕이란 명제야말로 사회발전의 진수이며 문학 유산의 정화이다. 사마천은 『사기』「육국연표六國年表」에서 이렇게 쓰고 있다. "전해지는 말에 법후왕이라 함은 무엇인가? 자기 자신과 가까운 시대의 일로써 풍속 변화가 서로 유사하여 의론이 비근하고 쉽게 알고 행할 수 있는 것들이다. 학자들은 자기가 들은 바에 얽매어서 진나라가 제위가 일천한 것을 보고 그 시말을 구체적으로 살피지 않은 채 그냥 통틀어 비웃기만 하니 감히 도라 할만하지 않다. 이는 귀로 음식을 먹듯 소문에만 치우쳐 맛을 모르는 것이니 슬픈 일이로다!" 육가는 「명계明誡」편에서 이렇게 쓰고 있다. "요임금·순임금은 해와 달 등 자연현상이 바뀌지 않았는데도 흥성하였으며, 하나라 걸桀왕과 은나라 주紂왕은 별빛이 바뀌지 않았는데 멸망하였다. 천도는 바뀌지 않는데 인도가 바뀐 때문이다." 이는 『순자』「천론天論」편에 기초한 것이다. 「천론」편은 이렇게 쓰고 있다. "하늘의 운행은 일정한 규율이 있다. 요임금 때문에 존재하는 것도 아니고, 걸왕 때문에 없어지지도 않는다." 이렇게도 얘기한다. "치와 난은 하늘 때문인가? 가로되, 해·달·별·상서로운 책력은 우禹임금·걸왕이 모두 같았다. 그런데 우임금 때는 치세였고, 걸왕 때는 난세였으니 치와 난은 시대 때문이 아니다." 이게 우연의 합치란 말인가? 아니다. 육가가 순자의 말을 귀가 닳도록 들었으며 이미 깊은 영향을 받았기 때문에 그의 손을 빌어 쓴 글에 자연스럽게 입 안의 말이 되어 그대로 나온 것이다. 순자는 또 『춘추곡량전春秋穀梁傳』의 선구자이다. 대언승戴彦升의 「육자신어서陸子新語序」엔 이렇게 쓰여 있다.

이 책엔 『곡량전』이 두 번 인용되고 있다. 「지덕(至德)」편 말에 '그래서 『춘추곡』(이하 없어짐)'인데 아마 『곡량전』을 인용하여 노장공(魯莊公)의 일을 설명한 것인데 문장이 없어진 듯하다. 『한서』 「유림전(儒林傳)」을 살펴보면 이렇다. '신공(申公)은 노나라 사람이다. 어려서 초원왕 교(交)와 함께 제나라 사람인 부구백을 섬겼으며 『시경』을 사사 받았다.' 또 이렇게 말한다. '신공이 『시경』과 『춘추』를 전수해 주었는데 하구강공(瑕邱江公)이 그것을 모두 전할 수 있었다.' '하구강공이 『곡량춘추』 및 『시경』을 노나라 신공에게서 사사 받았다'고 말하기도 한다. 「초원왕교전」엔 '어렸을 때 노나라 목생(穆生)·백생(白生)·신공과 더불어 부구백에게서 『시경』을 같이 사사받은 적이 있다. 부구백은 손경의 문인이다'고 한다. 『곡량』학파는 하구강공에게서 시작되는데, 강공은 신공에게서 받았고, 신공은 부구백에게서 받았으며, 부구백은 손경의 문인이다. 지금 『순자』의 「예론(禮論)」과 「대략(大略)」 두 편을 보면 『곡량전』의 의미를 갖고 있으니 순경이야말로 『곡량』의 시조인 셈이다. 순경은 말년에 초나라에 물러나 살았는데 육가는 초나라 사람이므로 『곡량』의 의미에 대해 들었지 않았겠는가? 『염철론』엔 '포구자와 이사가 같이 순경을 섬겼다'고 한다. 본서의 「자현(資賢)」편('質'이 맞음)에 '포구의 덕행이 이사나 조고보다 높지 않았던 것이 아님에도 그는 초막 아래 엎드려 평생을 보냈을 뿐 세상에 쓰이지 못하였다'고 한다. 포구 즉 포구자는 바로 부구백이다. 「초원왕교전(楚元王交傳)」의 주석엔 '복건(服虔)은 "부구백은 진나라 때 유생이다"고 말한다'고 한다. 육생(陸生) 즉 육가는 일찍이 부구백과 교유한 적이 있으므로 그의 덕행을 칭송한 것인데, 어쩌면 『곡량』학을 전수받았는지도 모르지 않겠는가? 「변혹(辨惑)」편에 언급한 협곡(夾谷) 회합에 대한 일은 『곡량』의 정공(定公) 10년 「전(傳)」과 크게 동일하다. 「지덕」편에 언급한 제환공(齊桓公)이 고자(高子)를 내보내고 희공(僖公)을 세운 사건은 본래 『곡량』 민공(閔公) 2년의 「전」이다. 「회려」편에 말하는 노장공(魯莊公)이 자규(子糾)를 존립시킬 수 없었다는 일 또한 본래 『곡량』 장공 9년의 「전」이다. 육가가 『곡량』학파임을 증명할 수 있다. 그래서 육가가 쓴 『초한춘추(楚漢春秋)』를 유향·유흠(劉歆)은 『춘추』학파에 편입시킨 것이다. 그러나 「보정(輔政)」편에 언급된 정담(鄭儋)의 노나라 귀환, 「지덕」편에 언급된 장손진(臧孫辰)의 양식 요청, 「명계」편에 언급된 위후(衛侯)의 아우 전(鱄)의 진(晉)나라 망명 등은 현존 『곡량전』에 뜻을 찾아볼 수 없다. 「도기」편에서 「곡량전」의 말이라며 인용한 "인은 자신의 집안 지친을 대하는 길이며, 의는 자신의 사회 존장을 받드는 길이다"는 두 구절 또한 현존 『곡량전』에는 없다. 필자 언승의 생각은 이렇다. 『곡량』은 죽백에 기록되었는데 언제 적인지 모르지만 후세의 스승들에게서 나왔을 것이다. 육가는 친히 부구백에게서 그것을 전수받았으니 사실상 『곡량』의 선구자이다. 고대의 경학스승들은 모두 구학(口學) 즉 입으로 전승되었으며 다른 부분도 있었을 것이다. 예컨대 『곡량』의 의의에 대한 유자정의 설명이 현존 「전」에 없는 것만 보아도 증명할 수 있다. 혹 육가가 『곡량전』을 미쳐 보지 못했었다고 주장한다면 전수의 근원이 애매모호해질 뿐만 아니라 현존 「전」문을 검증할 수도 없어진다. 『곡량전』엔 '때마다 앞에 『시경』·『서경』을 칭송하며 설명하는데', 본서에서는 『춘추』에 대한 주장이 대부분이며 『곡량』은 쇠미해진 경학으로서 간간히 존재할 뿐이다. 『논어』·『효경(孝經)』 또한 많이 인용되고 있으며, 이른바 '육경 가운데 문장을 놀며, 뜻은 인의의 사이에 두고, 요임금·순임금을 베껴 조술하고, 문왕·무왕을 본받아 헌장하고, 중니를 종사로 받듦으로써 그 말씀들을 중시하였다'(『한서』 「예문지」, 「제자략」 유가)고 하는데, 생소한 글이 들어간 부분도 있었을 것이다.

지금 고증해보면 대씨의 주장이 맞다. 그는 육가가 『곡량』학을 하였고 특히 정묘했음을 알려주고 있다. 지금 두 가지 일을 더 보충하여 그의 주장을 증명할 수 있겠다. 「도기」편엔 "백희伯姬는 의를 지켜서 최고의 정절을 세웠다"고 쓰고 있으며, "미녀는 정절로써 그 행실을 드러낸다"고도 쓰고 있다. 백희 사건은 『곡량전』 양공襄公 30년에 보이는데, 「전」은 이렇게 말하고 있다. "백희가 있던 집에 불이 나자 좌우에서 '부인 어서 불을 피하셔야지요?'라고 말했으나 백희는 '부인되는 의는 시중드는 보모가 없을 때는 밤에 방에서 나가는 것이 아니다'고 말하였다. 좌우에서 다시 '부인 어서 불을 피하셔야지요?'라고 말했으나 백희는 '부인되는 의는 보모가 부재할 때 밤에 방을 나서는 것이 아니다'고 말하며 끝내 불길에 싸여 죽었다. 부인으로서 정절을 위해 행한 일이었다"운운. 이것이 육가가 사용하고 있는 『곡량』의 의의다. 「명계」편에선 또 이렇게 쓰고 있다. "성인은 사물을 관찰함에 어느 것 하나 빠뜨림이 없는데, 위로 해·달·별들에 미치고 아래로 새·짐승·초목·곤충에까지 이르며, (□□□하는) 익조鷁鳥가 멀리 나는 모양이나 다섯 개의 운석이 떨어지는 것 등을 모두 기록하여 아주 미세한 부분도 놓치지 않는다." 『곡량춘추』 희공僖公 16년을 찾아보면 "여섯 마리 익조가 멀리 난다"고 하며 「전」에는 이렇게 말한다. "공자는 '운석은 지각이 없는 물질이므로 날마다 기록한 것이고, 익조는 미세한 지각이 있는 동물이므로 달마다 기록하였다. 군자는 어떤 물질에 대해서도 구차히 생각하는 바가 없다. 돌과 운석에 대해서도 애써 언급을 다 하는데 하물며 사람에게 있어서이겠는가?'라고 말씀하였다." 이 또한 『곡량』의 의의를 운용한 것이다. 이 모든 일은 『곡량』이 학관으로 세워지기 전에 벌써 민간에선 책이 전수되고 있었으며 육가는 특히 그것에 탁월한 사람이었음을 충분히 증명해준다. 황진黃震은 "한나라 초 유생들 가운데 육가에 비견할만한 사람은 없다"(『黃氏日抄』 권48)고 말한다. 조정趙政 즉 진시황이 분서갱유를 한 뒤이고, 유방劉邦이 유생들을 중용하지 않고 유관을 짓밟던 시기였음에도 육가는 『신어』를 진상하였는데, 매 한 편씩 상주할 때마다 칭송을 받지 않은 적이 없었으며 좌우 신하들이 만세를 외쳤다! 나중 노나라를 지나칠 때는 태뢰太牢의 예로써 공자에게 제사를 지냈으며(『사기』「공자세가」·『한서』「高帝紀」), 『시경』을 교재 삼아 가르쳤던 신공이 "스승을 따르는 제자로 들어가 노魯 남궁南宮에서 고조를 배알하였다"(『사기』「유림열전」). 한 고조의 유가에 대한 태도는 판이한 두 사람처럼 앞뒤가 다른데, 육가가 시시로 앞에 나서 『시경』·『서경』을 일컬으며 주장을 펼친 것이 많게 적게 영향을 미친 것이 틀림없다. 『고문원古文苑』 권10에 실린 한고조 「수칙태자문手敕太子文」에는 이렇게 쓰고 있다. "나는 난세를 만나 진나라의 학문금지를 겪으면서 스스로 기뻐 독서가 무익하다고 말했었다. 그런데 등극하고부터 이제 수시로 책을 살펴보고 사람을 통해 저자의 의도를 알아보곤 하는데 내 옛 행동을 돌이켜 생각하니 많이 잘못되었다." 한고조 스스로 옛날은 잘못되었고 지금이 옳다고 생각한 소득은 육가가 계도하고 보좌한 공로로써 자연스럽게 입안의 말이 그대로 나온 것이라 할 수 있다. "육가는 거의 도로써 군주를 섬긴 사람에 가깝다"(『황씨일초』 권48)고 황진은 말한다. 지금 『신어』 한 권을 통해 살펴보면 육가는 유가와 도가를 겸하면서 한대 학술사상의 앞길을 개척한 사람이다. 육가는 『곡량』을 전수하였고, 순자를 사숙하였으나 학술에 있어서는 공자의 주장에만 전일하지 않았다. 앞에 든 "글이 꼭 중니의 문에서 나와야 하는 것은 아니다"는 한 마디만 보아도 증명이 된다. 그래서 그는 「보정」편의 뒤를 이어 「무위」편을 써 진상한 것이다. 그는 "무위는 곧 유위이다"고 쓰며 청정무위의 정치를 크게 제창하였다. 그 핵심 의미는 군주가 위에 있으면서 무위를 실천하면 백관이 아래에서 유위하게 된다는 것을 요구하고 있다. 정치의 요체는 사람들이 관을 침입하지 않고, 관은 사무부서를 떠나지 않으며, 온 힘을 기울여 질서를 잡고, 각자 제 직무를 지킨다면 자연히 모든 사람들이 유족해지고 편안히 살며 생업에 종사하게 될 것이니 팔을 늘어뜨리고 무위하여도 천하가 다스려진다는 것이다. 강신영姜宸英의 「황노론黃老論」은 이렇게 쓰고 있다.

한나라 조참이 제(齊) 상(相)이 된 이래 개공(蓋公)을 받들고 청정을 중시하는 치도를 펼치자 백성들이 저절로 안정되었다. 그 후 한나라 상이 되어 그 치술을 그대로 따라 천하를 다스리니 일시에 상하가 교화되었다. 2대째에 이르러 문제가 천자가 되자 두태후(竇太后)는 천하의 어머니가 되었는데 일체의 정치행위를 함에 황(黃)·노(老)에 근본을 두지 않은 적이 없었다. 그리하여 그 효과는 풍속을 바꾸기에 이르렀고 백성들 분위기가 소박해지면서 나라 안에 형벌이 있으나 쓰이는 일이 없게 되었다. 석분(石奮), 급암(汲黯), 직불의(直不疑), 사마담(司馬談), 전숙(田叔), 왕행(王生), 악거공(樂鉅公), 유벽강(劉辟彊) 부자 등은 수신제가를 하고 관직에 올라 백성들을 다스림에 황·노를 본받지 않는 적이 없었다.

—『담원미정고湛園未定稿』 권1

살펴보면 강씨의 말은 조리도 있고 내용도 있지만 완전히 갖추지 못한 것이 아쉽다. 서경西京을 언급하는 데 그쳤을 뿐, 황·노의 힉이 앙한의 정치생활과 백성들의 소망 각 방면에 미친 영향에 대해 전면적으로 고찰하지는 못하였다. 여기서 그걸 유추하여 자세히 좀 언급하고자 한다. 『한서』「예문지」「제자략」의 도가부분엔 『노성자老成子』 18편이라 쓰였는데, 『원화성찬元和姓纂』「삼십이호三十二皓」에 "노성자는 현인인데, 그의 후손 노성방老成方이 송宋나라에 벼슬해 대부가 되었으며 10편을 저술하였는데 황·노의 도에 대한 얘기였다"고 한다. 또 "노성씨는 고성씨考城氏라고도 한다. 고성자는 고대의 현인으로 황·노의 도를 기술하는 책을 지었다. 『열자列子』에 고성자가 보이는데 어려서 윤선생尹先生에게 배웠다"고 한다. 현존본 『열자』「주목왕周穆王」편을 살펴보면 노성자라고 되어 있다. 『사기』「맹자순경孟子荀卿열전」을 보면 "신도愼到·전병田駢·접자接子·환연環淵 모두 황·노 도덕의 술을 배웠다"고 한다. 『순자』「해폐解蔽」편의 주석엔 "신자愼子는 황·노에 뿌리를 두고 형명刑名학에 귀결했는데, 현인을 숭상하지 않고는 유능한 사람을 부릴 수 없다는 도리를 많이 밝혔다"고 한다. 『사기』「노자한비老子韓非열전」은 "신자申子의 학문은 황·노에 뿌리를 두고 형명학을 주로 하였다"고 한다. 또 "한비는 한나라 공자들 가운데 한 사람으로 형명법술의 학을 좋아하였는데 그 근본은 황·노로 귀결된다"고 한다. 『한서』「예문지」「제자략」 명가부분에 "『윤문자尹文子』 10편"이라고 쓰여 있는데, 『용재속필容齋續筆』 14에 유흠劉歆의 말을 인용하여 "그 학문은 황·노에 뿌리를 둔다"고 한다. 또 소설가小說家 부분 "『송자宋子』 18편"에 대한 본문 주석엔 "손경孫卿의 송자에 대한 언급은 황·노의 뜻을 말한 것이다"고 한다. 살펴보면 『순자』「정론正論」편에 자송자子宋子를 인용하고 있다. 『태평어람太平御覽』 510은 혜강嵇康의 「고사전高士傳」을 인용하며 "하상공河上公이 어느 지역 사람인 줄은 모르는데, (…중략…) 안구선생安丘先生 등이 그를 따랐으며 황·노의 업을 닦았다"고 한다. 『한서』「초원왕전」엔 "유덕劉德이 황·노의 술을 닦았다"고 한다. 『사기』「전숙전田叔傳」엔 "전숙은 황·노의 술을 악거공에게서 배웠다"고 한다. 『한서』「전숙전」엔 악거공樂鉅公이라 쓰여 있는데, 『태평어람』 507에 인용한 황보사안皇甫士安의 「고사전」도 같다. 『사기』「악의전樂毅傳」엔 "악씨의 종족으로 악신공樂臣公이 있는데 황제黃帝·노자老子의 말씀을 잘 닦아 제나라에서 이름을 떨치었고 현명한 스승으로 칭송되었다"고 한다. 「집해集解」엔 "신臣은 거巨라고도 쓴다"고 한다. 『태평어람』 501에 인용한 「도학전道學傳」에도 악신공이라 쓰고 있는데, 신臣이라 쓴 것은 거巨자와 형태가 비슷하여 잘못 기록한 것이다. 『사기』「조상국세가曹相國世家」엔 "교서膠西의 개공이 황·노의 말씀을 잘 다루어 두터운 예물로 사람을 시켜 그를 청하였다"고 한다. 또 『한서』「조참전曹參傳」 및 『전한기前漢紀』 5에도 보인다. 『사기』「진승상세가찬陳丞相世家贊」에 "진평은 어렸을 때 본래 황제·노자의 술을 좋아하였다"고 한다. 『한서』「진평전」에도 보인다. 『전한기』 9에는 "직불의는 남양南陽 사람인데, 황·노의 술을 좋아해 성명과 행적을 숨겼다"고 한다. 『사기』·『한서』의 「직불의전」엔 모두 "노자의 말씀을 배웠다"고 쓰고 있다. 『사기』·『한서』의 「조조전鼂錯傳」에 "등선鄧先의 아들 장章은 황·노의 말씀을 닦아 여러 공들 사이에 이름을 떨쳤다"고 한다. 『사기』·『한서』의 「장석지전張釋之傳」엔 "왕생王生이란 사람이 황·노의 말을 잘하였다"고 하는데, 『전한기』 8 및 『태평어람』 507의 황보사안 「고사전」 인용에도 보인다. 『사기』 「급암전汲黯傳」에 "급암은 황·노의 말을 배워 관직에 나가 백성을 다스리면서 청정을 좋아하였다"고 한다. 『한서』 「급암전」엔 '다스린다'는 글자가 없다. 『사기』·『한서』의 「정당시전鄭當時傳」엔 "정당시는 황·노의 말을 좋아했다"고 한다. 『사기』 「태사공자서太史公自序」 부분의 「집해」엔 "서광徐廣에 따르면 「유림전儒林傳」에 황생黃生이 황·노의 술을 좋아했다는 말이 있다고 한다"는데 지금 『사기』·『한서』의 「유림전」을 보면 모두 이 문장이 없다. 『한서』 「사마천전司馬遷傳」에 "사마담司馬談이 황자黃子에게서 도론을 익혔다"에 대한 「전찬傳贊」에 "큰 도를 논하자면 황·노를 앞에 두고 「육경」을 뒤로 한다"고 말한다. 『후한서』 「반표전班彪傳」에 "그가 약론하여 말하기를 사마천의 기록은 (…중략…) 그의 학술에 대한 논의는 황·노를 존숭하고 「오경」을 가볍게 여겼다고 한다"에 대한 주석은 이렇다. "사마천의 「서전叙傳」엔 '도가는 사람으로 하여금 정신을 전일하게 만들고, 움직이면 무형의 것들까지 합치시키고, 넉넉함은 세상만물을 모두 만족시킨다'고 하는데 이는 황·노에 대한 숭상을 일컫는 말이다." 『한서』 「양왕손전楊王孫傳」에 "양왕손이란 사람은 효무제孝武帝 때 사람으로 황·노의 술을 배웠다"고 한다. 이는 『화양국지華陽國志』 10하 「한중사녀漢中士女」에도 보인다. 『사기』 「일자열전日者列傳」에서 저선생褚先生은 "사마계주司馬季主란 사람은 초나라의 현명한 대부였는데 장안長安에 유학하여 『역경』에 통하고 황제·노자의 술을 하는 등 박학다식하고 원견이 있었다"고 말한다. 『태평어람』 666에 『포박자抱朴子』를 인용하여 "안구망지安丘望之의 자는 중도仲都로 경조京兆 장릉長陵 사람이다. 황·노를 숭상하여 수양하니 한성제漢成帝가 그 도덕을 중시하여 그를 황제의 종사로 삼았다"고 한다. 『후한서』「채옹蔡邕」전에 "6세조 훈勳은 황·노를 좋아하여 평제平帝 때 미郿읍 현령이 되었는데 (…중략…) 신新 왕실에 벼슬하지 않았다"고 한다. 「환제기桓帝紀」에도 "관룡궁濯龍宮에서 황·노에게 제사지냈다"고 한다. 「양해전襄楷傳」에도 "또한 궁중에 황·노와 부처의 사당을 세웠다고 들었다"고 한다. 「순리왕환전循吏王渙傳」에도 "연희延熹 중엽 환제는 황·노의 도를 섬겼다"고 한다. 『후한기後漢紀』 1에 "임광任光이 황·노를 좋아했는데 사람이 순후하였다"고 한다. 『후한서』「임외전任隗傳」에 "임외는 어려서부터 황·노를 좋아하여 청정을 구하고 욕심이 적었다"고 한다. 「정균전鄭均傳」에도 "정균은 어려서부터 황·노를 좋아했다"고 하는데 『동관한기東觀漢紀』 18에도 보인다. 『후한서』「양후전楊厚傳」에 "양후는 황·노를 닦아 문하생들에게 교수하였는데, 이름을 등록한 사람이 3천여 명이었다"고 한다. 「번준전樊準傳」에도 "아버지 단端이 황·노의 말을 좋아해 청결하고 욕심이 적었다"고 한다. 「광무십왕전光武十王傳」에도 "초왕 영英은 만년에 황·노를 더욱 좋아하였고 부처를 위하여 목욕재계하고 제사를 지냈다. (…중략…) 조서 보고에도 '초왕이 황·노의 은미한 말을 외고 부처에 대한 제사를 숭상한다'고 한다." 「황보숭전皇甫嵩傳」에도 "거록鉅鹿 장각張角은 자칭 대현양사大賢良師라 하며 황·노의 도를 받들어 섬겼다"고 한다. 「유표전劉表傳」의 주에 인용한 「영릉선현전零陵先賢傳」에도 "유선劉先의 자는 시종始宗으로 학식이 넓고 글쓰기에 강했는데 특히 황·노의 말을 좋아했다"고 한다. 「방술절상전方術折像傳」에도 "절상이 황·노의 말을 좋아했다"고 한다. 「일민교신전逸民矯愼傳」에도 "교신이 어려서부터 황·노를 좋아했다"고 하는데 황보밀皇甫謐의 「고사전高士傳」 하에도 보인다. 전후 두 한나라를 통틀어 통계를 내보면 모두 30건 이상이나 되며 문제文帝 모자가 황·노를 좋아했다는 기록은 본기·지志·전에 보이는데 특히 여러 차례 빈번하게 등장하여 일일이 열거할 수가 없다. 역사기록에 유벽강의 아들 유덕劉德이 황·노의 술을 닦았다고만 쓰고 벽강도

황·노의 술을 익혔다고는 말하지 않는데, 여기서 강신영은 부자를 함께 거론하고 있으니 거칠게 대충대충 한 것이라 말할 수 있다. 『논형』 「자연自然」편은 이렇게 쓰고 있다. “묻기를 ‘사람은 천지간에서 태어나는데 천지는 무위하다. 사람은 그 하늘의 본성을 품부받았으니 또한 당연히 무위일진데 유위하는 것은 무엇때문인가?’라 하니 이렇게 답한다. 덕이 지극하고 순수함이 두터운 사람은 천기를 많이 품부받은 것이므로 능히 하늘을 본받아 스스로 그렇게 무위한다. 품부받은 기운이 엷고 적어 도덕을 지키지 않고 천지를 닮지 않은 사람을 불초不肖라 부른다. 불초란 닮지 않았단 말이다. 천지를 닮지도 않고 성현에 비견되지도 않으므로 유위하는 것이다. 천지는 거대한 용광로이며, 자연의 변화는 대장장이와 같다. 그렇게 품부받은 기운이 하나가 아니니 어떻게 모두 성현이 될 수 있겠는가? 가장 순정한 성현은 황·노이다. 황은 황제이고, 노는 노자이다. 황·노의 언행을 보면 심신이 청정하여 추구하는 바가 아무것도 없고, 단정하고 엄숙하여 음양의 기운이 스스로 그렇게 조화한다. 무심하게 인위적인 활동을 하여도 만물은 스스로 변화하고, 만물의 탄생에 뜻을 두지 않아도 만물은 스스로 생성된다.” 「대작對作」편에도 이렇게 쓰고 있다. “위衛나라 참승驂乘(수레를 따르는 시종)이 직책을 넘어 고함을 쳐 말을 쫓아버린 것은 위험한 상황에 대해 걱정스런 마음이 발동하고 군주가 위험에 빠질까 두려워해서였다(『說苑』 「善說」편 「桓司馬」조에 상세함). 논설자가 세상을 불쌍히 여기고 풍속을 걱정하는 것도 위나라 참승과 동일한 마음가짐 때문이다. 정신이 걱정스럽고 혼백이 고민스러워 가슴 속의 고요한 기운을 흔들면 장수하는 데 손상을 가져와 본성에 아무 잇점이 없다. 재앙이 안회顔回의 덕보다 더 무거운데 황·노의 가르침을 어기는 것은 사람이 탐욕해서 그런 것이 아니라 어쩔 수 없어서이다. 그래서 『논형論衡』을 지었는데, 문장은 일천하지만 취지는 정직하고, 단어운용은 간략하지만 감정은 진실하다.” 이렇게 볼 때 왕충이 황·노에 대해 지극하고 극진하게 감명을 받고 있었다고 말할 수 있다. 그 때엔 황・노의 술을 황・노의 도道라고 불렀으며, 책을 『황노경黃老經』(『태평어람』 권668에 인용된 『황노경』)이라 칭하였다. 그것이 천하에 도도하고 일세를 풍미했기 때문에 후대에 "도로써 물에 빠진 천하를 구제하기"로 자임했던 한유韓愈가 "한나라에서의 황・노"(한유의 「讀荀子」 및 「原道」 모두에 "한나라에서의 황・노"란 말이 있음)에 대해 거듭 경탄했던 것이다. 그래서 강신영의 문장엔 그 까닭을 논하면서 이렇게 쓰고 있다.

> 한은 진나라의 분서갱유 사건을 당한 후라 『시경』・『서경』이 유실되어 그 시절 사람들의 심지나 이목이 흩어져 기탁할 곳이 없었다. 그런데 황・노의 가르침은 말하지 않고 몸소 실천하는 것이어서, 사대부들이 구전으로 받은 것을 마음으로 전수하는 방식으로 모두 유지해 왔는데, 그 틈을 타 쓰이게 되었다. 극도의 혼란 속에 치세를 바라며 퍼지게 된 뒤였으므로 왕성한 이치 탐구는 거의 옛날의 순박한 풍조에 버금할 정도였다.

나는 여기서 한 걸음 더 나아가 탐색해볼 수도 있다고 생각한다. 대체로 머리 둥글고 발바닥 모난 인간들의 윤리가 제아무리 번잡하더라도 안거낙업을 소망하지 않는 사람은 없다. 해뜨면 나가 일하고 해지면 들어와 쉬며, 순순히 늙어죽도록 서로 왕래가 없이 사는 삶, 그 때문에 소국과민小國寡民의 사상이 사람들의 마음속 깊이 들어가게 된 것이다. 이것이 바로 황・노 청정무위의 정치가 왕성하게 중화中華에 존재하고, 대대로 전해져 쇠락하지 않을 수 있었던 관건이다. 『남사南史』「은일저백옥전隱逸褚伯玉傳」은 이렇게 쓰고 있다. "공자・노자는 풍속의 교화를 근본으로 삼았다. (…중략…) 도가 화華에서 나왔으니 화의 풍조가 어찌 근본적으로 선한 것이 아니겠는가?" 국가정서와 합치하고 인심에 들어맞는다는 각도에서 이 문제를 보면 핵심을 찌르는 한 마디라 할 수 있다. 내성외왕內聖外王(『莊子』 「天下」편)의 도는 유가의 가르침이기도 하고 도가의 가르침이기도 한다. 이는 중국 2천 년간 봉건통치계급이 치국평

천하를 위해 의지한 오른 팔이고 왼 팔이다. 육가가 「보정輔政」편에 바로 이어서 「무위」편을 진상한 것은 바로 그 시작을 알리는 취지이기도 하다. 「사무思務」편에서도 노자를 끌어다 언급하고 있다. 육가 또한 시대의 훈도를 받았고, 스승이나 벗들의 도움 아래서 황・노의 도에 영향을 받았을 것임은 너무도 쉽게 알 수 있는 것 아닌가?

『사통史通』「잡설雜說」 상편은 이렇게 쓰고 있다.

> 유씨가 처음 일어섰을 때 글을 아는 이는 오직 육가뿐이었다. 육가가 초・한에 관한 일을 기술할 때는 마치 가려해도 길이 없고, 나가려해도 문이 없는 것과 같아 일찍이 들어본 적이 없었다.

나는 『초한춘추』 관련 자료와 의미를 발굴 정리하는 과정에서 사마천이 『태사공서太史公書』(『사기』의 본명은 『태사공서』임)를 찬수할 때 사실상 이 책을 제1차 자료로 삼았음을 알게 되었다. 『문선』 내 유자준의 「이서양태상박사移書讓太常博士」 주석을 보자. "『초한춘추』엔 '한나라가 이미 천하를 평정한 뒤 여러 신하들이 적군을 깨뜨리고 적장을 잡은 얘기들을 하는데 죽고 사는 경험이 줄어들 줄 모르는 사람은 강관絳灌과 번쾌였다. 공을 세우고 이름을 날려 용맹한 무신이 되어 대대손손 이어가며 백세토록 기울어지지 않을 사람은 강후絳侯 주발周勃이었다'라고 말한다. 그런즉(『문선』의 주엔 '然'을 모두 '然則'이란 말로 사용함) 강관絳灌은 자체로 한 사람이지 강후絳侯와 관영灌嬰이 아니다." 『한서』 「예악지禮樂志」를 찾아보면 "문제 때에 이르러 가의賈誼가 (…중략…) 그에 의례의 초고를 갖추어 올리니 천자가 기뻐하였다. 그런데 대신 강관의 무리가 그를 모해하였기 때문에 그 논의는 이내 잠잠해졌다"고 하는데 주석을 보면 "안사고는 말한다. '구설엔 강은 강후 주발을 말하고, 관은 관영을 말한다고 한다. 그런데 『초한춘추』의 고조 신하 가운데 별도의 강관이란 사람이 있다. 다만 문장이 의심스럽고 애매하여 밝힐 수가 없다'"고 한다.

「진평전陳平傳」에도 "한왕漢王이 그에 대해 듣고는 갈수록 진평을 총애하였는데, 그와 더불어 동쪽으로 항왕項王을 토벌하고 팽성彭城에 이르러 초나라를 패퇴시켰다. 군사를 이끌고 귀환하며 흩어진 병사들을 수습하면서 형양滎陽에 이르러 진평을 아장으로 삼고 한왕韓王 신信에게 부속시키고 광무廣武에 주둔하였다. 강관 등이 간혹 진평을 참소하는 말을 하였다." 운운에 대하여 주석엔 "안사고는 말한다. '구설엔 강은 강후 주발이며, 관은 관영이라고 말하는데, 『초한춘추』의 고조 신하 가운데 별도의 강관이란 사람이 있다. 다만 문장이 의심스럽고 애매하여 증거를 들 수가 없다'"고 한다. 지금 고증해보면 주발이 강후에 봉해진 것은 "고조가 연왕燕王 장차臧荼를 공격하여 역易 아래서 깨뜨려 수많은 장수 병졸들이 큰 길로 쏟아져 나왔을"(『사기』「강후주발세가」) 때인데, 강관이 진평을 참소한 날은 주발이 아직 제후에 봉해지기 전이었다. 그러니 강관은 사실상 별개의 한 사람인데 무슨 의심스럽고 애매한 일이 있는가? 하물며 한 단어를 쓰면서 한 글자는 제후이름으로 부르고, 한 글자는 성으로 부르는 것은 너무 앞뒤가 안 맞는 것 아닌가. 『원화성찬元和姓纂』 8「사강四絳」엔 "강은 강현絳縣 노인의 후예이다"고 하는데 강현 노인은 『좌전左傳』「양공襄公 30년」에 보인다. 『광운廣韻』「사강」엔 "강, 성이기도 하다"고 한다. 그러니 강이 성임은 충분한 문헌적 증거가 있다. 다만 『성찬』과 『광운』 모두 이를 끌어다 증거로 삼지 않았음이 애석하다. 그런데 장정章定의 『명현씨족언행유고名賢氏族言行類稿』 42엔 "강은 진晉나라 사람 강현 노씨老氏의 후예이다"고 말한다. 필경 '강현 노인'을 '강현 노씨'로 잘못 쓴 것일 텐데 회鄶 이하 사람을 불문에 붙였듯 더 이상 나무랄 거리는 못된다. 강관의 사례로 보건데 『초한춘추』라는 책은 여전히 『사기』·『한서』의 빠진 부분이나 오류를 수정하는데 이용할 수 있다. 『후한서』「반표전」에는 이렇게 쓰고 있다. "한이 흥하고 천하가 안정되자 태중대부 육가는 시대의 공적을 기록하여 『초한춘추』 9편을 지었다." 『사기』「항우본기」를 찾아보면 "한이 육가를 파견하여 태공太公을 풀어달라고 항왕을 설득하였으나 항왕이 듣지 않았다. 한왕이 다시 후공侯公을 사자로 보내 항왕을 설득하자 항왕은 이에 한나라와 이런 약조를 하였다: 천하를 가운데로 나누어 홍구鴻溝 이서의 땅은 한나라에 분할하고, 홍구 이동의 땅은 초나라가 관장한다. 항왕은 이를 허락하고 한왕의 부모와 처자를 돌려보냈고, 군중에선 모두 만세를 불렀다. 한왕은 후공을 봉하여 평국군平國君으로 삼았다"고 하는데, 이에 대한 「정의」엔 "『초한춘추』에 '주상이 그를 봉하려 하자 모두들 수긍하며 배알하면서 이 사람은 천하의 변사로써 기울어진 나라를 안정시켰으므로 평국군이라 부르자고 했다'고 말한다. 따져보면 설득으로 태공과 여후呂后를 귀환시켜 방국의 평화를 가져올 수 있었다"고 한다. 항왕을 설득하여 태공과 여후를 귀환시킨 사건은 육가에게 있어 사실상 주군의 명령을 욕되게 한 셈이다. 지금 후공이 항왕을 설득했다는 한 구절밖에 알 수 없지만, 필경 육가가 공이 없었기 때문에 다시 후공에게 명하여 보내 잇달아 그 일을 성공시킨 셈이다. 그럼에도 육가는 이 사건을 기록하며 사건의 본말을 상세하게 드러내 주었으니 그 사람됨을 알 수 있다. 붓을 들고 직접 사건을 기록할 때 자신의 실패를 가리거나 꾸미지 않아야만 진전한 역사가의 덕이자 모범적인 풍모라고 할 수 있다. 이 때문에 나는 『신어』를 교주하면서 『초한춘추』를 부록으로 달아 위로 고인을 추론하는데 일조하고자 하였다.

이 책은 부계정사浮溪精舍에서 판각한 송상봉宋翔鳳의 교본校本을 저본으로 삼았으며, 명대 이정오李廷梧 판각본, 『자휘字彙』본, 정영程榮 판각 『한위총서漢魏叢書』본, 『양경유편兩京遺編』본, 천일각天一閣 판각본, 청대 왕모王謨 판각 『한위총서』본 및 당안唐晏 주석본, 부증상傅增湘 교본 등으로 교정하였으며, 또한 명나라 사람이 선정 판각한 『제자절충諸子折衷』·『제자휘함諸子彙函』·『제자발췌諸子拔萃』·『한위별해漢魏別解』·『백자금단百子金丹』 등과 기타 관련된 기록들을 폭넓게 채택하였다.

1983년 8월 10일 북경北京 서편문소구西便門小區 쟁조석재争朝夕齋에서
강진江津 왕리기王利器 식. 곧 성도成都로 가려는 때.

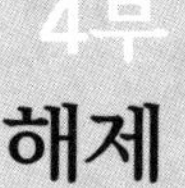

4부 해제

육가陸賈와 통합의 정치사상

육가陸賈와 통합의 정치사상[1]

1. 머리말—통일과 통합의 시대

하夏·상商·주周 삼대를 거치며 융합을 해오던 화산華山[2] 주변 및 그 동쪽의 민족들이 '중국'이라는 하나의 틀로 '정치적 통일'과 '사상·문화적 통합'을 이룬 직접적 계기는 진시황秦始皇의 위업과 그를 비판적으로 계승한 한漢왕실의 번영 때문이었다. 그것은 통일과 통합을 위한 중

1 장현근, 「지식기반의 왕도정치—육가 『신어』와 통합의 정치사상」, 『정치사상연구』 제13집 2호, 2007, 78~101면

2 현 섬서성陝西省 남동부에 위치하며 천년고도 서안西安에서 120킬로미터 떨어진 중원中原 5악 중 서악西嶽. 중국문명의 젖줄인 황하黃河와 위수渭水가 내려다보이는 이 산은 현 중국의 서북지역에서 소위 중원으로 들어오는 관문이다. 청말 대학자 장태염章太炎의 고증에 따르면 '중화中華·화하華夏'란 명칭개념의 원류는 화산에서 비롯되었다고 한다.

국인들의 오랜 정치적, 사상적 노력의 산물이기도 했다. 국가의 각종 제도와 군사 활동인 '예악정벌禮樂征伐은 천자天子로부터 나온다'는 느슨한 봉건封建 연합국가인 주나라는 춘추春秋(B.C. 770~B.C. 476)와 전국戰國(B.C. 475~B.C. 221)이란 대분열·대혼란의 시대를 지나며 강력한 군주 전제 아래 국내적 통일과 주변 약소국의 통합을 이루어 갔고, 마침내 진시황에 의해 천하는 일통되고 중앙집권적 군주국가가 수립되기에 이르렀다.

성대한 지성의 향연을 벌이며 백가쟁명을 하던 사상가들도 군주 중심의 정치적 통일이 강조되는 시대분위기에 따라 전국시대 말기에 이르면 학파 내 혹은 학파 간 취장보단取長補短의 통합 경향이 짙어진다. 『순자荀子』·『한비자韓非子』 등이 타 학파의 주장들을 비판적으로 흡수하여 통합학문의 틀을 보여주었으며, 그 후 여러 학파들의 사상을 체계 없이 잡박하게 묶는 소위 잡가雜家가 유행하였다. 『여씨춘추呂氏春秋』가 그 대표작이고, 한나라 초에 형성된 것으로 보이는 『관자管子』와 『회남자淮南子』 등도 잡가 저작이다.

진시황 영정嬴政은 이사李斯·한비韓非의 법가사상으로 국내적 통합을 완성하고 B.C. 230년에서 B.C. 221년까지 10년 간 무력에 기초한 공격전쟁으로 한韓·조趙·위魏·초楚·연燕·제齊를 순서대로 멸망시켰다. 천하일통을 이루고 군현제·문자·화폐·도량형·도로규격 등을 통일하고 장성을 수축하고 다민족의 중앙집권 국가를 완성하였다. 정치적 통일을 달성한 진시황은 분서갱유焚書坑儒를 단행해 법가사상으로의 사상적 통합을 기도하였다. 승상 이사는 책을 관청에만 두게 하고 민간에서의 서적 소유와 복제를 금하는 협서율挾書律[3]을 건의하였다. 혹독한 법

3 서주 초기부터 책의 민간소장을 금지하고 정부문서로 보관해 오던 정책이 있었으나, 춘추시대 신분의 대변동이 일어나면서 몰락한 귀족들이 책과 지식을 팔아 생존하는 경향이 나타난 것이 제자백가를 출현하게 만든 배경 중 하나이다. 진이 통일국가를 완성하고 협서율을 제정한 것은 사상통제를 위함이었다. 협서율은 한나라 두 번째 황제인 혜제惠帝 때 '제협서지금除挾書之禁' 정책으로 공식 폐지되었다. 서적의 자유로운 소장과 복제가 가능해졌으며, 유학 관련 많은 고

률통치와 사상탄압의 와중에 학문은 구전으로 이어지는 경우가 많았다.

육가陸賈는 힘만 숭상하던 권력자들을 설득하여 유가적 통치이념을 주입시킨 사람이다. 그가 한漢 제국, 나아가 중국 역사에 끼친 더 큰 영향은 그의 통統·합合의 정치사상이다. 빛나던 백가쟁명의 지식생산 분위기는 전국시대 말 치열한 겸병전쟁과 진나라의 통일과정 중에서 법가적 반지성주의가 횡행하고, 초한전쟁의 혼란을 거치며 지식의 무용성은 극대화되었다. 이러한 경향을 일약 반전시킨 사람이 육가였다. 육가의 작품을 직접 보았을 것으로 생각되는 동한의 천재 왕충王充[4]은 『논형論衡』「서해書海」편에 이렇게 쓰고 있다.

고조는 이미 천하를 얻고도 말 위에서 도모함을 포기하지 않았는데, 육가가 『신어(新語)』를 지어 올리자 고조는 크게 받아들였다. 여씨들이 역모를 자행하여 유씨 정권이 무너지려 하였는데, 육가의 계책이 아니었다면 왕실이 안녕하지 못했을 것이다. 재능과 지혜가 있는 사람으로 능하지 않는 것이 없었는데, 특히 곤경을 당하였을 때 그러하였다. 난세를 만나 지식으로 공을 세웠고, 한 왕실이 흥기하니 그 재능으로 책을 쓴 사람이다.[5]

문서 사본들이 나타났다.

4 왕충王充은 『논형』의 「초기超奇」, 「서해」, 「안서案書」, 「대작對作」편 등에 육가를 각각 인용하고 있는데, 일부 논쟁을 한 곳도 있지만 대체로 높은 평가를 내리고 있다. 참고로 『논형』은 공자를 비롯하여 춘추전국의 제자백가 거의 모두에 대하여 비판적 입장을 견지한 명저이다.

5 高祖既得天下, 馬上之計未敗, 陸賈造『新語』, 高祖粗納采. 呂氏横逆, 劉氏將傾, 非陸賈之策, 帝室不寧。蓋材知無不能, 在所遭遇, 遇亂則知立功, 有起則以其材著書者也.

2. 육가(陸賈)의 생애와 『신어(新語)』

1) 육가의 생애 및 업적

육가의 정확한 탄생연도는 알 수 없지만, 그는 전국시대 말기 초나라에서 태어나 진나라에 의해 조국이 멸망하고 황제가 직할통치하는 중앙집권국가 진 제국이 중국최초로 만들어져 가는 과정을 직접 목도한 사람이다. 『육씨보陸氏譜』에 따르면 제선공齊宣公의 후예가 초나라에 갔으며, 육가는 그의 후손이라고 한다. 그렇다면 육가는 제나라 왕실의 후손인 셈이다. 『원화성찬元和姓纂』「십일옥十一屋」에도 육씨는 제선왕 전씨田氏의 후손으로 선왕이 평원平原의 육향陸鄕에 봉했으므로 이를 성씨로 하였는데, 그 자손이 장강長江을 건너 오군吳郡 오현吳縣으로 갔다고 한다. 육씨의 선조에 대해 『당서唐書』「재상세계표宰相世系表」에도 이와 동일한 기록이 보인다.[6]

임계유任繼愈의 『중국철학사』 등에는 육가가 초나라 고열왕考烈王 23년 즉 B.C. 240년[7] 태어난 것으로 기록하고 있고, 호적胡適은 육가가 대략 B.C. 170년 죽은 것으로 기록하고 있다(『中國中古思想史長編』).

육가는 유방의 다른 많은 추종자들과 마찬가지로 평민 출신[8]이라고 한다. 초기 학습과정 잘 알려져 있지 않으나, 그의 저작으로 판단할 때 『주역周易』·『시경詩經』·『서경書經』 및 『춘추春秋』를 유가사상의 맥락에

---

6 육가의 출신에 대해 『사기색은史記索隱』의 「진류풍속전陳留風俗傳」엔 특이한 기록이 있다. 춘추시대 육혼陸渾국이 있었는데, 진경공晉傾公이 정벌하자 그 자식이 초나라로 망명하였는데, 육가는 그의 후손이란 것이다. 『좌전左傳』 기록에 의하면(昭公 17년) 육혼씨는 융족의 성씨로 중원에 이주해서 산 소수민족이었다.

7 육가 관련 문헌을 중시하여 그를 한 고조 유방과 비슷한 연배로 보아 B.C. 250년 전후에 태어난 것으로 보는 사람도 있다(姜書閣, 『駢文史論』).

8 조익趙翼, 『이십이사찰기二十二史札記』 권2에 이른바 '백도白徒' 즉 평민으로 육가 등을 묘사하고 있다.

서 공부한 듯하다. 높은 경학적 지식을 소유한 순자荀子의 제자 부구백浮邱伯[9]에게 영향을 받았다. 부구백은 그보다 훨씬 연장자인 순자의 제자였으므로 육가의 스승으로 보아도 될 것이다.

당시 초나라는 순자의 학문적 영향력이 압도하고 있었다. 법가 정책으로 진나라 왕 영정(13세인 B.C. 247년 즉위)을 도와 천하를 경략한 이사 또한 초나라 사람으로 순자의 제자이다.[10] 순자가 사망한 B.C. 238년보다 조금 전에 태어난 육가 또한 순학荀學의 영향을 깊게 받은 것으로 생각된다. 『신어』 「자질資質」편에 "포구鮑丘의 덕행이 이사나 조고趙高보다 높지 않았던 것이 아님에도 그는 초막 아래 엎드려 평생을 보냈을 뿐 세상에 쓰이지 못하였습니다."[11]에서 포구는 포구자包丘子 즉 순자의 제자였던 부구백을 말한다. 육가는 부구백에게서 순자의 춘추곡량春秋穀梁[12]학을 전수받은 것으로 보인다. 『신어』를 읽으면 『순자』를 읽는 듯하

9 『한서』 「유림전儒林傳」·「초원왕교전楚元王交傳」에 따르면 부구백은 순자의 제자였으며, 특히 『시경』과 『춘추』를 한내 경학의 기틀을 마련한 신공申公에게 전수한 사람이다. 『염철론鹽鐵論』 「훼학毁學」편에 포구자와 이사가 나란히 순자를 스승으로 섬겼는데, 이사는 진나라로 가 삼공에 오르고 만승의 권력을 행사했으나 포구는 초막의 삶을 면치 못하고 끝내 구렁텅이에서 죽었다는 기사가 있다.

10 한韓의 왕족인 한비韓非도 이사와 동문수학하였으며, 나중 법가사상의 집대성자 되었다. 말더듬이였으나 탁월한 문장으로 알려진 한비의 글이 진시황을 움직였고, 이사는 친구를 죽게 만들었다.

11 鮑丘之德行, 非不高於李斯、趙高也, 然伏隱於蒿廬之下, 而不錄於世.

12 『곡량전』은 전국시대 곡량적穀梁赤이 지었다는 『춘추곡량전』을 말한다. 『한서』 「유림전儒林傳」에 따르면 하구강공瑕邱江公이 노나라 신공申公에게서 『곡량춘추』와 『시경』을 익혀 곡량춘추의 일가를 이루었다고 하는데, 그 신공은 부구백浮邱伯에게 배웠다. 부구백은 이사와 마찬가지로 순자의 제자이다. 이렇게 보면 곡량춘추의 원조는 순자가 된다. 순자(또는 荀卿)는 초나라 난릉령蘭陵令을 지냈으며, 거기서 죽었고 수많은 제자와 추종 학자들이 그 지역에서 나왔다. 육가도 초나라 사람이며 부구백과 교유하였고, 이 책의 「자질資質」편에 부구백의 덕행을 칭송하고 있는 것으로 보아 그가 『춘추곡량전』을 배웠다고 추측할 수 있다. 「회려懷慮」편에도 육가가 곡량학을 배웠음을 시사하는 구절이 있다. 그런데 육가가 말한 이 구절은 현존하는 『춘추곡량전』에 없다. 부구백으로부터 곡량전을 처음 전수받을 때 구전으로 전해졌기 때문에 한대에

며, 실제로 수많은 구절이 『순자』와 일치하거나 연상된다.

진나라 말단 관리[沛縣 亭長]였던 유방(B.C. 256~B.C. 195)[13]이 건달 생활을 청산하고 봉기한 초반부터 육가가 그들 진영에 합류한 것 같지는 않다. 초나라 명문가의 명장 항우項羽와 협동작전을 하던 유방이 함양咸陽을 습격하여 진왕 자영子嬰의 항복을 받은 것이 B.C. 206년인데, 그 이후 벌어진 초한楚漢전쟁시기에 육가는 유방을 따른 듯하다. 하지만 지식인 육가는 전쟁 중 전공을 세우지도 못했고, 그렇다고 외교적 성공을 거둔 것 같지도 않다. 예를 들면 팽성彭城에서 유방이 패한 뒤 그의 부친 태공과 부인 여씨呂氏 등이 항우에게 잡혔는데, 먼저 육가를 보내 설득했으나 항우가 들어주지 않았다. 나중 후공侯公(성명 미상)을 보내 설득하니 항우가 귀환시켜 주었다(『사기』「항우본기」 참조).[14]

육가는 군사적 재능이 아니라 "객경 신분으로 한 고조를 따르며 천하를 평정하였는데, 변론에 능한 선비란 명성을 얻었으며 고조의 좌우에 머물며 자주 제후국에 사신으로 나갔다"(『사기』 권97, 「역생육가(酈生陸賈)열전 37」과 반고의 『한서』 권43, 「역육주류숙손전(酈陸朱劉叔孫傳) 13」, 이하 「육가전」으로 약칭).[15] 육가가 정치적으로 사상적으로 한 제국에 큰 영향을 발휘한 것은 한나라 성립 후인 30대 중후반부터로 여겨진다. 정치적으로 한나라의 통일과업에 기여한 것은 두 번에 걸쳐 남월南越[16]에 사신으로 가 조타

성립된 현존 『곡량전』엔 이 구절이 빠진 것인지도 모른다.

13 농가에서 태어났으나 농사일은 하지 않고, 시정잡배로 탐주호색하며 큰 소리만 일삼던 그는 수도 함양에서 부역을 한 경력으로 패현 사수泗水의 정장이 되었으나, 죄인을 압송하던 중 도망자가 속출하자 모두 석방해주고 숨어 지내다, 진승陳勝·오광吳廣의 농민반란에 편승하여 B.C. 209년 소하蕭何·조참曹參의 옹립하에 반진군을 조직하여 패공沛公이라 하였는데, 이 3천 명이 초한楚漢전쟁을 승리로 이끈 발판이었다.

14 육가가 나중 외교술로 남월南越을 평정한 큰 공적을 세웠음에도 제후 반열에 들지 못한 것은 전쟁공로가 없는 데다, 바로 여기서 항우 설득에 실패한 것 때문이라는 견해도 있다(王利器, 『新語校注』 前言).

15 陸賈者, 楚人也. 以客從高祖定天下, 名爲有口辯士, 居左右, 常使諸侯.

16 남월은 오늘날 광동성 일대로 진시황 33년(B.C. 214) 이 지역을 평정하여 남해南

趙佗[17]를 전쟁 없이 설득으로 한나라에 복속케 함으로써 남부를 안정시킨 점이다. "육가는 마침내 남해위 조타를 남월왕에 제수하고 한에 칭신하고 한왕실의 맹약을 받들도록 하였다. 돌아와 보고하니 고조는 크게 기뻐하며 육가를 태중대부太中大夫에 제수하였다",[18] "(문제 때) 육가를 태중대부로 삼아 위 조타에게 사신으로 파견하여 위 조타로 하여금 황제의 수레덮개와 황실제도 칭호 등을 없애고, 제후와 나란히 서도록 만들 것을 건의하였는데, 모두 뜻하는 취지대로 되었다"(이상 「육가전」).[19]

육가는 사실상 초나라, 진나라, 한나라 세 왕조를 경험한 사람이다. 유방의 객으로 천하평정에 참여하였고, 고조高祖·혜제惠帝·문제文帝 세 황제를 섬겼다. 관직은 태중대부에 이르렀다. 『속한서續漢書』「백관지百官志 2」에 따르면 태중대부는 작록 천 석의 중앙관료이다. 상시 업무는 없고 황제의 명령이 있을 때 국정을 자문하고 사신을 응대하거나 사신으로 나가는 것이 일이었다.

육가는 당시 정치적 영향력이 내단한 사람은 아니었으나 깊은 학식과 사유, 평정한 삶, 화려한 언변을 지녀 정치가적·사상가적·문학자적 기질을 한 몸에 지닌 사람이었다. 전기적 색체가 농후한 그의 인생은 크게 세 가지 사건으로 알려지고 있는데, 첫째는 위에서 예로 든 두 번에 걸친 남월왕 설득 사건이며, 두 번째는 무력만 앞세운 유방에게 지식의 중요성을 설파하고 『신어』를 헌상한 사건이며, 세 번째는 유방 사후 태후 여씨呂氏 집안의 정권찬탈 음모를 저지하고 분쇄한 사건이다.

海·계림桂林·상象 3군을 두고 중원에서 수십만 명을 이주시켜 원주민들과 잡거하게 하였다.

17 타佗는 타他로 쓰기도 한다. 원적은 조나라로 진정眞定 사람. 남해위南海尉 임효任囂 사후 위尉 직무를 수행하였으며, 진나라가 망하자 조타는 이 지역을 통합하고 남월 무왕武王이 되었으나 육가의 설복으로 한나라에 칭신했으며, 여呂태후 집정기간 불만으로 다시 황제를 칭했으나 문제 때 육가가 다시 가서 설복해 황제칭호를 없앴다. 조타는 한무제 때인 B.C. 137년까지 장수하였다.

18 陸生卒拜尉他爲南越王, 令稱臣奉漢約. 歸報, 高祖大悅, 拜賈爲太中大夫.

19 陸生爲太中大夫, 往使尉他, 令尉他去黃屋、稱制, 令比諸侯, 皆如意旨.

> 육가가 시시로 고조 앞에 나가 『시경』·『서경』 구절을 칭송하며 말하자 고조는 이렇게 책망하였다. "이 늙은이는 말 위에 살며 천하를 얻었는데 어떻게 『시경』·『서경』 따위를 섬기겠소!" 육가가 말하였다. "말 위에 살며 천하를 얻었다고 하여 설마 말 위에서 천하를 다스릴 수 있다고 생각하십니까? 하물며 은나라 탕(湯)왕과 주나라 무(武)왕은 세상 이치를 거스르고 힘으로 취하였으나 세상 이치에 순응하여 덕으로 천하를 지켰습니다. 문무의 겸용이야말로 장구히 유지할 수 있는 통치술입니다."[20]
>
> —「육가전」

이에 유방은 부끄러워하며 "나를 위해 진이 천하를 잃게 된 까닭과 내가 천하를 얻게 된 까닭, 그리고 예로부터의 국가적 성공과 실패에 대하여 글을 한 번 써주시오"[21]라고 하였고, "육가는 국가 존망의 증험에 대하여 거칠게 서술하여 모두 12편을 써냈다. 매 1편씩 상주할 때마다 고조가 칭찬하지 않은 적이 없었으며, 좌우 신하들은 만세를 불렀는데 그 책 이름을 『신어新語』라 부른다"(이상 「육가전」).[22]

육가의 정치적 행보는 그의 융통성 있는 삶과 관련이 있어 보인다. 개국공신으로 대접받지 못한 데 불만도 없었으며, 남월에서 수개월을 머물며 어르고 달래는 탁월한 언변으로 조타를 신복시키는 한 편, 선물로 받은 2천금을 챙겨 복귀한 뒤에도 봉록에 연연하지 않았다. 한참 일할 나이인 40대 후반 여呂태후[23]의 전제권력 행사 기간에는 칭병사직하

20 陸生時時前說稱詩、書. 高帝罵之曰 : "迺公居馬上而得之, 安事詩、書!" 陸生曰 : "居馬上得之, 寧可以馬上治之乎?且湯、武逆取而以順守之, 文武並用, 長久之術也.

21 試爲我著秦所以失天下, 吾所以得之者何, 及古成敗之國.

22 陸生迺粗述存亡之徵, 凡著十二篇. 每奏一篇, 高帝未嘗不稱善, 左右呼萬歲, 號其書曰新語.

23 여태후의 본명은 여치呂雉, 유방의 정실부인으로 남편을 도와 천하경략을 돕고 한왕실의 안정에 큰 공을 세웠으나, 아들 혜제를 조종하고 혜제 사후 8년 간의 실질적인 통치를 하면서 잔인한 살육으로 여씨 천하를 구상하다 병사하였다

고 수도 장안長安을 떠나 유유자적하였다.

호치(好畤)현의 전답이 비옥하여 집안 살림을 잘 꾸릴 수 있었다. 아들이 다섯 있었는데, 월나라에 사신으로 갔을 때 얻은 주머니 속에 간직된 보물을 꺼내 천 금(金)[24]에 팔아 아들들에게 나누어주니 아들마다 2백금이어서 그것으로 생업을 삼아 살도록 하였다. 육가는 자주 네 필이 말이 끄는 수레에 편히 앉아 노래하고 춤추고 금슬을 연주하는 시자들 10명을 따르게 하였으며, 갖고 다닌 보검은 백금의 값어치가 있었는데, 아들들에게 이렇게 말하였다. '내 너희와 약조를 하마. 내가 너희 집에서 묵는 동안 너희는 내 사람들과 말에게 술과 음식을 주되 그들이 원하는 대로 해주어야하며 열흘마다 집을 바꿔가겠다. 내가 뉘 집에서 죽으면 보검과 수레·말·시종들은 그 집에 주겠다. 1년이면 다른 손님 댁도 왕래해야 하므로 많아야 두세 번을 넘지 않을 것이니 때마다 신선한 음식을 제공하고 오래 되어도 나에게 싫증을 내지 말거라.'[25]

—「육가전」

그렇게 유연하게 살다가도 여씨들에 의해 유씨 황실이 무너지려는 찰나엔 승상 진평陳平을 다음과 같이 설득하여 유씨 황실을 반석에 올려놓기도 하였다.

'천하가 안정되면 민의는 승상을 따를 것이고, 천하가 위태로우면 민의는 장

(B.C. 180).

24 금金은 전국과 진, 한, 송, 명청 시대 화폐단위의 하나로 쓰이었으나 내용은 달랐다. 전국시대와 진나라 때는 1일鎰(쌀 한 되의 24분의 1)을 1금으로 보았으며 20냥兩이었다. 육가가 보물을 팔아 만든 한나라 때 1금은 1근斤(16兩 혹은 10兩)이었다.

25 以好畤田地善, 可以家焉. 有五男, 迺出所使越得橐中裝, 賣千金, 分其子, 子二百金, 令爲生産. 陸生常安車駟馬, 從歌舞鼓琴瑟侍者十人, 寶劍直百金, 謂其子曰 : "與汝約 : 過汝, 汝給吾人馬酒食, 極欲, 十日而更. 所死家, 得寶劍車騎侍從者. 一歲中往來過他客, 率不過再三過, 數見不鮮, 無久慁公爲也.

군을 따를 것입니다. 장군과 승상이 화합협조하면 선비들이 힘써 의지해올 것이고, 선비들이 힘써 의지해오면 천하에 변고가 있다 하더라도 권력이 분산되지 않을 것이오. 사직을 위한 계책은 두 분의 장악 하에 달렸습니다. 신은 항상 태위(太尉) 강후(絳侯)에게 이 말을 하고 싶었습니다만 강후는 나와 농담을 하며 내 말을 가벼이 여기었소. 군께서는 어찌하여 태위와 기쁨을 나누고 서로 긴밀한 연결을 갖지 않소이까?' 그리고 진평을 위해 여씨와 관련한 여러 가지 일을 기획하였다.[26]

—「육가전」

그렇게 태위 주발周勃과 협동하여 "여씨들을 주멸하고 한 문제文帝를 세우는데 육가는 매우 많은 힘을 쏟았다"(「육가전」).[27] 그리하여 육가는 조정 공경대신들 사이에 유명인사가 되었으며 끝내 천수를 누리고[28] 임종하였다.

2) 『신어』의 성격과 진위논쟁

육가가 무슨 저작을 남겼는지에 대해선 『한서』「예문지藝文志」의 기록

---

26 天下安, 注意相; 天下危, 注意將. 將相和調, 則士務附; 士務附, 天下雖有變, 卽權不分. 爲社稷計, 在兩君掌握耳. 臣常欲謂太尉絳侯, 絳侯與我戲, 易吾言. 君何不交驩太尉, 深相結?爲陳平畫呂氏數事.

27 及誅諸呂, 立孝文帝, 陸生頗有力焉.

28 한고조를 도와 천하경략을 하였던 사람들, 특히 다른 성씨들은 거의 토사구팽兎死狗烹 당하였다. 유방과 여태후에 의해 당하지 않은 사람은 오늘날 호남성湖南省 장가계張家界 부근으로 입산해버린 장량張良 등 극소수에 불과했다. 한편 육가가 남월왕을 설복시킨 일은 후대 사람들에게 광범하게 찬송을 받았다고 한다. 호흥화胡興華, 『육가급기신어연구陸賈及其『新語』研究』, 西北師範大學文學院 碩士學位論文, 2003.5, 5면에 인용된 『여지기승與地紀勝』의 권101, 권115 등 참조.

이 제일 상세하다. 순서대로 종합하면 첫째, 「육예략六藝略 · 춘추」에 『초한춘추楚漢春秋』 9편篇이라 하고 육가의 기록이란 주석을 달았다.[29] 둘째, 「제자략諸子略 · 유가」에 『육가』 23편이라 하고 『신어』란 명칭은 없다. 셋째, 「시부략詩賦略 · 부」에 육가의 부 3편이란 기록이 있다. 넷째, 「병서략兵書略 · 병권모가兵權謀家」 즉 군사전략학파를 정리하며 "13가家 259편"이라고 기록하면서 본 주석엔 "『이윤伊尹』 (…중략…) 『육가』 · 『회남왕淮南王』 359종種이 덜 실렸다"고 한다. 정리하면 유가부분의 『육가』 23편이 현존하는 『신어』 12편과 병서를 포함한 듯하다.[30]

그런데 이렇게 많은 육가의 저작 가운데 안타깝게도 『초한춘추』는 일문 일부만 남아 있을 뿐이고, 부나 병서는 사라지고 없다.[31] 따라서 현재로서는 육가의 사상을 『신어』 12편, 『사기』 · 『한서』의 「육가열전」, 왕충王充의 『논형論衡』 등에 등장하는 관련 기록, 『초한춘추』 일문 등을 통해서만 알 수 있다. 『한서』 · 『백호통의白虎通義』 등을 저술한 한나라의 역사와 사상에 대한 최고 전문가였던 후한 반고班固는 육가의 『신어』, 소하蕭何의 율령律令, 한신韓信의 군법軍法, 장창張蒼의 장정章程, 숙손통叔孫通의 예의禮儀를 한나라 천하를 결정지은 5대 지주로 열거하였다

29 『후한서後漢書』 「반표전班彪傳 상」, 『문심조룡文心雕龍』 「사전史傳」, 『수서隋書』 「경적지經籍志」 등에도 육가의 저작으로 『초한춘추』를 언급하고 있으며, 당나라 사마정司馬貞의 『사기색은史記索隱』 주해엔 『초한춘추』를 많이 인용하고 있는데, 오늘날 전해지는 『초한춘추』 일문과 잘 맞는다.

30 병권모가에 육가가 생략되었다 함은 병권모가에선 빠지고 유가에 산입되었다는 말인데, 그렇다면 생략된 것은 11편이어야 한다. 생략된 것을 합한 후 육가는 23편인데, 여기엔 『신어』 뿐만 아니라 『육가병법陸賈兵法』(병권모가에 수록된 『손자병법』의 예에 따라 임시로 명명함)도 있었다는 얘기다. 다만 따로 세울만 하지 않아 통칭하여 『육가』라 부른 것이다(왕리기, 『신어교주』 前言).

31 송대의 『태평어람太平御覽』 753에 『신어』 가운데 육가가 병법을 논한 부분이라며 일단이 소개되어 있고, 부 가운데는 「맹춘부孟春賦」라는 한 가지 이름만 전할 뿐 모두 사라지고 없다. 「맹춘부」는 남제南齊의 유협劉勰이 『문심조룡』을 지을 때 친히 본 듯하다. 유협은 육가의 부에 매우 높은 평가를 달고 있다(「詮賦」편과 「才略」편).

(『한서』「高帝紀」). 나머지 넷이 제도적 성취를 얘기한 것이라면 『신어』는 국가운영의 원리원칙과 정치사상을 다룬 것이다.

『신어』는 기본적으로 새로 개창된 유씨劉氏 황제의 나라, 즉 한 제국帝國[32]을 위한 통치사상 및 이념의 정립에 목적을 둔 듯하다. 『신어』는 황제黃帝(「道基」편)로부터 역사를 얘기하고, 오제五帝(「術事」·「輔政」·「明誡」·「思務」편)를 이상으로, 도를 갖춘 군주로 제왕帝王(「愼微」·「資質」·「本行」·「明誡」편)을 칭송하고 있는 것으로 보면 '제의 나라'를 중심에 두고 전개한 책이다. 『사기』나 『한서』의 표준 참고서였던 『초한춘추』에도 한고조 유방劉邦을 고제高帝, 그의 아들 유영劉盈을 혜제惠帝로 칭하고 있는 것으로 보면 그가 속했던 한漢나라를 '제국'으로 인식했던 듯하다. 그는 『신어』「보정」편에서 '제'를 최고의 정치가로 본다. "성자聖者를 지팡이로 삼으면 제帝가 되고, 현자賢者를 지팡이로 삼으면 왕王이 되고, 인자仁者를 지팡이로 삼으면 패覇가 되고, 의자義者를 지팡이로 삼으면 강자强者가 됩니다."[33]

중국이 황하黃河 일대, 장강長江 남북을 영토로 거느리고 중앙집권적인 통일국가를 형성하면서 그 통치자에게 하늘의 뜻을 대변한다는 천자天子의 구체적인 형상과 존엄을 부여하고, 황제이자 신적 존재로써 신앙에 버금하는 존경을 보내게 된 것은 한나라 때 갖추어졌다. 향후 2천년 중국황실의 전범을 만든 것으로 후대는 대부분 한나라의 '제국'을 준용하였으니 육가 『신어』는 한나라 및 중국정치사상사 전체에서 매우 중요한 위치를 차지한다고 할 수 있다.

『신어』는 역사적으로 『육자陸子』·『육자신어陸子新語』·『운양자云陽

32 한자적 의미로는 힘이 센 나라, 큰 나라 등으로 얘기해 볼 수 있다. 따라서 식민지를 거느리고 대외확장에 골몰하는 근대 제국주의의 '제국(Empire)'이란 말과 일맥상통한 점도 있으나, 고금 한문 용례에서 제국은 帝왕이 통제한 '國'을 말한다. 송사宋詞에 "雲飛帝國, 人在雲邊心暗折(周邦彦, 「看花回」)"에서 '제국'은 경도京都를 일컫는다.

33 杖聖者帝, 杖賢者王, 杖仁者霸, 杖義者强, 杖讒者滅, 杖賊者亡.

子』[34] 등으로도 불리며, 유가 왕도정치를 이상으로 법가사상, 도가사상, 음양가사상을 보완적으로 수용하고 있는 책이다. 당나라 때 안사고顔師古는 『한서』를 주석하면서 『신어』 아래에다 "이 책은 현존한다"고 쓰고 있으며, 『수서隋書』 「경적지經籍志」, 『구당서舊唐書』 「경적지」, 『신당서新唐書』 「예문지」 등엔 몇 편으로 기재하지 않고 모두 '2권'이며 육가가 쓴 책이라고 기술한다. 당나라 사람이 쓴 『군서치요群書治要』·『의림意林』 등 책에 『신어』의 내용이 대량으로 인용되고 있는 점으로 보아 당나라 때 상당이 유행하던 책으로 보인다.[35]

송대에 이르러 『숭문총목崇文總目』에 『신어』 2권을 기재하고 있으나 잡가로 편입시키고 있으며, 『태평어람太平御覽』에도 일부 인용하고 있다. 그러나 남송에 이르면서 중요시하지 않은 듯하다.[36] 원元대에도 일부 책 이름이 등장할 뿐이다. 송·원 시대 판본은 아직까지 없으며, 현존 『신어』의 판본은 명나라 때의 것이다.[37] 최근 들어 중국학계, 특히 대만에 연구가 많은데 신본설이 압도적이며, 그에 바탕을 둔 육가와 신어 관련 논문은 매우 많다. 현대어로 된 주석서는 거의 없으며 최근엔 왕리기王利器의 『신어교주新語校注』(中華書局본)가 세계적으로 가장 널리 쓰이며, 대만에선 왕의王毅 주해, 『신역신어독본新譯新語讀本』(三民書局본)이 나왔다. 한국엔 『신어』를 황노사상으로 읽는 몇 편의 글이 몇 편 있으나 전문 연구나 단행본은 아직 없다.

내용 성격상 '행인의行仁義, 법선성法先聖'의 전국 말 진한 초기 유가서적으로 보임에도, 남송 때부터 진위논쟁이 있어 왔다. 황진黃震의 『황씨

---

34 예컨대 『사고전서총목제요四庫全書總目提要』 권131 「자부子部 41」 등.

35 그 외에도 당대 유지기劉知幾의 『사통史通』, 이현李賢 주석의 『후한서』, 이선李善 주석의 『문선文選』 등에 『신어』 내용을 인용하고 있다.

36 필자는 이를 북송오자北宋五子를 이은 주자학朱子學의 발흥과 그들에 의한 '맹자 중시, 순자 경시'의 학풍과 관련 있는 것으로 추측한다. 한편 송대엔 7편짜리 『신어』와 12편짜리 『신어』 두 종이 존재했을 것이란 추측도 있다(호홍화, 앞의 글, 2003, 14면 참조).

37 상세한 것은 이 책 부록 부분의 「서록」 참조.

일초黃氏日鈔』(권56)가 대표적인데 황씨는 『신어』뿐만 아니라 대부분의 제자백가 서적에 대하여 위서논쟁을 제기한 사람이다. 황씨는 『신어』의 문장이 자질구레하여 호걸지사의 문장이 아니라는 점, 명왕성주明王聖主 등 당시의 용어를 사용하지 않았다는 점, 말 위에서 천하를 통치할 수 없음에 대한 설명이 없다는 점 등 세 가지 이유를 들어 위작설을 제기하지만 큰 호응을 얻지는 못하였다. 송대의 여러 '위서'논쟁[38]에 『신어』는 잘 끼이지 않았다.

그런데 청淸대 『사고전서총목』에서 첫째 사마천이 『사기』에서 『초한춘추』·『신어』 등을 취했다고 하는데 『사기』에 『신어』 안의 내용과 같은 인용구가 없고, 둘째 왕충의 『논형』「본성」편에 인용된 육가의 말이 현존 『신어』에 없으며, 셋째 『신어』에 인용된 『곡량전』은 육가보다 뒷시대인 한무제漢武帝 때 성립했다는 등 이유를 들어 후대 사람이 육가를 가탁한 위서라고 주장하였다. 이는 큰 반향을 불러 일으켰고, 1930년대 중국학계에서 위서논쟁을 크게 일으켰다.

그러나 문체나 문장이 호걸지사의 것이 아니라는 주장이나 사상이 순수한 유가가 아니라는 얘기는 위작설을 제기하는 사람들의 주관적인 판단이고, 『사기』·『논형』 등을 예로 든 반박은 잘못 인용된 문장이며, 『곡량전』 출현이 늦은 데 대한 논의는 『곡량전』의 구두 전승기간을 계산하지 않고 또 여전히 논쟁 중인 얘기를 단정하는 견해라서 모두 객관적 주장이라고 보기 어렵다.[39] 따라서 송대 왕응린王應麟의 『옥해玉海』 등 계속된 의문 제기에도 불구하고, 명나라 이후는 진본설이 훨씬 유력시되어 오늘에 이르고 있다. 구미에서의 연구경향도 이와 비슷하다. 중국을 포함한 세계 『신어』연구의 결과들을 종합하여 진위논쟁을 중심으

38 예컨대 주희朱熹의 『변위서어록辨僞書語錄』, 요제항姚際恒의 『고금위서고古今僞書考』, 호응린胡應麟의 『사부정위四部正僞』 등.

39 그동안 『신어』를 두고 제기된 7가지 의문에 대해 호홍화는 명쾌하게 부정하고 있다. 호홍화, 앞의 논문, 2003, 15~18면 참조.

로 작은 책을 낸 일본인 후꾸이 시게마사福井重雅의 『육가 신어 연구陸賈『新語』の硏究』(汲古書院, 2002)는 무위無爲론 등을 언급하며 『회남자』의 아류로 보는 등 위작으로 결론짓는데,[40] 후꾸이의 주장 또한 자신의 주관을 벗어나지 못한 것으로 객관적 증거를 확보했다고 보기 어렵다.

『신어』의 성립시기도 「육가전」의 기록처럼 한 번에 이루어진 것이 아니라 한 편 한 편 상주한 것이어서 일정하지 않다. 한 고조 시절에 『신어』라 부른 것이 전체 12편 모두를 보고한 것인지도 확실하지 않다.[41] 육가는 전국시대 말기 여러 가지 형태로 전승되어 오던 『논어論語』를 열심히 읽은 듯하다. 『신어』에는 『논어』 인용구도 많으며, 구문이 유사한 주장도 매우 많다. 육가가 공자를 개산조사로 한 유가사상의 계승자임을 알 수 있는 부분이다. 그러나 문구의 비교분석[42] 외에 『신어』가 『논어』의 연장선에 있는 구체적인 역사적 자료는 찾기 어렵다.

결국 더 다른 객관적 증거나 제기되지 않는 한, 『신어』는 순자사상의 연속선상에 있으며, 유가적 맥락에서 인의도덕과 왕도를 고집하면서도 법가와 도가사상의 일부를 취해 보완한 육가의 친필 서적으로 이해하는 것이 옳을 듯하다.

40 한대 문헌 연구자인 후꾸이의 이 책에서 『신어』를 다룬 글은 앞의 비교적 긴 논문 두 편 뿐인데, 그는 『신어』를 위서로 결론짓는다. 일본 학계에 진위논쟁이 더러 있는데, 육가의 「무위無爲」편의 비유가적 특성 때문이기도 하고 도가적 무위를 주장하는 곳이 여럿 있어 『회남자淮南子』의 아류가 아닌가 하는 주장도 있다. 그러나 『신어』가 『회남자』보다 일찍 쓰였다.

41 참고로 사마광司馬光은 『자치통감資治通鑒』에서 육가가 남월에 사신으로 갔다와 태중대부가 된 뒤에 썼다고 하는데, 육가의 나이와 유방의 나이 등으로 볼 때 가능성이 매우 낮다.

42 문구 비교를 통해 『신어』와 『논어』의 연관성을 잘 살핀 글로는 왕광용王廣勇, 「陸賈『新語』在儒家思想史上的地位初探」, 中國山東大 碩士論文, 2005.5, 8~14면 참조.

3. 육가 『신어』의 사상—지식에 기반을 둔 통합의 정치사상

동아시아 전통 정치를 지배해 온 유가사상의 기본 취지를 살리고 '개조'[43]하여 한나라를 유교국가로 만드는데 기여한 최초[44]의 인물이 육가이다. 이 정치전통은 향후 2천 년 중국 정치의 기본 틀이 되었다. 육가의 『신어』는 새로 성립된 대일통 제국帝國을 통치·제어하기 위한 이념·수단·원칙·방법 등을 언급하고 있다. 제국은 황제 즉 '제帝[45]의 나라'란 의미다. 물론 진秦의 영정嬴政이 천하를 통일하고 스스로 "덕겸삼황德兼三皇, 공과오제功過五帝"[46]한다고 생각하여 시황제始皇帝라 부른

43 최근 중국에서 나오는 육가 관련 연구엔 유학의 '부흥', '영향', '공헌', '선구' 등의 제목이 많이 등장하고 있다. 예컨대 임화任華의 「試論陸賈對儒學的改造」(『烟台師範學院學報』, 2001年 4期)에선 '개조'란 제목을 쓰고 있다.

44 공자·맹자·순자는 제후국 또는 조그만 독립국들을 설득하는 데 주력하였지만, 그것도 실패하였다. 맹자가 등滕나라에서 일정기간 실행하여 성공을 거둔 듯하지만(『맹자』「등문공 상·하」), 도시국가도 안 되는 소국이었다. 제국의 통치이념으로서 유가사상이 현실화된 것은 역시 한 초의 육가와 같은 시기의 천재 가의賈誼의 공로가 크다. 이들이 없었으면 "獨尊儒術, 罷黜百家"한 동중서董仲舒도 없었을 것이다.

45 『서경』「홍범洪範」, 『예기』「문왕세자文王世子」, 『산해경』「대황남경大荒南經」, 『장자』「응제왕應帝王」 등에서 제帝는 최고의 천신이며, 『예기』「곡례曲禮 하」편이나 하夏·은殷의 군주 이름으로 등장하는 제帝모모는 이미 죽은 군주에 대한 칭호이며, 『맹자』「공손추公孫丑 상」이나 『사기』「진시황본기」에 나오는 제帝는 부족연맹의 영수 또는 국가의 최고 통치자로서 황제 또는 천자를 말한다. 한편 제帝에는 최고 통치자 군주라는 의미 외에도 여러 가지 주장이 있다. 帝의 원 글자는 꽃받침, 꽃꼭지, 아직 피지 않고 몽우리 상태의 꽃 등을 뜻하는 蒂자와 같고, 이는 생명의 잉태를 뜻하는 신성한 의미로 해석하는 주장도 있다(吳大澂, 王國維, 郭沫若 등). 꽃씨의 형상인 갑골문의 '▽' 또는 '▼'이 그 의미라는 주장이다. 이를 유추하여 꽃받침, 여성의 음, 여성생식기 등으로 해석하기도 하고, 극단적으로 배가 불러 있는 상태의 여성—돼지 모양 등으로 연결하여 黃帝를 어미 돼지의 전승傳承으로 보는 견해도 있다(http://huangshouyu.blog.hexun.com/6810216_d.html 참조). 그 외 帝는 군주가 최고 조상신에게 지내는 제사인 褅와 같은 글자로 쓰이기도 했다.

46 '덕은 삼황을 넘고, 공은 오제보다 높다'는 뜻에서 '德過三皇, 功高五帝'라 하

뒤부터 최고 통치자는 공식적으로 황제라 부르게 되었다. 『사기』·『한서』 등 역사서나 대외 문서에 한나라 군주를 모두 황제皇帝라 부르고 있으며, 그 이후는 보편적으로 황제 또는 제라 불렀다. 육가는 이 시기의 사람이라 현실 정치상 최고통치자로써 '제'를 의식했을 것이나 『신어』·『초한춘추』에서 설계하는 '帝의 나라'는 진시황제의 그것과 사뭇 다른 것이었다.

1) 천생인성(天生人成)—『주역』 중심의 천도관(天道觀)

『신어』는 「도기道基」 즉 '도의 기초'에 대한 논의로부터 출발한다. 육가의 우주론을 잘 담고 있는 「도기」편은 『순자』의 '천도관'과 닮아 있다. "전하는 말에 '하늘은 만물을 낳고 땅은 그들을 기르며 성인은 그들을 완성시킨다'고 합니다. 이들의 공덕이 어우러져 그로부터 도가 생겨났습니다."[47] 이 말은 『순자』 「부국富國」편 "하늘과 땅이 만물을 낳고 성인은 그것을 완성시킨다"[48]는 이른바 천생인성天生人成론의 변용이다. 천·지·인 "삼자의 공덕이 배합된다"는 말은 『순자』 「천론天論」편 "하

기도 한다. 당태종 이세민李世民이 지었다는 『제범帝範』에선 '德超三皇, 材過五帝'라 한다. 그 뒤 『자치통감資治通鑑』·『통감기사본말通鑑紀事本末』·『문헌통고文獻通考』 등엔 진시황의 언어로 모두 이 말을 통용한다. 현존 『사기』 「진시황본기」엔 "去泰著皇, 采上古帝位號, 號曰皇帝"라고 처음 최고정치지도자의 의미로 '황제'란 말을 쓴 것으로 기록하고 있다. 그러나 '황제皇帝'란 명칭은 이와 유사한 의미로 오래전부터 쓰여 온 것이었다. 예컨대 『서경』 「여형呂刑」엔 전임 제왕에 대한 존칭으로 '皇帝'란 말을 쓰며, 『장자』 「제물론齊物論」에선 성인의 의미로 삼황오제의 합칭으로 사용하며, 수당시대 유학자 육덕명陸德明 등에 의하면 皇帝는 원래 黃帝이며, 皇과 黃자는 고대에 통한 글자라고 주장하기도 한다. 고힐강顧詰剛은 黃帝를 전국시대에 만들어진 가짜로 보기도 한다.

47 傳曰 : "天生萬物, 以地養之, 聖人成之." 功德參合, 而道術生焉.

48 天地生之, 聖人成之.

늘에는 시절의 변화가 있고, 땅에는 재물의 저장이 있고, 사람에게는 다스리는 능력이 있다. 이를 가리켜 인간이 천지의 조화에 참여할 수 있다고 말한다"가 거꾸로 가장 좋은 주석으로 생각된다. 육가는 순자와 마찬가지로 인간이 주관적 능동성을 발휘해야 한다고 생각했다. 먼저 천·지를 알아야 하고, 그리고 사람이 그 천·지에 참여해야 한다는 얘기다.

「도기」편은 이어서 천지자연의 이치가 인간사와 떨어질 수 없음을 설명하고, 인간세상의 첫 성인이 도덕규범을 만들어 왕도王道를 창조해냈다고 주장한다.

> 이에 옛 성인 복희씨(伏羲氏)[49]는 고개를 들어 천문을 보시고 고개를 숙여 지리를 관찰하시어 천지음양을 분별하는 건곤(乾坤) 등 팔괘(八卦)를 그려내셨습니다. 이로써 인간세상의 도덕규범이 정해지고 백성들은 깨치기 시작하여 부자유친, 군신유의, 부부유별, 장유유서의 도리를 알게 되었습니다. 이에 모든 관직이 바로 서고 왕도가 생겨나게 되었습니다.[50]

선성 즉 복희씨가 천도에 근거를 두고 팔괘를 만들어 인간과 만물의 질서를 잡아 왕도를 성립시켰다는 얘기다. 육가는 곳곳에서 『주역』을 주로 참고하여 우주의 원리와 인간세상의 윤리도덕을 설명한다. 여기서도

---

49 『맹자孟子』「이루離婁 하」편에 "선성先聖, 후성後聖의 도는 한 가지다"는 구절이 있는데, 선성은 우虞의 순舜임금을 가리키고 후성은 주의 문왕文王을 가리킨다. 그러나 여기서의 선성은 이와 다르다. 왕리기는 『한서』「예문지」 속의 『주역』 인용구절 등을 예로 들며 다음과 같이 고증하였다. 복희씨伏羲氏가 천문, 지리, 새와 짐승의 문양 등을 관찰하여 처음 팔괘를 만들었고, 문왕이 그 괘들을 겹쳐 상하로 나누어 육효六爻를 만들었으며, 공자가 단彖, 상象, 계사繫辭, 문언文言, 서괘序卦 등 10익翼을 만들어 해설을 달았다고 한다. 따라서 육가가 말하는 선성, 중성, 후성은 곧 복희, 문왕, 공자라는 것이다(왕리기, 『신어교주』 참조).

50 於是先聖乃仰觀天文, 俯察地理, 圖畫乾坤, 以定人道, 民始開悟, 知有父子之親, 君臣之義, 夫婦之別, 長幼之序. 於是百官立, 王道乃生.

삼강오륜의 인륜을 복희 팔괘에 연유시키고 있다. 『주역』 팔괘는 고대 중국에서 지식의 원천이었다. 팔괘 그림을 통해 생산되는 지식의 유추를 통해 정치질서의 이상적 목표인 왕도를 끌어내는 육가의 설계는 분명 지식기반의 도덕국가이다. 그는 왕도야말로 하늘의 이치를 반영하였고, 선대 성왕들의 지적 전통을 구현한 것이므로 반드시 당시의 정치상황에 반영되어야 한다고 한고조 유방을 설득하고 있는 것이다.

『주역』의 천도관과 마찬가지로 육가는 천·지·인의 상호참여를 주장하고 있다. 후성後聖 공자가 "위로 하늘의 뜻을 계승하고 아래로 땅의 이치를 통섭하였으며, 사리를 따지고 미세한 말절까지 헤아려 사람의 성정에 근원한 근본의 확립으로 인륜도덕의 체계를 마련하였습니다. 천지의 법도를 근거로 책을 편찬하여 후세에 남기니 새나 짐승들도 감화를 받았으며 그로써 혼란스런 세상을 구제하였습니다. 천의와 인간사가 하나로 합해져 근본적인 도술이 모두 갖추어지게 되었다"(「도기」)[51]고 한다. 육가가 지식의 원천으로 『주역』을 삼은 것은 그것이 자연의 이치를 인간사회에 설명해주는 것이기 때문이었다. 「명계」편은 매우 구체적이다.

> 성인은 하늘의 광명을 받들고, 해와 달의 운행을 바르게 하고, 별자리 움직임의 도수를 기록하고, 하늘과 땅이 가져다주는 이로움에 근거하고, 고원·평지 등의 높고 낮음에 따라 경작할 작물의 등급을 정하고, 산과 물의 편의에 따라 수레·배 등과 관련된 설비를 하고, 사해를 평정하고, 구주를 획분하고, 좋아하고 싫어하는 가치기준을 같게 만들고, 풍속을 통일시킵니다. 『주역』에 이렇게 얘기합니다. '하늘이 상을 드리워 길흉에 관한 징조를 보이니 성인이 그것을 모범으로 삼고, 하늘이 선한 도를 내세우니 성인이 그것을 얻도다.' 이는 도참·역법의 변화를 점단하여 이용하고 풍속·교화의 실책을 모아 감소시킴으로써 국가의 성쇠를 바로잡고 만물에 관한 일들을 기록하여 세상을 안정시

51 承天統地, 窮事察微, 原情立本, 以緒人倫, 宗諸天地, 纂修篇章, 垂諸來世, 被諸鳥獸, 以匡衰亂, 天人合策, 原道悉備.

> 키면, 그런 뒤에는 실행해선 안 될 정치가 없어지고, 다스려지지 않는 백성이 없어진다는 말입니다. 그래서 '하늘의 광명을 모범으로 삼고 땅이 가져다주는 이로움에 근거한다'고 말한 것입니다. 천문의 변화를 관찰하고 그로부터 지상 만사만물의 유사성을 연역 추론하여 그것을 (□□) 사이에 산포하고, 그것을 추위·더위라는 절기에 맞추어 조절하고, 그것을 사시사철의 기운에 따라 양육하고, 그것을 비바람의 변화에 맞추어 동일하게 만듦으로써 먼 나라, 풍속이 상이한 곳이더라도 (□□□할 것을) 모르지 않고, 즐거우면 노래하고, 슬프면 울게 되니 이것이 바로 성인의 교화가 가지런히 통일되었다는 것입니다.[52]

뚜렷한 신비주의적 천인감응론의 색채가 있으며, 이는 동중서董仲舒의 천인합일과 천견론天譴論의 원류 중 하나로 볼 수도 있다.[53] 그러나 토지 등급의 구분, 교통수단의 설비, 지역구분의 원칙, 풍속통일의 기준 등을 우주자연의 이치를 반영한 『주역』에서 '연역추론'한다는 사고는 신비주의적 천인감응론이라기보다 천인합책 즉 천리의 인간사회 정책에 반영한다는 인문주의적 인식으로 보는 것이 유가사상을 종지로 삼은 육가의 생각에 더 가까울 듯하다.

2) 통물통변(統物通變)—지식 중시와 변통의 역사관

한 제국 초기 건설자들의 주된 관심사 또한 진나라 통치자들과 마찬

---

52 聖人承天之明, 正日月之行, 錄星辰之度, 因天地之利, 等高下之宜, 設山川之便, 平四海, 分九州, 同好惡, 一風俗. 易曰: "天垂象, 見吉凶, 聖人則之; 天出善道, 聖人得之." 言御占圖歷之變, 下衰風化之失, 以匡盛衰, 紀物定世, 後無不可行之政, 無不可治之民, 故曰: "則天之明, 因地之利." 觀天之化, 推演萬事之類, 散之於□□之閒, 調之以寒暑之節, 養之以四時之氣, 同之以風雨之化, 故絶國異俗, 莫不知□□□, 樂則歌, 哀則哭, 蓋聖人之教所齊一也.

53 劉澤華主編, 『中國政治思想史』(秦漢魏晉南北朝卷), 浙江人民出版社, 1996, 제2장 제1절 참조.

가지로 물질적인 각도에서 무력에 기초한 세력판도의 확장과 힘에 의해 백성들의 복종을 유도하는 것이었다. 그들은 무력을 통치의 원리로 생각하였다. "천하를 평정한 뒤 여러 신하들이 적군을 깨뜨리고 적장을 잡은 얘기들을 하는데 죽고 사는 경험이 줄어들 줄 모르는"(『초한춘추』 일문) 상황이 이어지고 무공을 앞세운 장군이 중용되었다.[54] 역사적 지식을 활용하는 것이 왕조의 안정과 번영을 가져온다는 주장에 대해 이사와 진시황은 전통만 따지는 허언으로 현실을 모르는 사사로운 학문[私學]으로 취급하며 절대 금지하였다. 학문은 법제도에 대한 끊임없는 논쟁과 비방을 부르고 작당모의를 일삼아 중앙권력을 무력화시키므로 "문학文學·시서詩書·백가百家를 모두 없애고, (…중략…) 없애지 말 것은 의약·복서卜筮·종수種樹의 책이고, 배우려는 자가 있으면 관리를 스승으로 삼도록 한다"(『사기』 「이사열전」)며 우민화를 지향하고 내치와 대외정책 모두를 형벌과 힘에만 의존하였다.[55]

힘으로 얻은 권력이므로 힘으로 지탱해야 한다는 유방에게 육가가 제기한 이유는 진시황과 이사의 반지성주의 때문에 진이 망했다는 것이었다.

옛날 오(吳)나라 왕 부차(夫差)와 진(晉)나라 지백(智伯)은 무를 극단적으로 신봉하다 멸망했습니다. 진나라는 모든 것을 형법에만 맡기고 변통할 줄을 몰라

54 『초한춘추』 일문의 관련 부분은 이렇다. 漢已定天下, 論群臣破敵禽將, 活死不衰, 絳灌、樊噲是也. 功成名立, 臣爲爪牙, 世世相屬, 百世無邪, 絳侯周勃是也.

55 「이사열전」 관련 기사는 이렇다. "古者天下散亂, 莫能相一, 是以諸侯幷作, 語皆道古以害今, 飾虛言以亂實, 人善其所私學, 以非上所建立. 今陛下幷有天下, 別白黑而定一尊; 而私學乃相与非法教之制, 聞令下, 卽各以其私學議之, 入則心非, 出則巷議, 非主以爲名, 異趣以爲高, 率群下以造謗. 如此不禁, 則主勢降乎上, 黨與成乎下. 禁之便. 臣請諸有文學詩書百家語者, 蠲除去之. 令到滿三十日弗去, 黥爲城旦. 所不去者, 醫藥卜筮種樹之書. 若有欲學者, 以吏爲師." 始皇可其議, 收去詩書百家之語以愚百姓, 使天下無以古非今. 明法度, 定律令, 皆以始皇起. 同文書. 治離宮別館, 周遍天下. 明年, 又巡狩, 外攘四夷, 斯皆有力焉.

끝내 조씨(趙氏)[56] 종실이 무너지고 말았습니다. 가령 진나라가 천하를 병합한 뒤 인의를 행하고 선왕성인을 본받았다면 폐하께서 어떻게 천하를 얻을 수 있었겠습니까?[57]

—「육가전」

인의와 선왕성인은 유가학술에서 지식에 기반을 둔 성취를 말한다. 유학자였던 육가는 유방의 부탁으로 '천하를 잃고 얻게 된 까닭', '예로부터의 국가적 성공과 실패'에 관해 쓴 책이다. 완성이 될 때마다 한 편씩 황제에게 바쳤으며, 모두 황제의 긍정과 조정의 찬양을 받았다는 것으로 보아 육가의 설계는 정책으로 구체화되었을 것이다. 숙손통叔孫通이 제자 유생 수십 명을 거느리고 개국 5~6년이 지나도록 난장판[58]이었던 조정을 향해 엄격한 유가윤리와 예법을 적용한 의례준칙들을 만들어 유방으로 하여금 "내 오늘에야 황제가 존귀한 존재인 줄 알았노라"(『사기』「숙손통열전」)[59]고 느끼게 해준 사건도 육가가 지식과 인의의 중요성으로 유방을 설득해냈기 때문에 가능했던 일이다.

육가에게 지식의 핵심은 현실 정치에 도움을 주는 역사지식을 말한다. 가깝게는 진나라 패망의 경험에서 얻은 반면교사이고, 멀리는 정면교사로서 긴 역사과정에서 얻을 수 있는 통물統物 즉 역사를 관통하는 자연의 이치를 말한다. 순자는 이를 도관道貫 또는 통류統類로 개념 지으

56 여기서의 조趙씨는 진의 원조 성씨를 뜻한다. 진시황의 성은 영嬴이지만, 원조상은 익益의 후예로 조보造父 때 공로로 목공穆公에 의해 조성趙城에 봉해졌으므로 조씨이다. 진시황의 아버지 장양왕莊襄王이 조나라에 인질로 있다가 돌아갈 때도 조씨로 불렸다.

57 昔者, 吳王夫差、智伯極武而亡. 秦任刑法不變, 卒滅趙氏. 鄉使秦已竝天下, 行仁義, 法先聖, 陛下安得而有之?

58 『사기』「숙손통열전」에 따르면 천하를 병합한지 5년이 지났을 때도 군신들이 궁중에서 술 마시며 공을 다투고 취하여 멋대로 형님아우 하는가 하면 검을 뽑아 기둥을 치는 등 난장판이어서 유방의 걱정이 심했다.

59 吾乃今日知爲皇帝之貴也.

며 그의 성왕론을 완성시켰다.[60]

『신어』「도기」편은 천리의 당위성을 얘기한 뒤 신농神農의 음식, 황제黃帝의 주거, 후직의 농업, 우禹의 치수, 해중奚仲의 교통, 고요皐陶의 법률 소송, 문文왕·무武왕의 교육이라는 역사적 설계과정[61]을 얘기한다. 이어서 공자가 오경五經과 육예六藝를 만들어 문화적으로 우아한 경지에 다다르게 되었는데, 주周나라 말 사치와 방탕이 극에 달했으니 "만물을 통괄하고 사물의 변화에 정통할 수 있는 바는 만유의 성정을 다스려 인의仁義가 드러나게 하는 것입니다"[62]고 주장한다. 만유의 성정을 다스리는 방편은 '통물통변統物通變'의 지식이라는 말이다. '통물통변'의 '통물'이란 대원칙 하에 천문·지리·인사를 모두 통괄함을 말하며, '통변'이란 상황에 따라 때맞추어 조치를 취하고 기존 규정을 고수하지 않음을 말한다. 우주자연이란 선천적 지식과 현실반영이란 경험적 역사지식의 결합을 뜻한다.

'통물통변'은 육가 지식기반 왕도정치의 구체적 내용이다. '통물'의 원칙은 '천인합책天人合策'(「道基」)인데, 한마디로 천리(자연의 이치)의 인간사회에의 구현이다. 성인이 완성시킨 이 원칙이 정치세계에 드러나는 것이 인의이다. "성인이 그것들을 완성시켰다[聖人成之]"는 말은 『순자』 주장의 핵심인데, 『신어』의 첫 구절에 등장하고 또 이곳에서 결론삼아 쓰고 있다. 육가는 『순자』를 계승하여 인과 의를 필요에 따라 구분하기도 혼용하여 같이 쓰기도 한다. 공자는 『논어』에서 크게는 모든 덕목의 총칭으로 인仁을 설정하였고, 작게는 구체적 덕목으로서 인과 의를 구

60 순자는 역사를 관통하는 성인의 이상정치를 통류統類라는 개념으로 종합한다(장현근, 「荀子政治思想에 있어서 '禮'의 機能」, 『한국정치학회보』 제26집 제3호, 1993, 23~45면 참조). 『순자』 「비십이자」. "若夫總方略, 齊言行, 壹統類, 而群天下之英杰而告之以大古, 教之以至順."

61 육가의 역사과정 설명은 『상군서商君書』와 『한비자韓非子』의 역사발전론 설명과 유사하여 육가가 법가사상도 융합시키고 있다고 볼 수도 있다. 그러나 『신어』의 목적과 귀결점은 두 책과 전혀 다르다.

62 所以能統物通變, 治情性, 顯仁義也.

분하기도 하였다. 『맹자』에 이르면 사단四端을 설명하며 측은지심惻隱之心을 인으로, 수오지심羞惡之心을 의로 구분하였다. 유가 저작 중 인의라는 글자는 『순자』에 가장 많이 등장하는데, 인의지통仁義之統 등으로 인의를 겸하여 같은 의미로 전달하는 경우가 많으며, 문장구조상 인자와 의자를 따로 쓰는 경우도 많으나 대부분의 경우 유사한 의미로 쓰인다. 역사지식의 총 결산으로 인의를 설정한 육가의 방식은 순자의 용례와 유사하다.

'통변'은 역사의 변화과정에 대한 통찰의 결과이다. 그는 '후대의 성인' 즉 공자에 이르러 오경·육예가 정해지고 문명이 집대성되었다고 하였다(「도기」). 그렇게 보면 자칫 고대의 것에 얽매인다는 혐의를 벗을 수 없을 텐데, '통변'을 제기함으로써 이론과 실제를 일치시켜 이를 보완하였다.

> 옛날 얘기를 잘하는 사람은 항상 오늘날의 사건과 결합시켜 말을 하고, 먼 과거의 일을 능력 있게 기술하는 사람은 항상 가까운 사례를 들어 고찰합니다. 그래서 역사 사례를 설명하는 사람은 위로 오제(五帝)의 공적에 대해 진술하면서 자신이 경험한 일을 결합시켜 고려하고, 아래로 걸(桀)·주(紂)의 실패를 나열하면서 그것을 자기 행동의 경계로 삼습니다. 그러면 덕이 해와 달처럼 빛날 것이며, 행위는 신령과 합치할 수 있을 것입니다. 높고도 먼 곳에 다다를 수 있으며, 깊고 아득한 이치에 통달할 수 있을 것입니다. 들으려 해도 소리가 없고 보려고 해도 형체가 없어서 세상사람 누구도 그 조짐을 볼 수가 없고, 그 실질을 알지 못합니다. 오경의 본말을 꾸며서 정리해보아도, 도덕의 진위에 (旣□其意)하여도 그러한 사람을 찾아 볼 수는 없습니다.[63]

63 善言古者合之於今, 能述遠者考之於近. 故說事者上陳五帝之功, 而思之於身, 下列桀、紂之敗, 而戒之於己, 則德可以配日月, 行可以合神靈, 登高及遠, 達幽洞冥, 聽之無聲, 視之無形, 世人莫覩其兆, 莫知其情, 校修五經之本末, 道德之眞僞, 旣□其意, 而不見其人.

—「술사」편

육가는 역사적 지식의 통치에의 응용을 강조하지만 그 지식은 포장을 위해서가 아니라 현실적 교훈을 끌어내 사용하는데 의미가 있다는 주장이다. 정면의 교훈과 반면의 교훈을 흡수하여야 '아득한 이치에 통달할 수 있다'는 것이다. "탕湯왕 · 무武왕이 세상 이치를 거스르고 힘으로 취하였으나 세상 이치에 순응하여 덕으로 천하를 지켰습니다. 문무의 겸용이야말로 장구히 유지할 수 있는 통치술입니다"(「육가전」).[64] 소위 '역취순수逆取順守'는 육가 역사관의 또 하나의 반영이다. '역취'는 힘으로 천하를 빼앗는 힘의 정치 혹은 패도覇道를 말하고, '순수'는 문무겸용의 왕도王道를 말한다. 육가는 힘에 의한 권력창출을 긍정하면서 그 권력의 유지와 확장을 왕도로 상정한 것이다.

왕도로 "나라를 다스림에는 도덕을 최상으로 여겨야 하며 일을 실행함에는 인의를 근본으로 삼아야 합니다"(「본행」편).[65] 육가의 '역취순수' 역사관의 귀결은 바로 인의도덕의 실행이다. 이 점에서 패도를 긍정하는 순자의 법후왕法後王론과 유사하면서도 더 현실적이다.

육가는 복희를 선성先聖으로, 문왕을 중성中聖으로 공자를 후성後聖으로 여기며 3성을 얘기하는데, 새로운 성인들의 시대마다 부단히 앞을 향해 발전하고 바뀌어 왔다고 주장한다. 일종의 역사변역, 역사변통을 말하는 것이다. 이를 유추하면 후성인 공자 때보다 지금이 훨씬 발전해 갔으며, 역사지식은 현실 정치를 위한 수단이니 역사지식은 현실과 관련을 지을 때 의미를 지닌다는 말이다. "옛날 얘기를 잘하는 사람은 항상 오늘날의 사건과 결합시켜 말을 하고, 먼 과거의 일을 능력 있게 기술하는 사람은 항상 가까운 사례를 들어 고찰합니다"(「술사」편).[66] 『순자』

64 湯、武逆取而以順守之, 文武並用, 長久之術也.

65 治以道德爲上, 行以仁義爲本.

66 善言古者合之於今, 能述遠者考之於近.

「성악性惡」편 "선언고자필유절어금善言古者必有節於今"을 빌린 이 말은 육가 변통의 역사관이 가진 현실주의적 측면을 잘 드러내 준다. 육가의 영향으로 한대의 지식풍토는 현실을 설명할 능력이 있는 역사지식을 훌륭한 것으로 받아들였다. 위 '절어금節於今'이 『한서』「동중서전董仲舒傳」엔 '험어금驗於今'으로 바뀌었을 뿐이고, 『염철론鹽鐵論』「조성詔聖」편엔 "고지금考之今"이라 되어 있고, 『황제내경黃帝內經』「소문素問」엔 "합어금合於今"이라 되어 있을 뿐 모두 현실 중시의 역사지식 즉 '경고중금輕古重今'을 표현한다.

과도한 현실 중시는 자칫 역사지식의 왜곡과 현실의 과장을 부를 수도 있다. 『신어』는 새로 등장한 한 제국의 역사적 공헌을 강조하려는 의도로 쓰인 책이다. 육가의 현실 중시는 「술사」편에서 유가사상가들이 전통적으로 피력하는 삼왕三王마저 들먹일 필요가 없다고 주장하는 데 이른다. "좋은 책이 꼭 공자의 문하에서만 나오는 것은 아니며,[67] 좋은 약이 꼭 편작扁鵲의 처방에서만 나오는 것은 아닙니다. 도에 합치하는 것이면 모두 좋으며, 모범으로 삼을 수 있으며, 세상의 변화에 따라 잘 저울질하여 권력을 행사하면 됩니다"(「술사」편).[68] 지식에 기반을 둔 왕도정치와 인의도덕의 정치라는 원칙을 준수하고 그에 맞는 좋은 처방으로 세상의 변화에 대응하는 것이 '통변'이다. 육가는 특히 역사적 지식을 통해 반면의 교훈을 얻으라고 한다. 치우蚩尤의 실정이 있었기에 요순이 있고, 걸주桀紂가 포학하니 탕무湯武가 어질다는 식이다(「사무」편). 갓 등장한 한 제국의 통치자에게 새로운 시대의 도가 따로 있으며, 현실에 상응하는 정책과 조치를 통해 역사적으로 칭송받는 성인과 같은 반열의 정치를 구현할 수 있을 것이라는 주장은 큰 매력이었을 것이다.

---

67 공자와 유가사상을 존중하지 않는 듯한 이 구절은 논란의 소지가 있으나, 백가를 물리치고 유술독존儒術獨尊을 이룬 동중서보다 육가가 공자 성인화 작업이 이루어지기 훨씬 전에 살았던 점을 감안해야 한다(왕리기, 『신어교주』, 47면 참조).

68 書不必起仲尼之門, 藥不必出扁鵲之方, 合之者善, 可以爲法, 因世而權行.

3) 인의도덕(仁義道德)－유가이념과 현실정치의 결합

육가는 '통물통변' 원칙이 현실정치에 반영되려면 군주가 '인의仁義·도덕道德에 입각하여 권력을 행사해야 한다고 말한다. 유가사상의 기본 이념 가운데 하나는 지식과 지식인의 현실참여이다. 『논어』 「자장子張」 편에선 "정치(또는 행정)을 하면서 여유가 있으면 항상 공부를 하고, 공부를 열심히 하여 성취가 있으면 정치(또는 행정)에 나아가라"[69]고 한다. 이렇게 지식기반의 국가를 지향한 유가 이념들을 보다 현실적으로 개조하여 국가, 특히 제국 황제의 통치이념이자 통치방법으로 구상하고 제기하여 현실정치와 결합하는데 성공한 첫 유생[70]이 육가였다. 「도기」편의 결론은 이렇다.

> 인은 도의 준칙이며 의는 성인의 학문입니다. 인의를 배운 사람은 사리에 밝으며, 인의를 잃은 사람은 사리에 어두우며, 인의를 거스르는 사람은 망하게 됩니다. 자신의 역량을 펼쳐서 자리를 잡았으면 의를 통해 공을 세워야 하고, 군대 행진과 전쟁에 인으로 군심을 얻으면 견고하게 되고, 의에 따라 진행하면 강성해집니다. 기운을 다스리고 심성을 수양하면 어진 사람은 장수합니다. 재능과 도덕의 높낮이에 따라 자리를 정한다면 의로운 사람의 행위가 방정합니다. 군자는 의로써 서로를 칭송하지만, 소인은 이익 때문에 서로를 속입니다. 어리석은 사람은 힘 때문에 서로 소요를 일으키지만, 현자는 의로써 서로를 다독여줍니다. 『곡량전』엔 '인은 자신의 집안 지친을 대하는 길이며, 의는 자신의 사회 존장을 받드는 길이다. 만세토록 혼란이 생기지 않음은 인의로 다스리

69 仕而優則學, 學而優則仕.

70 「본행」 편엔 '유술儒術' 즉 유가학술이란 말이 나온다. 그 외에도 육가는 『신어』에서 유가의 보편적인 사상 특질을 잘 드러내는 언급을 많이 한다. 유가·도가·법가 등 학파 분류 용어는 육가보다 늦은 사마담司馬談이 구체화한 것이지만, 유가사상가들은 전국시대부터 자신을 유가로 정의했다는 점에서 육가를 유생으로 보아도 무방할 듯하다.

기 때문이다'고 말합니다.[71]

인의와 도덕을 준칙으로 삼는 것이 지식에 기반을 둔 성인정치의 실행이란 얘기다. 성인정치가로부터 군대와 장수, 군자와 소인, 집안과 사회의 일까지 인의의 질서로 묶고 있으며, 심성수양이 잘된 통치자가 이끌면 정치질서가 확립된다는 주장이다.

육가의 '도덕道德'론은 유가와 도가사상이 일부 결합된 형태이긴 하지만 노자老子가 말하는 도덕과 같지는 않다. 『예기』「곡례曲禮 상」편에 도덕과 인의를 모두 예禮와 연결시키고 있는데, 여기서 도는 재예才藝를, 덕은 선행善行을 말한다. "도를 잃은 뒤 덕이 있게 되었으며, 덕을 잃은 뒤 인이 있게 되었으며, 인을 잃은 뒤 의가 있게 되었다"는 『노자』의 말처럼 삼라만상을 포괄하는 위대한 존재로서 도를 얘기하는 것이 아니다. 육가의 도덕은 예가 모든 것의 준칙이므로 "도덕의 극치"라고 말한 『순자』「권학勸學」편의 그 도덕을 말하는 유가적 도덕설로 노자의 도덕과는 구분된다.

인의와 도덕을 현실 군주와 결합시킨 사상적 성취는 순자에게서 이루어졌다. 육가 또한 『순자』를 계승하여 인과 의를 필요에 따라 구분하기도 혼용하여 같이 쓰기도 한다. 『신어』에 인의仁義를 함께 쓴 경우는 17회, 인자仁者를 포함하여 인仁으로만 표기한 경우는 모두 27회이다.[72] 공자는 『논어』에서 크게는 모든 덕목의 총칭으로 인仁을 설정하였고,

---

71 仁者道之紀, 義者聖之學. 學之者明, 失之者昏, 背之者亡. 陳力就列, 以義建功, 師旅行陣, 德仁爲固, 仗義而强, 調氣養性, 仁者壽長, 美才次德, 義者行方. 君子以義相褒, 小人以利相欺, 愚者以力相亂, 賢者以義相治. 穀梁傳曰: "仁者以治親, 義者以利尊. 萬世不亂, 仁義之所治也.

72 『신어』에서 의義자의 경우, 묵가의 귀의貴義사상의 영향도 일부 있겠지만 맹자적 의미의 의와 순자를 계승하여 예의禮義라는 의미로도 많이 쓰고 있다. 『신어』를 통틀어 예의라는 말은 4회 등장하지만, 의義자 단독으로 쓰인 경우는 46회에 이른다.

작게는 구체적 덕목으로서 인과 의를 구분하기도 하였다. 『맹자』에 이르면 사단四端을 설명하며 측은지심惻隱之心을 인으로, 수오지심羞惡之心을 의로 구분하였다. 유가 저작 중 인의라는 글자는 『순자』에 가장 많이 등장하는데, 인의지통仁義之統 등으로 인의를 겸하여 같은 의미로 전달하는 경우가 많으며, 문장구조상 인자와 의자를 따로 쓰는 경우도 많으나 대부분의 경우 유사한 의미로 쓰인다.

육가의 용례는 순자의 용례와 유사하지만 도덕과 인의를 좀 더 구체적으로 분리하여 도가 덕을 이끌고[73] 인이 의를 이끈다고 말하기도 한다.

> 도가 주창되면 덕이 따라서 호응하고, 인이 수립되면 의가 따라서 일어납니다. 왕이 조정에서 도덕과 인의를 행하면 필부들은 민간에서 그것을 실천하게 됩니다. 말절의 작은 일을 처리하려면 근본의 큰일부터 다스려야 하고, 그림자를 단정히 하고 싶으면 제 몸을 먼저 바르게 챙겨야 합니다.[74]
>
> —「술사」편

다섯 가지 사회관계, 즉 오륜五倫을 통한 질서의 확립은 유가정치사상의 사회적 발현인데, 여기서 육가는 부자관계, 부부관계, 붕우관계, 군신관계 등을 인과 의의 잣대로 정리하고 있다. 나아가 "나라를 지키는 사람은 인으로써 사회를 굳건하게 만들고, 군주를 보좌하는 사람은 의로써 사회가 무너지지 않도록 받쳐줍니다. 군주는 인으로 나라를 다스리고 신하는 의로써 일을 공평하게 처리합니다. 각 고을에선 인 때문에 서로 공손하며, 조정에선 의 때문에 서로 유창한 변론들을 합니다(「도기」편)"[75]라고 하며 군君－인仁, 신臣－의義의 관계를 특별히 강조한다. 육가

---

73 『신어』에서 도덕道德이란 결합어는 12회 등장하고 그것을 대표하는 덕德이란 말은 38회 등장한다.

74 道唱而德和, 仁立而義興, 王者行之於朝廷, 疋夫行之於田, 治末者調其本, 端其影者正其形.

75 守國者以仁堅固, 佐君者以義不傾, 君以仁治, 臣以義平, 鄉黨以仁恂恂, 朝廷以

는 만물의 탄생과 지식 기반인 『오경五經』의 기본 주장까지 인과 의의 개념으로 묶어 해석하기도 한다.

> 양의 기운은 인으로 조절하여 만물을 탄생시키며, 음의 마디는 의로 조절하여 만물에 작용합니다. 『시경』 「녹명(鹿鳴)」장은 사슴이 인의 마음으로 무리를 불러서 같이 먹는다는 의미이며, 「관저(關雎)」장은 물수리가 의 때문에 수컷에게 경계의 소리를 낸다는 의미입니다. 『춘추』는 인·의로 죄악을 물리쳐 끊고, 『시경』은 인·의로 국가의 존망을 표현하고 있습니다. 『주역』의 「건(乾)괘」·「곤(坤)괘」는 인으로써 화합하며, 팔괘(八卦)는 의로써 서로 이어져 있습니다. 『서경』은 인을 바탕으로 고조에서 현손까지 9족에 관해 서술하고 있으며, 군주와 신하가 의에 따라 만든 충을 말하고 있습니다. 『예(禮)』는 인으로써 절제를 다한 것이며, 『악(樂)』은 예로써 오르내립니다.[76]
>
> —「도기」편

4) 무양덕흥(武讓德興)—폭력과 형벌에 대한 반대

육가는 도덕과 인의의 반대편에 존재하는 것을 폭력과 형벌이라고 생각했다. 진나라가 망한 원인은 후자이며, 이제 새로운 제국의 질서는 전자여야 한다고 믿은 것이다. 제국의 질서에 대한 그의 설계는 이 둘을 명료하게 구분하고 폭력과 형벌을 벗어난 인의도덕의 정치, 즉 덕정을 위한 것이었다.

義便便.

76 陽氣以仁生, 陰節以義降, 鹿鳴以仁求其群, 關雎以義鳴其雄, 春秋以仁義貶絶, 詩以仁義存亡, 乾坤以仁和合, 八卦以義相承, 書以仁敘九族, 君臣以義制忠, 禮以仁盡節, 樂以禮升降.

그러므로 포학한 행동을 하면 원한이 쌓이고, 덕정을 펼치면 공적을 이룰 수 있습니다. 백성들은 덕정으로 인해 군주에게 기대며, 골육지간은 인(仁)으로 인해 친근하게 지내는 것입니다. 부부사이엔 일정한 행위준칙인 의(義)가 있어서 서로 화합하고, 친구사이엔 의가 있어서 서로 믿으며, 군신지간엔 의가 있어서 위아래 질서가 있으며, 백관들 사이엔 의가 있어서 서로를 받드는 것입니다.[77]

—「도기」편

군주가 밝게 덕정을 펼치면 (정치적 영향력이) 먼 곳까지 미칠 수 있고, 신하들이 돈독히 인의를 실천하면 (국가가) 강대한 상태에 다다를 수 있습니다.[78]

—「명계」편

『신어』의 상당부분 내용은 폭력정치의 부작용과 문제점, 인의도덕의 정당성과 장점을 얘기하는 데 할애하고 있다. 몇 예를 들면 이렇다.

옛날에 요임금은 인의로 보금자리를 삼았고, 순임금은 직(稷)과 설(契)을 지팡이로 삼았습니다. 그래서 높아질수록 편안하였고 움직일수록 견고하였습니다. (…중략…) 진나라는 형벌을 보금자리로 삼았으므로 둥지가 뒤집히고 알이 깨지는 환난을 당하였습니다. 이사와 조고를 지팡이로 삼았으므로 사직이 넘어지고 상처를 입는 재앙을 당하였습니다.[79]

—「보정」편

진나라가 질서를 잡고 싶지 않았던 것이 아닙니다. 그럼에도 끝내 나라를 잃은 것은 민중들에게 너무 포악한 조치를 내렸으며 형벌이 너무 극단적이었기

77 故虐行則怨積, 德布則功興, 百姓以德附, 骨肉以仁親, 夫婦以義合, 朋友以義信, 君臣以義序, 百官以義承.

78 君明於德, 可以及於遠; 臣篤於義, 可以至於大.

79 昔者, 堯以仁義爲巢, 舜以稷、契爲杖, 故高而益安, 動而益固. (…中略…) 秦以刑罰爲巢, 故有覆巢破卵之患; 以李斯、趙高爲杖, 故有頓仆跌傷之禍.

때문입니다.[80]

—「무위」편

천지의 본성이든 만물의 온갖 종류 무엇이든 모두가 도덕을 따르는 사람에게 귀의하고, 민중은 형벌에 의존하는 통치자를 두려워합니다. 귀의해 오면 그 곁에서 붙어살지만, 두려워하면 그 나라에서 떠나게 됩니다. 따라서 형벌을 설정함에 가볍다고 싫증내지 않고, 덕을 베풂에 무겁다고 싫증내지 않고, 벌을 행함에 박하다고 걱정하지 않고, 상을 줌에 후하다고 걱정하지 않는다면 근처 사람은 더 가까워지고 먼 데 사람은 귀의해 올 것입니다.[81]

—「지덕至德」편

사적인 이익추구 행위가 두절되면 도의가 뚜렷이 드러날 것이고, 무력을 앞세우는 행위가 물러나면 덕이 흥하게 될 것입니다. 이것이 바로 국가를 장구하게 유지하는 도이며 인간사회에 통용되어야 할 법도입니다.[82]

—「회려懷慮」편

『신어』는 진나라가 망한 원인을 분석하고 예로부터 국가의 흥망성쇠의 이유를 깨우쳐 달라는 황제의 요청으로 만들어진 책이다. 그는 새로운 제국의 질서를 진나라와 정 반대의 방향으로 위치지우고 싶었으며, 그래서 진나라 멸망의 원인을 형벌과 폭력으로 정리하고, 새로운 제국의 방향을 인의와 도덕으로 설정하였다. 제자백가를 종합한 순자학문의 영향을 받은 사람으로서, 그리고 공자를 위대한 성인으로 받드는 유생으로서 인의도덕과 현실정치의 결합을 주장한 것은 육가로써 매우 자

80 秦非不欲治也, 然失之者, 乃擧措太衆、刑罰太極故也.

81 天地之性, 萬物之類, 懷德者衆歸之, 恃刑者民畏之, 歸之則充其側, 畏之則去其域. 故設刑者不厭輕, 爲德者不厭重, 行罰者不患薄, 布賞者不患厚, 所以親近而致遠也.

82 利絶而道著, 武讓而德興, 斯乃持久之道, 常行之法也.

연스런 일이었을 것이다.

5) 교화(教化)와 무위(無爲)－유가 · 도가 융합의 통치방법

육가는 예의를 드높이고[隆禮義] 현실의 군주를 드높이는[隆君] 순자의 영향을 받았다. 국가적 생존과 부국강병이 시대적 과제가 된 전국시대 후기부터 현실적으로 사상계를 지배하고 또 현실성을 인정받은 현학顯學은 법가였고, 군주전제이론은 법가사상의 중심축이었다. 이를 극단적으로 운용한 진나라가 멸망하고 한나라가 등장하기는 했지만 혹독한 형벌통치와 군주전제라는 법가의 두 중심축 가운데 형벌통치는 부정되었지만, 군주전제 등 각종 제도적 장치는 그대로 계승되었다. 공자의 계승자들 또한 순자를 포함하여 군주와 제도에 대한 존중을 그들 정치사상 영역에 성공적으로 끌어들였으며, 육가도 이러한 경향을 대표하는 인물이다. 따라서 육가가 구상한 통치방법은 현실의 제왕을 드높이고, 그를 중심으로 어떻게 인의도덕이 실현되는 정치를 만들어갈 것인가에 있었다.

『신어』는 체계 없이 뒤섞는 당시 잡가와 달리 유가를 중추에 두고 그 범위를 벗어나지 않는 범위 내에서 타 학파의 사상을 끌어다 보완하였다. 법가의 일부 역사관과 제도적 시각을 흡수하고, 묵가와 유사한 주장이 몇 문장 있고, 도가 사상의 일부 내용을 수용하였다. 근본적으로 유가사상을 종지로 하고 도가와 법가의 일부를 채용했다는 의미다. 이는 현실정치에서의 통치방법 운용에 대한 그의 주장에 잘 드러나 있다. 법도法度를 중시하는 교화教化의 정치를 강조하는 유가사상을 중심에 두고, 거기에 도가의 무위無爲와 법가의 권세權勢론을 끌어들이고 있는 형태이다.

육가에게 있어 이들 교화, 법도, 무위, 권세는 각기 독립된 개념으로 존재하는 분절적인 통치방법이라기보다 이들이 종횡으로 엮여 융합融合하고 있다.

왕이 조정에서 도덕과 인의를 행하면 필부들은 민간에서 그것을 실천하게 됩니다. 말절의 작은 일을 처리하려면 근본의 큰일부터 다스려야 하고, 그림자를 단정히 하고 싶으면 제 몸을 먼저 바르게 챙겨야 합니다. 뿌리를 잘 기르면 가지와 잎사귀가 무성해지고, 뜻과 기운이 잘 조화하면 도에 합치하게 됩니다. 원대한 목표를 추구하는 사람은 가까운 것을 하나라도 잃어선 안 될 것이며, 그림자를 바로잡으려는 사람은 자기 현재의 용모단정을 잊어선 안 될 것입니다. 위가 투명하면 아래가 청렴하고, 군주가 성명하면 신하는 충성을 다합니다.[83]

—「술사」편

본말本末(근본과 말절)과 형영形影(형체와 그림자) 등 논의는 『순자』에도 보인다. 군자의 덕은 풀과 같아 바람이 부는 데로 풀잎이 쏠린다는 『논어』「안연顔淵」편[84]식 교화의 반영이다.

육가는 위가 아래를 교화하고 아래는 위를 따름을 표준으로 삼아야 한다고 주장한다. 위가 선하면 아래는 따라서 선하게 되고, 위가 악하면 아래가 따라서 악하게 된다고 설명한다. "땅을 갖고 백성들을 자식처럼 아끼며 국가와 백성을 다스리는 사람이 사사로운 이익을 도모하거나 자신의 산업을 경영한다면 교화가 행해지지 않을 것이고 어떤 정책법령도 집행되지 않을 것입니다"(「회려」편).[85] "왕의 도읍지에 남면南面하고 있는 군주는 모든 백성들이 본받아야 할 모범이므로 일거수일투족이 법도를 잃어서는 안 됩니다"(「무위」편).[86] 여기서의 법도는 법을 지칭하지 않는다. 순임금과 주공은 무위함으로써 천하가 다스려졌으나, 진시황은 번잡한 법에 근거했는데도 천하가 혼란스러웠다는 육가의 주장에 연결된 이 내

---

83 王者行之於朝廷, 疋夫行之於田, 治末者調其本, 端其影者正其形, 養其根者則枝葉茂, 志氣調者卽道沖. 故求遠者不可失於近, 治影者不可忘其容, 上明而下淸, 君聖而臣忠.

84 『맹자』「등문공 상」편에도 같은 내용을 인용하고 있다.

85 據土子民, 治國治衆者, 不可以圖利, 治產業, 則教化不行, 而政令不從.

86 夫王者之都, 南面之君, 乃百姓之所取法則者也, 擧措動作, 不可以失法度.

용에서의 법도는 곧 유가적 무위와 도덕, 관용 등을 뜻한다.

> 윗사람이 아랫사람을 교화시키는 일은 바람이 부는 대로 풀잎이 쏠리는 것과 같습니다. 군왕이 조정에서 무력을 숭상하면 농부들이 논밭에서 갑옷이나 병기를 수선하게 됩니다. 따라서 군자는 백성들이 사치하면 절검으로 대응하고, 교만하고 음란하면 인의의 도리로 통제하여 아랫사람들을 다스려야 합니다. 윗사람이 인애한데도 아랫사람이 나쁜 짓을 하는 경우는 아직 없습니다. 윗사람이 양보를 하는데 아랫사람들이 길을 다투는 경우는 아직 없습니다. 그래서 공자님께선 '풍속을 바꾸라'고 말씀하신 것입니다. 어떻게 집집마다 다니면서 그걸 보여줄 수 있겠습니까? 군주 자신부터 그것을 실천에 옮길 따름이지요.[87]
>
> —「무위」편

육가는 법도를 중시한 교화와 더불어 '무위'를 통치방법을 권장한다. 군주가 무위해야 한다는 주장은 군주가 아무 일도 하지 말아야 한다는 정치과정에 관한 주장이 아니다. 그건 통치의 완성상태, 즉 비정하고 있는 통치의 결과를 말한다. '평온하고, 조용하고, 근심이 없는' 결과를 뜻한다. 『노자』나 『장자』 「천도天道」편[88]에서 언급된 주일신로主逸臣勞의 통치술이 아니라, 형벌에 반대되는 정치적 조치를 강조하기 위함이거나 군주의 개인적 수양을 강조하기 위함이다.

> 치국의 도로 무위보다 큰 것은 없으며, 행동의 원칙으로 삼가고 공경하는 것보다 중요한 것은 없습니다. 왜 그렇게 얘기하겠습니까? 옛날에 순임금은 천하를 다스리면서 오현금(五絃琴)을 타시고 「남풍(南風)」이란 시를 노래하셨습니다.

87 故上之化下, 猶風之靡草也. 王者尙武於朝, 則農夫繕甲兵於田. 故君子之御下也, 民奢應之以儉, 驕淫者統之以理; 未有上仁而下賊, 讓行而爭路者也. 故孔子曰: "移風易俗." 豈家令人視之哉?亦取之於身而已矣.

88 예컨대 "上必無爲而用天下, 下必有爲爲天下用, 此不易之道也."

> 평온하기가 마치 치국할 의사가 없는 듯하였고, 조용하기가 마치 천하를 근심하는 마음이 없는 듯하였으나 천하는 오히려 대단히 잘 다스려졌습니다. 주공(周公)이 예악 제도를 만들고, 천지에 제사지내고, 산천에 제를 올리고, 군대를 만들지 않았으며, 형법은 한 쪽에 놓아두고 사용하지 않았으나 사해 안 모든 나라들이 몰려 와 공물을 바쳤습니다. 머나먼 남해 월상(越裳)국의 군주까지 중역을 거듭해가며 내조하였습니다. 그러므로 무위는 곧 유위인 셈입니다.[89]
>
> —「무위」편

이런 식의 '무위'는 도가사상 뿐만 아니라 『논어』에도 보이는 고대 통치자의 이상적 통치방법이긴 하지만, 육가는 진나라 통치방법의 실패를 보고 얻은 결론 중 하나라는 점에서 경험적이다. "일이 번잡해질수록 천하는 혼란스러워졌고, 법이 늘어날수록 나쁜 짓이 창궐하였으며, 군대가 많이 설치될수록 적이 늘어났습니다. 진나라가 질서를 잡고 싶지 않았던 것이 아닙니다. 그럼에도 끝내 나라를 잃은 것은 민중들에게 너무 포악한 조치를 내렸으며 형벌이 너무 극단적이었기 때문입니다"(「무위」편).[90] 「지덕至德」·「회려懷慮」편에서 역사상 진나라 상황과 유사한 사례에 대해 분석하면서 호전·사치·착취·대형 토목사업 등은 실패를 부르게 된다고 지적한다.

육가 무위정치의 중심은 주로 통치자에게 적게 일하고 적게 간여하여 백성들과 더불어 휴식하라는 것이다. 그의 이상은 이런 것들이었다. "군자가 정치를 하면 태연자약 아무 일도 없는 듯하며, 고요히 아무 소리도 없는 듯하며, 관청엔 마치 아무 관리도 없는 듯하며, 향촌부락엔

89 道莫大於無爲, 行莫大於謹敬. 何以言之?昔舜治天下也, 彈五弦之琴, 歌南風之詩, 寂若無治國之意, 漠若無憂天下之心, 然而天下大治. 周公制作禮樂, 郊天地, 望山川, 師旅不設, 刑格法懸, 而四海之內, 奉供來臻, 越裳之君, 重譯來朝. 故無爲者乃有爲也.

90 事逾煩天下逾亂, 法逾滋而天下逾熾, 兵馬益設而敵人逾多. 秦非不欲治也, 然失之者, 乃擧措太衆刑罰太極故也.

마치 아무 백성도 없는 듯하고, 민간 동네에는 시비다툼이 없습니다”(「지덕」편).[91] “국가는 하지 않아도 될 의미 없는 일을 하지 않으며, 집안엔 쓰지 않는 기물을 저장하지 않습니다. 그렇게 함으로써 백성들의 부역을 덜어주고 공물의 헌납을 줄여줍니다. 벽옥이나 각종 진주를 위에서 군주가 쓰지 않고 진상하지 못하게 하면 아래서 백성들이 놀이게나 기호물품 등을 버리게 될 것입니다”(「본행」편).[92] 육가의 무위론은 도가적 색체가 역력하지만 그가 구상하는 제국의 ‘설계’자체는 도가와 상당히 거리가 멀다. 존귀한 자 군주를 중심으로 가까운 사람과 친하며, 신하는 충성하고, 자식은 효도하며, 상하에 차례가 있으며, 늙은이는 편안하고 어린애는 보살펴지며, 예의를 준수하는 등 유가적 이상 경지로 보아야 한다. 그래서 ‘무위는 곧 유위’라고 한 것이다.

마찬가지로 법가들의 주장과 유사한 권權에 대한 논의가 꽤 여러 군데 논의되고 있으나 기본적인 시각은 현명한 신하의 임용을 통해 정치권력의 안정을 도모하고자 하는 유가의 ‘선현여능選賢與能’의 범주를 벗어나지 않는 내용이다.

> 도는 권력이 있어야 서며, 덕은 세력이 있어야 행해질 수 있음을 말한 것입니다. 권세 있는 자리에 있지 않으면 정치를 바로잡을 수 없으며, 권력의 칼자루를 잡고 있지 않으면 형벌로 통제할 수가 없습니다. 『시경』에 ‘도끼도 있고 도끼 자루도 있네’[93]라고 합니다. 권병을 어떻게 잡고 다스려야 하는지를 말한 것입니다.[94]

91 是以君子之爲治也, 塊然若無事, 寂然若無聲, 官府若無吏, 亭落若無民, 閭里不訟於巷.

92 國不興不事之功, 家不藏不用之器, 所以稀力役而省貢獻也. 璧玉珠璣, 不御於上, 則翫好之物棄於下.

93 현존 『시경』에는 이와 똑같은 구절이 없다. 「빈풍豳風 · 벌가伐柯」에는 “도끼 자루 베는 데는, 도끼 아니면 아니 되네”, “도끼 자루를 베네, 도끼 자루를 베네. 치수가 너무 멀면 아니 되네” 등 구절이 있는데 이를 합해 놓은 듯하다.

94 夫言道因權而立, 德因勢而行, 不在其位者, 則無以齊其政, 不操其柄者, 則無以

—「변혹辨惑」편

도덕이 권세에 의지해 실천될 수 있다는 이 말은 순자를 계승한 유가 현실주의자로서 육가의 사고를 드러낸 것이다. 권모술수의 정치학이 아니라 위정자의 도덕적 태도가 중요하다는 것을 강조하기 위한 말이며, 도끼는 정치교화를, 도끼 자루는 군주의 권병을 뜻한다. 나무를 베는 데 도끼가 있어야 하듯 국가를 다스릴 때는 의거하는 권력의 칼자루가 있어야 한다는 이 말은 간신을 경계해야 하는 군주가 칼자루를 늦춰선 안 된다는 권고이다. 구름이 해와 달을 가리듯 아첨과 중상모략을 일삼는 간신들이 군주의 성명함을 가려 세상이 어두워지게 되므로, 사악한 무리들을 걷어내고 밝은 빛으로 온 세상 어두운 곳 구석구석을 비추고 백성들에게 따뜻한 자양분을 제공해주라는 주장이다. 간사한 무리를 헤치고 훌륭한 인물을 잘 살펴 발탁하라는 일관된 취지의 내용이다. 그래서 "세상에 성현의 권력이 없고, 선왕의 위대한 교화가 끊겨 소통되지 않고, 도덕은 폐기되어 쓰이지 않음"(「변혹」편)[95]을 한탄하는 유가의 종지를 벗어나지 않는다.

권력이 클수록 영향력도 크며, 이는 고도의 군주전제에서 필연적으로 발생하는 현상이다. 육가가 군주에게 권력의 운용을 신중히 해야 한다고 권고함은 진나라의 망함을 거울삼아 얻어낸 결론이다. 하지만 역시 순자 '종도불종군從道不從君'과 비슷한 맥락에서 군주의 권력과 도의가 충돌할 때는 도의를 더 중시하였다. 예컨대 권력이 있음에도 통리統理 즉 인의도덕의 원칙이 결합되지 않는 정치는 실패한다고 주장한다. "그래서 만승의 나라에 의지하고 수많은 백성들의 목숨을 장악하고 산천의 풍요로움을 갖추고 민중의 모든 힘을 관장하였음에도 일신의 공적을 수립하지 못하고 세상이 이름을 드러낼 수 없는 것은 통치가 잘못되었기 때문입니다"

制其剛. 詩云 : "有斧有柯." 言何以治之也.

95 傷無權力於世, 大化絶而不通, 道德施而不用.

(「지덕」편).[96] 하지만 절대적으로 도의를 따라야 한다는 순자보다 훨씬 융통성 있게 권세를 강조하는 '타협'성 발언도 여러 군데 보인다.

6) 장성장현(杖聖杖賢)—군주의 용인(用人)술

육가는 『신어』에서 많은 면을 할애하여 군주의 용인用人 및 그 결과에 관한 문제를 논의하고 있다. 그는 한 제국의 통치자들에게 매우 유용한 지침이 되었을 매우 독창적인 용인用人술을 제기한다. 먼저 소위 지팡이론을 보자.

> 높은 곳에 사는 사람은 자신의 거처가 불안해서는 안 됩니다. 위험한 지역을 다니는 사람이 짚는 지팡이는 견고하지 않으면 안 됩니다. 자신의 거처가 불안하면 추락하고, 사용하는 지팡이가 견고하지 않으면 넘어집니다. 그래서 성인은 높은 위치에서 있게 되면 인의로 보금자리를 만들고, 위험한 지경에 빠지게 되면 성현을 지팡이로 삼습니다. 그러므로 높아도 추락하지 않고, 위험해도 넘어지지 않습니다.[97]
>
> —「보정」편

좋은 지팡이의 순서는 성聖・현賢・인仁・의義이다. "그러므로 성자를 지팡이로 삼으면 제帝가 되고, 현자를 지팡이로 삼으면 왕王이 되고, 인자를 지팡이로 삼으면 패覇가 되고, 의로운 사람을 지팡이로 삼으면 강자強者가 됩니다. 중상모략을 일삼는 사람을 지팡이로 삼았다간 나라가

96 故據萬乘之國, 持百姓之命, 苞山澤之饒, 主士衆之力, 而功不存乎身, 名不顯於世者, 乃統理之非也.

97 夫居高者自處不可以不安, 履危者任杖不可以不固. 自處不安則墜, 任杖不固則仆. 是以圣人居高處上, 則以仁義爲巢, 乘危履傾, 則以圣賢爲杖, 故高而不墜, 危而不仆.

멸망하고, 도적을 지팡이로 삼았다간 목숨을 잃게 됩니다"(「보정」편).[98] 나쁜 지팡이는 '중상모략을 일삼거나', '도적'을 일컫는데 그 실례는 진나라 이사와 조고에서 볼 수 있으며, 좋은 지팡이의 실례는 순임금 시절의 직稷[99]과 설契[100]을 말한다. 좋은 지팡이와 나쁜 지팡이는 바탕인 둥지, 즉 보금자리를 무엇으로 삼느냐에 따라 달라진다고 육가는 생각하였다. 그래서 좋은 지팡이는 인의의 둥지에서 나오고, 나쁜 지팡이는 형벌의 둥지에서 나온다고 한 것이다. 통치이념인 둥지로서 인의는 광의의 개념이며, 용인의 통치술로서 성자·현자·인자·의자의 기용은 협의의 개념으로 볼 수 있다.

그런데 이런 성·현·인·의를 구별하여 임용하기는 어려운 일이다. 그래서 육가는 특별히 아첨과 권모술수에 강한 간신을 구별하라는 「변혹辨惑」편을 저술하였다. 이른바 그의 간신론이다.

> 따라서 간사한 신하가 현명한 사람을 가리는 것은 마치 뜬 구름이 해와 달을 가로막는 것과 같습니다. (…중략…) 오늘날은 위로 성명한 군주가 없고 아래로 충정한 제후들이 없어 간신이나 도적의 무리를 제거하고 맺히고 꼬인 고리를 풀어주지 못하고 있습니다. 그렇게 되어야 충성스럽고 어질고 방정하고 올곧은 사람들이 세상에 모습을 드러내 정치적 재능을 풀어낼 수 있을 텐데 말입니다.[101]

---

98 故杖聖者帝, 杖賢者王, 杖仁者霸, 杖義者强, 杖讒者滅, 杖賊者亡.

99 주왕조의 선조로 농업신으로 추앙받는 후직后稷을 말한다. 어머니 강원姜嫄이 천제의 족적을 밟아 잉태해 아들을 낳자 버렸다. 그래서 이름이 버릴 기棄자다. 순임금 때 농업담당관을 지내며 백성들에게 쌀농사 등을 가르쳤다. 태邰지역에 봉해졌으므로 '후직'이라 불린다.

100 설契은 '偰'이라고도 쓰는데, 은나라를 만든 상商부족의 시조이다. 원래 동이족 일파인 상족의 간적씨簡狄氏가 현조玄鳥의 알을 삼켜 설을 낳았다고 한다. 치수에 공이 있어 순임금이 사도에 임명했다. 대민교화를 담당해 큰 공을 이뤘다.

101 故邪臣之蔽賢, 猶浮雲之鄣日月也, (…中略…) 今上無明王聖主, 下無貞正諸侯, 誅鉏奸臣賊子之黨, 解釋凝滯紕繆之結, 然後忠良方直之人, 則得容於世而施於政.

일 잘하고 능력 있는 사람이 대접받지 못하는 것은 임용권자의 주변에 그의 눈치에 영합하는 간신들이 존재하여 그릇된 정보와 평가를 흘리기 때문이라는 것이다. “몸가짐이 정직한 사람은 시의에 어긋나기 쉽고, 뒤틀린 마음을 품은 사람은 간사한 사람과 잘 화합합니다. 그들이 강유剛柔의 세력변화를 꿰고 권모술수를 잘 부리기 때문에 군주의 귀에 거슬리는 말이 없고, 시대적 의의에 합치하지 않음이 없는 것입니다.”[102] 어떻게 해야 군주의 뜻에 부합되고, 어떻게 하여야 세상의 시류에 맞추어가는 것임을 현명한 사람들이 모르는 것은 아니다. 그럼에도 꿋꿋이 자신의 주상을 펼치며, 그 칼끝은 간사하고 뒤틀린 수많은 간신들을 향한다.

> 군자는 정직하게 도에 따라 행동하며 반드시 굴욕을 당할 줄 알면서도 피하지 않습니다. 따라서 그들은 구차하게 세속에 영합하는 행위를 하지 않으며, 구차하게 세상에 굴종하는 말을 하지 않습니다. 세상에 남긴 공적이 없어도 명성은 칭송을 받기에 족하고, 의견이 국가에 채택되지 않아도 그들의 언행은 본받을만합니다.[103]
>
> —「변혹」편

그러한 군자들은 작당을 하지 않아 흩어진 존재임에 비해, 사신邪臣들은 이 틈을 비집고 들어가 작당모의를 하여 서로를 추어주고 서로를 비호하여 옳은 것도 그르게 만들어버린다. “수많은 입들의 훼방이나 찬양은 돌도 물에 뜨게 만들고, 나무도 물에 가라앉게 합니다. 사악한 무리들이 서로 억누르면 곧은 것도 굽은 것으로 바뀝니다”(「변혹」편).[104] 그

102 操直而乖方, 懷曲而合邪, 因其剛柔之勢, 爲作縱橫之術, 故無忤逆之言, 無不合之義者.

103 夫君子直道而行, 知必屈辱而不避也. 故行不敢苟合, 言不爲苟容, 雖無功於世, 而名足稱也; 雖言不用於國家, 而擧措之言可法也.

104 夫衆口毁譽, 浮石沈木. 群邪相抑, 以直爲曲. 視之不察, 以白爲黑.

대표적인 사례가 진 2세 때 환관 조고의 지록위마指鹿爲馬이다. 문제는 그러한 군자를 발탁하는 통치자의 안목과 노력이다. 「변혹」편에서 육가는 간신들을 두려움에 떨게 만들었던 공자를 제대로 임용하지 못한 노나라 정공定公 등 몇 가지 사례를 들어 끝내 나라와 몸을 망친다는 깨우침을 주고 있다.

육가는 구체적인 간신변별법이나 현인임용제도 등에 대한 구상에는 이르지 못하였다. 현인 임용의 중요성에 대한 강조와 설득력에 있어서는 현실적인 지적이 많다. 『신어』 「자질資質」편은 '자질'이 뛰어난 사람을 옆에 두고도 알아보지 못해 낭패한 얘기들이다. 중요한 것은 그들이 "쓰이느냐 쓰이지 않느냐[通與不通]"는 문제와 군주가 "알아보느냐 몰라보느냐[知與不知]"는 문제라고 지적한다. 특히 「신미愼微」편에서 제기한 "도의를 품고서 세상에서 도피하는 것은 충성이 아니"[105]라는 불충론不忠論은 유가 현실주의자로서 육가의 모습을 잘 드러내주는 주장이라 하겠다.

4. 맺음말—융통성과 그 한계

순전히 무력으로 이제 갓 즉위한 유방에게 육가는 『시경』·『서경』을 읽으라고 종용했다. 통했다. 그리고 『신어』를 한 편 한 편 씩 써서 상주하였다. 순자의 영향을 많이 받은 유가사상가였지만, 순자처럼 학문적으로 제자백가를 비판, 종합하지 않고 도가·법가 이론을 적당히 끌어다 자신의 제국 구상을 더 풍성히 하는데 응용하였다. 유가를 종지로 삼고 나머지를 응용한 것인데, 그 '응용'을 두고 그가 도가적이라든

105 懷道而避世則不忠也.

가[106] 법가적이라든가 얘기하는 것은 무리가 있는 듯하다.

이미 성립한 '황제의 나라'라는 현실을 맞대면하면서 제기한 그의 논의는 공허하지 않았다. 통치자에게 책을 읽고, 역사지식을 참고하라고 주문했다. 역사지식의 최고는 『주역』처럼 하늘의 이치를 잘 담은 것이라고 하여 우주적 정당성을 확보하였다. 그리고 지식기반의 왕도를 주장하는 자신의 정치적 입장이 공자에 닿아 있음을 천명하였다. 그는 천인합일 사상을 현실 정치의 이데올로기로 승화시키려는 첫 시도를 한 사람으로 볼 수 있다.

육가는 선진 유가사상가들의 주장을 되풀이하고 있으며, 유사한 글쓰기를 하고 있으며, 인의도덕을 전면에 내세웠으며, 많은 부분에서 순자사상과 같은 맥락을 타고 있다. 그러나 일통이 된 천하를 몸으로 경험하고, 어디 숨을 데도 없는 '제국' 정치의 소용돌이를 헤쳐가면서 선진 유가 누구도 하지 못한 큰 융통성을 보여주었다. 무위・법도・권세 등을 다 끌어와 교화의 틀 안에서 녹였다. 합合하였다. 그러나 어떤 논의도 뭉뚱그리거나 에돌리지 않고 대범하였다. 개성이 넘치는 주장을 담은 저술이나 통찰이 번득이는 인생살이에 아부는 없었다. 타협은 하되 아부하지 않았다. "그래서 성인은 궁실은 낮게 짓고 도덕을 높이 떠받들며, 화려하게 옷 입는 것은 미워하고 인의의 실천에 부지런히 매진합니다. 덕행에 손상이 가지 않는 범위 내에서 자기 용모를 다듬고, 도덕에 손상이 가지 않는 범위 내에서 자기 몸을 꾸밉니다"(「本行」편).[107] 육가는 융통성이 넘치는 사람이었다.

무력으로 개척한 판도와 폭력의 지배를 숭상하던 통치자를 말에서 끌어내린 힘은 어디서 나왔을까? 육가는 온 백성들에게 제왕을 벌거벗은 권력 때문이 아닌 마음으로부터의 존경이 가능하도록 정교한 제국설계

106 실제로 최근의 상당히 많은 육가 관련 논문들은 그를 황노사상의 선구로 보고 도가와의 비교를 통해 다루고 있다.

107 故聖人卑宮室而高道德, 惡衣服而勤仁義, 不損其行, 以好其容, 不虧其德, 以飾其身.

에 나섰다. 그의 구상은 더 폭넓은 사상의 폭을 보여준 가의賈誼[108]에게 이어지고, 다시 황노黃老사상[109]이 지배하는 문경지치文景之治[110] 시대를 타고 넘어, 동중서의 천인감응론과 '유술독존'의 문을 열었다. 나아가 적어도 표면적으로 후대 제국의 황제들에게 인의도덕을 숭상하고 현인임용을 고민하며 무위의 이상을 꿈꾸게 만드는 선구자 역할을 했다.

하지만 육가는 사상적으로 몇 가지 문제를 안고 있다. 첫째, 선배 유학자들처럼 일관되게 도의를 강조하지 않고 과도한 융통성에 빠짐으로써 사상적 정체성을 얘기하기가 어렵다. 『신어』는 비교적 순수한 유가의 저작으로 보이지만, 오늘날 연구자들도 헷갈릴 만큼 강한 도가·법

108 가의(B.C. 201~B.C. 169?) 또한 진나라 멸망의 원인분석에서 출발하여 한 제국의 미래를 설계한 사람이다. 역사적으로 진나라의 흥망성쇠와 그 논리적 추론은 그의 「과진론過秦論」(『新書』)이 최고이다. '천하대사天下大事, 분구필합分久必合'. 진의 멸망은 인정仁政을 실시하지 않았기 때문이라는 그의 주장은 한나라에 대한 충고였으며, "전사불망후사지사前史不忘後事之事"는 진나라 멸망의 교훈을 새겨 인정을 실시하여 경제발전과 사회안정을 이루자는 내용이었다. 유가·법가·도가를 겸한 그의 주장은 매우 천재적이지만 육가만큼의 융통성을 갖추지 못한 성격 때문에 요절하고 말았다.

109 황제黃帝와 노자老子의 결합어로서, 또는 그런 사람이 있었다는 주장으로써 황노黃老사상은 한초부터 시작되어 문제·경제를 거치며 크게 유행하였다. 정치풍토의 한 예를 들면, 소하가 사망하자 조참이 재상이었는데 아무 일도 하지 않고 무위하였다. 제도개혁을 주창한 사람이 오면 술을 대접, 만취하여 그냥 없던 일로 하도록 하였다. 문제가 책망하자 유방과 소하, 문제와 자신 조참을 비교하여 모두 그만 못하니 지난 제도를 그대로 따르기로 하였다.

110 B.C. 180년 여태후呂太后가 사망하고 여씨들의 반란이 예상되자, 육가의 충고로 진평과 주발이 나서 이들을 주멸함으로써 문제(B.C. 180~B.C. 157)가 등극하였다. 유항劉恒은 23세에 등극한 성실하고 겸손하기 이를 데 없는 청년으로 한 제국의 안정을 일구었다. 도가학설을 신봉한 황후 두竇태후(나중 景帝가 된 아들 啓와 다른 왕자들에게도 『노자』, 『장자』를 읽힘)의 영향으로 도가서적 탐독하여 정치의 3원칙(仁慈 ·勤儉·다른 사람이 하지 않는 일은 하지 않음)을 지켰고, 경제(B.C. 157~B.C. 141) 또한 현상유지, 안정추구, 황노숭배를 하여 총 40년을 보냄으로써 창고는 넘쳐 동전 꿰는 새끼줄이 썩을 정도였다. 이를 문경지치라 한다. 한무제의 세계 정벌은 이 부가 있어서 가능하였다. 문제·경제 때 대대적으로 인구가 증가하였으나, 황노사상 숭상의 결과 토지겸병과 지주의 증가로 빈부차가 심화되기도 하였다.

가적 색채를 함유하고 있는 것은 과도한 융통성으로 보인다. 둘째, 이상과 현실의 결합을 기획했음에도 제국의 설계라는 과도한 현실의 강조와 한고조 유방과 유씨 황실에 대한 맹종은 결국 지식의 어용화御用化라는 비판을 면키 어렵다. 한대 이후 지식인들이 "문·무·예능에 대한 공부를 완성하면, 이를 제왕의 집안에 팔아넘기며" 살게 된 이른바 '학성문무예學成文武藝, 화여제왕가貨與帝王家' 풍토의 남본藍本이 된 것이다. 셋째, 따라서 육가의 사상은 그의 사후 계보도 계승도 없어 사상의 생명력을 느끼기 어렵다. 『맹자』·『순자』에 보이는 구체적인 경제정책이나 인성에 대한 깊이 있는 성찰이 없다. 사상에 있어서 순수성과 이상성의 견지만이 사상 자체의 재생산을 부를 수 있다는 점에서 사상의 생명을 지속하지 못했다는 사실은 『신어』 이외의 작품이 발굴되어져도 육가사상의 기본 틀을 벗어나지 않을 것이란 생각을 하게 만든다. 넷째, 제왕을 드높여 천명天命과 결부시키려는 그의 노력도 성공한 것 같지 않다. 문을 열었다는 점에서 의미는 있으나 신의 뜻을 대변한다는 명분으로 도덕과 능력 면에서 제왕의 통치를 합법적인 것, 정당한 것으로 만들려는 노력을 『신어』에선 별로 하고 있지 않은 듯하다.

그렇지만 현실의 제왕에 대한 역사적 정당성 논의의 문을 열고 이를 천명과 결부시키려는 육가의 노력은 '시작'이라는 점에서 매우 큰 의의가 있다. "성인은 통일된 정책법령을 고수하여 백성들을 묶고, 통일된 표준을 견지하여 만민을 가지런히 합니다. 그렇게 함으로써 세상이 모두 한결같이 다스려지도록 하며, 천하가 통일되어 있음을 밝힌 것입니다"(「회려」편).[111] 육가는 현실의 제왕을 우주적 존재로서 천명을 부여받은 성인으로 정의하려 하였다. 지금 정책을 펼치고 있는 황제와 그를 따르는 신하·백성들에게 이를 믿게 만들고 싶었던 것이다. 이는 동한東漢 시대에 더 확실해진다. 제왕 스스로 의식 속에서 천명에 완전히 몰

111 故聖人執一政以繩百姓, 持一槩以等萬民, 所以同一治而明一統也.

입하고, 또 신하와 백성들이 모두를 그렇게 믿게 된 것은 동한시대에 이르러서였다. 동한은 행정체계와 천명철학이 완전히 결합되었고 관련 위서를 발간하는 등 정당화 노력도 많았는데, 육가에서 시작하고 동중서에서 정리된 이념이 실제 정치에 반영된 것이라 볼 수 있다. 육가는 유가사상을 군주전제국가의 이념과 연결시키는데 심대한 영향을 끼친 사람이다. 그리고 육가는 시대의 책무가 무엇인지 알고, 세상의 변화에 따라 진퇴할 줄 아는 사람이었다.

참고문헌

『論語』·『孟子』·『荀子』

司馬遷,『史記』(西漢)

班固,『漢書』(東漢)

王充,『論衡』(東漢)

王利器 교주,『新語校注』(新編諸子集成 第一輯), 北京 : 中華書局, 1986.8.

王毅 주해,『新譯新語讀本』, 三民書局, 1995.

趙鋒,『評析本白話 法言·新語·申鑒』, 北京廣播學院出版社, 1992.

劉澤華 편,『中國政治思想史(秦漢魏晉南北朝卷)』, 浙江人民出版社, 1996.

장현근 편,『중국정치사상입문』, 서울 : 지영사, 1997.

장현근 역,『순자』, 책세상, 2002.

________,『맹자』, 살림, 2005.

________,『상군서』, 살림, 2006.

福井重雅,『陸賈『新語』の研究』, 東京 : 汲古書院, 2002.

王廣勇,「陸賈『新語』在儒家思想史上的地位初探」, 山東大學 碩士學位論文, 2005.

胡興華,「陸賈及其『新語』研究」, 西北師範大學文學院 碩士學位論文, 2003.

夏增民,「論陸賈与賈誼 : 性格与思想」,『華中科技大學學報』, 人文社會科學版, 2002.

朱海龍·黃明喜,「陸賈教化思想探析」,『華南師范大學學報』, 社會科學版, 2004.

蔡志軍,「論陸賈政治思想中的民本主義特色」,『淮陰師范學院學報』, 哲學社會科學版, 2005.

任　華,「試論陸賈對儒學的改造」,『烟台師範學院學報』, 2001年 4期.

任懷國,「試論陸賈對儒學的改造」,『烟台師范學院學報』, 哲學社會科學版, 2001.

胡興華,「『新語』對漢初統治思想的影響及其在思想史中的地位」,『邊疆經濟與文化』, 2004年 10期.

關健英,「陸賈与漢初的治國理念略論」,『齊魯學刊』, 2003年 3期.

余明光,「論陸賈的道家思想」,『湘潭大學社會科學學報』, 1992.

李祥俊,「先秦儒家道論与漢代經學的興起」,『北京師範大學學報』, 社會科學版, 2004.

汪高鑫,「陸賈的歷史著述与歷史思想」,『安徽大學學報』, 哲學社會科學版, 2001.

李禹階,「論陸賈的"禮""法"思想」,『重慶師範大學學報』, 哲學社會科學版, 2003.

王漢昌,「論陸賈」,『河北大學學報』, 哲學社會科學版, 1996.

장현근,「荀子政治思想에 있어서 '禮'의 機能」,『한국정치학회보』 제26집 제3호.